Frankreich und französische Übersee-Gebiete

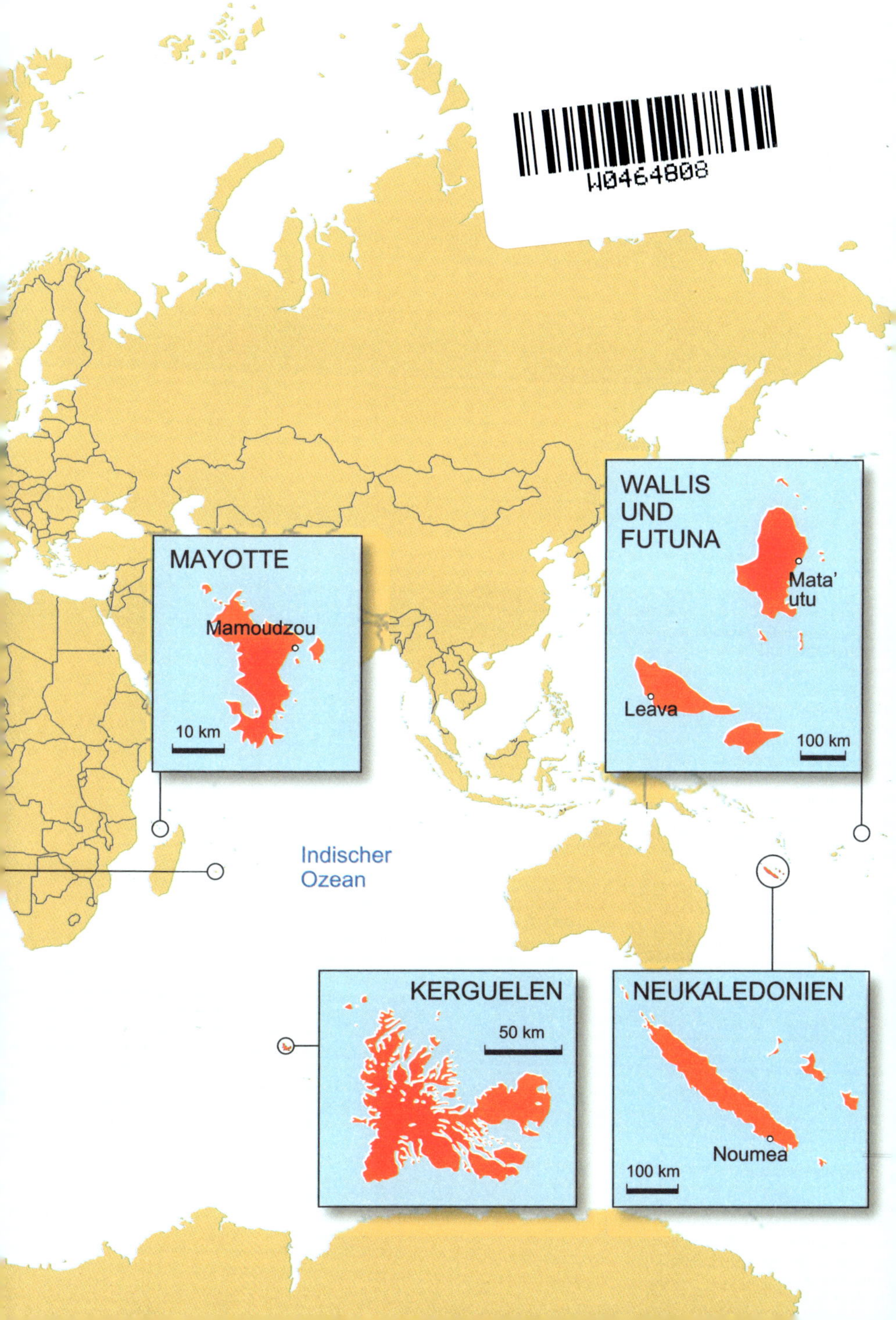

Alexander von Sobeck

Ist Frankreich noch zu retten?

Alexander von Sobeck

Ist Frankreich noch zu retten?

Hinter den Kulissen der Grande Nation

Propyläen

Propyläen ist ein Verlag der Ullstein Buchverlage GmbH
www.propylaeen-verlag.de

ISBN 978-3-549-07312-4

Redaktion: Cornelia Laqua
Karten: Thomas Hammer
Gesetzt aus der Janson bei Pinkuin Satz und Datentechnik, Berlin
Druck und Bindung: Clausen & Bosse, Leck
Printed in Germany

Inhalt

Für meine Mutter, die dieses Buch nicht mehr lesen kann.
Für meinen Vater als Geschenk.
Und für Rela, die so vieles so oft lesen, recherchieren,
korrigieren und mich mit viel Liebe davon überzeugen musste,
dass am Ende aus meinen Ideen ein Buch wurde.

Vorwort

Eigentlich wissen wir alles über Frankreich. Wir lieben das Land, seine Lebensart, seinen Wein, seinen Käse. Wo könnte Urlaub schöner sein als an der Côte d'Azur, welcher Traum wäre wahrer als ein Leben in Paris? Deutsch-französische Freundschaft als Grundpfeiler unseres politischen Selbstverständnisses, das wurde uns schon in der Schule beigebracht. Wenn wir großes Glück hatten, dann entwickelte sich daraus ein Schüleraustausch oder wenigstens ein Sprachkurs, um mit Camus, Voltaire, Molière oder den Fabeln von La Fontaine das Abitur zu bestehen. Frankreich, das ist für die meisten Deutschen meiner Generation eine romantische, unerfüllte Liebesbeziehung, die nur deshalb so einzigartig ist, weil sie nie gelebt wurde. Frankreich, das ist das Schwärmen für etwas, das im Alltag eines deutschen Lebens fehlt. Die Mischung aus Leichtigkeit des Seins, Lebenslust und *savoir vivre*. Nicht umsonst heißt es: »Der Franzose arbeitet, um zu leben, der Deutsche lebt, um zu arbeiten.«

Warum kommen die Deutschen aber genau dann mit ihrem Nachbarland nur mehr schwer zurecht, wenn sie anfangen, ihren Traum zu leben? Nur weil sie besser gewaschen sind? Oder weil Tugenden wie Pünktlichkeit, Genauigkeit und Verlässlichkeit in Frankreich eher als Charakterfehler gesehen werden? Weil jeder Deutsche gern über die Fehlleistungen in Berlin lamentiert und die Kaste der deutschen Politiker inzwischen für die inkarnierte Unfähigkeit hält, aber nur noch ungläubig den Kopf schüttelt, wenn er die skandalgebeutelte Schicht der Entscheidungsträger in Frankreich betrachtet? Berlin ist schlimm, Paris ist schlimmer! In unserem Frankreichbild gibt es eine Menge Vorurteile und Klischees, gute wie schlechte. Versucht man sie zu beschreiben und zu belegen, erkennt man schnell, dass sie von der Wirklichkeit fast immer übertroffen werden.

Denken wir an Europa und nicht nur in der Nacht, dann müssten wir uns längst mit Schlaftabletten vollstopfen. Denn die Franzosen haben keine Lust mehr auf Europa und meinen damit sämtliche Institutionen in Brüssel, die Erweiterung um immer neue Mitglieder und den Verlust nationaler Identität. Damit sind sie in bester Gesellschaft. Die Niederländer folgten ihnen in der Ablehnung der europäischen Verfassung auf dem Fuße. Frankreich hat Europa in eine tiefe Krise gestürzt, die noch lange nachwirken wird. Der aktuelle deutsche EU-Vorsitz wird da kaum etwas bewegen, sondern allenfalls ein neues Gesicht auf Frankreichs Präsidentensessel und ein anderer Premier in London. Nur Wunderdinge sollte auch dann niemand erwarten. Die Franzosen sind weiter denn je davon entfernt, der europäischen Idee neues Leben einzuhauchen, das über die gewohnte Kleinkrämerei hinausgeht.

Dieses Buch ist auch eine Liebeserklärung an unser Nachbarland, obwohl es manchmal schwerfällt, zu verstehen, warum ein so wunderbares Land sich selbst im Weg steht, lahmlegt und langsam den Anschluss an die Zukunft verliert. Für uns Deutsche lohnt sich der Blick über den Rhein, denn wir können einiges aus den Fehlern der Franzosen lernen. Vieles im Urteil über unseren wichtigsten Nachbarn beruht auf Irrtümern, Fehlinterpretationen und Vorstellungen, die aus längst vergangenen Jahrhunderten stammen. Aber es gibt auch Bereiche, da sind uns die Franzosen nicht nur um Nasenlängen, sondern um Lichtjahre voraus. Mit einem klaren Bekenntnis zur Hochtechnologie – auch zur in Deutschland umstrittenen wie der atomaren Wiederaufbereitung und dem Fusionsreaktor – werden sie künftige Herausforderungen leichter bewältigen als wir. Denn sie können ihre nationalen Interessen definieren und sind bereit, sie durchzusetzen. Daran wird sich auch nichts ändern, wenn im

Mai 2007 ein neuer Staatspräsident im Élysée-Palast sitzt, egal, ob der dann Nicolas Sarkozy oder Ségolène Royal heißen wird.

Jacques Chirac wird es nicht mehr sein. Die Endphase seiner Amtszeit glich einer Erosion des politischen Systems und gab den Blick frei auf die Versäumnisse der Jahre. Er selbst wollte das bis zum Schluss nicht wahrhaben. In seinen Neujahrswünschen zum Jahreswechsel 2006/2007 kündigte er eine längst überfällige Senkung der Unternehmenssteuern um 13 Prozent an, die der Wirtschaft eine Entlastung von 41 Milliarden Euro bringen soll. Ganz so, als stünde er nicht am Ende, sondern am Beginn einer Legislaturperiode. Die Früchte dieser Reform wird ein anderer erben.

Frankreich steht jetzt eine echte Zeitenwende bevor, weil beide Bewerber für das höchste Amt die Fünfte Republik entrümpeln und mit den neo-gaullistischen Hinterlassenschaften der Ära Chirac aufräumen wollen. Spannend wird vor allem die Frage, welchen Platz Frankreich unter einer neuen Präsidentschaft in Europa einnehmen wird und wie sich das deutsch-französische Verhältnis weiterentwickelt. Denn während sich in Deutschland sämtliche Bedenkenträger die Köpfe heiß reden, scheinen die Verantwortlichen in Frankreich entschlossen zu handeln.

»Was wäre der Deutsche ohne Angst? Ein Franzose!« So sah es eine Satiresendung zum Jahresende 2006. Protektionismus, Interessen- und Machtpolitik gelten, anders als in Berlin, in Paris nicht als anstößig. Das löst bei den anderen europäischen Partnern immer wieder Irritationen oder schroffe Ablehnung aus. Die Franzosen schaffen es, entweder solche Reaktionen komplett zu ignorieren oder ihrerseits mit Unverständnis zu beantworten. Und dann fragt sich gelegentlich manch einer: Ist Frankreich noch zu retten?

Prolog

Afrika ist überall

»*L'Afrique, c'est partout!*«, seufzte meine Tischnachbarin und zuckte dabei mit den Achseln. Es kam aus tiefstem Herzen der eleganten Mittvierzigerin, die als Ehefrau eines Parfumherstellers auf der Sonnenseite der französischen Gesellschaft zu Hause ist. Geduldig hatte sie der Erzählung meiner Erlebnisse gelauscht und nur hin und wieder eine mitleidige Frage gestellt, die aber ausreichte, um mich wie ein Volltrottel zu fühlen.

Begonnen hatte meine kleine Geschichte an einem schönen Herbsttag. Der Besuch im Laden der France Télécom am Marktplatz von Saint-Germain-en-Laye sollte sicherstellen, dass unser frisch bezogenes Haus alsbald an die Errungenschaften der modernen Kommunikationsgesellschaft angeschlossen würde. Zu einer bereits bestehenden Telefonleitung, die unser Vermieter leider abgemeldet hatte, wollten wir einen zweiten Anschluss, Fax und Internet. Nach einer überschaubaren Wartezeit in einer Schlange von Kunden, die anstanden, um das jüngste Statussymbol der Mobiltelefonie zu erwerben, waren die entsprechenden Antragsformulare schnell ausgefüllt. Viermal je vier Seiten, mit je vier Durchschlägen für jedes Serviceabonnement und noch mal je vier Formulare zu jedem Antrag als Bankeinzugsermächtigung. Die Beraterin der Télécom besaß den Charme einer Kettensäge und interessierte sich wesentlich mehr für die Lackierung ihrer künstlichen Fingernägel als für ihre Kunden. Aber, so sagte ich mir tröstend, in Deutschland könnte dir das genauso passieren. Warum soll eine schlecht bezahlte Verkäuferin mehr Spaß an ihrer Arbeit haben, nur weil sie sie in Frankreich ausüben darf? Nach einer knappen Stunde und einigen, zunächst fehlgeschlagenen, Versuchen unserer supercharmanten Verkäuferin, die Formulare in eine recht simple Computermaske zu übertragen, verließen wir die »Erlebnis-Boutique« der Télécom mit dem befriedigenden Gefühl, dass uns der Besuch eines Monteurs schon für einen der nächsten Tage in Aussicht gestellt worden sei. Nicht ahnend, was uns tatsächlich bevorstehen sollte.

Ein Tag nach dem anderen ging ins Land. Wer nicht erschien, war der Monteur. Nachfragen versandeten in endlosen Warteschleifen eines Callcenters, bei dem man sich sprachgesteuert zur richtigen Adresse durchkämpfen sollte. Leider war der Computer nicht auf Auskünfte oder Beschwerden programmiert, geschweige denn auf Wutausbrüche. Also blieb nichts anderes übrig als der Weg zurück in den Telefonladen. Die passende Gelegenheit war übrigens der nächste arbeitsfreie Samstagvormittag, der mir signalisierte, dass bereits eine Woche sinnlosen Wartens ins Land gegangen war. Unsere »Kettensäge« war natürlich krank. Vermutlich hatten die Eingabeversuche unserer Anträge sie niedergestreckt. Besonders beliebt sind solche Unpässlichkeiten, grippale Infekte oder Störungen des Magen-Darm-Traktes im direkten Umfeld des Wochenendes, von Feier- oder besser noch Brückentagen. Die Vertretung unserer Beraterin besaß die Ausstrahlung einer Zimmerlinde und einen IQ knapp oberhalb der Raumtemperatur. Immerhin heuchelte sie Verständnis für unsere Beschwerde, versicherte, dass ein Antrag nach dem anderen abgearbeitet würde, obwohl man viel zu wenig Personal habe, das auch noch vollkommen überlastet sei. So sei das nun mal in einem ehemaligen Staatsbetrieb. Aber wir sollten die Hoffnung nicht aufgeben. In den nächsten Tagen käme sicher ein Monteur vorbei.

Und tatsächlich, als wir uns schon fast damit abgefunden hatten, den Kontakt zur Außenwelt nur noch mittels Handy aufrechtzuerhalten, und ernsthaft die Anschaffung einer Brieftaube in Erwägung zogen, da klingelte es eines schönen Morgens an der Haustür. Draußen stand ein Mann mittleren Alters und etwas mehr als gut gebräunter Gesichtsfarbe. Er stellte sich als Ali vor, und seinem Akzent war deutlich zu entnehmen, dass er wohl am Fuße des Atlasgebirges Kamele gehütet hatte, bevor ihn die Télécom auf ihre Kunden losließ.

Wo denn die Eingangsbuchse sei?, wollte er sogleich wissen. Eine Frage, die uns als Mieter eines Hauses Baujahr 1777 kalt erwischte. Ich öffnete den Sicherungskasten. Fehlanzeige!

Auch eine eingehende Inspektion des Kellers lieferte keine Nabelschnur zur Außenwelt. Ali wurde sichtlich ungehalten. Und dann beging ich einen Fehler. »Sie müssen doch wissen, wo die Télécom die Leitungen ins Haus gelegt hat«, sagte ich mit einem etwas vorwurfsvollen Unterton. Der Techniker fixierte mich einen Augenblick zu lange, so als ob er in meiner Bemerkung einen leicht rassistischen Zungenschlag suchte. Dann kam seine lang gedehnte Antwort: »*Monsieur, je crois que nous avons un problème. Je reviens demain!* – Mein Herr, ich glaube, wir haben ein Problem. Ich komme morgen wieder.«

Mein Kardinalfehler war, dass ich ihn ziehen ließ, statt mich in den Türrahmen zu werfen, um ihm den Weg zu verbarrikadieren und ihn notfalls unter Androhung körperlicher Gewalt dazu zu zwingen, seine Arbeit zu erledigen. Ali sollte nie wieder erscheinen. Was folgte, war eine weitere Woche mit fruchtlosen Stunden in den Warteschleifen der France Télécom-Callcenter und mehreren erfolglosen Besuchen in der »Erlebnis-Boutique«. Denn dort fühlte sich plötzlich niemand mehr für uns zuständig. Nach Vertragsabschluss müssten wir uns an den *Service après-vente* wenden. Dabei handelt es sich um eine typisch französische Einrichtung, die von allen größeren Firmen unterhalten wird, um lästige Kunden abzuwimmeln, denen man bereits das Geld aus der Tasche gezogen oder sie mit der Unterschrift unter eine Bankeinzugsermächtigung zu lebenslanger Abhängigkeit verurteilt hat. Natürlich ist dieser besondere Kundendienst nach einem Kauf nur über die computersprachgesteuerten Callcenter zu erreichen, also gar nicht.

Mehr als einmal fühlte ich mich in diesen Tagen der Verzweiflung an meine Schulzeit erinnert. Erst jetzt wurde mir klar, warum uns unser Deutschlehrer damals mit Kafkas *Torwächter* gequält hatte. In dieser Parabel sinnentleerter Aussichtslosigkeit bewegen sich die Protagonisten wie in einem Alptraum, anonymen Mächten ausgeliefert, durch ein Labyrinth undurchsichtiger Verhältnisse. Auf genau solch eine Begegnung war ich vor 35 Jahren vorbereitet worden.

Alle Franzosen, die ich um Rat und Hilfe bat, boten mir das gleiche Erklärungsmuster von gesellschaftspolitischer Tragweite: »Die France Télécom ist nun einmal ein ehemaliger Staatsbetrieb.« Die Beschäftigten, besonders die *»cadres«*, was sich am besten mit leitenden Mitarbeitern übersetzen lässt, hätten null Interesse am Geschäftserfolg und der Zukunft des Unternehmens. Wohlgebettet in einer sozialen Hängematte aus Pensionszusage, außertariflichen Leistungen und unversteuerten Naturalzuwendungen, wie Einkaufsgutscheinen, Urlaubsreisen und Restaurantbesuchen, lässt sich der beamtenähnliche Status in einer erträglichen 35-Stunden-Woche genießen. Durch geschickte Verteilung der Wochenarbeitszeit und der Krankenfehlzeiten kann ein cleverer Arbeitnehmer die Kernarbeitszeit auf Dienstag bis Donnerstag reduzieren. Kein Wunder also, dass das Interesse an den 130 Millionen Kunden, die die France Télécom weltweit hat, irgendwo auf der Strecke geblieben ist.

Noch immer hält der französische Staat 22,01 Prozent der Unternehmensanteile, und deshalb atmet das Unternehmen den Geist Napoleons III. aus dem vorletzten Jahrhundert. Aber da es auch bei dem börsennotierten ehemaligen Staatsmonopolbetrieb mit einem Jahresumsatz von 23,7 Milliarden Euro und 206 524 Beschäftigten tatsächlich noch Arbeit zu erledigen gibt, müssen dafür Kräfte gefunden werden. »Outsourcing« heißt hier das Zauberwort, denn um die sogenannten Overhead-Kosten und Pensionsrückstellungen zu vermeiden, setzen Unternehmen wie France Télécom, EDF, SNCF und die anderen staatsnahen Giganten auf Billigkräfte. Ein-Mann-Betriebe, abgespeist mit einem Hungerlohn von sechs bis sieben Euro die Stunde, ohne Kündigungsschutz, ohne qualifizierten Abschluss, ohne Absicherung. Häufig Menschen mit einem »Migrationshintergrund«, wie es in Deutschland aus völlig falsch verstandener politischer Korrektheit inzwischen so schön heißt. Arme Schlucker, die es irgendwann in die Grande Nation verschlagen hat. In Frankreich ist da wenigstens der Sprachgebrauch um einiges ehrlicher:

»*Les Maghrébins, sans papiers, immigrés, illégaux* – Maghrebiner, ohne Papiere, Immigranten, Illegale«. Wobei die Beschreibung meist nicht zutrifft. Denn ein Großteil lebt bereits in der dritten Generation in Frankreich, spricht die Sprache und besitzt einen französischen Pass. Dennoch sind sie bis heute Außenseiter geblieben. Selbst ein Unternehmen wie die France Télécom hat keine Skrupel, solche Ein-Mann-Firmen zu beschäftigen, die für jeden Auftrag einzeln angeheuert werden und damit in keinerlei Beschäftigungsverhältnis stehen. Selbst dann nicht, wenn sie jahrelang für diesen einzigen Auftraggeber nach Telefonkabeln suchen.

Ali war so einer. Zuwanderer der zweiten Generation. Seine Eltern hatte der Algerienkrieg in einen nördlichen Vorort von Paris gespült. Aufgewachsen in einem Frankreich, das in einem *beur* – einem Nordafrikaner dunkler Hautfarbe – noch immer einen Menschen zweiter Klasse sieht. Einen, der sich zeitlebens am Rande der Gesellschaft bewegen muss.

Langsam begann ich zu begreifen, dass ich nicht nur ein Problem mit dem neuen Telefonanschluss, sondern mit den tiefen Gräben der französischen Gesellschaft hatte. Aber wo die Not am größten, ist die Hilfe am nächsten. Eine weitere Kundenberaterin der »Erlebnis-Boutique« erbarmte sich unserer Verzweiflung, nachdem ich die vielen Versuche, erneut einen Techniker für einen Hausbesuch zu gewinnen, ihr gegenüber für gescheitert erklärt hatte. Sie stornierte kurzerhand mit einigen gekonnten Eingaben auf ihrer Computertastatur unseren ursprünglichen Auftrag und schrieb einfach einen neuen aus.

Einen Tag später stand ein anderer Techniker vor der Haustür. Er stellte sich als Mohammed aus Marokko vor. Kaum hatte ich ihm unseren sehnlichen Wunsch nach Telefon-, Fax- und ADSL-Leitung erklärt, hielt er sich nicht lange mit der Suche nach dem nicht vorhandenen Kabelanschluss auf. Er kletterte auf den nächsten Telefonmast, zog mit kühnem Schwung eine Strippe bis zum Haus und tackerte sie flugs über die ganze Breite der Fassade fest. Dann holte er aus seinem Auto eine mächtige Schlagbohrmaschine, trieb ein dickes Loch durch die Außenwand und steckte das Kabel hindurch. An der Innenwand war nach wenigen Minuten vor unseren staunenden Augen eine Steckdose für ein französisches Telefon befestigt, leider nicht kompatibel zu irgendeinem anderen System in Europa.

Dann drehte er sich triumphierend zu mir um und stellte fest: »*Ça y est!* – Das wär's!« Meinen entsetzten Einwand, ich würde den Anschluss nicht im Gästezimmer, sondern am Schreibtisch meiner Frau und in meinem Arbeitszimmer benötigen, wischte er mit einer abfälligen Handbewegung vom Tisch. Dafür wäre er nicht zuständig. Dafür würde er nicht bezahlt. Wir sollten uns gefälligst an den so beliebten *Service après-vente* wenden! Ich war kurz davor, den nächsten Kardinalfehler zu begehen, ihn anzubrüllen, zu argumentieren, dass genau dies in dem Auftrag stünde, mit dem ich vor seiner Nase herumwedelte. Da besann ich mich eines Besseren und erinnerte mich an meine Zeit als Korrespondent in Afrika. Mit gedämpfter Stimme fragte ich, ob er am Samstag denn schon etwas vorhätte und ob er sich vielleicht etwas dazuverdienen wolle? »*Un peu noir?* – Ein bisschen schwarz?«, kam die scheue Rückfrage. Nach meinem zustimmenden Kopfnicken ging ein Leuchten über sein Gesicht. 150 Euro lösten das Problem der Anschlüsse und Steckdosen. Mohammed erschien tatsächlich pünktlich zum vereinbarten Termin, arbeitete mit unternehmerischer Begeisterung und verkabelte das ganze Haus. Ich verkniff mir die Frage, wer das Material dieser Aktion bezahlte.

Aber mit einem Schlag hatte ich einen Schlüssel für das Funktionieren der französischen Gesellschaft erkannt. Während ich bis zu dieser Begegnung geglaubt hatte, Schwarzgeld, Korruption, Steuerhinterziehung und Vetternwirtschaft seien typische Merkmale von Drittweltländern, allenfalls noch im Süden Italiens beheimatet, begann ich zu lernen, dass auf entsprechendem Schmierstoff das gesamte Wirtschaftssystem basiert. »*Un peu noir*« ist die Zauberformel, die das Zusammenleben von Menschen unterschiedlicher Interessen erst ermöglicht. Auf dieser Basis lassen sich nicht nur Geschäftsverbindungen und gesellschaftliche Kontakte knüpfen, sondern wer den Mechanismus begriffen hat, findet damit Freunde fürs Leben. In der Politik und den großen Unternehmen wird das Geflecht von Beziehungen bereits von Kindesbeinen an geknüpft. Während des Studiums an einer *Grande École* bilden sich Seilschaften, die ein Leben lang halten. Man profitiert nicht nur vom eigenen Erfolg, sondern auch von dem seiner Mitstreiter, die einen erst dann fallen lassen, wenn man gegen die Regeln verstößt. Gerne hilft man sich gegenseitig, leistet Gefallen und Gefälligkeiten, um eines Tages die Rechnung dafür wieder selbst einzufordern. In keinem Land, in dem ich je gelebt habe, ist dieses Netzwerk persönlicher Abhängigkeiten so eng gewoben wie in Frankreich, sieht man einmal von Israel ab.

Die Freundschaft, die uns ab diesem Tag mit Mohammed verband und die er mit der Überlassung seiner Mobiltelefonnummer besiegelte, sollte uns nur kurze Zeit später aus unserer nächsten Krise mit der France Télécom retten. Denn ab sofort erhielten wir mit Beginn der normalen Geschäftszeiten im Minutenabstand Telefonanrufe. Es waren Kunden des Postamtes des Nachbarortes Croissy, denen kaum begreiflich zu machen war, warum sie mit Fragen nach den Portokosten für einen Einschreibebrief oder ein Päckchen bei uns an der falschen Adresse waren. Die France Télécom hatte die Nummer schlicht zweimal vergeben. Aber ein Besuch unseres neuen Freundes Mohammed und weitere 100 Euro lösten auch dieses Problem.

»*La France, c'est une République bananière* – Frankreich ist eine Bananenrepublik!«, stöhnte meine elegante Tischdame, als ich mit meiner kleinen Anekdote am Ende war. »Aber Frankreich ist auch wunderbar!« Erst Jahre später sollte mir klar werden, wie recht sie mit ihrer Bemerkung hatte.

Die Kunst des Improvisierens

Wenn Sie in Frankreich überleben wollen, vergessen Sie alles, wonach Sie sich in Deutschland gerichtet haben. Verkehrsregeln, Kommunalverordnungen, DIN-Normen, Lebensmittelrecht, Bauvorschriften und Zahlungsmoral. Unsere Nachbarn kennen so etwas natürlich auch in ähnlicher Form, aber sie gehen ganz anders damit um. Irgendwie viel lockerer. Gesetzliche Normen werden von den Franzosen mehr als Anhaltspunkt und Empfehlung verstanden denn als staatlicher Zwang. Von seiner Grundhaltung her ist der Franzose immer noch Revolutionär, manchmal sogar Anarchist. Obwohl der Obrigkeit scheinbar enormer Respekt entgegengebracht wird, wehrt man sich auf seine Art gegen jede Form staatlicher Gängelung. Passt einem etwas nicht, dann versucht man es sich passend zu machen. Ständig ist er auf der Suche nach der Lücke, die gerade ihm das Abweichen von der Norm ermöglicht. Entspricht beispielsweise eine Baugenehmigung nicht den Vorstellungen des Bauherrn, dann wird dennoch gebaut, und zwar so, wie man das ursprünglich geplant hatte. Der brave Bürger rechnet damit, dass ihm die Behörde dabei nicht auf die Schliche kommt oder dass die Beamten zu faul sind, kleine Verstöße zu verfolgen. Meist behält er recht.

Gleichzeitig fürchtet der Bürger aber den Staat und seine Vertreter. Die Angst vor dem Finanzamt hat fast paranoide Züge. Der lange Arm der Steuerbehörden reicht in jeden noch so kleinen Lebensbereich. Die Panik vor Radarfallen verursacht regelmäßig Auffahrunfälle, weil verträumte Zeitgenossen hinterm Steuer erst im letzten Moment in die Eisen steigen, obwohl Warnschilder schon einen Kilometer vorher darauf hinweisen, dass an dieser Stelle geblitzt wird. Wer in Frankreich zweimal sein Konto überzieht, ist sein Scheckbuch los und erhält nie wieder eine Kreditkarte. Der Staat, in seiner ganzen Schlampigkeit, lässt den Bürger von einer autoritären und streng hierarchischen Exekutive zu einem gewissen Grad entmündigen und bestärkt gerade damit eine latent vorhandene Protesthaltung.

Dabei ist Improvisieren die große Stärke der Franzosen. Im Alltag, in der Wirtschaft, in der Politik. Viele Ergebnisse können sich durchaus sehen lassen. Vieles geht sehr viel schneller, wenn auch nicht immer gründlicher. So verwandelt die Stadtverwaltung von Paris gerne jedes Jahr pünktlich zum Beginn der Sommerferien den Étoile in eine Großbaustelle. Da wird das Pflaster im Eilverfahren neu verlegt, weil spätestens bis Ende August, wenn die Pariser aus dem Urlaub zurückkommen, wieder alles fertig sein muss. Das hält dann zwar auch nur für ein Jahr, aber der Terminplan ist eingehalten.

Wenn Sie in Deutschland eine neue Wohnung beziehen und Ihre Bilder aufhängen wollen, dann können Sie getrost davon ausgehen, dass die elektrischen Leitungen vertikal oder horizontal in den Wänden verlegt sind. Der DIN-Norm sei Dank. Versuchen Sie in Frankreich einen Nagel in die Wand zu treiben, müssen Sie damit rechnen, irgendwo in der Mitte ein Stromkabel zu treffen, weil die dort kreuz und quer verlegt werden.

Franzosen kaufen gerne auf Pump. Niemand wird Sie schräg anschauen, wenn Sie für ein paar Euro die Plastikkarte zücken. Selbst kleinste Beträge werden mit der Kreditkarte bezahlt, ob am Parkautomaten, im Supermarkt oder beim Bäcker. Verfallsdaten auf Lebensmitteln werden häufig durch das Datum des Abpackens ersetzt. Dem Verbraucher bleibt es selbst überlassen, zu beurteilen, ob die Crème fraîche doch nicht mehr ganz so frisch oder die Milch wirklich schon sauer ist. Wenn Sie als Temposünder mit deutschem Kennzeichen geblitzt werden, heißt das noch lange nicht, dass Sie ein Strafmandat auch bezahlen müssen. Ein Datenaustausch zwischen deutschen und französischen Behörden bei Verkehrsverstößen soll ab Frühjahr 2007 stattfinden. Autofahrer, die ein volles Punktekonto haben, setzen alle fünf Jahre auf Neuwahlen. Denn es ist eine schöne Übung in unserem Nachbarland, dass jeder neue Staatspräsident den Verkehrssündern eine Generalamnestie erteilt und alle Punkte mit seinem Amtsantritt gelöscht werden.

Fragt man einen Franzosen danach, wie es ihm geht, wird man selten die Antwort »gut« oder »schlecht« erhalten. Umso häufiger aber hört man dann den Lieblingssatz: *»Ça va, on se débrouille.«* Übersetzt heißt es in etwa so viel wie: »Es geht schon, man schlängelt sich so durch.« Darin steckt eine Lebensphilosophie, die es ermöglicht, sehr viel entspannter mit den Schwierigkeiten des Lebens umzugehen. Eine Beule in der Stoßstange ist kein Drama, sondern gehört zu den Restrisiken des Straßenverkehrs. Wenn etwas schiefgeht, dann verbringt man nicht viel Zeit damit, darüber zu jammern und zu lamentieren, wie es dazu kommen konnte, sondern versucht eine Alternative zu finden. In der Kunst des Improvisierens sind die Franzosen uns um Lichtjahre voraus. Ihre Grundhaltung: »*C'est la vie* – So ist das Leben.«

In Frankreich gehen die Uhren anders

Zu spät kommen ist in Frankreich fast unmöglich. Pressekonferenzen beginnen grundsätzlich mit mehr als einer halben Stunde Verspätung. Wer bei einer Einladung pünktlich vor der Tür steht, läuft Gefahr, einen erschrockenen Gastgeber in Unterhose oder Bademantel aufzuscheuchen. Wer mit dem Glockenschlag erscheint, outet sich entweder als Deutscher oder als Verhaltensgestörter. Zeitangaben sind Annäherungswerte, die mehr als Orientierungshilfe denn als exakte Vorgabe zu verstehen sind. In drei Jahren habe ich es noch nie erlebt, dass bei einem Air-France-Flug tatsächlich zu der Zeit mit dem Einsteigen begonnen wird, die auf der Bordkarte vermerkt ist. Dafür fahren Züge auf die Minute, wenn nicht gerade gestreikt wird.

Bei Empfängen im Élysée-Palast wird das Unvermögen, pünktlich zu erscheinen, von der Protokollabteilung bereits einkalkuliert. Auf den Einladungskarten des Präsidenten ist eine Anfangszeit vermerkt, die 45 Minuten vor dem Erscheinen des Gastgebers liegt. Auch wenn ausdrücklich darauf hingewiesen wird, dass nach dem genannten Zeitpunkt kein Einlass mehr möglich ist, hält sich kein Mensch daran. Aber mit dem Vorlauf von einer Dreiviertelstunde ist wenigstens sichergestellt, dass das Staatsoberhaupt nicht vor leeren Sälen predigt.

Franzosen haben ein ausgesprochen gestörtes Verhältnis zu allen Hilfsmitteln, die der Zeitrechnung und -einteilung dienen. Terminkalender, Uhren oder Taschencomputer engen ihren anarchischen Charakterzug über Gebühr ein. So hat es ein befreundetes Ehepaar zweimal fertiggebracht, bei *Dîner*-Einladungen einen Tag zu früh vor der Tür zu stehen. Für Gast und Gastgeber eine gleichermaßen komische Situation.

Das Jahr in Frankreich fängt übrigens mit dem Schulanfang im September und endet im Mai. Wer also nicht bis zum 30. April erledigt hat, was er sich vorgenommen hat, kann es vergessen, es nach diesen Termin noch geregelt zu bekommen. Weil das für den Franzosen natürlich besonders anstrengend ist, besteht der Mai hauptsächlich aus Brückentagen. Der 1. Mai, der Tag der Arbeit, gefolgt vom 8. Mai, dem Tag der deutschen Kapitulation 1945, und dem 29. Mai, Christi Himmelfahrt. Drei von vier Wochenenden dauern in der Regel vier ganze Tage. Kombiniert man das Ganze mit der 35-Stunden-Woche, bleibt in der Tat nicht mehr viel Zeit für Arbeit übrig. Im Juni sieht es nicht sehr viel anders aus. Allerdings sammeln viele gerne ihre Überstunden und freien Tage über das Jahr an und nehmen Ende Juli eine Woche vor ihren großen Ferien frei. Im Juli und August passiert in Frankreich ohnehin nicht mehr viel. Erst mit der *rentrée* im September beginnt das normale Leben wieder.

Wenn die Feiertage im Mai ausnahmsweise einmal schlecht verteilt sein sollten, dann ist der Monat ein beliebter Zeitpunkt, um zu streiken. Die Gewerkschaften haben aus den schlechten Erfahrungen der vergangenen Jahre gelernt und legen prinzipiell Streiktage nicht mehr in das Umfeld von Wochenenden. Das hindert aber niemanden daran, das Wochenende von Freitagabend bis Mittwoch auszudehnen, wenn der Dienstag ein Streiktag ist. Der Montag wird dann einfach blaugemacht oder krankgefeiert.

Vielleicht liegt das gestörte Verhältnis der Franzosen zur Zeiteinteilung daran, dass für sie der Nullmeridian bis zur Washingtoner Meridiankonferenz 1884 quer durch Paris lief. Für die Briten war dagegen schon seit 1734 klar, dass der senkrecht zum Äquator stehende und vom Nord- zum Südpol verlaufende Halbkreis nur durch Greenwich in England gehen konnte. Touristen, die auf den Spuren von Dan Browns *Sakrileg* wandeln, finden den französischen Nullmeridian noch immer in der Kirche von Saint-Sulpice am linken Ufer der Seine in Saint-Germain-des-Prés. Ein Metallstreifen, eingelassen in den Boden und weitergeführt in einem aufragenden Obelisken, zeigt an, von wo aus früher Uhren gestellt und Landkarten vermessen wurden. Der Verlust dieses Privilegs ist wohl nur als Spätfolge der Niederlage Napoleons bei Waterloo zu erklären. Davon haben sich die Franzosen nie erholt und führen deshalb ihren kleinen Privatkrieg gegen die Zeit. Da das aber mit System geschieht und man sich auf die Verspätungen verlassen kann, stört es niemand und funktioniert trotzdem irgendwie.

Chiracs Erbe – die Sklerose der Fünften Republik

Machtkampf auf offener Wiese

Monsieur le Président hält Hof. Der 14. Juli 2006, Nationalfeiertag. Über fünftausend geladene Gäste im Garten des Élysée-Palastes haben nur ein Thema: »Wann erklärt er sich? Wann wird er verkünden, dass er nicht mehr antritt? Wann geht er endlich?«

Es ist ein glühend heißer Tag. Nach zwei Stunden müssen die Rettungssanitäter sich schon um so manchen kümmern, dem die Kombination aus Champagner, Rotwein und Sonne nicht bekommen ist. Die, die hier versammelt sind, sollen ein repräsentativer Querschnitt der französischen Gesellschaft sein und sind doch nur der übliche Hofstaat: Diplomaten, Militärs, Journalisten, Spitzenbeamte aus den Ministerien, hohe Funktionäre und Parteigänger aus Paris und der Provinz.

Vom Gastgeber fehlt noch jede Spur. Er gibt den beiden großen französischen Fernsehanstalten das traditionelle Interview zum Nationalfeiertag. Für die letzten Monate seiner Amtszeit verspricht Jacques Chirac seinem Volk zahlreiche Neuerungen. Vor den Wahlen will er noch tatkräftig Politik machen. »Es ist nicht die Zeit, um auf meine Verdienste zurückzublicken. Es ist Zeit für Taten«, sagt der zu diesem Zeitpunkt Dreiundsiebzigjährige. Er hoffe auf einen starken Rückgang der Arbeitslosigkeit im kommenden Jahr. Er kündigt eine Reform des Justizsystems an und stellt eine Senkung der Lohnnebenkosten für

Unternehmen in Aussicht. Mit großer dramatischer Geste versucht er seine Landsleute noch einmal darauf einzuschwören, ihm zu folgen. Hört man genau hin, klingt das irgendwie hohl, wie das Pfeifen eines Kindes im Walde.

Zu einem Nachfolger äußert sich Chirac nicht. Diese Frage stehe nicht auf der Agenda, bemerkt er lediglich, und ob er selbst noch einmal kandidieren werde, das wolle er im ersten Trimester 2007 beantworten.

Nicolas Sarkozy nutzt die Abwesenheit des Präsidenten und gönnt sich einen kurzen Auftritt im Garten des Élysée-Palastes. »Er nimmt schon mal Maß«, munkeln die anderen Gäste, »wann er den Alten am besten absägen kann.« An der Seite des ehrgeizigen Innenministers seine Frau Cécilia, die ihm kurzfristig abhanden gekommen war. Er grüßt freundlich nach links, schüttelt rechts eine Hand, und hinter seinem maliziösen Lächeln verbirgt er seine Überlegungen, welcher Chirac-Getreue sich nach der nächsten Wahl im Ruhestand oder auf der Straße wiederfinden wird. Sarko hat Zeit, obwohl er lange gebraucht hat, das zu kapieren. Noch zwei Jahre zuvor hatte er den Präsidenten in seinem eigenen Vorgarten provoziert und herausgefordert. Während Jacques Chirac 2004 sein offizielles Interview gab, versammelte Sarkozy Kamerateams auf der grünen Wiese im Park des Élysée-Palastes und bekräftigte seinen Anspruch auf das Präsidentenamt. Er forderte, dass der französische Präsident, nach amerikanischem Vorbild, nur einmal wiedergewählt werden kann, und schlug eine Zwangspensionierung für Politiker ab einem bestimmten Alter vor. Auch wenn er den Namen Chirac nicht in den Mund nahm, wusste doch jeder, wer damit gemeint war. Als sich Jacques Chirac an die Nation wandte, stänkerte sein Minister draußen über den geriatrisch verbrauchten Führungsstil.

»Wenn ein Politiker alles gegeben hat, was er konnte, für sein Land, für seine Stadt oder seinen Wahlkreis, dann ist es weise, die Zahl seiner Amtsjahre zu begrenzen, um den anderen Platz zu machen.« Dieses Zitat von Nicolas Sarkozy ist verbrieft.

Der beleidigten Majestät platzte schließlich der Kragen. Chirac spürte den Atem seines Verfolgers im Nacken, und er schlug zurück. »Es gibt keine Differenzen zwischen mir und dem Finanzminister, aus einem ganz einfachen Grund. Ich entscheide, und er führt meine Wünsche aus.«

Sarkos Antwort ließ nicht lange auf sich warten. Vom nächsten Titelbild der *Paris Match* grinste er jugendlich, sonnengebräunt, an der Seite seiner attraktiven Frau. »Bereit zur Schlacht«, lautete die Schlagzeile. Bilder von einem sportlichen Sarko, der mit seinen Söhnen übers Fußballfeld rennt. Härter konnte der Kontrast zum gealterten Präsidenten kaum sein. Die Kriegserklärung lag auf dem Tisch. Am 28. November 2004 übernahm Sarkozy auf dem Parteitag den Vorsitz der UMP, als Machtbasis für die Präsidentschaftskandidatur im Jahr 2007.

Jacques Chirac ist politisch am Ende. Die Franzosen haben längst das Vertrauen in ihn verloren, genauso wie er den Kontakt zu ihnen und damit den Sinn für Realität verloren hat. Die Nachrufe auf seine lange politische Karriere sind geschrieben. Wenn er seinen Stuhl räumt, werden ihm seine Landsleute keine Träne nachweinen. Von den großen Versprechen ist kaum mehr geblieben als eine lange Serie selbstverschuldeter Krisen und Peinlichkeiten. Das Staatsfernsehen »France 2« traute sich 2006, eine zweiteilige Dokumentation über »Chi-Chi« zu senden, vom jungen Wolf zum alten Löwen. Der dritte Teil, der über den überalterten »Problembären«, blieb den Zuschauern erspart, bisher jedenfalls. Wenn Chirac ein letzter Funken von Selbstkritik geblieben wäre, dann dürfte er keine Sekunde ernsthaft daran denken, sich im Frühjahr 2007 um eine dritte Amtszeit zu bewerben. Eine Kandidatur käme einem politischen Selbstmord gleich. Denn was er bei den Wählern mit seiner Weigerung, den Irakkrieg der USA zu unterstützen, an Vertrauen gewonnen hatte, verspielte er durch eine lange Reihe dummer Fehler.

Ein Präsident, der am Ende seiner zweiten Amtszeit einsam und verlassen von den meisten Freunden im Élysée-Palast residiert – so jedenfalls sieht das einer, der ihn lange und gut kennt. Einer, der zum inneren Kreis seiner Vertrauten gehörte.

Franz-Olivier Giesbert hat in seinem Buch *La Tragédie du Président* mit einem Menschen abgerechnet, von dessen sympathischer und pragmatischer Art er einst fasziniert war. In den Zeilen ist die maßlose Enttäuschung zu lesen von einem, der die Menschlichkeit und das Zupackende an Chirac geschätzt hatte. »Jacques Chirac verkörpert den Niedergang Frankreichs«, schreibt Giesbert, »auch wenn seine Vorgänger, François Mitterrand und Premierminister Lionel Jospin, ein gerüttelt Maß dazu beigetragen haben.«

Am 29. November 2006 feiert Jacques Chirac seinen 74. Geburtstag in Riga, fernab aller innenpolitischen Querelen. In der Hauptstadt Litauens geht es beim NATO-Gipfel um ungelöste Konflikte. Afghanistan, Irak, Libanon. Der Präsident ist fein raus. Die Amerikaner stehen in Bagdad kurz vor dem Scheitern der Mission, die die Franzosen nie wollten. Washington macht Druck auf die Deutschen, sich endlich am Hindukusch an Kampfeinsätzen zu beteiligen. Auch da kann Frankreich gelassen zuschauen. Der Präsident weiß, dass es sein letzter NATO-Gipfel sein wird. Er nimmt die Glückwünsche seiner Kollegen entgegen und eine Geburtstagstorte mit roten Rosen. Nur eine Nachricht aus Paris verhagelt ihm den Festtag: Nicolas Sarkozy hat offiziell erklärt, dass er als Präsidentschaftskandidat antreten wird. Wie immer vorschnell und einen Tag früher als vermutet. Er hat dafür nicht einmal eine Entscheidung der Parteigremien der UMP abgewartet. Er will es jetzt wissen, keinen Tag mehr Zeit verlieren im Wahlkampf gegen Ségolène Royal, die neue Powerfrau des linken Lagers. Mit seiner Ankündigung hatte er sich in einem Interview verplappert und sich damit selbst die Schau gestohlen. Denn ursprünglich sollte diese Krönungsmesse des Kandidaten in einer großen zweistündigen Fernsehsendung stattfinden. Aber es ging ihm wohl vor allem darum, den Präsidenten einmal mehr zu desavouieren und möglichen Mitbewerbern aus dem bürgerlichen Lager zuvorzukommen.

»Ich möchte den leisen Bruch«, verkündet Sarkozy und meint damit alles, was vom verkrusteten System Chiracs übrig geblieben ist, außer sich selbst. Sarko kann sicher sein, dass sich diese Zeitenwende in der Fünften Republik nicht lautlos vollziehen lässt.

»Ich will aus Frankreich ein Land machen, in dem alles möglich ist«, fügt er im Sinne einer japanischen Autoreklame vollmundig hinzu. Auch das scheint im Frühjahr 2007 garantiert. Alles wird möglich sein, die Neuauflage eines Präsidenten aus dem bürgerlichen Lager, ein Sieg der Sozialisten, ein Wiedererstarken der Rechten oder die erste Frau im Élysée. Das Rennen ist eröffnet, ausgerechnet am 74. Geburtstag von Jacques Chirac. Der Präsident, der im Sternzeichen des Schützen geboren ist, hat, so scheint es, seine letzten Pfeile verschossen. Nur wenige glauben, dass noch ein letzter Giftpfeil für seinen Verfolger in seinem Köcher schlummert.

Der Niedergang des Systems Chirac – eine Chronologie des Versagens

Stillstand

Hätte man sich im Herbst 2003 in Frankreich aufgeregt, dann allenfalls über die Erhöhung der Zigarettenpreise. Vergessen war der Sommer mit seiner Jahrhundert-Hitzewelle, die 15 000 Tote, vor allem unter alten Menschen, gefordert hatte. Eigentlich hätte danach dem Letzten aufgefallen sein müssen, dass die meisten Krankenhäuser aus dem vorvorletzten Jahrhundert stammen und dass Altenpflege oft noch nicht einmal die Bezeichnung verdient. Aber die Tage wurden kühler und alte Menschen in Heimen haben ohnehin keine Lobby.

Also machten es sich die Politiker in Paris in ihrer Nische bequem. Staatspräsident Chirac tat das, was er am liebsten tat, seit er nach dem Streit in Nizza auf dem EU-Gipfel in Gerhard Schröder einen neuen Verbündeten gefunden hatte. Alle paar Wochen herzliche Umarmungen vor laufenden Fernsehkameras und anschließend ein Gläschen Rotwein oder auch mehr. Jacques Chirac hat sich dabei zumeist lieber ein Bier gegönnt.

Blaesheim-Treffen hießen diese Veranstaltungen, nach einem kleinen Städtchen im Elsass, in dem die beiden ihren Streit begraben und in eine echte Männerfreundschaft verwandelt hatten. Objektiv gesehen war ihnen auch nicht sehr viel anders übrig geblieben, nachdem die Regierungschefs wegen ihrer ablehnenden Haltung zum Irakkrieg in Washington völlig unten durch und auch innerhalb Europas in eine Art selbstverordnete Isolation geraten waren.

Nizza hatte übrigens ein Gutteil des Fundaments der heutigen Probleme in Europa gelegt. Das Unvermögen, sich auf gemeinsame Spielregeln zu verständigen, bevor der Club erweitert wurde, sprich: eine vernünftige Verfassung vor der Aufnahme neuer Mitglieder zu verabschieden, hat den Stillstand verursacht, der die Gemeinschaft bis heute lähmt.

Tage der Patrioten

Das Jahr 2004 stand im Zeichen des Patriotismus. Innenpolitisch bewegte sich nicht viel, die Probleme blieben, wie sie waren, und genauso ungelöst. Gegen die Arbeitslosigkeit fand die Regierung kein Rezept, genauso wenig wie in den anderen gesellschaftspolitischen Fragen. Im Streit um das Tragen von Kopftüchern und religiösen Symbolen zog der Präsident in bester französischer Manier eine einfache Formel aus dem Ärmel. Er verbot es einfach, indem er sich auf die Grundsätze von Freiheit und Gleichheit berief, wohl wissend, dass er damit einen Aufschrei der Muslime in Frankreich provozierte, gegen die sich das Kopftuchverbot in erster Linie richtete.

Als der Streit zu eskalieren drohte, kam der Regierung die weltpolitische Großwetterlage zu Hilfe. Im Irak waren zwei französische Journalisten entführt worden. Ganz Frankreich bangte um ihr Leben und befürchtete ihre Enthauptung. Die Muslime Frankreichs verzichteten auf die Fortführung des Kopftuchstreites und formierten sich wie ein Mann hinter der Regierung. »Wir sind in erster Linie Franzosen und Bürger dieser Republik und dann erst Muslime.« Nicht zuletzt diese Appelle der Islam-Gemeinden und wohl eine üppige Lösegeldzahlung führten im Dezember dazu, dass die Geiseln freikamen. Das Wohlverhalten der französischen Muslime wurde anschließend von den Mächtigen kaum hinreichend gewürdigt.

Die Queen besuchte Paris und bekräftigte die *»Entente cordiale«* zu deren 100. Jahrestag. Von dem herzlichen Einvernehmen der beiden ehemaligen Kolonialmächte, die sich die Welt aufgeteilt und in zwei Weltkriegen als Waffenbrüder Seite an Seite gegen Deutschland gekämpft hatten, war 2004 nicht mehr viel zu spüren. So war die Queen-Visite kaum mehr als eine schöne Geste, denn das Verhältnis zu London ist seit dem Irakkrieg und dem Dauerstreit über die europäischen Finanzen vereist.

Und dennoch kamen sie im Juni alle in die Normandie. Staatspräsident Chirac hatte zum 60. Jahrestag der alliierten Landung geladen, mit großer Inszenierung und ein wenig Hurra-Patriotismus. Veteranen bekamen Orden um den Hals gehängt und mussten sich vom Präsidenten küssen lassen. Die Feier hatte deshalb eine besonders melancholische Note, weil allen klar war, dass zum letzten Mal die Überlebenden von damals dabei sein würden. Der amerikanische Präsident Bush musste einen mehrstündigen Geschichtsunterricht über sich ergehen lassen, bei dem die USA ausnahmsweise nicht die erste Geige spielten. Mit Gerhard Schröder nahm erstmals ein deutscher Kanzler an dieser Feier teil – selbst für einen hartgesottenen deutschen Journalisten ein tief bewegender Moment.

Mit einem anderen Prestigeprojekt hatten die Franzosen weniger Glück. Im Mai war ein Teil des neu erbauten Terminals am Flughafen Charles de Gaulle eingestürzt. Bis heute ist es nicht wieder aufgebaut und muss wohl abgerissen werden.

Im Spätherbst hatte sich Jassir Arafat ausgerechnet ein Militärkrankenhaus bei Paris als Platz zum Sterben ausgesucht, von Frankreichs Regierung herzlich willkommen geheißen, weil die glaubte, damit wieder eine größere Rolle in der Weltpolitik spielen zu können. Und tatsächlich verlagerte sich über Nacht für einige Wochen die Nahost-Berichterstattung an die

Seine und verdrängte die französischen Sorgen nicht nur aus den Schlagzeilen, sondern auch aus der Wahrnehmung.

Höhenflug

Im Jahr 2005 regierten am Ende die Pessimisten, nachdem es zunächst mit großer europäischer Begeisterung begonnen hatte – nicht für die Gemeinschaft, sondern für ein Gemeinschaftswerk. Der Airbus A380 wurde im Januar der staunenden Öffentlichkeit vorgestellt. Die Regierungschefs von Frankreich, Großbritannien, Spanien und Deutschland zelebrierten den Geist der Kooperation. Hinter den Kulissen schwelte indes ein Streit zwischen Deutschen und Franzosen. Dabei ging es um Posten, Macht, Geld und Einfluss in Europas größtem Luft- und Raumfahrtkonzern, der European Aeronautic Defence and Space Company (EADS). Während der neue Riesenvogel im April in Toulouse zum erfolgreichen Erstflug abhob, stritten sich die Topmanager wie die Kesselflicker. Der Konzern kommt seitdem nicht mehr aus den Schlagzeilen. Der Verdacht auf Insidergeschäfte, die Verwicklung von Führungspersonal in die sogenannte Clearstream-Affäre, Fehlplanungen und Konstruktionsfehler ließen die Aktie schließlich ein Drittel ihres Wertes verlieren.

Ein deutsch-französischer Gipfel im April in Verbindung mit dem Airbus-Erstflug ist der letzte Moment, an dem Jacques Chirac noch etwas zu feiern hat. Denn danach folgt eine politische Katastrophe der anderen. Im Mai scheitert das Referendum über die neue EU-Verfassung, was zu einer schweren Regierungskrise führt und zur Ablösung des Premierministers ohne Fortune, Jean-Pierre Raffarin. Er wird das Bauernopfer für Fehler, die der Präsident fast im Alleingang begangen hat, indem er sich auf sechs Monate alte Umfragen verließ und alle Warnsignale in den Wind schlug. Dominique de Villepin, der sich als erfolgreicher Außenminister wegen seines Widerstands gegen den Irakkrieg die Sporen verdient hat und ein enger Vertrauter des Präsidenten ist, rückt an seine Stelle.

»Frankreich ist auf dem absteigenden Ast. Das ist der Untergang der Republik. Wir sind tief in der Krise. Keiner liebt uns. Das alte Europa ist isoliert. Der Untergang der Grande Nation ist nicht mehr aufzuhalten.«

Wer am Morgen nach dem denkwürdigen 4. Juli 2005 in Paris den Kommentatoren der Radiosender lauschte, der musste glauben, unser Nachbar habe in Serie die Schlacht von Trafalgar, den Zweiten Weltkrieg und ein Kolonialreich verloren. Nichts, rein gar nichts schien mehr zu klappen, was Frankreich und sein erratisch handelnder Präsident anpackten, und jetzt auch noch das:

13 Uhr 48, Ortszeit Paris:

Mehr als 10 000 Franzosen stehen vor dem Hôtel de Ville und starren fassungslos auf die Großbildleinwände. Simultan klappen ihre Unterkiefer herunter, als IOC-Präsident Jacques Rogge verkündet: *»La ville est Londres!«*

Dabei war man so sicher gewesen, die Olympischen Spiele 2012 an die Seine zu holen. Dann wären mit einem Schlag die Depression vergessen gewesen, die sozialen Probleme, die Arbeitslosigkeit und die Unfähigkeit der Regierung. Die Spiele in Paris, dafür hatten die Franzosen gekämpft, sich eingesetzt, Herzblut investiert. Endlich waren sie wieder einmal gemeinsam *für* etwas und nicht, wie seit Monaten und Jahren, gegen alles. 87 Prozent standen hinter der Bewerbung von Paris, und niemand konnte sich erinnern, wann ein Projekt jemals solche Zustimmung genossen hatte. Gute Geschäfte, einen Immobilienboom und Horden von Touristen aus aller Welt, davon hatte man geträumt. Raus aus dem Tal der Tränen, wieder ganz vorne mitspielen auf der Weltbühne und allen zeigen, dass man immer noch wer ist. Doch ein Satz und – aus der Traum!

Doch es sollte noch viel schlimmer kommen. Nach dem Tod zweier Jugendlicher brannten im Spätherbst die Vorstädte. Eine verfehlte Integrationspolitik, die Millionen von Zuwanderern an den Rand der französischen Gesellschaft gedrängt hatte, entlud sich in bürgerkriegsähnlichen Zuständen. Nächtelang lieferten sich Jugendbanden mit der Bereitschaftspolizei Compagnies Républicaines de Sécurité (CRS) Straßenschlachten, mit Schäden im dreistelligen Millionenbereich. Und der Präsident schwieg.

Sechseinhalb Millionen Menschen aus dem Maghreb und Schwarzafrika leben inzwischen in Frankreich, teilweise mit französischem Pass, aber zu einem immer größer werdenden Teil als Illegale, ohne Papiere und ohne Zukunft. Die Arbeitslosigkeit unter den jugendlichen Zuwanderern beträgt vierzig Prozent und mehr. Die Sprache ist nicht die Hürde der Integration, denn in den Teilen Afrikas, aus denen sie kommen, wird Französisch gesprochen. Das eigentliche Problem ist, dass der Rest der französischen Gesellschaft diese Menschen jahrzehntelang ignoriert hat und sie immer noch nicht wahrnimmt.

Von der Banlieue in die Innenstädte

Nach den Unruhen in den Pariser Vorstädten im November 2005 wollte Premierminister Dominique de Villepin die Chancen der Jugendlichen verbessern, die eigentlich keine Chance haben. In der Banlieue, wo ein Großteil die Schule ohne Abschluss verlässt, wo dunkle Hautfarbe, arabische Namen und islamischer Glaube den Grundsatz von Gleichheit und Brüderlichkeit auf den Kopf stellen, wo Jugendliche einfach keinen Job finden und damit oft zur Kriminalität verdammt sind, dort wollte Villepin den Hebel ansetzen. Banlieue bedeutet wörtlich übersetzt Bannmeile; historisch gesehen war das der Radius von einer Meile um die Stadt, der noch der städtischen Gerichtsbarkeit unterstand. Heute steht dieses Wort als Symbol für die grauen, anonymen Trabantenstädte, in die sich ihre Bewohner verbannt fühlen.

Arbeitgeber sollten einen Anreiz erhalten, Berufsanfänger einzustellen und auch wieder loszuwerden, wenn sie sich nicht bewährten. Gut gemeint – und das war viel schlimmer als gut.

Wochenlang kämpfte Villepin seinen einsamen Kampf für eine kleine Reform des Arbeitsrechts, die Frankreich scheinbar in den Grundfesten erschütterte. Wieder dauerte es lange, quälend lange, bis sich Präsident Chirac aus der Deckung wagte. Das Gesetz der neuen Erstanstellungsverträge komme, verkündete er im Fernsehen, um Tage später das genaue Gegenteil zu vermelden und damit seinen Premier zum Clown zu machen.

Wohlgemerkt: Nur der Kündigungsschutz für alle Berufsanfänger bis zum 26. Lebensjahr sollte abgeschafft werden, nicht die Bürgerrechte. Studenten, Gewerkschafter, die linke Opposition zogen dagegen im Frühjahr 2006 auf die Straße, prügelten sich mit der Polizei, klammerten sich an den sozialen Besitzstand. Da protestierten Schüler für einen Kündigungsschutz in Arbeitsverträgen, die sie nie bekommen werden, weil es die Arbeitsplätze einfach nicht gibt, zumindest solange eben dieser Kündigungsschutz nicht gelockert werden kann.

Verkehrte Welt: Die Demonstranten sind konservativ, wollen an den schönen Errungenschaften des Sozialstaates festhalten, die der sich längst nicht mehr leisten kann. Die konservative Regierung zeigt Reformwillen und provoziert damit Krawalle, wie sie das Land seit dem Mai 1968 nicht mehr erlebt hat. Und genau bei diesem Vergleich tun sich Abgründe auf. Damals ging eine Generation für Utopien, für eine neue, bessere Welt auf die Straße. Heute ist es die nackte Angst, die sie treibt, vor Arbeitslosigkeit und einer unsicheren Zukunft. Da wundert es wenig, wenn in einer Umfrage 60 Prozent der Jugendlichen angeben, sie wollten am liebsten Beamte werden, mit 35-Stunden-Woche, sozialer Absicherung und Rentenanspruch.

Die Regierung von Jacques Chirac hat abgewirtschaftet. Wäre das gescheiterte EU-Referendum nicht schon Warnzeichen genug gewesen, spätestens der Aufstand in den Vorstädten hätte es sein müssen. Politik mit der Brechstange, ohne vorher einen gesellschaftlichen Konsens herzustellen, ist in einem Land zum Scheitern verurteilt, das reformunwillig, vielleicht sogar reformunfähig ist. Dabei ist die Lust der Franzosen an der Revolution und dem Widerstand gegen die Mächtigen ungebrochen. Wenn die Straße den Takt vorgibt, dann will sie politische Köpfe rollen sehen. Der vorläufige Höhepunkt eines Dramas mit wenig Helden, aber vielen tragischen Figuren. Der alternde Staatspräsident, der sich an seinen Stuhl klammert, der Premier, für den es ums politische Überleben geht, der Innenminister in der Rolle des Königsmörders, stets bereit, sich seiner Rivalen mittels Dolchstoß zu entledigen.

Im Herbst 2006 hat das Schaulaufen der potenziellen Präsidentschaftskandidaten begonnen. Selbst die tot geglaubte Linke erlebte ihre Wiederauferstehung, im Schulterschluss mit den Gewerkschaften. Denn dank des Gesetzes über die Erstanstellungsverträge hat sie endlich wieder ein soziales Thema, an dem sich alte Klassenkampfparolen abarbeiten lassen.

Am Ende könnte der Schurke im Regierungslager all seine Konkurrenten beseitigt haben und müsste doch den Präsidentenstuhl den Sozialisten überlassen. Vielleicht werden sich sogar die alten Gaullisten, die Anhänger Chiracs und Dominique de Villepins zusammenrotten, um den zu verhindern, den sie noch mehr verabscheuen als einen Linken im Élysée-Palast: Nicolas Sarkozy.

Leben auf der politischen Achterbahn

»Jacques im Glück«, so nannten ihn seine Landsleute früher. Heute fällt nur den Kabarettisten zu diesem Präsidenten noch etwas ein. Als »Guignol« – als Gummipuppe in der täglichen Kurzsatire auf CANAL+ – ist er unschlagbar. Die bitterböse Filmkomödie »In der Haut des Präsidenten« zeichnet einen eitlen, selbstverliebten Volltrottel im Élysée-Palast. Wirklich gerecht wird das dem Lebenswerk von Jacques Chirac nicht. Sein Leben auf der politischen Achterbahn hat viele Facetten, Höhen und Tiefen. Er musste dreimal Anlauf nehmen, bis sein Traum vom Präsidentenamt wahr wurde. Dann verfolgten ihn die Finanzaffären aus seiner Zeit als Pariser Bürgermeister. Und die eigene neogaullistische Partei wollte partout nicht ihr Image als heillos zerstrittener Haufen ablegen.

Doch das alles ist für Jacques Chirac Vergangenheit. Als ihn der etwas jüngere Sozialist Lionel Jospin 2002 im feinen Pariser Élysée-Palast ablösen wollte, mochte der Präsident nicht so gern an sein Alter erinnert werden. Nun steht er am Ende seiner jahrzehntelangen Karriere. Braun gebrannt, ständig gut erholt, kämpft er gegen das Alter und die immer deutlicher zu Tage tretenden Spuren von Krankheit. Ein Blutgerinnsel hinter dem rechten Auge, das ihn im Herbst 2005 ins Krankenhaus zwang, war wohl um einiges schlimmer, als zunächst vermutet, obwohl er das offiziell nie zugegeben hat. Aber die meisten unabhängigen Ärzte sind sich sicher, dass sich dahinter ein kleiner Gehirnschlag verborgen hat.

»Jacques im Glück«, das war einmal. Die Franzosen bescherten dem Konservativen lange eine kaum zu erschütternde Position. Der Vollblutpolitiker und gewiefte Taktiker fühlte sich nach dem zweiten Wahlgang am 5. Mai 2002 unschlagbar. Gegen den überraschenden Gegenkandidaten Jean-Marie Le Pen aus der rechtsextremen Ecke bekam er bei seiner Wiederwahl das seit Jahrzehnten beste Resultat eines Kandidaten. 82,06 Prozent, ein Traumergebnis, aber nur, weil bürgerliche und linke Wähler nach dem ersten Wahlgang plötzlich das Schreckgespenst eines rechtsradikalen Präsidenten vor Augen hatten. In dem Sog verschafften ihm die Franzosen danach eine satte absolute Parlamentsmehrheit. »So viel Harmonie war selten«, lobte *Le Figaro* ihn und seinen Premierminister Jean-Pierre Raffarin.

1995, als Chirac zum ersten Mal Präsident wurde, war noch vieles anders. Frankreich hatte mit riesigen Finanznöten zu kämpfen, und die Gewerkschaften brachen den Konflikt an allen Fronten vom Zaun. Am Anfang erhielt Chirac in den Umfragen Bestnoten. Er wollte die Straßen sicherer machen und der Kriminalität zu Leibe rücken.

Aber es dauerte nur wenige Monate, bis der frisch gewählte Präsident und sein damaliger Premierminister Alain Juppé in der Wählergunst unten durch waren. Schuld daran waren harte Einschnitte in der Wirtschafts- und Sozialpolitik, mit denen die Regierung die Konvergenzkriterien für den Beitritt zur Europäischen Wirtschafts- und Währungsunion zu erfüllen versuchte. Es folgte der vielleicht größte Fehler des Politikers Chirac. Um Luft zu bekommen, verlegte er sich auf Neuwahlen. Der Mann, der ihm diesen Floh ins Ohr gesetzt hatte, war Dominique de Villepin, der jetzige Premierminister. Das Ergebnis war, dass die Linke die Parlamentsmehrheit gewann und der sozialistische Premier Lionel Jospin nachrückte. Es folgte die Zeit der zweiten *cohabitation*. Die Konstellation aus bürgerlichem Präsidenten und linker Parlamentsmehrheit, einschließlich Premierminister, ist eine besondere Spielart der französischen Präsidialverfassung, die zumeist zu katastrophalen Ergebnissen führt. Chirac besaß auf diesem Feld jedoch reichlich Erfahrung, war er doch von März 1986 bis Mai 1988 Premierminister in einer solchen Regierung unter Mitterrand gewesen.

Nach dem doppelten Wahlerfolg 2002 wollte sich Chirac – wie nach einem Befreiungsschlag – das Heft des Handels nicht mehr aus der Hand nehmen lassen. In der Außenpolitik fuhr er gegenüber Washington einen harten Kurs in der Irak-Frage, was die Bedeutung der Vereinten Nationen stärken sollte und so ganz nebenbei auch das Image der Vetomacht Frankreich im Weltsicherheitsrat. Kurz darauf erreichte er mit der Gründung der neuen Dachpartei UMP eines seiner wichtigsten Ziele – das zersplitterte bürgerliche Lager wird zur konservativen Volkspartei. Das Trauma, dem Chirac viele persönliche Niederlagen zu Beginn der Achtzigerjahre zu verdanken hatte, schien endgültig überwunden.

Mit dem Doppelsieg eröffneten Frankreichs Bürgerliche eine neue Ära. Und die Franzosen fragten sich, warum ihr jetzt siebzigjähriger Präsident diesmal so überaus schnell daranging, seine Wahlversprechen vom Parlament einlösen zu lassen. Würde er etwa im Jahr 2007 ein weiteres Mal antreten? Jahrzehntelang Abgeordneter und Bürgermeister von Paris, zweimal Premierminister und seit 1995 Präsident, scheint Chirac den Gipfel der Macht so rasch nicht räumen zu wollen. Jedenfalls nicht kampflos und ohne wenigstens sein Feld bestellt zu haben. Und er lässt offen, ob er seinen Hut noch einmal in den Ring wirft. Allen aus dem eigenen Lager, die ihm seinen Stuhl streitig machen wollen, setzt er sich damit selbst als Hindernis vor die Nase. »Er klebt am Stuhl, obwohl er ihn längst nicht mehr ausfüllt«, schreiben Kommentatoren. »Er traut keinem anderen«, sagen seine Parteifreunde. »Er kann einfach nicht aufhören, weil er sonst sofort im Knast landet«, meinen seine Kritiker. Tatsächlich gibt es gegen Jacques Chirac noch immer schwere Vorwürfe wegen illegaler Parteienfinanzierung, als er Bürgermeister von Paris und RPR-Vorsitzender war. Außerdem haben Untersuchungsrichter gegen ihn bis ins Jahr 2001 wegen ungesetzlichen Auftragsvergaben beim öffentlichen Wohnungsbau ermittelt. Und sie interessierten sich auch noch für sehr kostspielige, bar bezahlte Reisen aus politischen, aber auch privaten Anlässen in den Jahren 1992 bis 1995. Chiracs Karriere wäre bereits im Oktober 2001 zu Ende gewesen, wenn das Kassationsgericht nicht die Immunität des Staatschefs für die Dauer seiner Amtszeit bestätigt hätte. Wenige Wochen später schaffte die Nationalversammlung offiziell sämtliche Geheimfonds für den Staatspräsidenten und die Regierung ab. Seitdem sollen die Amtierenden nicht mehr über Millionenbeträge frei verfügen können, ohne parlamentarische Kontrolle und am Fiskus vorbei.

Die Realität sieht bis heute anders aus. Das Budget des Élysée-Palastes, für das keine Rechnung offengelegt werden muss und über das niemand Rechenschaft fordern kann, beträgt heute 31,9 Millionen Euro. Als Chirac anfing, waren es 7,78 Millionen. Sein Vorgänger Mitterrand war mit 3,31 Millionen noch geradezu bescheiden. Das änderte sich unter Chirac mit Höchstgeschwindigkeit. Im Jahr 2001 war die Haushaltskasse des Präsidenten bereits auf 21,2 Millionen Euro angewachsen. Immerhin benötigt der Präsident 963 Sicherheitsbeamte, 33 Gärtner, 15 Fernmeldetechniker und zehn eigene Postbeamte. Ein großer Apparat für einen Einzelnen. Und ein ordentlicher Reptilienfonds für ein großes Krokodil. Die meisten strafrechtlichen Vorwürfe gegen Chirac dürften inzwischen verjährt sein. Aber allein die Gefahr, dass nach seiner Abwahl gegen ihn ermittelt wird, schürt Vermutungen, dass er entweder mit einem potenziellen Nachfolger eine Vereinbarung über eine Amnestie erreicht oder am Wahlabend in einer Maschine nach Marokko sitzen wird.

Echte Feinde, falsche Freunde – das Parteiensystem in Frankreich

Es war an einem heißen Sommertag 2006. Ganz Deutschland feierte das größte Fußballfest aller Zeiten. Menschen, die vehement bestreiten würden, sie seien patriotisch oder gar nationalistisch eingestellt, fuhren mit schwarz-rot-goldenen Fähnchen am Auto durch die Gegend. Dank Klinsmann, Ballack, Poldi, Schweini & Co das Land geeint in einem friedlichen Nationalrausch. Ganz anders die Franzosen, die mit ihrer Nationalmannschaft haderten, weil sie von Sieg zu Sieg stolperte. Da Auslandskorrespondenten bei sportlichen Großereignissen kaum gefragt sind, hatte ich ein paar freie Tage in Deutschland, bis die Redaktionen meinten, sie wollten jetzt auch jubelnde und grölende Franzosen sehen. Also ließ ich mich am Flughafen Straßburg-Entzheim absetzen, um möglichst schnell zurück nach Paris zu kommen.

Im Flugzeug saß neben mir ein freundlicher, älterer und fürchterlich schwitzender Herr. Irgendwie kam er mir bekannt vor. Wir plauderten über die Weltmeisterschaft, Deutsche und Franzosen, Nationalgefühle und Patriotismus, Politik und die bevorstehenden Wahlen. Je politischer unser Gespräch wurde, desto verquerer erschienen mir die Ansichten meines Sitznachbarn. Als er sich schließlich zu der Aussage verstieg, dass man in Frankreich kaum noch von einer Nationalmannschaft sprechen könne, wenn von elf Spielern neun aus Afrika kämen, da wurde mir schlagartig klar, wer da neben mir saß. Kein anderer als Jean-Marie Le Pen, der Vorsitzende der rechtsextremen *Front National* (FN). Der Mann, der im ersten Wahlgang 2002 die anderen Kandidaten und die Mehrheit der Franzosen das Fürchten gelehrt hatte, als er mit fast 17 Prozent der Stimmen den sozialistischen Kandidaten Lionel Jospin aus dem Feld schlug und damit Jacques Chirac im zweiten Wahlgang zu einem überwältigenden Sieg verhalf. Le Pen, immer wieder für Wirbel und Überraschungen an den Wahlurnen gut, will im April 2007 antreten. Beobachter trauen ihm auch diesmal ein deutliches Ergebnis zu: »Irgendwo zwischen acht und achtzehn Prozent.« Das sind Stimmen, von denen Nicolas Sarkozy möglichst viele abfischen möchte, und deshalb bedient er diese Wählerschicht mit populistischen Parolen. Als Kämpfer für »Law and Order« spielt er dabei geschickt mit den Ängsten der Franzosen.

Das bürgerliche Lager teilte sich lange Zeit in die neogaullistische RPR – *Rassemblement pour la République* – und die liberal-konservative UDF – *Union pour la Démocratie Française* –, die wiederum selbst ein Bündnis kleinerer liberaler Parteien ist. Ein verheerendes Wahlergebnis für die Neogaullisten im Jahr 1997 brachte Bewegung in die Parteienlandschaft. Die RPR zerfiel in eine Reihe kleinerer Parteien. Erst kurz vor den Wahlen 2002 machte der Einigungsdruck den erneuten Zusammenschluss der Neogaullisten mit anderen, kleineren konservativ-liberalen Parteien zur UMP – *Union pour un Mouvement Populaire* – möglich, die Jacques Chirac zum Sieg trug. An der Spitze der UMP steht seit November 2004 Nicolas Sarkozy. Jacques Chirac hatte nach dessen Wahl zum Vorsitzenden diesen parteiinternen Rivalen aus dem Kabinett entfernt, indem er ihn vor die Wahl stellte, entweder Kabinett oder Parteivorsitz. Aber der Präsident, der zunehmend Schwäche zeigte, musste Sarkozy wenige Monate später wieder ins Kabinett aufnehmen, als Innenminister.

Von der alten RPR ist noch eine unabhängige Gruppe mit sieben Abgeordneten und einem Senator um Charles Pasqua übrig geblieben. Pasqua, ein Résistancekämpfer, hat eine bewegte Vergangenheit. 1981 organisierte er die gescheiterte Präsidentschaftskampagne von Jacques Chirac gegen François Mitterrand. Dann unterstützte er bei den Präsidentschaftswahlen 1995 Balladurs Kandidatur gegen Chirac, in dessen Kabinett er vorher als Innenminister gedient hatte. Schließlich stolperte er über Korruptionsvorwürfe, und nur die Immunität seines Senatssitzes schützte ihn vor Strafverfolgung.

Schließlich ist in der *Assemblée Nationale* noch die MPF – *Mouvement pour la France* – mit zwei Abgeordneten vertreten, die auch drei Senatoren stellt. Ihr Vorsitzender Philippe de Villiers will auch Präsidentschaftskandidat werden. Der nationalkonservative und rechtskatholische Graf hatte es bereits 1995 versucht und damals 4,7 Prozent der Stimmen erhalten. Seinen größten Sieg allerdings erzielte er am 29. Mai 2005 bei der Volksabstimmung über die EU-Verfassung, gegen die er sich vehement stark gemacht hatte. Er kämpft, ähnlich wie Jean-Marie Le Pen, gegen Zuwanderung und Überfremdung und für ein Frankreich der Franzosen. »Der Islam ist der Boden, auf dem der Islamismus gedeiht, und Islamismus ist der Boden für Terror.« Mit diesem Slogan versucht er Stimmen am rechten Rand einzusammeln.

Anders als in Deutschland ist das Parteiensystem der Fünften Republik keine feste Größe. Parteineugründungen, Abspaltungen und Umbenennungen sind keine Seltenheit. Das führt zu gewissen Schwankungen bei Mehrheiten, Konstellationen und Bündnismöglichkeiten. Im linken Lager sind die Parteistrukturen klarer als bei den Bürgerlichen, auch wenn sich das Kräfteverhältnis im Lauf der Jahre zwischen den Parteien erheblich verändert hat. Die Kommunistische Partei war bis Anfang der Achtzigerjahre die bestimmende Größe, die das linke Lager dominierte. Mit dem Niedergang der Kommunisten gewannen die Sozialisten, die PS, an Bedeutung. Und spätestens als Mitterrand die Kommunisten 1981 umarmte und damit erstickte, verdrängte die PS die PCF als wichtigste linke Kraft. 2002 erhielten sie nur noch 3,3 Prozent der Wählerstimmen. Aber auch die PS hat schwere Zeiten gegen die Neogaullisten Chiracs hinter sich. Unter ihrem farblosen Vorsitzenden François Hollande bekamen die Sozialisten politisch so lange kein Bein auf den Boden, bis Chirac und seiner Regierung schwere handwerkliche Fehler unterliefen, die im Frühjahr 2006 zu einer Wiederannäherung zwischen den Sozialisten und dem kommunistisch ausgerichteten Gewerkschaftsbund CGT führten.

Seit 1993 haben sich daneben die französischen Grünen – *Les*

Verts – als dritte Partei im linken Lager etabliert. Bei den Präsidentschaftswahlen 2002 haben sie sieben Prozent der Stimmen gewonnen. Im Parlament stellen sie drei Abgeordnete und vier Senatoren. Am äußersten linken Rand finden sich auch noch die Anhänger der radikalen Linken in der *Parti Radical de Gauche* (PRG) und eine Abspaltung der Sozialisten, die Republikaner- und Bürgerbewegung *Mouvement Républicain et Citoyen* (MRC) von Jean-Pierre Chevènement, der schon vier Ministerämter in diversen Regierungen bekleidete. Bei der Präsidentschaftswahl 2002 erreichte er immerhin 5,3 Prozent der Stimmen, und er hatte ursprünglich angekündigt, auch 2007 wieder anzutreten, dann aber zurückgezogen, um Ségolène Royal zu unterstützen. Daneben existiert eine bunte Vielfalt von kleineren Gruppierungen, die parlamentarisch keine Rolle spielen. Sie reichen von Trotzkisten, Altstalinisten, Maoisten, Anarchisten und militanten Globalisierungsgegnern bis hin zu einer Reihe nur lokal agierender Parteien, die vor allem in den französischen Überseegebieten auftreten.

Auch im außerparlamentarischen Raum gibt es rechts von der Mitte eine Vielzahl von Parteien und politischen Zusammenschlüssen. Allein drei royalistische Parteien, die die Monarchie wiedereinführen wollen, Europagegner und Splittergruppen der *Front National.* Darunter finden sich auch skurrile Vereinigungen wie *Chasse et Pêche*, die sich für das Recht auf Jagd und Fischfang starkmachen, sowie regionale Autonomiebewegungen. Diese sind in Korsika, dem Baskenland, der Bretagne und mit Abstrichen in Südfrankreich von einer gewissen Bedeutung. Außerdem bewerben sich noch einige national-katholische Organisationen.

Alles in allem ist dieses Sammelsurium nicht nur ein Spiegel der französischen Gesellschaft, sondern auch ein Indikator für die wechselnden Konstellationen. An den Neugründungen, Abspaltungen und Zusammenschlüssen lässt sich ablesen, wie sich die politischen Verhältnisse im Lauf der Fünften Republik seit 1958 gewandelt haben, welche persönlichen Beziehungen entstanden und wieder in die Brüche gegangen sind. Immer wieder sind Bündnisse, besonders im bürgerlichen Lager, am persönlichen Ehrgeiz oder den Verfehlungen Einzelner zerbrochen. In Frankreich ist es fast schon die Regel, dass der Freund von gestern der Gegner von morgen ist.

So darf es niemand wundern, dass bei den Präsidentschaftswahlen 2007 immerhin 27 Kandidaten antreten werden. Im Jahr 2002 waren es nur 16. Denn bewerben kann sich jeder Franzose, der mindestens 500 Unterschriften von gewählten Funktionsträgern aus wenigstens 30 Départements beim Wahlleiter einreicht. Dazu gehören Bürgermeister, Mitglieder in Regionalparlamenten, Senatoren und Volksvertreter in halbstaatlichen Organisationen. Nicht dazu zählen Mitglieder der Exekutive und der Jurisdiktion, die von Ministern oder vorgesetzten staatlichen Behörden ernannt werden, wie Präfekten, Richter oder Staatsanwälte.

Dennoch begünstigt dieses Verfahren die größeren etablierten Parteien. So hat es der rechtsradikale Jean-Marie Le Pen regelmäßig schwer, die notwendigen Unterschriften außerhalb seiner Hochburgen zusammenzukratzen. Am Ende wird das Rennen, das 2007 eine Kopf-an-Kopf-Entscheidung zwischen Royal und Sarkozy verspricht, unter den beiden Spitzenbewerbern der großen Parteien ausgemacht. Aber die Unterlegenen des ersten Wahlgangs können sich mit Empfehlungen für den einen oder anderen Kandidaten vielleicht ein späteres Regierungsamt sichern.

Ist Frankreich eine Republik?

Auch wenn es in der Verfassung steht, Frankreich tut nur so. Die Buchstaben *R. F.* prangen zwar an jedem öffentlichen Gebäude; die schmucken Soldaten, die den Sitz des Präsidenten zieren, heißen Republikanische Garde; die Franzosen teilen ihre jüngere Geschichte in Republiken ein, inzwischen sind sie bei der Fünften angelangt. Aber tief in ihrem Herzen sind sie keine Republikaner. Sie sehnen sich nach Pomp und Gloria. Sie klammern sich an Relikte, die aus der Zeit absoluter Herrscher stammen. Sie kultivieren Traditionen aus dem vorvorigen Jahrhundert. Alles, was an Frankreich groß und wichtig ist, kommt aus der Vergangenheit, eben aus vorrepublikanischer Zeit. Entsprechend werden liebgewonnene Rituale gepflegt und gehätschelt. In feinen alten Familien ist es noch immer gang und gäbe, dass Kinder ihre Eltern mit dem formellen »Sie« ansprechen. In vielen Schulen stehen die Schüler selbstverständlich auf, um den Lehrer zu begrüßen, wenn er das Klassenzimmer betritt. Kleiderordnung und Umgangsformen werden hochgehalten. Bei Bewerbungen für leitende Positionen ist die Beherrschung von Benimmregeln mindestens genauso wichtig wie eine entsprechende Qualifikation. Schlechtes Benehmen mit demokratischer Freiheit zu erklären geht in Frankreich nicht durch. Das gilt übrigens in konservativen Kreisen genauso wie bei Linken.

»Republik« kommt aus dem Lateinischen. Gemeint ist mit der *res publica*, der »öffentlichen Sache«, eine Staatsform, in der sich das Gemeinwesen am Gemeinwohl orientiert und kein Monarch vorhanden ist. Sie wird daher als Gegenmodell zur Monarchie verstanden. So gesehen, fällt es schwer, Frankreich unter diesen Begriff einzuordnen, weil das Präsidentenamt mit einer solchen Machtfülle ausgestattet ist, dass dem Amtsinhaber eigentlich nur noch die Krone und die Vererbbarkeit des Thrones fehlen. Politik orientiert sich meist nicht am Gemeinwesen, geschweige denn am Gemeinwohl.

Frankreich zerfällt in eine Klassengesellschaft, die sich trotz der Revolution von 1789 eine Oberschicht aus Adel, Industrie, Finanzwesen und Großgrundbesitz erhalten hat, vertreten von Politikern, die fast ausschließlich in einem System von Eliteschulen und Kaderschmieden ausgebildet werden und zu einem Gutteil engste Verflechtungen zur staatsnahen Industrie oder den Banken unterhalten. Ein über Jahrzehnte gewachsenes System von persönlichen Bekanntschaften, Verbindungen und Gefälligkeiten in fast allen Bereichen des öffentlichen Lebens sorgt dafür, dass dieses Netzwerk bestehen bleibt und sich immer wieder selbst erneuert. Knapp 10 Prozent der Franzosen gehören zu dieser Oberschicht, die über die Geschicke der restlichen 90 Prozent bestimmt. Das heißt nicht, dass sich dieses System außerhalb jeder demokratischen Kontrolle und Legitimation befindet, da sich seine politischen Exponenten auf allen Ebenen immer wieder zur Wahl stellen. Aber Frankreich besitzt eine Gesellschaft, die von republikanischen Prinzipien weit entfernt ist.

Und über allem schwebt der Staatspräsident, dessen Macht in einer Demokratie nur vom Staatschef der USA übertroffen wird. In einem Volksentscheid votierte am 24. September 2000 eine große Mehrheit für eine Verkürzung der Amtszeit von sieben auf fünf Jahre. Das *Quinquennat* hatte der frühere Staatspräsident Giscard d'Estaing im Frühsommer 2000 vorgeschlagen. Präsident Chirac, der eigentlich ein Gegner dieser Begrenzung war, geriet in der öffentlichen Meinung so unter Druck, dass auch er sich der parteiübergreifenden Initiative für die Verfassungsreform anschloss. Damit brach Frankreich mit dem sogenannten *Septennat*, der Amtszeit von sieben Jahren, die eine immerhin 134-jährige Tradition gehabt hatte. Das Referendum selbst wurde von weiten Teilen der Bevölkerung boykottiert und als Protestvotum gegen den neogaullistischen Amtsinhaber Jacques Chirac und die Linksregierung des sozialistischen Premierministers Lionel Jospin genutzt. Mit einer Wahlbeteiligung von nur 30 Prozent war die Stimmenthaltung bei diesem Volksentscheid so hoch wie noch nie in der Fünften Republik.

Die heute gültige Verfassung stammt aus dem Jahre 1958. Ein Maßanzug, den sich General de Gaulle auf den Leib hatte schneidern lassen. Sie etablierte die Fünfte Republik als eine parlamentarische Demokratie mit semi-präsidentiellem Charakter. Der Unterschied zwischen einem parlamentarischen und einem präsidialen System besteht in der Stellung und Kompetenzverteilung zwischen dem Staatsoberhaupt und dem Parlament. Das klassische Beispiel für ein präsidiales Regierungssystem sind die USA. Dort ist das Staatsoberhaupt, als Chef der Exekutive, vom amerikanischen Parlament, dem Kongress, unabhängig. Dagegen ist die Bundesrepublik das Musterbeispiel eines parlamentarischen Systems, weil die Regierung vom Parlament abhängig ist und sich in ihren Handlungen vor den Abgeordneten verantworten muss.

In Frankreich lässt sich die Rollenverteilung zwischen Parlament und Staatsoberhaupt keinem der beiden Typen exakt zuordnen. So ist die Exekutive, repräsentiert vom Präsidenten der Republik, vom Parlament unabhängig, da er direkt vom Volk gewählt wird. Aber die Regierung wiederum ist vom Parlament abhängig und ihm rechenschaftspflichtig. Die französischen Bürger wählen ihre Abgeordneten nach dem Mehrheitswahlrecht. In der Assemblée Nationale sind insgesamt 577 Abgeordnete vertreten. Das Mehrheitswahlrecht gewährleistet stabile Regierungen. So genügten der herrschenden Regierungspartei UMP bei den Wahlen 2002 lediglich 33,7 Prozent der landesweit abgegebenen Stimmen, um eine satte Mehrheit von 357 Abgeordneten zu erreichen. Die Opposition bringt es knapp auf die Hälfte. Während jeder französische Bürger mit 18 Jahren wählen kann, muss ein Kandidat für die *Assemblée Nationale* 23 Jahre alt sein.

Die Verfassung hat in Frankreich nicht die herausragende Bedeutung, die sie beispielsweise in den Vereinigten Staaten oder mit Abstrichen auch in der Bundesrepublik genießt. Sechzehn verschiedene Verfassungen seit dem 3. September 1791 beweisen, dass die Franzosen sich weit weniger über ihr Grundgesetz mit ihrem Staat identifizieren als über andere Symbole. Wichtiger als die Verfassung sind die Insignien der Republik, die seit der Französischen Revolution gepflegt werden. Dazu gehören die Trikolore, die Nationalhymne Marseillaise und Marianne als Verkörperung der Republik.

Der Präsident nimmt als Staatsoberhaupt und Chef der Exekutive eine zentrale Stellung innerhalb des politischen Systems ein. Formal teilt er sich seine Kompetenzen mit dem Premierminister. Dabei sollte der Premierminister die Gestaltung der Innenpolitik – wie beispielsweise die Sozialpolitik oder die Wirtschaftspolitik – übernehmen und dem Staatspräsidenten, der auch Oberbefehlshaber der Streitkräfte ist, die Gestaltung der Außenpolitik überlassen. In der Praxis der Fünften Republik hat seit Charles de Gaulle immer das Staatsoberhaupt das letzte Wort. Der Premierminister bleibt der Handlanger für die politischen Ziele des Präsidenten und der Prügelknabe für seine Fehler. Nur in Zeiten der *cohabitation* verschieben sich die Gewichte. Denn im Normalfall hat der Präsident im Parlament eine eigene Mehrheit, sodass die Regierung und der Premierminister aus dem gleichen politischen Lager kommen wie der Staatschef. Bildet sich aber im Parlament eine andere Mehrheit – wie es beispielsweise von 1997 bis 2002 mit dem neogaullistischen Präsidenten Jacques Chirac und dem sozialistischen Premierminister Lionel Jospin der Fall war –, so entsteht eine Konstellation, die auf gegenseitiger Duldung basiert und zwangsläufig zu Konflikten führt, die nicht mit »Großen Koalitionen« in Deutschland vergleichbar sind. Zu den wichtigsten Kompetenzen des Präsidenten zählen die Auswahl und Ernennung des Premierministers, die, auch vorzeitige, Parlamentsauflösung und vor allem der Vorsitz im Ministerrat. Damit verfügt er über ein wichtiges Instrument zur Politikgestaltung, denn sämtliche Entscheidungen sowie die in Frankreich besonders bedeutsamen Verordnungen der Regierung müssen von ihm gegengezeichnet werden. Die Regierung kann in all jenen Fällen, in denen die Verfassung nicht ausdrücklich einen Parlamentsvorbehalt formuliert, gesetzesgleiche Verordnungen erlassen. Damit hat die Exekutive einen viel größeren Handlungsspielraum als in anderen demokratischen Ländern.

Eine Amtsenthebung des Staatschefs durch das Parlament oder die Regierung ist selbst bei schweren Verstößen in der Verfassung nicht vorgesehen. Der Präsident genießt uneingeschränkte Immunität, was Jacques Chirac jetzt zugute kommt.

Der Premierminister hat das Recht, im Parlament die Gesetzesinitiative zu ergreifen. Seine Stellung innerhalb des Kabinetts ist aber im Gegensatz zum deutschen Bundeskanzler sehr schwach. Denn die Richtlinienkompetenz verbleibt beim Präsidenten. Nach seiner Ernennung durch den diesen kann der Premierminister theoretisch die übrigen Kabinettsmitglieder auswählen und dem Präsidenten vorschlagen. In der Praxis hat auch hier der Staatspräsident das Sagen.

Das Parlament besitzt eine zweite Kammer, den Senat mit 312 Senatoren. In der Dritten und Vierten Republik hatte dieser noch eine herausgehobene Stellung, die mit der Verfassung der Fünften Republik stark abgeschwächt wurde. Beide Häuser des Parlaments spielten früher eine zentrale Rolle im politischen Prozess und waren einflussreicher als die Exekutive. Effektives Regierungshandeln war deswegen nur schwer möglich. Am deutlichsten ist der Bedeutungsverlust des Parlaments an der Verschiebung der Kompetenzen vom Parlament zum Präsidenten ablesbar. Zwar verfügt es immer noch über die Gesetzgebungskompetenz und erhebliche formale Kontrollfunktionen über das Regierungshandeln, die praktische Ausgestaltung dieser Kompetenzen lässt aber vergleichsweise wenig Spielraum. So kann die Regierung durch die umfangreiche Möglichkeit, Verordnungen zu erlassen, das Gesetzgebungsrecht des Parlaments zeitlich begrenzt umgehen. Davon haben Chirac und Villepin in jüngerer Zeit Gebrauch gemacht, als sie während der Unruhen in den Vorstädten den Ausnahmezustand verhängten. Dabei griffen sie auf ein Gesetz zurück, das als Kriegsrecht auf dem Höhepunkt des Algerienkonfliktes verabschiedet worden war, allerdings damals nie angewendet wurde. Auch die Kontrollfunktionen des Parlaments wurden in der Fünften Republik erheblich eingeschränkt. So können zwar Anfragen von Abgeordneten an die Regierung gerichtet werden, und mit Vertrauensfragen oder Misstrauensvoten kann das Parlament die Regierung in Schwierigkeiten bringen. Gerade aber bei dem besonders wichtigen Instrument des Misstrauensvotums sind beträchtliche formale Hürden eingebaut worden, die sich zugunsten der Regierung auswirken.

»*L'état, c'est moi* – der Staat bin ich«, wird als Ausspruch Louis XIV. zugeschrieben. In gewisser Weise gilt das auch heute noch für den französischen Präsidenten.

Frankreichs Herrscher verewigen sich gerne in Monumenten. Am liebsten schon zu Lebzeiten. Dann können sie noch ein wenig des Ruhmes genießen, den das Bauwerk auf seinen Initiator projiziert. Das ist übrigens keine Mode der Neuzeit, damit haben schon vergangene Herrscher ihren Platz im Pantheon der Unsterblichkeit gesucht.

Louis XIV., der Sonnenkönig, hinterließ mit Versailles der staunenden Nachwelt ein Zeugnis absolutistischen Größenwahns. Gott sei Dank, denn würden sonst Jahr für Jahr Millionen von kulturbeflissenen Touristen in den langweiligen, verschlafenen Hauptort des Départements Yvelines vor den Toren von Paris pilgern? Der Bau von Versailles hat Frankreich zwar einst in den Staatsbankrott und damit später in die Revolution getrieben, weil er für die damalige Zeit geradezu unvorstellbare Summen gekostet hatte, aber er vererbte den Franzosen wenigstens etwas Bleibendes. Steuerzahler sollten überhaupt bei der Beurteilung von Großprojekten nicht undankbar auf das viele Geld verweisen, das sie verschlingen, sondern mehr die Investition in die Zukunft sehen. Wenn künftige Generationen auch noch etwas davon haben, ist das Geld oftmals hervorragend angelegt.

Nach dem Sonnenkönig war erst einmal Pause mit Bauwerken zur Erinnerung an persönliche Größe. Denn es folgte alsbald die Revolution, und da waren die Franzosen viel zu sehr damit beschäftigt, ihrer Oberklasse die Köpfe abzuschlagen, als dass noch Zeit für besondere Aufbauleistungen geblieben wäre.

Dann kam allerdings einer, von dessen Reminiszenzen an seine Ruhmestaten ganz Paris voll steht. Der Triumphbogen am Étoile erinnert an die großen Schlachten Napoleons. Die Säule auf der Place Vendôme ist aus den eroberten Kanonen der Schlacht von Austerlitz gegossen. Der Obelisk auf der Place de la Concorde ist Beute des Ägypten-Feldzuges.

Überhaupt, ein Gutteil der antiken Exponate im Louvre haben die Franzosen während der diversen Kampagnen ihres kleinen korsischen Kaisers zusammengeklaut. Unter diesem Gesichtspunkt hat Frankreich Napoleon tatsächlich eine Menge zu verdanken. Städtebaulich tat er sich vor allem damit hervor, dass er eine Nord-Süd- und eine Ost-West-Transversale durch Paris anlegen ließ. Dies hatte allerdings weniger mit Verschönerungsabsichten zu tun, sondern diente dem militärischen Zweck, große Armee-Einheiten möglichst ohne Zeitverlust durch die Hauptstadt zu verlegen. Napoleon hat dem Land auch seine vielen wunderbaren Alleen geschenkt. Denn der Feldherr wusste, dass Soldaten, die im Schatten marschieren, länger durchhalten und größere Tagesstrecken bewältigen.

Die nächste Ära, die bis heute das Stadtbild von Paris prägt, begann unter Napoleon III. 1853 berief er den Juristen und Städteplaner Baron Georges-Eugène Haussmann zum Präfekten von Paris. Er verwandelte das organisch gewachsene, mittelalterliche Stadtbild in eine Metropole des Industriezeitalters. Ein Verkehrsnetz, ein Kanalisationssystem für bessere hygienische Verhältnisse und breite Avenuen, die er wie Schneisen in die alte Bausubstanz schlagen ließ. Pompös musste es sein und praktisch. Das Militär wollte, wie schon Napoleon Bonaparte, Platz für rasche Truppenbewegungen und freies Schussfeld gegen Aufständische. Eine Reaktion auf den Aufstand der Pariser Kommune 1848. Nicht umsonst liefern sich bis heute Demonstranten und Polizei am liebsten auf diesen Boulevards ihre Straßenschlachten. Gegen den Widerstand der traditionsbewussten Pariser und vor allem gegen den Aufschrei der ärmsten Schichten, deren Stadtviertel der Spitzhacke zum Opfer fielen, setzte Haussmann sein Konzept einer modernen Stadt durch. Er schuf die großen, meist achtstöckigen Bürgerhäuser mit prachtvollen, zusammenhängenden Fassaden, die nach ihm benannt sind.

Zur Weltausstellung 1889 entdeckten die Franzosen die Moderne. Gustave Eiffel baute mit seinem Turm sowie dem Grand Palais und dem Petit Palais luftige Stahlkonstruktionen, die damals ihrer Zeit weit voraus waren. So weit voraus, dass die Pariser den Eiffelturm als abstrusen Schandfleck in ihrem

Stadtbild empfanden, was vielleicht ein wenig zu seiner späteren Berühmtheit beitrug. Zeitgenossen sagten über ihn: »Man muss rauf auf den Turm, weil das der einzige Platz in Paris ist, wo man das hässliche Ding nicht sieht.« Es war der dritte Präsident der Dritten Republik Jules Grévy, der sich mit der Entscheidung für die Weltausstellung und damit für den Bau des Turms unsterblich machen wollte. Der Eiffelturm stahl ihm dann aber die Schau. Heute erinnert sich selbst in Frankreich niemand mehr an seinen Namen.

Es folgten der Erste Weltkrieg, die Depression der Zwanzigerjahre und der Zweite Weltkrieg. Zeiten, in denen Frankreichs Herrschenden nicht nach monumentaler Selbstverwirklichung zumute war. Das begann erst wieder in der Fünften Republik. Da dann aber gründlich! Während der große General Charles de Gaulle sich vor allem mit Politik, dem Wiederaufbau und dann auch mit der Aussöhnung mit dem Erbfeind Deutschland beschäftigte und sich damit auch zufriedengab, dass überall in Frankreich der Gefallenen mit ordentlichen Mahnmalen und Soldatenfriedhöfen gedacht wurde, übertrafen sich seine Nachfolger in der Kunst der architektonischen Selbstdarstellung. So haben sie alle bauen lassen. Vor allem Georges Pompidou und François Mitterrand entwickelten sich zu wahren Meistern auf diesem Jahrmarkt der Eitelkeiten.

Pompidou ließ ganze Stadtteile um die alten Hallen einebnen, um Platz für sein Denkmal zu schaffen. Das Centre Pompidou ist ein bemerkenswerter Ausstellungsort für zeitgenössische Kunst. Aber es ist auch ein bemerkenswert hässlicher Fremdkörper in einer harmonisch und historisch gewachsenen Umgebung. Als architektonischer Monolith ragt mit ihm ein einmaliges Zeugnis der siebziger Jahre aus den Dächern von Paris hervor. Aber schön? Für das Centre Pompidou gilt das Gleiche, was die Pariser um 1900 über den Eiffelturm gesagt haben: »Man muss rauf, weil das der einzige Platz in Paris ist, wo man das hässliche Ding nicht sieht.« Tatsächlich gibt es kaum einen schöneren Platz, um den Blick über Paris zu genießen, als die Dachterrasse des Restaurants »Georges«.

François Mitterrand versuchte seinen Vorgänger noch zu übertreffen, und das ist ihm auch gelungen. Der Präsident, dem schon zu Lebzeiten viele Schauermärchen angedichtet wurden, von der Mitgliedschaft in Geheimbünden, Logen und bei den Freimauren bis zu Verbindungen mit sektiererischen Weltverschwörern, hinterließ eine Reihe von architektonisch witzigen, hintersinnigen und symbolträchtigen Bauten. Die gläserne Pyramide im Innenhof des Louvre beispielsweise, die sich im Untergrund fortsetzt, dort aber auf dem Kopf steht. Sie ist der Anfangspunkt einer Achse, die vom Mittelbalkon des Louvre, von dem einst alle Macht ausging, über den kleinen Triumphbogen in den Tuilerien, die Spitze des Obelisken auf der Place de la Concorde, die Champs-Élysées, die Mitte des Arc de Triomphe bis nach La Défense, der einzigen Pariser Wolkenkratzersiedlung, reicht. Dort ließ er den Grande Arche errichten. Ein rechteckiges Hochhaus, dessen Sinn sich dem Betrachter nur an einigen wenigen Tagen im Jahr erschließt, wenn Sonne und Wolken den Himmel über dem Westen von Paris in ein buntes Licht aus rosa-pastellfarbenen Tönen tauchen und dann die Sonne in diesem Bilderrahmen untergeht. Dabei wirkt dieser Riesenbau auf einmal wie ein impressionistisches Gemälde. Vielleicht hat sich Mitterrand von der Mystik der alten Ägypter inspirieren lassen, die in Luxor am Nil ihre Totenstadt, den Ausgangspunkt für die Reise in ein anderes Leben, auf der westlichen Seite des Flusses anlegen ließen.

Fast diametral entgegengesetzt, am anderen Ende der Stadt, hat sich Mitterrand noch mit einem weiteren Denkmal verewigt. Die neue Nationalbibliothek, ein futuristischer Bau, dessen untere Hälfte an eine aztekische Stufenpyramide erinnert. Wenn man ihre Treppen aus Holz von der Seine aus erklimmt, öffnet sich ein riesiger begrünter Innenhof, der zum Verweilen, Ausruhen, Meditieren und Lesen einlädt. Die obere Hälfte besteht aus vier Bürotürmen, in den Ecken platziert und winkelförmig gebaut, wie Buchstützen. Nach innen haben diese vier Winkel gläserne Wände zu den Büroräumen, sodass der Eindruck eines offenen Bücherregals entsteht.

Dann schenkte der sozialistische Präsident dem Volk eine neue Oper an der Bastille, dem Platz, der bis heute symbolträchtig für das Aufbegehren der Franzosen gegen die herrschende Klasse steht. Eine Verbindung zum Sturm auf die Bastille zu schaffen und mit dem eigenen Namen im 20. Jahrhundert zu verbinden, das sollte den Nachruhm sichern.

Der damalige Bürgermeister von Paris und politische Widersacher Mitterrands, Jacques Chirac, war darüber so erbost, dass er dem größten städtischen Theater, dem Châtelet, so viel Geld gab, dass es sich die teuersten Operninszenierungen mit Weltstars leisten konnte. Die Opernfreunde genießen diese Konkurrenz der beiden Bühnen bis heute. Mitterrands intellektuelle Selbstverwirklichung hat den französischen Steuerzahler ein Vermögen gekostet. Aber er hat auch etwas dafür bekommen, etwas, das die Zeit und seinen Urheber überdauern wird. Vielleicht werden die Kritiker eines Tages Unsterblichkeit so definieren.

Jacques Chirac blieb da eher bescheiden. Architektur gehörte nie zu seinen besonderen Steckenpferden. Seine Liebe gilt der Ethnologie, der Völkerkunde. Stundenlang kann er sich über die untergegangenen Kulturen Asiens oder die vergessenen Stämme im hintersten Winkel Afrikas auslassen. Das ist seine wahre Passion. Sein Büro sieht entsprechend aus. Ein Kabinett mit einem Sammelsurium ethnologischer Exponate hoher Qualität. Ob Holzplastik aus Westafrika, olmekische Stein-Stele aus Mittelamerika oder viele weitere Objekte aus den entlegensten Gegenden der Welt, das sind die Dinge, bei denen Chirac ins Schwärmen gerät und plötzlich wirklich etwas zu erzählen hat. Wahrscheinlich hat dieser Präsident seinen Beruf verfehlt und wäre in den verstaubten Asservatenkammern eines Museums viel glücklicher geworden als in der ähnlich verstaubten Pracht des Élysée-Palastes. Wenigstens sein Vermächtnis an die Nachwelt ist konsequent: das Musée Branly am linken Seine-Ufer, einen Steinwurf vom Eiffelturm entfernt. Baukosten schlappe 220 Millionen Euro, ein kleiner Preis für den Platz im Buch der Geschichte. Der hypermoderne Bau des Stararchitekten

Jean Nouvel mit 39 000 Quadratmetern Fläche ist nicht nur architektonisch sehenswert, auch wenn der Aufgang zur Ausstellung viel zu klein ausgefallen ist, sondern auch die Sammlung der 300 000 Exponate dürfte einmalig auf der Welt sein. Für jeden, der glaubt, in Paris schon alles gesehen zu haben, ein absolutes Muss. Nur zwei Dinge sollte man vermeiden. Den Restaurantbesuch auf dem Dach des Hauses, von dem man zwar einen phantastischen Blick auf den Eiffelturm hat, aber auch eine Küche von grauenvoller Qualität zu völlig überzogenen Preisen findet. Und das Verlaufen in Gängen, die nicht zur unmittelbaren Ausstellung gehören. Denn dort bekommt man den Eindruck, in einer Mischung aus Müllhalde und Bauruine gelandet zu sein. Dieser hässliche Einblick wird nur noch durch die Benutzung eines Fahrstuhls übertroffen, der plötzlich im Nirgendwo zwischen zwei Stockwerken hängen bleibt und damit zu einer dauerhaften Falle werden kann, weil natürlich auch das Notrufsystem nicht funktioniert. Irgendwie ist dieser Bau symbolträchtig für den Zustand der Französischen Republik und ihres Präsidenten. Die Fassade ist imposant, die Vorstellung pompös, die Inszenierung beeindruckend, aber wehe, man guckt hinter die Kulissen.

Die Frau an seiner Seite

»Als First Lady habe ich keinerlei persönlichen Ehrgeiz, ich halte mich nicht für Hillary Clinton«, sagt Bernadette Chirac. Sie versteht sich als »Waggon hinter der Lok« und beschreibt damit ihr Rollenverständnis trotzdem nur unzureichend. Bereits seit 1971 ist sie im Rat des Départements Corrèze, wo die Familie Chirac ihre Wurzeln hat. In der 293-Seelen-Gemeinde Sarran, in der die Chiracs auch bei jeder Wahl ihre Stimme abgeben, war sie stellvertretende Bürgermeisterin. »Als Frau eines Staatschefs ist man nicht vom Volk gewählt, also besitzt man auch keine eigene Legitimation zur Ausübung eines öffentlichen Amtes. Man muss sich fügen und gleichzeitig behaupten«, erläutert Frankreichs First Lady das Dilemma, in dem sie sich seit knapp vierzig Jahren an der Seite des Politikers befindet.

Spätestens mit dem Einzug in den Élysée-Palast 1995 hat sich Bernadette Chirac ganz der Karriere ihres Mannes verschrieben. Aber ihre Arbeit als aktive Kommunalpolitikerin hat sie nicht aufgeben. 1979 wurde sie zur Vorsitzenden in das Regionalparlament der Corrèze gewählt und war damit die erste Frau einer solchen Institution in Frankreich.

Trotzdem steht ihr Part im deutlichen Gegensatz zu der Sozialistin Danielle Mitterrand, die sich vierzehn Jahre lang in aller Welt für die Menschenrechte engagierte. Bernadette Chirac sagt gelegentlich ihre Meinung, will jedoch keinesfalls als politische Beraterin ihres Mannes nach außen in Erscheinung treten.

Kennengelernt hat sich das Ehepaar Chirac während des Studiums in der Bibliothek des Pariser Instituts für Politische Wissenschaften. Damals hieß die Tochter eines Geschäftsmanns aus Industrieadel noch Bernadette Chaudron de Courcel. Ein Verwandter war während des Zweiten Weltkriegs im britischen Exil Adjutant und Berater von General de Gaulle. Als Jacques und Bernadette 1956 heirateten, war die praktizierende Katholikin 22 Jahre alt. Noch heute siezt sich das Ehepaar Chirac nach großbürgerlicher Tradition.

Seit mehr als drei Jahrzehnten begleitet Bernadette Chirac ihren Mann in unzähligen Wahlkämpfen. Dabei bemüht sie sich vor allem um die älteren Menschen. Die Präsidentengattin wählt die Anzüge ihres Mannes aus, versorgt ihn mit Taschengeld und verwaltet das Scheckbuch der Familie. Neben den beiden eigenen Töchtern Laurence und Claude hat das Paar seit 1979 auch eine vietnamesische Adoptivtochter namens Anh Dao Duong.

Als Frau des damaligen Bürgermeisters von Paris erfüllte Bernadette Chirac seit 1977 auch soziale und kulturelle Aufgaben und Pflichten. Auf ihre Initiative wurde das Pariser Rathaus von Grund auf renoviert. Sie hat eine Vereinigung für den Studentenaustausch mit osteuropäischen Ländern gegründet und nebenbei noch ein Archäologiestudium abgeschlossen. In ihrem alten Büro im Pariser Rathaus stand neben allerlei Souvenirs eine Kollektion von Schildkröten. »Ein Symbol für mich«, sagt sie belustigt. »Mein Mann macht mir häufig den Vorwurf, ich sei langsam.« Und es war auch »Chi-Chi«, der ihr den Spitznamen »tortue« gegeben hat.

Bernadette Chirac hat zahlreiche Niederlagen ihres Mannes miterlebt und dabei auch einiges wegstecken müssen, politisch wie privat. Ehemann Jacques liebt die Frauen, und die liebten ihn, zumindest als er noch jung war und vor Virilität strotzte. Macht ist ein besonders Parfum. Chirac stand nie im Ruf eines Kostverächters. Ein großer Charmeur, ein *homme à femmes*, der selten etwas anbrennen ließ, wenn sich die Gelegenheit bot, dabei aber sehr diskret und durch und durch Gentleman. Die Pariser Damenwelt gab ihm in seinen Sturm-und-Drang-Jahren den wenig schmeichelhaften Spitznamen *»trois minutes, douche comprise* – drei Minuten, einschließlich Dusche«. Bernadette hat über ihre Ehe nie ein Wort verloren. Sie hat vieles ertragen und hat dabei Haltung bewahrt als *»grande dame«* alter Schule. Aber vielleicht reagiert sie deshalb so allergisch auf alles, was unter den Begriff »Beziehungskrise« fällt. Besonders Nicolas Sarkozy, der ihren Mann offen herausgefordert hat, steht ganz oben auf ihrer schwarzen Liste. »Lieber Ségolène Royal im Élysée als diese Ratte«, wird Bernadette Chirac von Vertrauten zitiert. Zwar gibt es niemand, der diese Äußerung offiziell bestätigt, aber zuzutrauen wäre es ihr. Denn Sarkozy wird nachgesagt, er habe Tochter Claude einmal sehr nahegestanden, aber sie nach kurzer Zeit fallen lassen wie eine heiße Kartoffel. Mütter verzeihen solche Verhaltensweisen nicht.

Die First Lady hat sich längst daran gewöhnt, selbst unter Beschuss zu stehen. Befragungen durch Untersuchungsrichter wegen der extrem hohen Ausgaben des Ehepaars während der Zeit im Pariser Rathaus sind ihr nicht fremd. Schon 1969 hat sie es fertiggebracht, dass der Familiensitz der Chiracs, ein Schloss in der Corrèze, einen Monat nach dem Kauf unter Denkmalschutz gestellt wurde. Damit bezahlte der Staat einen ordentlichen Teil der Renovierungskosten.

Das Urteil von Bernadette Chirac ist gefürchtet. Wer sie zum Freund hat, macht Karriere, aber wehe, du hast sie zum Feind. Sie ist nachtragend wie ein alter Elefant, im Guten wie im Bösen. Manch hoffnungsvolle Laufbahn war zu Ende, wenn sie den Daumen senkte. Dabei ist sie durchaus empfänglich für kleine Aufmerksamkeiten und Schmeicheleien. Ein wohl platzierter Handkuss, ein Kompliment im richtigen Moment wirken bei ihr Wunder. Der deutsche Dokumentarfilmer Gero von Boehm bemühte sich Wochen und Monate um eine Drehgenehmigung im Élysée für die Hochglanz-ZDF-Reihe »Paläste der Macht«. Vergeblich! Erst ein riesiger Blumenstrauß für die First Lady mit einem formvollendeten Bittgesuch öffnete Tür und Tor, und Madame Chirac übernahm persönlich die Führung. Gewusst wie!

Ohne Bernadette wäre Jacques Chirac nie so weit gekommen. Sie hat ihm den Rücken frei gehalten, ihn in seinen Niederlagen gestützt und ihm den Kopf gewaschen, wenn er sich mal wieder in Affären und Skandale verstrickt hatte. In den letzten Jahren war sie eher die Lok, die einen klapprig gewordenen Waggon vor sich her schob. Nach der Schlappe bei den Präsidentschaftswahlen 1988 stellte sie resigniert fest: »Die Franzosen mögen meinen Mann nicht.« Es sollte bis 2006 dauern, bis dieser Satz wirklich zutraf.

Sushi, Sumo-Ringer und maghrebinische Geschichten

Es gibt nicht nur einen wunden Punkt im Leben der Chiracs. Aber es gibt einen, der die beiden besonders schmerzt und der das Ehepaar, trotz diverser Eskapaden, zusammengeschweißt hat. Es ist das Schicksal ihrer ältesten Tochter Laurence. Ein Familiendrama, angeblich ausgelöst durch eine Meningitis. Die Tochter wird im Alter von fünfzehn Jahren magersüchtig. Die Chiracs bemühen die besten Spezialisten – vergeblich. Es folgen fünfzehn Selbstmordversuche. Bei einem springt sie aus dem vierten Stock der Pariser Wohnung, während die Chiracs auf Urlaubsreise in Thailand sind. Danach muss sie Monate im Rollstuhl verbringen. Manche Beobachter vermuten, sie sei bereits gestorben. Auf gemeinsamen Familienfotos lässt Chirac Laurence wegretuschieren, und nach außen tun die Chiracs so, als ob es diese Tochter nicht gäbe.

Vielleicht erklärt das die Bande des Präsidenten zu seiner zweiten Tochter Claude, die seine engste Beraterin im Élysée-Palast ist. Claude hat mit den Männern in ihrem Leben wenig Glück gehabt. Erst heiratet sie Philippe Habert, einen Politologiedozenten, den Jacques Chirac komisch, Bernadette aber völlig unmöglich findet. Pikanterweise ist ausgerechnet Nicolas Sarkozy Trauzeuge. Schon bei dem Hochzeitsempfang kommt es zu einem Eklat, als der frisch gebackene Schwiegersohn den Botschafter von Marokko rausschmeißen will, der einen Teppich, ein Geschenk von König Hassan II., überbringen möchte. Philippe Habert hatte sich nach Berichten anderer geladener Gäste lautstark über die politischen Gefangenen in Marokko ereifert. Nach nur wenigen Monaten Ehe wird die Scheidung eingereicht. Aber bevor es dazu kommt, stirbt der »Herr Schwiegersohn« einen mysteriösen Tod, wie Franz-Olivier Giesbert, ein intimer Kenner der Familie Chirac, in seinem Buch *Die Tragödie des Präsidenten* beschreibt. Eine Blutvergiftung wird bei der Autopsie festgestellt, ein tödlicher Cocktail aus Aufputsch- und Beruhigungsmitteln. Ein Unfall? Oder doch Selbstmord? Jedenfalls ist Claude acht Monate nach ihrer Trauung Witwe. Dann lässt sie ein anderer schwanger sitzen, aber immerhin bekommt Jacques Chirac damit einen Enkelsohn. Nach einem Urlaub strahlt Chirac mit Tochter und Enkel auf einem Foto in der *Paris Match*. Darauf angesprochen, lautet Bernadettes bissiger Kommentar: »Ja ist der Präsident denn Witwer?«

Die Chiracs pflegten immer einen aufwendigen und kostspieligen Lebensstil. Am liebsten auf Staatskosten. Der eigene politische Anspruch, »der Staat muss Bescheidenheit zeigen und die an der Spitze ein Beispiel geben«, galt nicht, wenn es ums persönliche Wohlergehen ging. Im Jahr 2000 Ferien im Luxushotel »Royal Palm« auf Mauritius für 21972 Francs die

Nacht. Zwischen 1992 und 1995 allein 2,4 Millionen Francs für Flüge und andere Reisekosten von Jacques Chirac und seiner Entourage. Dann die »Verpflegungskostenaffäre«, in der das Ehepaar Chirac zwischen 1987 und 1995 fast 14,5 Millionen Francs, was nach heutiger Rechnung 2,21 Millionen Euro entspricht, für Lebensmittel und Tabak auf Kosten des Staates ausgegeben hat. Die Liste ließe sich beliebig fortsetzen, und jeder dieser Skandale ist von der französischen Presse, sehr zum Ärger des Präsidenten, genüsslich breitgetreten worden. Geändert hat dies nichts.

Jacques Chirac hat ein Faible für Japan, seine Küche, seine Traditionen und seine Sumo-Ringer. Wenn man bösen Gerüchten Glauben schenken will, dann auch für die Banken des Inselstaates. Über dreihundert Millionen Euro soll der alternde Präsident auf einem Konto der Tokyo-Sova-Bank verbunkert haben – Bestechungsgelder, die er im Lauf der Jahre gehortet hat. Im Rahmen der »Clearstream-Affäre« will der Geheimdienstgeneral Rondot Unterlagen über diese Bankverbindung gefunden haben. Angeblich hat der Präsident sich ein kleines Sparschwein zur Aufbesserung der kargen Pensionsansprüche angelegt. Selbst wenn an diesem infamen Gerede nichts dran sein sollte, bleibt diese merkwürdige Affinität des Präsidenten für das Land der aufgehenden Sonne. Fünfundvierzigmal hat er es besucht. Vom Fernsehkanal »Eurosport« lässt er sich Kassetten von Sumo-Ringkämpfen in sein Büro im Élysée-Palast schicken, ganze Kisten voll. Mitarbeiter müssen ihn über die Resultate der Sumo-Liga Nippons informieren.

Aber den wirklichen Grund glauben Journalisten schon vor Jahren herausgefunden zu haben. Jacques Chirac führe in Japan ein Doppelleben, habe dort eine inzwischen zwanzigjährige uneheliche Tochter und die Mutter stamme aus dem Umfeld des Kaiserhauses. Eine ähnliche Geschichte gibt es über Chirac auch aus Marokko, wohin er häufig zu Kurzurlauben fliegt. Dort soll es ein unehelicher Sohn sein und die Mutter zur königlichen Familie gehören. Was immer davon wahr ist, keiner kann von Jacques Chirac behaupten, er habe sich nicht um den Anschluss an bessere Kreise bemüht. Für das Bankkonto in Japan kann es allerdings eine ganz einfache Erklärung geben. Jacques Chirac gehört der sechsköpfigen internationalen Beraterjury des »kaiserlichen Preises« an, der jedes Jahr vom Konzern Fuji-Sankei an einen Künstler vergeben wird. Dafür erhält er eine jährliche Aufwandsentschädigung in Höhe von 100 000 US-Dollar, um seine Aufenthaltskosten zu decken. Anständige Hotels in Japan haben schließlich ihren Preis.

Im Dickicht der Affären

Über François Mitterrand wissen die Franzosen längst, dass er neben seiner Ehefrau noch mindestens eine Geliebte, zwei eheliche Söhne und eine uneheliche Tochter gehabt hat. Zu manch anderer Dame wurden ihm äußerst vertrauliche Beziehungen nachgesagt. Wäre er nicht zufällig Staatspräsident gewesen, dann fiele das unter die Rubrik höchst privater Angelegenheiten, die niemanden etwas angehen außer die Beteiligten selbst. So aber musste er zeit seines Lebens den Schleier des Schweigens über sein Privatleben legen, und die Öffentlichkeit war nicht schlecht erstaunt, wer sich da so alles als trauernde Witwe am Grabe Mitterrands versammelte, auch wenn das eine oder andere Bild der Geliebten schon vorher in einer Zeitung aufgetaucht war. Die Franzosen nahmen ihm noch nicht einmal übel, dass er jahrelang seine Zweitfamilie in einer Gästewohnung der Regierung am Quai Branly auf Staatskosten untergebracht und finanziert hatte. Sogar für die Bewachung kam der Steuerzahler auf.

Von Jacques Chirac ist überliefert, dass er in der Nacht des 31. August 1997, als Lady Diana in einem Straßentunnel unter der Place de l'Alma, gehetzt von Paparazzi, bei einem Autounfall schwer verletzt wurde und wenig später im Krankenhaus starb, nicht erreichbar war. Er verbrachte diese Nacht nicht im heimischen Ehebett im Élysée-Palast, sondern irgendwo anders. Nur dieser eine seiner kleinen Ausflüge ist publik geworden, und auch das nur, weil seine Mitarbeiter versuchten, ihn pflichtgemäß zu benachrichtigen. »Woher soll ich wissen, wo mein Mann ist«, beschied Bernadette Chirac den verdutzten Anrufer.

Solche Affären lieben die Franzosen. Jede Woche kann man sie in der Zeitschrift *Paris-Match* nachlesen. Die Geschichten von Prominenten und weniger Prominenten. Aber davon soll hier nicht die Rede sein. Es geht nicht um die unbedeutenden privaten Affären, sondern um die politischen, die den Staat in regelmäßigen Abständen erschüttern, aber fast immer folgenlos bleiben. Es ist nur eine kleine Auswahl der finsteren Geschichten, die sich Frankreichs Führungsriege in den letzten Jahrzehnten geleistet hat. Aber sie ist symptomatisch, um zu zeigen, dass Affären zum politischen System unseres Nachbarlandes gehören wie das tägliche Brot. Manche, die es wert wären, beschrieben zu werden, sind so komplex, dass ihre Darstellung ein eigenes Buch füllen würde. Die Affäre Elf-Aquitaine zum Beispiel, eine unendliche Geschichte, die sich wie ein langer roter Faden durch die französische Politik zieht. Viel ist darüber geschrieben worden, das meiste aber im Dunkeln geblieben. Es gab Anklagen, Prozesse und Verurteilungen, aber nie ist es gelungen, den kompletten Sachverhalt ans Licht zu bringen. Deshalb hier nur die wichtigsten Fakten, die heute als halbwegs gesichert gelten.

Die Krake

Als ich meinen neuen Posten als Korrespondent in Paris antrat, übergab mir mein Vorgänger, der in Pension ging, seinen wertvollsten Schatz. Es war eine eineinhalb Meter lange Papprolle, wie man sie zum Transport von Kunstdrucken verwendet. Mit spitzen Fingern zog er daraus ein riesiges, an vielen Stellen zusammengeklebtes Stück Papier hervor und rollte es auf seinem Schreibtisch aus. Es war eng mit Zahlen, Daten und Diagrammen beschrieben und erinnerte an den Schaltplan eines Atomkraftwerks oder eines hochkomplizierten Computers. »Das ist die Geschichte von Elf-Aquitaine und der deutschen Parteispendenaffäre«, erklärte er langsam in wohlgesetzten Worten, so als ob er mich in das letzte Geheimnis der Druiden einweihen wollte. »Ich habe es nie geschafft, daraus eine Story zu machen. Es gibt einfach viel zu viele offene Fragen. Aber vielleicht willst du dich eines Tages daran versuchen.« Um es vorwegzunehmen, auch ich habe es nie geschafft, mehr zu erfahren als die bekannten Fakten.

Die Geschichte von Elf-Aquitaine geht auf das Jahr 1976 zurück. Damals wurde die Elf-ERAP in Société National Elf Aquitaine (SNEA), später in Elf-Aquitaine umbenannt. Unter dem Elf-Präsidenten von 1989 bis 1993, Loïk Le Floch-Prigent, arbeitete dessen Vertrauter Alfred Sirven als Direktor für Allgemeine Angelegenheiten, zusammen mit André Tarallo als »Monsieur Afrique«, der in Genf eine Filiale als Elf-Aquitaine Internationale (EAI) unterhielt. Über diesen Außenposten wurden große Bestechungsgelder für diverse afrikanische Aktivitäten gezahlt.

Ermittlungen der obersten französischen Untersuchungsrichterin, Eva Joly, deckten eine weitere Tochtergesellschaft in Genf auf, die 1980 gegründete Rivunion, die als Le Floch-Prigents schwarze Kasse in der Schweiz fungierte. Bei der Übernahme der spanischen Raffinerie Ertoil von staatlichen Stellen in Kuwait, die im Zusammenhang mit dem Zweiten Golfkrieg 1990 schnell Geld benötigten, wurde der irakische Milliardär Nadhmi Auchi zwischengeschaltet, der Ertoil nach nur vier Monaten an den spanischen Konzern Cepsa weiterverkaufte, an dem Elf-Aquitaine mit 34 Prozent beteiligt war. Bei der Übernahme wurden angeblich rund 54 Millionen Francs als Kommissionen gezahlt.

Bereits in den Sechzigerjahren wurden Politikern in Afrika große Geldbeträge für Wahlkämpfe, aber auch zur Anschaffung von Waffen zur Verfügung gestellt. Zeitweilig soll Elf die legale Tarnung für nachrichtendienstliche Aktivitäten Frankreichs in Afrika gewesen sein. Le Floch-Prigent drückte es vor Gericht so aus: »1962 überzeugte Pierre Guillaumat General de Gaulle, eine parallele Struktur von Öltechnikern zu schaffen. Durch die Gründung von Elf zusätzlich zu Total erhofften sich die Gaullisten den Aufbau eines Ablegers des französischen Staates in Afrika, einer Art permanenten Ölministeriums, sozusagen eines Nachrichtendienstes in den ölfördernden Staaten.«

Elf bot den gaullistischen Präsidenten die ideale Tarnung und die finanziellen Ressourcen für politische und militärische Operationen in den französischen Interessengebieten Afrikas. Die Vorstände des Ölkonzerns betrachteten die gaullistischen Machthaber als ihre einzigen legitimen Herren und erwarteten deren Rückkehr zur Macht. Dabei finanzierten sie sogar Versuche, die Autorität des nichtgaullistischen Präsidenten Valéry Giscard d'Estaing zu schwächen. Elf bestimmte und entfernte Politiker in Gabun, Kamerun, Angola und im Kongo und streckte seine Tentakel über das ganze frankophone Afrika aus. Selbst in englischsprachigen Ländern wie Nigeria soll Elf großen Einfluss gehabt haben.

In Usbekistan sind Kommissionen an Präsident Islam Karimov geflossen, von denen ein Teil an eine Freundin des damaligen Präsidenten François Mitterrand, die Romanschriftstellerin Françoise Sagan gegangen sein sollen. Deswegen wurde sie angeklagt, erschien aber wegen ihres schlechten Gesundheitszustandes nie vor Gericht. Nach ihrer Darstellung sind die Zahlungen keine Bestechungsgelder gewesen, sondern Geld einer Versicherung, die für den Schaden an ihrem Landhaus gezahlt hatte, das bei einem Brand 1991 teilweise zerstört worden war. Dafür wurde die Schriftstellerin 2002 zu einer Bewährungsstrafe wegen Steuerhinterziehung verurteilt.

Auch in Usbekistan und Venezuela wurden Elf politische Ambitionen nachgesagt. Immer wieder tauchte der Name des bis heute amtierenden Präsidenten von Gabun, Omar Bongo, auf, dessen diskreter Berater kein geringerer als Alfred Sirven gewesen ist. Mit der Hilfe von Omar Bongo erhielt der Ölkonzern Zutritt zur OPEC, beteiligte sich am illegalen Handel mit Atomtechnologie. Omar Bongo kassierte von der Elf-Raffinerie

Sogara in Port-Gentil in Gabun am 21. Januar 1992 persönlich in Libreville in bar 100 Millionen CFA-Francs, der Währung von 14 frankophonen westafrikanischen Staaten.

Alle wichtigen französischen Parteien erhielten von Elf Spenden. In der Ära Mitterrand diente der größte Konzern Frankreichs als Instrument wirtschaftlicher und politischer Einflussnahme Frankreichs im Ausland. Doch anders als seine Vorgänger soll sich Mitterrand nicht auf das nationale Argument beschränkt haben, sondern hat, nach der Clanlogik von Räuberbanden, einen Teil der Beute für seine Partei und seine Gefolgsleute gefordert. Alle Parteien sollten etwas vom Kuchen abbekommen. Im Gegenzug konnten einzelne Vorstandsmitglieder private Vermögen anhäufen. Mitterrand habe sich, so Le Floch-Prigent, laufend über die Zahlungen und den Stand der Verhandlungen unterrichten lassen und die Zahlungen persönlich angewiesen. Dazu seien umfangreiche schwarze Kassen in der Schweiz angelegt worden, die über Liechtensteiner Briefkastenfirmen und Kontaktleute, wie den Deutschen Dieter Holzer, ihre Zuwendungen verteilten.

In Deutschland wurde Elf-Aquitaine im Zusammenhang mit der Übernahme der Leuna-Werke und des Minol-Tankstellennetzes in der sogenannten Leuna-Affäre Anfang der Neunzigerjahre bekannt. Im Zuge der geheimen Finanzierung der CDU, der sogenannten Parteispendenaffäre, stand Elf-Aquitaine ein weiteres Mal im Brennpunkt behördlicher Ermittlungen.

Nach der Wende versuchte die Treuhandanstalt das ehemalige Vermögen der DDR zu privatisieren. Hierzu gehörte auch die marode Leuna-Raffinerie und das Tankstellennetz Minol. Als Symbol für das französische Engagement in Ostdeutschland sollte nach dem vielfach öffentlich geäußerten politischen Wunsch von Präsident François Mitterrand und Kanzler Helmut Kohl dieses Unternehmen an Elf-Aquitaine verkauft und damit die Zahl der Wettbewerber auf dem deutschen Ölmarkt erhöht werden. Der Verkauf erfolgte in den Jahren 1990/91.

Das wirtschaftliche Interesse von Elf war gleich null. Die erworbene Anlage musste mit Milliardenaufwand komplett neu gebaut werden. Außerdem gab es umfangreiche Altlasten, die die Umwelt gefährdeten und mit einem enormen finanziellen Aufwand beseitigt werden mussten. Ein Bedarf an zusätzlichen Raffineriekapazitäten bestand ohnehin nicht. Nur um den Preis hoher Subventionsversprechen waren die Franzosen überhaupt bereit, diesen Klotz am Bein zu übernehmen. Andere ernsthafte Kaufinteressenten gab es nicht.

In den Jahren 1992 und 1993 flossen Schmiergeldzahlungen in Höhe von umgerechnet 47 Millionen Euro aus schwarzen Kassen des Elf-Konzerns. In Frankreich wurden die dafür verantwortlichen Manager Jahre später verurteilt. Loïk Le Floch-Prigent erhielt drei Jahre Gefängnis. Die Angeklagten erklärten, die Bestechungsgelder wären im Rahmen der Leuna-Privatisierung gezahlt worden.

Als Folge des Schmiergeldprozesses in Frankreich wurde die Verwicklung bundesdeutscher Politiker vermutet. Insbesondere wurde nach dem Regierungswechsel 1998, als der FDP-Abgeordnete Burkhard Hirsch als »Sonderermittler« eingesetzt worden war, um Belege dafür zu finden, die Regierung Kohl hätte einen Teil der entsprechenden Regierungsakten während des Regierungswechsels 1998 verschwinden lassen. Ein Hinweis auf Zahlungen an deutsche Politiker wurde nie gefunden. Die hätten auch keinen Sinn gehabt, weil die Regierung Kohl heilfroh war, das Problem Leuna/Minol an die Franzosen loszuwerden. Eine Bestechung durch den französischen Ölkonzern wäre völlig sinnlos gewesen. Im Gegenteil, eigentlich hätten die Deutschen die Franzosen bestechen müssen, damit sie das vollkommen wertlose DDR-Erbe übernehmen.

1991 wurde Elf-Aquitaine an der New York Stock Exchange erstmals gelistet. Nachfolger von Le Floch-Prigent wurde Philippe Jaffré. 1996 verkaufte die französische Regierung ihre Anteile, behielt jedoch eine Goldene Aktie. Das Unternehmen fusionierte 2000 mit TotalFina zu dem neuen Unternehmen TotalFinaElf.

Elf-Aquitaine verschwindet nicht aus der öffentlichen Diskussion. Auch als sich Dominique Strauss-Kahn, als Finanz-

und Wirtschaftsminister zurückgetreten und im Herbst 2006 als Präsidentschaftskandidat der PS gegen Ségolène Royal unterlegen, auf den Wiedereinstieg in die politische Szene vorbereitet, wird er von den Ermittlungsrichtern Eva Joly und Laurence Vichnievsky vernommen, die mit der Aufklärung der Verdächtigungen gegen Elf-Aquitaine zwischen 1989 und 1993 beauftragt sind.

Entgegen den Aussagen von Strauss-Kahn halten die Richter an den Vorwürfen der »Komplizenschaft durch gegebene Anweisungen sowie Missbrauch sozialer Mittel« fest. Gegen den ehemaligen sozialistischen Minister wird wegen »Zuweisung des Gehalts für seine besondere Sekretärin, Evelyne Duval, in Höhe von etwa 190 000 Francs ohne einen reellen Gegenwert für Elf-Aquitaine« ermittelt. Die Finanzabteilung der Pariser Polizei will im Rahmen ihrer Nachforschungen über die Gehälter des ehemaligen Genfer Tochterunternehmens Elf-Aquitaine International herausgefunden haben, dass Frau Duval im »Industriekreis« mitgewirkt hatte, einer Assoziation, die von Dominique Strauss-Kahn, Maurice Lévy, dem Geschäftsführer der größten französischen Werbeagentur Publicis, und Raymond Lévy, dem früheren Präsidenten von Renault, nach der Niederlage der Sozialisten bei den Wahlen 1993 gegründet wurde.

Im März 1993 beginnen Ermittlungen in der Elf-Affäre. François Mitterrand muss zu dieser Zeit die »Cohabitation« akzeptieren. Pierre Bérégovoy wird in seinem Amt des Premierministers durch Édouard Balladur ersetzt. Dieser »dankt« Loïk Le Floch-Prigent. Seit seinem Aufstieg zum Präsidenten von Elf-Aquitaine spricht sich Philippe Jaffré gegen die Investitionspolitik seines Vorgängers aus und verklagt diesen schließlich. Drei Jahre später wird Loïk Le Floch-Prigent verhört und inhaftiert.

Im Laufe der Ermittlungen lernen die Franzosen, dass unter der Regierung Mitterrand die Mineralölgesellschaft verstaatlicht wurde. Glaubt man der *Financial Times*, so hat Elf Anfang der neunziger Jahre nahezu 25 Milliarden Francs durch Betrug,

Umleitung von Anlagen und Fehlinvestitionen verloren. Einen Monat später räumt Philippe Jaffré ein, dass die illegalen Umleitungen von Geldanlagen unter Le Floch-Prigent wenigstens 1,5 Milliarden Francs betragen hätten.

Eines der großen Kapitel in der »Elf-Geschichte« ist die »Affäre Dumas«. Nach ihrer Vernehmung und Festnahme gesteht eine junge Frau, Christine Deviers-Joncours, dass sie von Loïk Le Floch-Prigent engagiert worden war, um »Einfluss« auf Roland Dumas zu nehmen, der damals Außenminister war. Es ging um den Vertrag über einen Waffenverkauf an Taiwan. Bekannt als Frauenheld, macht der Ex-Anwalt noch immer eine gute Figur. Seiner Freundschaft mit Mitterrand hat er die Präsidentschaft des Verfassungsrates zu verdanken, einer Instanz, die sich mit der Verfassungskonformität von Gesetzen oder der Gültigkeit von Wahlen befasst. Entrüstet verneint er zunächst alle Vorwürfe, gibt dann zu, Christine Deviers-Joncours »gekannt« zu haben. In einer Befragung am 26. April 1998 beteuert er seine Unschuld. Er lehnt es ab, von seinem Amt zurückzutreten, und erhält Unterstützung eines Teils der politischen Klasse und sogar von Jacques Chirac, der dafür plädiert, von der Unschuld des Angeklagten auszugehen. Dumas zieht es dennoch vor, sich zunächst »in den Urlaub« zu verabschieden.

Heute haben die Franzosen wahrscheinlich die genauen Umstände dieser Verwicklungen mit der Justiz vergessen. Seine Gefährtin wird zu 18 Monaten Haft verurteilt, kehrt aber nach nur fünf Monaten in die Freiheit zurück und veröffentlicht 1999 erfolgreich ein Buch unter dem Titel *Die Hure der Republik*. Im Jahr 2000 legt sie mit *Operation Bravo* noch einmal nach. Darin erzählt sie von ihrer Mission für Elf-Aquitaine und spricht von »einem der größten politischen Finanzskandale, die Frankreich nach dem Krieg erlebt hat«. Mit unverhohlener Schadenfreude bringt sie die verdeckten Vorgänge von Elf-Aquitaine und Thomson – dem Elektronik- und Rüstungskonzern – ans Licht. Man erfährt darin von den Hintergründen der Waffenverkäufe nach Afrika, in den Irak, den Iran sowie von dem berühmten Vertrag über die Lieferung von Fregatten an Taiwan. Man entdeckt die mehr als zweideutigen Ansichten von Roland Dumas und die wirkliche Rolle des mysteriösen Alfred Sirven, der als rechter Arm von Loïk Le Floch-Prigent und Verteiler von Millionen bei Elf-Aquitaine präsentiert wird.

Bis 3. Februar 2001 bleibt Alfred Sirven trotz internationalen Haftbefehls unauffindbar. Der Mann, der von 1991 bis 1993 die Schweizer EAI leitete, die Geldwaschanlage für die versteckten Elf-Millionen. Dann wird er am Frankfurter Flughafen verhaftet, zu fünf Jahren verurteilt, von denen er gut drei Jahre absitzt. Im Februar 2005 stirbt er an Herzversagen im Alter von siebenundsiebzig im französischen Badeort Deauville. Sein Wissen über die Krake »Elf-Aquitaine« nimmt er mit ins Grab, wohl sehr zur Erleichterung manches französischen Politikers.

Freunde in der Not

Überschaubare Affären wie die um den ehemaligen Sportminister Guy Drut machen das System von Geben und Nehmen in der französischen Politik leichter deutlich. Der Mann musste sich in einem aufsehenerregenden Prozess wegen illegaler Parteienfinanzierung über Schmiergelder bei Bauaufträgen in den Neunzigerjahren verantworten. Schließlich wurde er wegen eines nachgewiesenen Scheinarbeitsvertrages im Oktober 2005 zu fünfzehn Monaten Haft auf Bewährung und 50 000 Euro Geldstrafe verurteilt. Eigentlich nicht weiter spektakulär, wäre Guy Drut in Frankreich nicht so etwas wie eine Sportlegende. 1972 hatte er in München bei den Olympischen Spielen im 110-Meter-Hürdenlauf die Silbermedaille gewonnen. 1976 in Moskau war es sogar Gold. Drut sitzt als Abgeordneter der UMP in der *Assemblée Nationale* und verteidigt als IOC-Mitglied Frankreichs Sportinteressen. Und er ist ein langjähriger Parteigänger und Mitstreiter von Jacques Chirac. Als Bürgermeister von Paris holte er sich den überzeugten Gaullisten 1985 als Beauftragten für Jugend und Sport ins Rathaus. Seit April 1993 war Drut in der RPR für Jugend, Sport, Verbandswesen und Städtepolitik zuständig und stand im Ruf, immer das Ohr von Chirac zu haben. Der förderte seine politische Karriere, und es liegt nahe, dass Chirac sich auch um die finanzielle Ausstattung seiner Partei gesorgt hat. Aber weil er als Staatspräsident juristische Immunität besitzt, konnte nie geklärt werden, ob er in die Machenschaften Druts verwickelt war. Jacques Chiracs damaliger Kabinettschef Michel Roussin jedenfalls wurde zu vier Jahren Haft und 50 000 Euro Geldstrafe im Zusammenhang mit dieser Schmiergeldaffäre bei Bauaufträgen verurteilt.

Nicht wenige Kenner der politischen Szene rätseln, ob an dem Tag, an dem Chirac als Präsident abgewählt wird, die Staatsanwaltschaft bei ihm wegen dieser Geschichte vor der Tür stehen und die Handschellen klicken lassen wird. Es sei denn, sein Nachfolger ist genauso nachsichtig wie er und vergibt die alten Sünden. Genau das hat Chirac nämlich mit Guy Drut gemacht, der darauf verzichtet hatte, Berufung gegen das Urteil einzulegen, und von Anfang an auf Begnadigung gesetzt hatte. Alte Weggefährten lassen sich schließlich nicht im Stich! Chirac sollte allerdings nicht darauf spekulieren, dass sein künftiger Nachfolger oder die Nachfolgerin so viel Verständnis für die Verfehlungen des alternden Präsidenten zeigt. Jacques Chirac will es natürlich gar nicht erst so weit kommen lassen. Also baut er vor. Mit Laurent Le Mesle, einem engen Vertrauten, hat er dem Ministerrat einen neuen Mann als Generalstaatsanwalt von Paris vorgeschlagen, von dem er wenig zu befürchten hat. Denn der Generalstaatsanwalt ist für politisch sensible Verfahren allein zuständig, und ein ehemaliger Staatspräsident und Bürgermeister der Hauptstadt fällt in diese Kategorie. Kein Wunder, dass die Opposition aufjault. Sozialistenchef François Hollande wirft Chirac vor, dass er das Ende seiner Amtszeit missbraucht, um ihm genehme Leute auf Posten zu setzen, »damit sie ihn vor eventueller Strafverfolgung schützen«. Ganz aus der Luft gegriffen ist dieser Vorwurf sicher nicht.

22 Monate lang war Jacques Chiracs engster Verbündeter von der politischen Bildfläche verschwunden. Im selbst gewählten Exil in der kanadischen Provinz Quebec hielt er Vorlesungen an der Verwaltungshochschule von Montreal. Alain Juppé hatte nicht nur den Parteivorsitz der UMP und sein Abgeordnetenmandat niedergelegt, sondern auch sein Amt als Bürgermeister von Bordeaux, nachdem ihn im Januar 2004 ein Strafgericht in Nanterre zu einer 18-monatigen Haftstrafe verurteilt hatte. Schlimmer noch als die Strafe aber wog die Aberkennung des aktiven und passiven Wahlrechts für zehn Jahre. Damit wäre der Sechzigjährige politisch endgültig weg vom Fenster gewesen. Das Berufungsgericht in Versailles setzte im Dezember 2004 das Strafmaß auf vierzehn Monate zur Bewährung und den Verlust der Wählbarkeit auf nur ein Jahr herab. Die Anklage ging auf eine zehn Jahre alte Parteispendenaffäre zurück, von der die meisten überzeugt waren, dass Juppé den Kopf für Jacques Chirac hingehalten hatte. Seine Rehabilitierung begann übrigens bereits Stunden nach dem ersten Richterspruch von Nanterre, als das staatliche Fernsehen France 2 seine Nachrichtensendung um 20 Uhr dazu nutzte, Alain Juppé zwanzig Minuten lang in einem Interview die Gelegenheit zu geben, sich ausführlich zu rechtfertigen. Ein in Deutschland undenkbarer Vorgang, wäre das doch so, als ob die Tagesschau-Hauptausgabe der ARD leergeräumt würde, um einem verurteilten Parteipolitiker die größtmögliche Plattform für eine persönliche Ehrenerklärung zu verschaffen.

Aber Alain Juppé ist nicht irgendwer. Er ist Chiracs langjähriger Weggefährte, der treue Ekkehard, der immer die Prügel eingesteckt hat, die eigentlich für seinen Chef bestimmt waren. Er war die große Stütze im System Chirac. Nach seiner Verurteilung war Juppés politische Karriere eigentlich zu Ende. Keiner rechnete ernsthaft mit einem Comeback. Und damit wäre dieses Kapitel abgeschlossen gewesen. Aber in Frankreich ist selbst das Unfassbare möglich. Nach einem Jahr in kanadischer Verbannung kehrt Juppé nach Bordeaux zurück. Der Platzhalter auf dem Stuhl des Oberbürgermeisters räumt diesen freiwillig. Juppé stellt sich erneut zur Wahl. Am 8. Oktober 2006 wird er von den Bürgern der südwestfranzösischen Stadt im ersten Wahlgang mit satten 56,2 Prozent der Stimmen wieder bestätigt. Sofort kündigt er an, dass er sein ganzes politisches Gewicht im bevorstehenden Präsidentschaftswahlkampf für den Kandidaten der gaullistischen UMP einsetzen werde, egal wer dieser sein wird. Das klingt wie eine Drohung oder wie eine Bewerbung auf den Sessel des künftigen Premierministers unter welchem Präsidenten auch immer. Wie sagte Georges Clémenceau, der Premier- und Kriegsminister, der Frankreich aus dem Ersten Weltkrieg geführt hat, einmal: »Nur die standrechtlich Erschossenen kehren nicht zurück.«

Ach wie gut, dass niemand weiß …

Wenn in Frankreich ein politischer Skandal ans Tageslicht kommt, dann hat das meist etwas von der berühmten »Leiche aus dem Kleiderschrank«. Premier-, Innen- und Verteidigungsminister saßen im Herbst 2006 abwechselnd vor dem Untersuchungsrichter. Als Zeugen versteht sich. Denn bis heute ist nicht klar, wer in dieser jüngsten Polit-Affäre, die alle Zutaten eines Schmierentheaters besitzt, der Bösewicht ist. Jedenfalls hat diese Begebenheit reichlich Vorgeschichte, die immer wieder Querverbindungen zu den Machenschaften und den Protagonisten rund um Elf-Aquitaine und die französische Rüstungsindustrie herstellt.

Wir befinden uns im Jahr 1988, der Kalte Krieg geht in die Endphase. Ein Jahr später wird die Berliner Mauer fallen. Dennoch ist in anderen Teilen der Welt der Konflikt zwischen kommunistischen und kapitalistischen Ländern ungebrochen. Die Spannungen zwischen China und Taiwan sind auf einem neuen Höhepunkt angelangt. Die Insel im Chinesischen Meer fühlt sich bedroht, fürchtet eine militärische Invasion der kommunistischen Festlandchinesen. Um sich diese vom Hals zu halten, will auch Taiwan Kriegsschiffe. Im konkreten Fall sechs Fregatten, und die möchten die Taiwanesen von dem französischen Rüstungskonzern Thomson-CSF für mehr als 2,8 Milliarden US-Dollar kaufen. Der gleiche Deal, der bereits Roland Dumas in Schwierigkeiten gebracht hatte. Kein Wunder, dass die Machthaber in Peking davon wenig begeistert sind, weil ihnen jede Stärkung der militärischen Schlagkraft Taipehs ein Dorn im Auge ist.

Unter diesem politischen und diplomatischen Druck legt der damalige französische Außenminister Roland Dumas sein Veto gegen den Verkauf ein. Was dann geschieht, ist den Ermittlern bis heute nicht in allen Details klar. Gesichert ist nur, dass mehr als 500 Millionen US-Dollar als verdeckte Provisionen gezahlt wurden, um die Hauptakteure des Geschäfts von seiner Notwendigkeit zu überzeugen. Angeblich sollen sogar Rückprovisionen, sogenannte Kick-backs, an Empfänger in Europa geleistet worden sein. Das Ergebnis jedenfalls ist bekannt. Im August 1991 wurde der Lieferungsvertrag für die Fregatten unterzeichnet.

Zeitsprung in das Jahr 2006. Premierminister Dominique de Villepin unter Dauerfeuer. Im Parlament spricht er von einer Verleumdungskampagne, wehrt sich mit Vehemenz gegen Anfeindungen der Opposition und aus dem eigenen Lager. In den Meinungsumfragen ist der Premier abgeschmiert, der neue Hoffnungsträger der Gaullisten im Tal der Tränen. Nach all den Rückschlägen bei seinen Reformplänen nun auch noch eine Affäre, die ihn sein Amt kosten könnte. Fiktive Schwarzgeldkonten, ein Widersacher in der eigenen Partei, ein Geheimdienstgeneral als Bösewicht. Mit jedem neuen Detail, das ans Tageslicht kommt, schwinden die Chancen der amtierenden Regierung, die anstehenden Präsidentenwahlen im kommenden Jahr noch einmal für sich zu entscheiden. Dabei macht es fast keinen Unterschied mehr, wer gegen wen intrigiert hat oder wer selbst das Opfer der Intrige ist. Das Ansehen des ganzen Systems Chirac befindet sich durch die Affäre im freien Fall.

Dabei hat es auch hier wieder lange gedauert, bis überhaupt irgendetwas herauskam. 2003 ist ein Mann namens Jean-Louis Gergorin Vizepräsident des Rüstungskonzerns EADS. In dem Unternehmen hat er die Funktion einer Art »Frühwarnsystem«. Denn er beurteilt und bewertet die Risiken, denen der Konzern ausgesetzt ist. Ständig ist er auf der Suche nach EADS-feindlichen Aktivitäten und Netzwerken. Da geht es natürlich um den großen Airbus-Konkurrenten Boeing, aber auch um politischen Lobbyismus, der dem Luft- und Raumfahrtkonzern schaden könnte. Unter anderem stößt Gergorin bei seinen Nachforschungen auf eine Liste von Konten, die bei einem Geldinstitut in Luxemburg geführt wird. Der Name: »Clearstream Banking«, nach dem später die ganze Affäre benannt wird. Gergorin gleicht eine Liste mit Namen ab, die mit Durchgangskonten der luxemburgischen Bank in Zusammenhang stehen. Es dauerte nicht lange, bis er eine Verbindung zwischen diesen Namen und dem Fregattenverkauf von 1991 herstellt. Er will siebzig verdächtige Auslandskonten beim Finanzinstitut Clearstream entdeckt haben. Über diese Konten sollen die Schmiergelder beim Verkauf der Taiwan-Fregatten auf Geheimkonten geflossen seien. Und noch einiges mehr.

Mit diesen Erkenntnissen wendet sich der EADS-Manager Gergorin an den hochrangigen Geheimdienstgeneral Philippe Rondot, der zu diesem Zeitpunkt als Berater für das Verteidigungsministerium fungiert. Der Mann genießt den Ruf, so eine Art französischer James Bond zu sein. Er hat französische Geiseln aus dem Libanon zurückgeholt, später aus dem Irak. Die größte Trophäe seiner Laufbahn aber war die Verhaftung des berüchtigten Terroristen Carlos im Jahr 1994. Bei seinen Freunden und Mitarbeitern in den Geheimdiensten DST und DGSE hat er den Spitznamen *»lonely rider«*. Nachdem seine Frau Michèle, die seine Mitarbeiterin, Vertraute und Komplizin war, im Jahr 2000 an einer Krebserkrankung gestorben war, stimmte dieser Name sogar. Rondot hatte die Lust an seiner Arbeit und am Leben verloren. »Ich werde um eine Mission in Bosnien bitten. Mit etwas Glück fange ich mir dort die Kugel eines Scharfschützen ein«, soll er nach dem Tod seiner Frau gesagt haben.

Aber er ist noch von einem anderen, letzten Ziel besessen. Er will Osama bin Laden fangen, den Kopf von Al Qaida. Als Spezialist für islamistischen Terror, der lange Jahre seines Lebens mit Geheimdienstaufgaben im Nahen und Mittleren Osten verbracht hat, hält er sich für den Einzigen, der diese aussichtslose Mission schaffen könnte. Er träumt davon, den Amerikanern, die keine Ahnung vom Morgenland und seinen Geheimnissen haben, mit so einem Coup eins auszuwischen. »Frankreich, dieses alte Land in diesem alten Europa«, so denkt er, »könnte es den bornierten Amerikanern einmal richtig zeigen!« Und Rondot besitzt einen Freund, einen der wenigen, die er je gehabt hat. Der heißt Dominique de Villepin und ist inzwischen Außenminister.

Der General erkennt sofort die Brisanz der Informationen, die ihm von dem EADS-Manager Gergorin übergeben wurden, und geht zu Dominique de Villepin. Der Außenminister zögert auch nicht lange und bestellt den Geheimdienstgeneral Rondot und Jean-Louis Gergorin zu einer Unterredung ein. Der Sprengstoff der Liste ergibt sich aus den Namen, die daraufstehen. Da finden sich Mafia-Paten, russische Milliardäre neben französischen Topmanagern und hochrangigen Politikern sowie zwei Geheimdienstmänner. Der frühere Innenminister Jean-Pierre Chevènement ist darauf verzeichnet, genauso wie der ehemalige Finanzminister und populäre Sozialist Dominique Strauss-Kahn und Alain Madelin, der Teile der UDF in die Regierungspartei UMP eingebracht und selbst mehrere Ministerämter bekleidet hatte.

Bis hierhin sind sich die Beteiligten über die Fakten ziemlich einig. Bei der Unterredung soll der Außenminister General Rondot gebeten haben, seine Ermittlungen fortzusetzen und sich dabei auf die Namensliste zu stützen. Auseinander gehen die Darstellungen aber bei einem weiteren Namen: Nicolas Sarkozy. Dominique de Villepin, inzwischen Premierminister, bestreitet vehement, dass er bei dieser Unterrichtung die beiden aufgefordert haben soll, seinen parteiinternen Rivalen besonders unter die Lupe zu nehmen. Der Geheimdienstmann will sich über diesen Wunsch de Villepins Notizen gemacht haben, was er später aber relativiert. Gergorin behauptet, dass er bei dem Treffen im Januar 2004 Außenminister de Villepin die ursprüngliche Namensliste auf dessen Wunsch gezeigt habe. Der Name von Nicolas Sarkozy sei allerdings erst auf einer zweiten Liste im April 2004 aufgetaucht, als Jean-Louis Gergorin von seinem Informanten eine weitere Liste mit mehr als 30 000 privaten Clearstream-Konten erhalten habe.

Wie auch immer, an Dominique de Villepin bleibt der Verdacht hängen, dass er sich seines Rivalen Nicolas Sarkozy mit einer konstruierten falschen Verdächtigung entledigen wollte. An einen solchen Auftrag für eine Verleumdungskampagne will sich Jean-Louis Gergorin freilich nicht erinnern, auch wenn er einräumt, dass der Name Nicolas Sarkozy bereits bei der Unterredung im Januar gefallen sei.

Das Erstaunliche an der Clearstream-Affäre ist, dass der eigentliche Sachverhalt, wer zu welchem Zeitpunkt möglicherweise die Unwahrheit gesagt hat, in der öffentlichen Beurteilung überhaupt keine Rolle mehr spielt. Denn jeder hält wie selbstverständlich die beteiligten Politiker für fähig, dass sie in ihrem Machtkampf um das höchste Staatsamt zu jedem Mittel greifen. Insbesondere seit einer früheren Affäre, als Nicolas Sarkozys Ehefrau mit einem andern durchgebrannt war und der damalige Innenminister Dominique de Villepin dafür gesorgt hatte, dass diese Geschichte mit Hilfe des Polizei-Unterpräfekten von Paris unter Journalisten gestreut wurde. Als Nicolas Sarkozy dann ein zweites Mal Innenminister wurde, war seine erste Amtshandlung, den Helfer seines Vorgängers in Schimpf und Schande zu entlassen. Andererseits trauen auch viele dem listigen Innenminister und UMP-Vorsitzenden Sarkozy zu, dass er die Clearstream-Affäre über Bande gespielt hat, um Dominique de Villepin damit zu schaden.

Bleibt noch nachzutragen, dass keine der beiden Seiten aus der Clearstream-Affäre bis dato Kapital schlagen konnte. Im

Gegenteil, nachdem der Geheimdienstgeneral Rondot schon nach kurzen Ermittlungen zu dem Ergebnis kam, dass beide Listen gefälscht waren, gab es zunächst viel Rauch, aber wenig Feuer. Jean-Louis Gergorin musste sein Amt als EADS-Vizepräsident niederlegen. Jetzt beschäftigt sich ein Ermittlungsrichter mit der Affäre und unternimmt den ziemlich aussichtslosen Versuch, Licht in das Dunkel der Fregatten-Verkäufe und der Schmiergeldzahlungen zu bringen. Nicolas Sarkozy hat vielleicht ein wenig davon profitiert, während es Dominique de Villepin die letzte Chance gekostet hat, Jacques Chirac zu beerben.

Nutznießer ist am Ende die linke Opposition. Der neue Star der Sozialisten, Ségolène Royal, sieht in der Affäre den Beweis für »die Zersetzung des Chirac-Regimes« und das bevorstehende »Ende einer Herrschaft ohne Ethik«. Die linke *Libération* erkennt in Chirac den großen Verlierer dieses undurchsichtigen Ränkespiels. »Der Staatschef büßt in dieser Affäre den Rest seiner Glaubwürdigkeit ein, den ihm die Öffentlichkeit noch zubilligt«, schreibt sie, »der Alptraum für Jacques Chirac geht weiter. Ganz unten in den Umfragen, gleitet das Ende seiner Herrschaft in einen schmutzigen Todeskampf ab.«

Ein wenig erinnert Chiracs Verhalten an den legendären Ausspruch von Jeanne Antoinette Poisson, besser bekannt als Madame de Pompadour. Die Mätresse von König Louis XV. riet ihrem Geliebten im Siebenjährigen Krieg zum Bündnis mit Österreich gegen England und Preußen. Die verlorene Schlacht von Rossbach am 5. November 1757, bei der sich die französisch-österreichische Armee gegen die Truppen Friedrichs des Großen eine blutige Nase geholt hat, kommentierte sie trocken: »Après nous le déluge – nach uns die Sintflut.«

Hilfeschrei aus der Vorstadt

In Frankreich herrscht der Grundsatz von Freiheit, Gleichheit und Brüderlichkeit – eine Illusion

Nur auf dem Papier gibt es Freiheit, Gleichheit und Brüderlichkeit. Die Wirklichkeit sieht ganz anders aus. In kaum einem europäischen Land sind Diskriminierung, Rassismus, Antisemitismus und eine flächendeckende Fremdenfeindlichkeit so ausgeprägt wie in Frankreich. Natürlich nicht offen, aber unter einer dünnen Decke von demokratischen Spielregeln, politisch korrekter Toleranz und offen zur Schau getragenem Engagement für Minderheiten leben die Durchschnittsfranzosen in einem Geflecht aus Angst vor Überfremdung, Intoleranz und der Ablehnung von allem, was nicht französischen Ursprungs ist. Dabei muss man deutlich zwischen der Hauptstadt und der Provinz unterscheiden.

Groß-Paris mit seinen fast 12 Millionen Einwohnern ist längst eine Multikulti-Veranstaltung. Die Stadt besitzt ein buntes Spektrum aller Hautfarben, Religionen und, wenn auch in wesentlich geringerem Ausmaß, der verschiedensten Sprachen. Die Klammer zwischen den Bevölkerungsgruppen ist Französisch, das von allen mehr oder weniger beherrscht wird. Dennoch schaffen es die Franzosen, weitgehend unter sich zu bleiben. Maghrebiner und Schwarzafrikaner werden ausgegrenzt, weil die französische Gesellschaft sie nicht akzeptiert. Sie leben in den Wohnghettos der Vorstädte. Den wenigsten gelingt ein nennenswerter sozialer Aufstieg, jedenfalls nicht so weit, dass sie Zugang zur Mittel- oder gar Oberschicht finden würden. Natürlich gibt es die Vorzeigefiguren, die Toleranz und gegenseitiges Verständnis signalisieren sollen, aber sie sind die Ausnahme. Die Unterschiede zwischen Arm und Reich, Gebildet und Ungebildet, Privilegiert und Unterprivilegiert sind enorm. Die Menschen, die mit dem silbernen Löffel im Mund geboren wurden, haben keine Ahnung, wie es denen geht, die auf der Schattenseite leben müssen. Gleichheit bleibt ein frommer Wunsch, von Gerechtigkeit ganz zu schweigen.

Frankreich ist ein Land, das seit Jahrzehnten von Eliten regiert und gelenkt wird, die eine geschlossene Kaste bilden, zu der Außenstehende keinen Zutritt haben. Je nachdem, wo einen das gesellschaftliche Karussell ausgespuckt hat, gehört man entweder zur Kerngesellschaft oder zu einer Randgruppe. Zwangsläufig aber wird das Sozialgefüge damit wesentlich anfälliger für Verwerfungen und Konflikte, die in Frankreich mit ungleich größerer Brutalität ausgetragen werden als in Deutschland. Und die Brüderlichkeit? Mit diesem Grundsatz der Revolution ist es spätestens dann vorbei, wenn Bürger mit heller Hautfarbe auf die mit dunklerer treffen. »*bien bronzé* – gut gebräunt« ist die abfällige Formulierung, mit der ein Franzose einen Schwarzafrikaner beschreibt. Auch die dritte Generation der Zuwanderer aus dem Maghreb ist inzwischen zwar assimiliert, aber längst nicht integriert. Neben der französischen Gesellschaft mit ihren Hürden, Gräben und Brüchen haben sich Parallelgesellschaften gebildet, die jeden unnötigen Kontakt mit dem Staat und seiner Zivilgesellschaft vermeiden. Das ist ein Reflex auf die Erfahrung jahrelanger Diskriminierung, die sich zu einem kollektiven Minderwertigkeitskomplex gesteigert hat. Kombiniert mit hoher Arbeitslosigkeit, Chancen- und Perspektivlosigkeit einer ganzen Generation hat sich daraus eine Gefahr für die innere Stabilität entwickelt. Der ungebrochene Strom von illegalen Zuwanderern, vor allem aus dem frankophonen Afrika, verstärkt Tag für Tag das Problem.

Dagegen ist nach Angaben des Innenministeriums die Zahl

der Eingebürgerten, die im Durchschnitt nach sechzehn Jahren die Staatsbürgerschaft erhalten, erstmals aufgrund des neuen Einwanderungsgesetzes von Innenminister Sarkozy rückläufig. 123 000 erhielten im Jahr 2005 einen französischen Pass, 51 Prozent davon Frauen, 58 Prozent unter 35 Jahren und immerhin 59 Prozent mit einem festen Arbeitsverhältnis. Nimmt man die Herkunftsländer unter die Lupe, dann wird schnell klar, wo Frankreichs Problem sitzt. Über 52 Prozent kommen aus Staaten des Maghreb, fast 16 Prozent aus Westafrika und 15 Prozent aus Asien. Die Übrigen verteilen sich auf den Rest der Welt. Besonders bei Ehepartnern und dem Familiennachzug sind die Behörden wesentlich restriktiver geworden, weil sich die Zuwandererzahlen innerhalb der letzten zehn Jahre mehr als verdoppelt haben. Doch die Naturalisierung von Ausländern ist nur die Spitze des Eisbergs. Die Zahl der illegalen Immigranten ist nach Ansicht aller Fachleute um ein Vielfaches höher, obwohl es über sie keine gesicherte Statistik gibt. Und auch die geografische Verteilung zwischen Nordafrika und dem Rest des Schwarzen Kontinents dürfte genau umgekehrt sein.

Die Mehrheit der Franzosen verschließt davor die Augen, will das Problem nicht wahrhaben oder flüchtet sich in die populistischen Versprechen rechtsradikaler Politiker wie Jean-Marie Le Pen, die gerne die Illusion verbreiten, die Probleme mit Wirtschaftsflüchtlingen, Zuwanderung und Integration könnten einfach mit schärferen Gesetzen beantwortet werden. Daraus hat sich eine bedrohliche Sprachlosigkeit zwischen der Bourgeoisie und den unterprivilegierten Migranten in den Vorstädten entwickelt. Das französische Beispiel sollte gerade der deutschen Politik eine Warnung sein, wohin Fehlentwicklungen führen können, wenn man sie nur lange genug ignoriert.

Blanc, beur, noir

Wer nach Paris kommt und vom Flughafen Charles de Gaulle ein Taxi nehmen will, der hat die Wahl zwischen vier Sorten von Chauffeuren. Die Ersten sind die, die ihn sofort ansprechen, sobald er den Sicherheitsbereich verlassen hat: »Monsieur, Taxi???« Finger weg von solchen Offerten. Das sind die Illegalen, die völlig überhöhte Preise verlangen. 90 bis 100 Euro für eine Fuhre bis in die Innenstadt, die nicht mehr als 50 Euro kosten darf. Ist der Reisende diese aufdringliche Truppe los und folgt dem Hinweisschild »Taxi« bis zu einer mit Gittern abgegrenzten Schlange, dann bleibt ihm noch die Wahl zwischen drei Typen von Fahrern.

Nummer eins ist der klassische alte Pariser Taxichauffeur. Ein muffiger, wortkarger und übel gelaunter Franzose, der unseren Reisenden sofort seine Hilflosigkeit spüren lässt. Sobald er am Akzent des Fahrgastes den Ausländer erkannt hat, macht er gerne mal einen Umweg, um ein paar Euro mehr herauszuschinden. Fahrer Nummer zwei ist ein Chauffeur aus den Tiefen Schwarzafrikas. Er kennt in aller Regel nur die wichtigsten Ziele in der Stadtmitte und fährt meist Riesenumwege, wenn das Ziel irgendwo in der Vorstadt liegt. Normalerweise tut er das nicht, um den Passagier übers Ohr zu hauen, sondern einfach deshalb, weil er wirklich keine Ahnung hat. Dankbar nimmt er Hinweise zur Streckenführung entgegen und ist manchmal sogar bereit, das Taxameter abzustellen, wenn er einsieht, dass er genau in die entgegengesetzte Richtung gefahren ist. Die beste Wahl ist Nummer drei. Ein Taxifahrer, der ursprünglich in Vietnam beheimatet war. Er fährt präzise und sicher die gewünschte Adresse an, benutzt dabei notfalls sogar ein Navigationssystem in dem gepflegten modernen Fahrzeug. Er versucht nicht bei der Abrechnung zu tricksen und gibt seinen Kunden auch noch gute Tipps und Informationen auf der Strecke, wenn der danach fragt.

Neuerdings erteilen diese Taxifahrer auch bereitwillig Auskunft über die Kriegsschauplätze des heißen Herbstes 2005.

Entlang der Autobahn A1 passiert man die Gewerbegebiete von Garonor und den alten Stadtflughafen Le Bourget, der heute hauptsächlich von Regierungsmaschinen genutzt wird. Aber die Schilder an den Autobahnausfahrten tragen dort auch die Namen der schlimmsten sozialen Brennpunkte: Aulnay-sous-Bois, La Courneuve, Bobigny. Dies sind Orte im Département »*quatre-vingt-treize* – dreiundneunzig«, Saint-Denis. Dort leben in den Trabantenstädten zum größten Teil Zuwanderer. Jemanden als »Dreiundneunziger« zu bezeichnen ist inzwischen eine gängige Beleidigung.

Wer an einem Sonntagvormittag in Paris einen Ausflug in ein exotisches Land unternehmen möchte, dem sei ein Besuch der Kathedrale von Saint Denis empfohlen, in der die meisten französischen Könige aufgebahrt sind. Auf dem Vorplatz der gotischen Kirche findet ein Markt statt, der auch im Herzen Zentralafrikas beheimatet sein könnte. Das Warenangebot entspricht der Herkunft des Publikums. Gewürzhändler, Halal-Metzger, Cafés, in denen die Männer genüsslich ihre Wasserpfeife schmauchen. Daneben kleine Buchläden, in deren Auslagen alles zu finden ist, was der gläubige Muslim zum Studium des Korans benötigt. Es ist eine andere Welt, in die man hier eintaucht, nur ein paar Stationen von der Pariser Innenstadt entfernt. Sie ist friedlich und sehr viel gelassener als das hektische Treiben im Herzen der Großstadt. Gesichter mit weißer Hautfarbe sucht man vergeblich, sieht man einmal von den Touristenbussen ab, die gelegentlich ihre fahle Fracht direkt vor der Kathedrale ausspucken und wieder einsammeln. Selbst die wenigen Polizisten, die hier so etwas wie die Staatsmacht repräsentieren sollen, wirken in diesem Bild ziemlich verloren, obwohl sie alle ihren Migrationshintergrund nicht leugnen können. Jeder andere hätte hier auch kaum eine Chance, den nächsten Tag unbeschadet zu überstehen.

Sechseinhalb Millionen Menschen, so schätzen die Behörden, die entweder selbst oder in der Generation ihrer Eltern hier eingewandert sind, leben inzwischen in Frankreich. Die Zuwanderer kamen in drei Wellen. Die erste nach dem Ende des Zweiten Weltkrieges, Menschen aus den ehemaligen Kolonien in Afrika. Oft waren sie in der französischen Armee, hatten an der Seite Frankreichs gegen die Deutschen gekämpft und erwarteten dafür, völlig zu Recht, Anerkennung durch den französischen Staat. Die aber blieb ihnen meistens versagt, denn sie strandeten in einem vom Krieg ausgezehrten Land. Für sie gab es zu wenig Wohnraum, aber genügend Arbeit in den Aufbaujahren. Um die großen Städte, vor allem im Nordosten von Paris, ließen sie sich nieder, weil dort relativ schnell bezahlbare Sozialwohnungen entstanden. Mit wachsendem Wohlstand verließen sie in späteren Jahren zum Teil wieder die Banlieue und siedelten sich in besseren Vierteln an.

Damit machten sie der zweiten Einwandererwelle nach dem Algerienkrieg Platz. Dieser Andrang war aber so groß und vielschichtig, dass der vorhandene Wohnraum bei weitem nicht ausreichte. Deshalb ließ die Regierung Ende der Sechziger-, Anfang der Siebzigerjahre in großem Stil die heute noch bestehenden acht- bis zehnstöckigen Wohnsilos hochziehen, um diesen Ansturm unterzubringen. Nicht nur um Paris. Auch im Süden Frankreichs entstanden solche Trabantenstädte. Marseille, Toulon, Montpellier und viele andere Städte an der Mittelmeerküste wurden zu regelrechten Auffanglagern für die weißen *immigrants*, die sogenannten *pieds-noirs*, und für die Algerier, die vor den Kriegsfolgen geflüchtet waren. Diese Maghrebiner und ihre Nachkommen in der zweiten und dritten Generation besitzen heute längst einen französischen Pass, sprechen die Sprache und sind durch und durch Franzosen geworden. Bis auf zwei Unterscheidungsmerkmale: ihre Hautfarbe und ihren muslimischen Glauben. Das hat sie zu Außenseitern der Gesellschaft gestempelt. Frankreich ist mit der ersten Einwandererwelle fertig geworden, schlecht und recht. Den zweiten Ansturm nach dem Algerienkrieg hat das Land bis heute weder verkraftet noch verarbeitet.

Damals flüchteten die *pieds-noirs* zurück in das Mutterland Frankreich. Für den Ausdruck »Schwarzfüße« gibt es eine ganze Reihe von Erklärungsversuchen. Es sollen die schwarzen Stiefel der französischen Soldaten der Armée de l'Afrique gewesen sein, die den Algerienfranzosen ihren Spitznamen gegeben haben. Eine andere Theorie behauptet, der Name stamme von den nackten, vom Kohlestaub geschwärzten Füßen der ersten Siedler, die sich als Heizer auf Dampfschiffen ihre Überfahrt von Frankreich nach Afrika verdient hatten. Die netteste Erklärung ist eine eher geografisch-weltanschauliche: mit *pieds-noirs* seien Menschen gemeint, die ihren Kopf in Europa, ihre Füße aber in Afrika, dem Schwarzen Kontinent, hätten. Jedenfalls waren es Franzosen, die seit Generationen als Kolonialherren, Grundbesitzer, Beamte der französischen Verwaltung und Militärs in Algerien zu Hause waren. Diese rund 800 000 *colons* – Siedler – waren die eigentlichen Verlierer des Algerienkrieges. Sie mussten häufig Hab und Gut zurücklassen, verloren Haus und Hof und standen in Frankreich, dem Mutterland, dann vor dem Nichts. Der größte Teil siedelte sich im Midi, im Süden an, wo wenigstens das Klima an die alte Heimat erinnerte. Mit den *pieds-noirs* und ihren Nachfahren hat Frankreich bis heute ein ungelöstes Vertriebenenproblem.

Die zweite Gruppe bestand aus rund zwei Millionen algerischer Flüchtlinge. 150 000 algerische Kollaborateure, die sogenannten *Harkis*, die während des Krieges in der französischen Armee und in milizähnlichen Selbstschutzeinheiten dienten oder den Franzosen als Dolmetscher bei der Befragung oder Folter von eigenen Landsleuten geholfen hatten, wurden nach dem Krieg von französischen Soldaten entwaffnet und ihrem Schicksal überlassen. Fast alle verloren unter furchtbaren Umständen ihr Leben, wurden totgeschlagen, erschossen, aufgehängt. Die Zahl der Opfer ist bis heute umstritten. Sie schwankt zwischen 30 000 und 150 000. Einigen zehntausend gelang die Flucht nach Frankreich, wo sie zu wichtigen Vertretern des Islam wurden.

Das Trauma Algerien ist noch immer eine schwärende Wunde im Selbstbewusstsein der Franzosen. In der Nacht des 1. November 1954 explodierten in ganz Algerien etwa zwanzig Sprengsätze. Dieses Datum gilt als Beginn des militärisch geführten Befreiungskampfes gegen die Kolonialherrschaft Frankreichs. Zu diesem Zeitpunkt waren dort 57 000 französische Soldaten stationiert. Vier Wochen später waren es bereits 83 000. Nach anderthalb Jahren eine halbe Million. Bis zur Unabhängigkeit des Landes am 1. Juli 1962 leisteten rund 1,7 Millionen Wehrpflichtige Teile ihres 27 Monate dauernden Dienstes in Algerien ab. Fast 25 000 starben, 60 000 wurden verletzt oder verstümmelt. Lange hatte sich das offizielle Frankreich gesträubt, den Konflikt um eine seiner letzten Kolonien als Krieg zu bezeichnen. Da war nur die Rede von »antiterroristischen Kampfmaßnahmen«, »Maßnahmen zur Aufrechterhaltung der Ordnung«, von »Operationen gegen Rebellen« oder, besonders verlogen, von »Befriedungsoperationen«. Faktisch führte die französische Armee, durchdrungen von ihrer Ideologie der *mission civilisatrice*, einem zivilisatorischen Sendungsbewusstsein, einen Krieg gegen die algerische Befreiungsbewegung Front de Libération Nationale (FLN), aber auch gegen das algerische Volk. Noch François Mitterrand, damals Innenminister der Fünften Republik, meinte schlicht: »Algerien ist Frankreich. Von Flandern bis zum Kongo herrscht das Gesetz: eine Nation, ein Parlament.«

Der französischen Armee wurden in Algerien umfassende Sondervollmachten eingeräumt. Am 7. Januar 1957 übertrug man ihr die »Polizeigewalt«, die sie zur Errichtung von Folterlagern für Zivilisten missbrauchte, um aus diesen die Namen von Untergrundkämpfern herauszupressen. Die psychologische Kriegsführung gegen die Bevölkerung übernahm in der Armee die SAS, die außerhalb legaler Kontrolle operierende »administrative Sondereinheit«. 1958, als der Krieg schon vier Jahre dauerte, drängte General de Gaulle zurück an die Macht und versprach »den Moslems« – um das Wort Algerier, die es nicht geben durfte, zu vermeiden – Selbstbestimmung, »gleiche

Rechte und Pflichten als Franzosen«, Frieden und Gerechtigkeit. Auch er sprach nicht vom »Krieg«, sondern vom »Bruderkampf«, »kolonialer Strafaktion«, und dankte »der Armee, für ein großartiges Werk der Verständigung und Befriedung«.

Über vierzig Jahre lang hielt Frankreich an dieser Sprachregelung fest. Algerien blieb ein Krieg, der keiner gewesen sein sollte. Erst Ende der Neunzigerjahre beschloss die Nationalversammlung ein Gesetz, in dem erstmals in einem offiziellen Dokument das Wort »Algerienkrieg« auftaucht. In der Sache wurden durch das Gesetz die Veteranen des Algerienkriegs mit ehemaligen Teilnehmern an anderen Kriegen gleichgestellt. Bis dahin vermochte die Lobby der Algerienfranzosen die Lebenslüge vom Nichtkrieg erfolgreich aufrechtzuerhalten. Ganz ähnlich wie bei der Verdrängung des Vichy-Regimes im Zweiten Weltkrieg schafften die Franzosen es, die Tatsachen zu ignorieren. Analog galt auch hier der Satz von de Gaulle: »Vichy existiert nicht!« Und die meisten französischen Familien hielten sich an die Devise, »bei Tisch redet man darüber nicht«.

Erst der Prozess im Jahr 1998 und die Verurteilung des hohen Beamten und Ministers Maurice Papon, der nacheinander unter Pétain, de Gaulle und Giscard d'Estaing Karriere gemacht hatte und auch noch von Mitterrand gedeckt wurde, brachte »Vichy« und »Algerien« wieder ins Gespräch. Einige Abgeordnete, die selbst zum Wehrdienst nach Algerien eingezogen worden waren und dort plötzlich merkten, dass sie »lernten, wirklich zu töten«, wie der Sozialist Jacques Floch, lancierten das neue Gesetz und sprachen dabei endlich Klartext. Dennoch findet man bis heute kaum einen Franzosen, der unbefangen über diesen Krieg reden kann.

Als Spätfolge hat sich in Frankreich eine feste Minderheit algerischer Einwanderer gebildet, und auf die stieß in den letzten Jahren Einwandererwelle Nummer drei: die Wirtschaftsflüchtlinge aus Schwarzafrika. Damit war es nur noch eine Frage der Zeit, bis die Vorstädte explodierten.

Die Banlieue brennt

Ende Oktober 2005: Jeden Morgen das gleiche Bild: Geplünderte Geschäfte, zerstörte Autos in immer mehr Vorstädten von Paris. In Trappes, einer Kleinstadt im Département Yvelines, westlich der Hauptstadt, haben Brandstifter in einer Nacht 27 Linienbusse abgefackelt. Gewalt regiert in der Banlieue. Jugendbanden liefern sich Straßenschlachten mit den CRS, der Bereitschaftspolizei, die für Härte und Brutalität bekannt ist. Aber die Ordnungshüter sind in der Defensive. Was nach dem Tod von zwei Jugendlichen, die vor der Polizei geflüchtet waren, als Krawall von ein paar wenigen begann, hat sich zum Flächenbrand ausgeweitet. Rassenunruhen sind nicht nur in den Vorstädten im Norden und Osten von Paris ausgebrochen, sondern auch in Dijon, Rouen, Straßburg und Toulouse. Nur Marseille bleibt wundersamer Weise verschont. Zu fest hat die korsische Mafia die Stadt im Griff.

»Sarko hat den Vorstädten den Krieg erklärt. Jetzt muss er dafür geradestehen. Soll er sich doch mal hier verlaufen, dann wird er schon sehen, was passiert«, brüllen die vermummten Jugendlichen in die allgegenwärtigen TV-Kameras. Nicolas Sarkozy, Frankreichs Minister für Recht und Ordnung, steht unter Beschuss. Sein Chef und persönlicher Rivale, Dominique de Villepin, ist über das Bild, das Sarkos Greiftruppen in den Vorstädten abgeben, alles andere als glücklich. Bei dem Krisentreffen des Ministerrates sitzen sich die beiden Auge in Auge gegenüber, und der Innenminister muss sich einige deutliche Worte anhören.

»Wir dürfen die Menschen in den Vorstädten nicht stigmatisieren. Wir müssen unterscheiden zwischen Kleinkriminellen und großen Verbrechern. Und wir müssen mit aller Entschlossenheit kämpfen, gegen jede Form von Diskriminierung«, sagt Premierminister Dominique de Villepin. Kritik, die sich offen an die Adresse von Nicolas Sarkozy richtet, der angekündigt hatte, in den Vorstädten aufzuräumen, notfalls mit dem Hochdruckreiniger, so seine verunglückte Formulierung.

In den tristen Problemvierteln am Rande der Großstadt kommen vier Zuwanderer, vor allem aus Nord- und Westafrika, auf einen Franzosen. Arbeitslosigkeit und Kriminalität liegen um ein Vielfaches über dem Landesdurchschnitt. Aber der Innenminister hält an seiner harten Linie fest. In einer Fernsehsendung gießt er weiter Öl ins Feuer:

»Ein paar Gangster glauben auf dem Boden dieser Republik machen zu können, was sie wollen.« Die Kommunalpolitiker aus seiner eigenen Partei, die die Krawalle vor der Haustüre erleben, finden das längst nicht mehr komisch: »Wenn er so weiterredet, wird alles noch viel schlimmer.«

Den langen Arm des Gesetzes spüren die Randalierer in den Vorstädten jede Nacht. Die CRS machen Jagd auf die Jugendlichen, und trotzdem bekommen sie die Unruhen nicht in den Griff. Kriminalität ist an der Peripherie von Paris auch eine Frage der Hautfarbe. Mahmud, ein Vierundzwanzigjähriger, dessen Eltern vor vielen Jahren aus Nordafrika gekommen sind, hat eine klare Meinung zum Innenminister und der Justiz: »Sarko ist für mich völlig inkompetent. Das beweisen auch seine letzten Bemerkungen im Fernsehen. Die eingeleitete Untersuchung ist eine Farce. Das kann ich nicht akzeptieren.« In den Vororten prallt Nacht für Nacht der Frust einer neuen Einwanderergeneration mit der Staatsmacht zusammen. Dass die eine Seite dabei meist dunkle Hautfarbe hat und muslimischen Glaubens ist, während die andere Seite Uniform und Schlagstock trägt, zeigt in diesen Vorstadtnächten, dass Frankreich bisher ein Riesenproblem erfolglos verdrängt hat. Wenn sich morgens die Rauchwolken verziehen und die Feuerwehr die Brandherde verlässt, dann wird der politische Flurschaden dieser Höllennächte sichtbar.

Auf dem Höhepunkt der Unruhen reagiert die Regierung in ihrer Hilflosigkeit. Sie greift auf ein Gesetz zurück, das während des Algerienkrieges verabschiedet, aber nie angewandt worden war, und verhängt den Ausnahmezustand. Die Fernsehbilder, die um die Welt gehen, zeigen die brennenden Vorstädte und vermitteln den Eindruck eines Bürgerkrieges in Frankreich. Natürlich ist das völlig überzogen, weil die Unruhen auf ein relativ überschaubares Gebiet beschränkt bleiben. Aber in den Tagen zwischen dem 27. Oktober und dem 17. November 2005 brennen rund 10 000 Autos. Ein Horrorszenario, das erst dann eine andere Dimension bekommt, wenn man sich vor Augen hält, dass in Frankreich jedes Jahr etwa 30 000 PKW abgefackelt werden. Diese sinnlose Gewalt gegen Sachwerte ist nur mit dem tief sitzenden, dumpfen Frust der jugendlichen Randalierer zu erklären. Eher verständlich sind die 233 Brandanschläge während der Unruhen, bei denen öffentliche Gebäude beschädigt werden. Schulen und Rathäuser, Kindergärten und Polizeistationen, Kulturzentren und Feuerwachen. In den heruntergekommenen Vorstädten mit ihren Hochhaussilos waren diese letzten verbliebenen Bastionen der Staatsmacht das bevorzugte Ziel der Krawallmacher. Symbole einer Republik, von der sich die Jugendlichen ausgegrenzt, ausgestoßen und allein gelassen fühlen. Als nach den Ausschreitungen Bilanz gezogen wird, fragen sich alle: Wie konnte es nur dazu kommen?

Fast 5000 Festnahmen, beinahe 800 Verurteilungen wegen Körperverletzung, Sachbeschädigung, versuchtem Totschlag und Landfriedensbruch. Fast 12 000 Polizisten, CRS-Beamte und Gendarmen sind im Einsatz, von denen 217 verwundet werden, mehrere sogar durch Gewehrsschüsse aus großkalibrigen Waffen. Der reine Sachschaden geht nach vorsichtigen Schätzungen in einer Größenordnung von 300 Millionen Euro.

Will man die Frage einfach beantworten, muss man schlicht feststellen, dass Frankreich mit seiner Integrationspolitik gescheitert ist.

Malek Boutih, Nationalsekretär für Gesellschaftsfragen der Sozialistischen Partei, hat recht mit seiner Einschätzung: »Die Krise der Vorstädte ist keine Krise der Integration, sondern eine Krise des Elends.«

Selbst dieses richtige Urteil greift als Erklärung zu kurz. Denn wenn du aus den Vorstädten kommst und dich um einen Arbeitsplatz bewirbst, dein Vorname aber Mustafa, Ahmed oder Mohammed lautet, dann hast du bei einem französischen Arbeitgeber noch nicht einmal die Chance, zu einem Vorstellungsgespräch eingeladen zu werden. Die Schlaueren unter den Vorstadtkindern sind deshalb längst dazu übergegangen, ihre Lebensläufe und Vornamen zu fälschen, um bei einer Bewerbung wenigstens die Gelegenheit zu bekommen, sich persönlich präsentieren zu dürfen.

Die Spannung in der Luft ist fast zum Greifen. Wenn es Abend wird, rotten sich die jugendlichen Randalierer in den Straßen von Clichy-sous-Bois zusammen. Und auch die Sicherheitskräfte sind wieder aufgefahren. Noch am Vormittag waren viele Bewohner in einem Schweigemarsch an den Autos vorbeigezogen, die gestern Nacht in Flammen aufgingen. Ihr Ziel, das Transformatorenhaus, in dem zwei Jugendliche an einem Stromschlag starben, regelrecht gegrillt wurden, und ein dritter sich schwere Verbrennungen zuzog. Der berühmte Funke am Pulverfass, der Tropfen, der das Fass zum Überlaufen bringt, der Auslöser der Krawalle. Für die Bewohner von Clichy-sous-Bois, allesamt dunkler Hautfarbe, stehen die wahren Schuldigen fest. Es sind die Polizeikräfte, die Repräsentanten des verhassten Staates, die in Menschen wie ihnen nur Abschaum sehen und sie entsprechend behandeln:

»Sie haben sie richtig gejagt. Und das Schlimmste war, sie haben sie liegen lassen und nicht einmal die Rettungskräfte gerufen.«

Danach fliegen Steine, und Autos brennen als Barrikaden. Die CRS, die nicht im Ruf stehen, mit Samthandschuhen vorzugehen, greifen ein, machen Jagd auf die jugendlichen Randalierer. Eine Kugel aus einer großkalibrigen Waffe trifft einen Einsatzwagen.

Clichy-sous-Bois, im äußersten Osten von Paris. Jugendbanden terrorisieren die Bewohner, klauen, knacken Autos und handeln mit Drogen. Gelegentlich führen sie auch untereinander Krieg. Ein trostloser Vorort, wie so viele. Die Menschen in ihren Wohnsilos leben hier nicht nur am äußersten Rand der Hauptstadt, sondern am untersten Rand der Gesellschaft. Sprengstoff für die französische Politik. Der sonst so forsche Innenminister Nicolas Sarkozy hat an diesen sozialen Brennpunkten einen schweren Stand. Denn sein Ziel, hier aufzuräumen, wird von den Betroffenen vor allem als Diskriminierung von Menschen dunkler Hautfarbe verstanden.

»Er will die Vorstädte mit dem Hochdruckreiniger säubern. Sind wir vielleicht Dreck?«, fragen die Bewohner. Die Mehrheit der französischen Wähler, bei denen der Innenminister mit seinem Feldzug gegen die Kriminalität in den Vorstädten punkten möchte, würde da kaum widersprechen.

Migrantenschicksal

Wenn die CRS zur Räumung von Sozialunterkünften ausrücken, dann haben sie ungern Zeugen dabei. Im 19. Pariser Stadtbezirk, ganz im Osten der Hauptstadt, haben sich die Bewohner hinter ihrem Eingang verschanzt. Sie sollen raus, weil das Haus angeblich nicht mehr sicher ist. Eine verkommene Bruchbude, von denen es über tausend in Paris gibt. Die CRS haben gut zu tun in diesen Tagen, weil die Regierung angeordnet hat, alle Sozialunterkünfte zu schließen, die nicht den Mindeststandards entsprechen. Für die Menschen eine Katastrophe, weil sie sich andere Wohnungen nicht leisten können. Sy Adama aus Mali ist völlig verzweifelt: »Meine Frau ist da noch drin, mit den Kindern.«

Ausgelöst wurde das Umdenken durch eine Serie von Bränden in mehreren Armenunterkünften, bei denen über dreißig Menschen starben. Im Herzen von Paris. Das Feuer war im Treppenhaus ausgebrochen, das für die Menschen schnell zur tödlichen Falle wurde. Die Opfer: allesamt Einwanderer aus Westafrika. Der Bürgermeister von Paris weiß, dass allein in seiner Stadt 100 000 Sozialwohnungen fehlen.

»Wir müssen zusehen«, meint Bertrand Delanoë, »dass wir menschenwürdigen Wohnraum finden, und das wird viel Arbeit, um solche Tragödien zu vermeiden.« Eine Arbeit, mit der viel zu spät begonnen wurde. Denn die meisten Zuwanderer hausen in Elendsquartieren mit defekten Elektroleitungen und völlig unzureichenden sanitären Einrichtungen. »Kurzschlüsse sind an der Tagesordnung«, erklärt eine Frau aus Ghana, »und schon ein kleiner Brand kann zur Katastrophe werden, weil die schäbigen Wohnungen auch noch hoffnungslos überbelegt sind.« Wasser gibt es oft nur auf der Straße, weil die Bewohner nicht in der Lage sind, ihre Rechnungen zu bezahlen.

Verschärft wird das Problem durch die systematische Umgehung eines Gesetzes, nach dem die Gemeinden verpflichtet sind, bei Neubauten mindestens zwanzig Prozent Sozialwohnungen zu schaffen. Aber die meisten nehmen gerne hohe Bußgelder in Kauf, um sich so die ungeliebten Mitbewohner vom Hals zu halten. In Neuilly, dem Pariser Nobelvorort, sagen die Kommunalpolitiker ganz offen: »Wir wollen das Pack hier nicht haben. Da sind wir lieber bereit, die Bußgelder zu zahlen.« Die sind auch so gering, dass reichere Gemeinden kein Problem haben, sich davon freizukaufen, die unerwünschten Neubürger aufnehmen zu müssen.

Reise ins Ungewisse

Sy Adama, der Mann aus Mali, der es bis nach Paris geschafft hat, erzählt seine Geschichte. Es ist eine von vielen Tausenden. Seine Irrfahrt ist eine, die sich täglich wiederholt, aber von denen jede einzelne eine persönliche Tragödie ist.

Sy Adamas Leben beginnt in einem kleinen Dorf in Mali, in der Sahelzone. Ein Jahrzehnt, bevor Sy seine Odyssee antritt, gab es hier einen Brunnen mit Trinkwasser und Vieh. Davon haben Sys Vorfahren gelebt, seine Eltern und Großeltern. Aber der Wind kam von Norden und brachte den Sand der Sahara. Jedes Jahr mehr. Die Wüste rückte vor. Immer näher schob sie sich an das Dorf. Der Brunnen versandete, so wie die Felder. Erst starb das Vieh, und dann hatten auch die Menschen im Dorf nichts mehr zu essen. Viele aus Sys großer Familie gingen in die Stadt, um Arbeit zu suchen. Manch einer hatte Glück und fand ein bescheidenes Auskommen.

Sy war nicht der Älteste, aber er war der Schlaueste von vierzehn Geschwistern. Deshalb schickte ihn seine Mutter zur Schule. Es waren katholische Nonnen aus Frankreich, die Sy Lesen, Schreiben und Rechnen beibrachten und ihm von einer besseren Welt erzählten, von Frankreich. Es kam ihm damals vor wie das Paradies. Ein Land mit Wäldern, Wiesen und Getreidefeldern, mit Wasser, das aus einem Hahn kommt, mit Geschäften, in denen es Essen im Überfluss gibt. Ein Land, in dem jeder sein eigenes Auto fährt oder ein Motorrad und wo jede Familie einen Fernseher und ein Radio besitzt. Ein Land, in dem es Ärzte gibt, die jeden heilen können, keine Medizinmänner, die versagen, wenn der Vater im Sterben liegt. Von diesem Land träumte Sy, noch lange bevor er die Schule bei den strengen, aber freundlichen Nonnen hinter sich gebracht hatte. Frankreich, das wurde Sys Garten Eden. Und als die Katastrophe über das Dorf hereinbrach, lieh er sich bei seinen Verwandten, die Arbeit hatten, Geld und machte sich auf den Weg.

Die erste Etappe legte er auf dem Dach eines Lasters zurück. Mit vielen anderen aus seiner Gegend, die auch nach Europa wollten. Der Schlepper, der ihm den Platz vermittelte, nahm ihm ein Drittel seiner Reisekasse ab. Der LKW-Fahrer das zweite Drittel. Immerhin kam er auf dem Weg durch die Sahara bis Tamanrasset im Süden Algeriens. Dort war das Geld, das er sich von Verwandten geborgt hatte, zu Ende. Also verdingte er sich bei einem arabischen Händler für einen Hungerlohn. Er schlief in einem Schuppen, wusch sich gelegentlich mit einem Gartenschlauch, der eigentlich zum Nachfüllen der Wasserbehälter auf den durchfahrenden Lastwagen benutzt wurde. Er wurde krank, quetschte sich zwei Finger der linken Hand unter einer herabfallenden Kiste. Zum Arzt zu gehen, dafür hatte er kein Geld. Alles was ihm der Händler gab, sparte er, um eines Tages einen Platz auf einem LKW zu bezahlen, der ihn weiterbringen sollte. Bis an die Küste, am besten nach Marokko. Von dort wäre es nur noch ein Katzensprung bis nach Spanien, ins gelobte Land Europa.

Und eines Tages hatte Sy genug, um weiterzukommen, bis nach Marokko. Dort knöpfte ihm eine Schlepperbande das letzte Geld ab, mit dem Versprechen, ihn über den Zaun der spanischen Exklave Ceuta zu bringen. Tatsächlich dauerte es nicht lange, bis er den Zaun zu Gesicht bekommen sollte, die starke Grenzbefestigung, die diesen Ausläufer des verheißenen Kontinents von Afrika trennte. Aber zuerst einmal hieß es warten. Es sei zu gefährlich, der Zaun zu gut bewacht, warnten die Schlepper, und außerdem müssten erst Leitern gebaut werden, damit die Flüchtlinge überhaupt eine Chance hätten. Sie waren insgesamt siebzehn, Männer in seinem Alter und jünger, aus Ghana, Niger, Mali und dem Senegal. Alle hatten sie ein Ziel: Frankreich. Unter einander sprachen sie Französisch, die Sprache, die sie verband. Tagsüber versteckten sie sich im Unterholz vor den marokkanischen Patrouillen oder zimmerten aus jungen Eukalyptusbäumen, die sie mit Hilfe einer Säge fällten, die ihnen einer der Schlepper besorgt hatte, ihre Leitern. Auch ein paar Wasserflaschen, Thunfischdosen, ein wenig altes Brot und einige grobe Decken, wie sie Möbelspeditionen benutzen, hatte er ihnen gebracht.

Erst in der fünften Nacht war es endlich so weit. In drei Gruppen schlichen sie sich an den Zaun, der eigentlich aus zwei hintereinander gestaffelten Grenzanlagen bestand, mit einem Streifen geharktem Sand dazwischen, damit die Männer von der spanischen Guardia Civil leichter erkennen konnten, ob einer über den Zaun geklettert war. Seit Wochen allerdings brauchten sie diese Fährten nicht mehr, denn auf den Wärmebildkameras konnten sie jede Nacht Hunderte helle Schatten sehen, die versuchten, die Grenzbefestigung zu überwinden.

Für Sy war in dieser Nacht der Traum von Europa erst einmal zu Ende. Er erklomm als vorletzter seiner Gruppe die Leiter. Aber oben angelangt, gab die wacklige Konstruktion nach, brach unter ihm zusammen. Er versuchte noch, sich festzuhalten, aber dabei griff er mit seiner verletzten Hand in den messerscharfen NATO-Draht und riss sich die Handfläche auf. Dann stürzte er ab, verrenkte sich den Knöchel. Er hatte noch

Glück im Unglück. Er konnte sich zurückschleppen ins Unterholz und wurde später von freiwilligen Helfern, die sich auf marokkanischer Seite gelegentlich um die Flüchtlinge kümmern, notdürftig versorgt.

Andere hatten weniger Glück. Sie wurden von marokkanischen Soldaten aufgegriffen, die sie auf Lastwagen verfrachteten und irgendwo in der Wüste, nahe der Grenze zu Algerien, aussetzten. Dann schossen die Soldaten über ihre Köpfe hinweg, um sie so über die Grenze zu treiben.

Sy kann sich bis nach Casablanca durchschlagen. Dort verlädt er für einen Hungerlohn Getreidesäcke im Hafen. Nachts schläft er in einem leeren Container, den er sich mit einem Dutzend anderer teilt. Als er wieder genügend Geld zusammengekratzt hat, findet er einen Afrikaner mit einem Fischerboot, der Flüchtlinge auf die Kanarischen Inseln bringt. In einer hölzernen Nussschale, 150 Seemeilen über das offene Meer. Bei schlechtem Wetter und Seegang sind da schon viele gekentert und ertrunken. Nach vermissten Flüchtlingsbooten sucht keiner. Sy hat wieder Glück. Die See ist ruhig.

Ein Boot der spanischen Küstenwache bringt das Boot auf, in dem Sy mit fast fünfzig anderen Westafrikanern sitzt. Hitze und Durst haben sie ausgetrocknet, das Salz des Spritzwassers eine Kruste auf ihrer Haut gebildet. Die Männer sind nach den Strapazen der Überfahrt mehr tot als lebendig. Als der Kreuzer der Küstenwache sie im Hafen von Las Palmas an Land setzt, müssen einige von Sanitätern von Bord getragen werden. Die Helfer des spanischen Roten Kreuzes begegnen ihnen mit Schutzanzügen und Atemmasken aus Angst vor Infektionen. Aber sie bekommen zu essen und zu trinken. Ein Arzt verpflastert die Blasen ihres Sonnenbrandes. Danach geht es mit Bussen in ein Auffanglager im Inneren von Gran Canaria, völlig überfüllt mit Flüchtlingen aus ganz Westafrika. Jede Nacht kommen mehr, Hunderte, in manchen Nächten über tausend. Die spanischen Behörden sind mit diesem Ansturm restlos überfordert. Immer wieder schwirren Gerüchte durchs Lager. Sie würden abgeschoben. Man warte nur auf eine große Fähre, und dann ginge es zurück nach Afrika. Aber für Sy ist der schlimmste Teil seiner Irrfahrt vorbei.

Die nächsten Stationen sind schnell beschrieben. Nach ein paar Tagen werden sie tatsächlich zum Hafen auf ein Schiff gebracht. Diesmal ist das Ziel das spanische Festland. Vierzehn Tage in einem weiteren Lager. Dann kommt ein Beamter des Innenministeriums, der Asylanträge aufnimmt. Ein Foto, Fingerabdrücke, ein Formular, Unterschrift und Stempel. Dann ist Sy ein freier Mann. Er müsste sich jede Woche bei der Behörde melden, aber von anderen weiß er, dass man besser verschwindet. Ein Typ spricht ihn an, gut gekleidet, Handy, teure Uhr, und bietet ihm eine Möglichkeit, Geld zu verdienen. Für ihn verkauft er gefälschte Handtaschen, Uhren und Sonnenbrillen am Strand. Designerlabel, hauptsächlich an deutsche und russische Touristen, bis er genug Geld hat, um nach Madrid zu ziehen. Dort jobbt er auf dem Bau. In keiner europäischen Stadt gibt es so viele Baustellen wie in Madrid. Es ist eine harte Arbeit und schlecht bezahlt. Als Illegaler bekommt er gerade einmal ein Drittel des Lohns eines regulären Arbeiters. Aber für Sy ist selbst das immer noch viel Geld. Fast ein Jahr ist es inzwischen her, dass er sein Dorf verlassen hat. Erst in Madrid hat er zum ersten Mal wieder Kontakt mit seiner Familie, als er aus einem Telefonladen seinen Bruder erreicht, der in einer Autowerkstatt in Bamako arbeitet.

Seinen Traum hat er immer noch nicht aufgeben, und der heißt Paris. Vier lange Monate später steht er an einer Raststätte an der A10. Er hat es geschafft. Aus der Tasche kramt er einen Zettel mit einer Adresse, den er all die Monate bewahrt hat wie einen Schatz. Es ist ein schäbiges Wohnheim im 19. Pariser Arrondissement. Der Mann aus Mali, den er dort sucht, wohnt hier schon lange nicht mehr. Aber er findet ein Quartier und später auch Arbeit. Erst bei der Müllabfuhr, dann auf dem Schlachthof. Dort schleppt er Rinder- und Schweinehälften, schrubbt Blut von den gekachelten Böden. Eine Arbeit, die viele gläubige Muslime nicht machen wollen. Irgendwann, nach einem halben Jahr, hat er genug Geld beiseite gelegt, um seine Frau und die beiden Kinder nachkommen zu lassen. Ein Freund, der einen kleinen Laden und eine Aufenthaltsgenehmigung besitzt, schreibt eine Einladung und bürgt für das Visum. Die Kinder schickt Sy auf die Schule. Und er lebt mit seiner Familie unbehelligt, aber immer in Angst vor den Behörden, bis zu dem Tag, an dem die CRS vor der Tür stehen und die Illegalen abholen wollen. Jetzt droht der Familie die Abschiebung zurück nach Mali. Aber ein Hilfsverein hat ihm einen Anwalt besorgt und bezahlt, der dagegen Einspruch eingelegt hat. »Jedes noch so schlimme Loch in Frankreich«, so sagt er, »ist besser, als daheim zu verhungern.«

Das Schicksal von Sy und seiner Familie beschreibt die Herausforderung, vor der Europa steht. Vielleicht die größte in den kommenden Jahrzehnten. Nach einer Studie der OECD sind derzeit 18 Millionen Armutsflüchtlinge aus Afrika unterwegs. Sie kennen nur ein Ziel, Europa, um einen winzigen Teil des Wohlstandskuchens abzubekommen. Die Hälfte von ihnen will nach Frankreich, das Land, in dem sie zumindest die Sprache sprechen. Aber Europa findet keine Antworten auf ihre Not, weder bei der Integration noch für die Verbesserung der Lebensbedingungen in ihren Heimatländern. Das Flüchtlingsproblem ist eine Zeitbombe, die täglich gefährlicher wird, und bisher unternimmt niemand den ernsthaften Versuch, sie zu entschärfen.

Taxi nach Marrakesch

Seit 33 Jahren wohnt Ali an der Peripherie von Paris. Er ist verheiratet, hat ein kleines Haus in Colombes, im Westen der Hauptstadt. Seine drei Kinder sind aus dem Haus. Seine Tochter, die Jüngste, studiert, will Kinderärztin werden. Der Älteste arbeitet in einem Elektrobetrieb, seit Jahren schon. Der Eigentümer des Unternehmens hat ihn jetzt sogar daran beteiligt, weil er sich als gut und zuverlässig erwiesen hat. Nur der Mittlere bereitet Ali Sorgen. Der ist zurzeit arbeitslos, weil das große Unternehmen, in dem er beschäftigt war, viele Leute entlassen hat. Aber mit dem Arbeitslosengeld und gelegentlichen Aushilfsjobs kommt er irgendwie über die Runden. Neulich hat er sogar gesagt, dass er unterm Strich jetzt mehr habe als vorher, als er noch einen Anstellungsvertrag hatte. Denn die Aushilfsjobs laufen natürlich schwarz, ohne Rechnung, vorbei am Finanzamt.

Ali und seine Familie, so sollte man meinen, sind längst in Frankreich angekommen. Aber auch nach 33 Jahren hat Ali noch seine Wurzeln in Marokko. Und mit jedem Tag, der ins Land geht, kommt er seinem Traum näher, eines Tages zurückzukehren. In Paris betreibt er ein kleines Taxiunternehmen mit drei Wagen, von dem er nicht schlecht lebt. Am Monatsende bleibt sogar noch etwas übrig. Und jeden Cent, den er beiseite legt, steckt er in seinen Traum. Vor zehn Jahren hat er 45 Kilometer außerhalb von Marrakesch einen Bauernhof gekauft, mit einem kleinen Stück Land drum herum. Wenn Ali davon erzählt, dann bekommt er ein Leuchten in den Augen. Nur ein paar Jahre noch, dann will er ganz dorthin ziehen. Schafe hat er dort und Ziegen. Und Olivenbäume. Wenn er sein selbst gepresstes Öl beschreibt, dann fährt seine Zunge über die Lippen, so als ob er den Geschmack der grün-gelben Flüssigkeit kostet. Immer wieder, wenn er in Frankreich genügend Geld gespart hatte, hat er Land dazugekauft. Inzwischen sind es fast 60 Hektar, für marokkanische Verhältnisse ein großer Besitz. Sein jüngerer Bruder bewirtschaftet den Hof, und Ali ist sich sicher, dass die Landwirtschaft nicht nur seine Altersversorgung sein wird, sondern die ganze Familie ernähren kann.

In Frankreich ist Ali all die Jahre ein Fremder geblieben. Obwohl er das Land gern hat, sogar sagt, dass seine Kinder hier eine viel bessere Ausbildung bekommen haben, als das in Marokko jemals möglich gewesen wäre, und er deshalb Frankreich viel zu verdanken hat, ist das Land nie seine Heimat geworden. Zu seinem Freundeskreis zählt er eine ganze Reihe von Franzosen, von denen einige schon den Hof in Marokko besucht haben. Aber so richtig als Franzose hat sich Ali nie gefühlt. Er spricht die Sprache perfekt, fast akzentfrei, inzwischen jedenfalls sehr viel besser als Arabisch. Und dennoch ist Französisch nie seine Sprache geworden.

Ali ist Muslim. Kein besonders religiöser, aber er geht gerne in die Moschee, schon um andere aus seiner alten Heimat zu treffen und anschließend im Kaffeehaus eine Wasserpfeife zu rauchen und über vergangene Zeiten zu reden. Mit Sorge beobachtet er, wie in den letzten Jahren in seiner Gegend überall Garagen-Moscheen aus dem Boden geschossen sind. »Da gehen vor allem die Jungen hin, die keinen Job finden, die mit den alten Werten nichts mehr anfangen können und irgendwo Ersatz suchen.« Aber dort rekrutieren auch die radikalen Islamisten. Ali geht regelmäßig zum Freitagsgebet. Wenn er kann, sogar in die Große Moschee von Paris.

Damals, im Herbst 2004, da war er richtig stolz, ein Muslim in Frankreich zu sein. Die Journalisten Georges Malbrunot und Christian Chesnot waren im Irak in der Hand ihrer Entführer. Vorausgegangen war ein wochenlanger Streit um das Kopftuchverbot an öffentlichen Schulen. Ali hatte diese Auseinandersetzung wütend gemacht. Das inoffizielle Oberhaupt der Muslime in Frankreich, Dalil Boubakeur, der Rektor der Großen Moschee und Präsident des französischen Islamrates *Conseil français du culte musulman* (CFCM), hatte Ali aus dem Herzen gesprochen: »Wir sind in erster Linie Franzosen, Bürger dieser Republik und dann erst Muslime.« Die islamischen Gemeinden schlugen sich auf die Seite der leidgeprüften Regierung, ihre Vertreter boten sich selbst als Vermittler an, um die beiden Entführten zu retten. Muslime versammelten sich zu spontanen Demonstrationen vor der *Maison de la Radio France*, vor dem Redaktionsgebäude des *Figaro*, vor dem Rathaus und am Trocadéro. Ali war dabei, wann immer er konnte, wann immer es seine Zeit erlaubte. Er trug tapfer sein Plakat, »Freiheit für Georges und Christian«. Fernsehteams drehten ihn dabei, Journalisten hielten ihm Mikrofone unter die Nase, wenn er den Satz von Boubakeur wiederholte: »Wir sind in erster Linie Franzosen, Bürger dieser Republik und dann erst Muslime.« Fotografen überschütteten ihn mit einem Blitzlichtgewitter. Und in diesem

Moment fühlte sich Ali nicht mehr als Marokkaner, als Einwanderer, als Mitglied einer ungeliebten Minderheit, sondern in diesem Moment, da war er Franzose, mit Leib und Seele, aus tiefer innerer Überzeugung.

Und er, der gläubige Muslim, öffnete mit seinen französischen Taxikollegen eine Flasche Champagner, trank mit an dem Tag, als kurz vor Weihnachten das Fernsehen von der glücklichen Befreiung und Rückkehr der beiden Journalisten berichtete. Als dann im Herbst 2005 die Vorstädte brannten und er das Misstrauen seiner französischen Fahrgäste zu spüren bekam, da war es vorbei mit diesem Hochgefühl. »Mein Zuhause ist Marokko«, so gestand er sich ein, »hier werde ich immer nur ein Fremder sein.«

Einmal Drogenhändler, immer Drogenhändler

Hussein ist noch keine sechzehn Jahre alt. Es ist nicht sein richtiger Name, wohl eher einer, den er sich selbst gegeben hat. Nicht, dass Saddam Hussein sein Idol wäre, aber der Junge aus dem Wohnsilo in La Courneuve möchte damit Eindruck schinden. Anerkennung, das ist es, was er sucht und was er hier nie gefunden hat. Hussein ist ein cooler Typ, mit den neuesten Nike-Sportschuhen, einer Designer-Jeans, die ihm in den Kniekehlen hängt, einem schwarzes T-Shirt und darüber einer schwarze Fleecejacke mit Kapuze. Auf dem Kopf trägt er die obligatorische umgedrehte Baseball-Kappe. So sehen Straßenkämpfer aus. Und erfolgreiche wie Hussein erkennt man an einer schweren Goldkette um den Hals.

Eigentlich heißt er Abdelaziz und wurde von seinen Eltern nach dem algerischen Politiker Bouteflika benannt, der den maghrebinischen Staat seit 1999 regiert. Der Vater war ein glühender Anhänger des späteren Präsidenten, der 1989 aus dem Exil nach Algerien zurückgekehrt war. Bouteflika, der sich im Jahr 2005 ein weiteres Mal in einer Wahl demokratisch legitimieren ließ, sein Land aber mit allen Mitteln einer polizeistaatlichen Diktatur zusammenhält, ist nicht gerade ein Vorbild für die Straßenkinder in der Vorstadt von Paris. Da kommen eher Hip-Hop-Sänger oder Fußballer infrage. Hussein zaubert aus der Tasche einen Schlagring hervor, mit dem er spielt, während er stolz von seiner Vorstadtkarriere erzählt. Sie ist nicht außergewöhnlich, eine von vielen, die man hier so oder ähnlich immer wieder findet.

Hussein, nennen wir ihn weiter so, weil er mit seinem anderen Leben längst gebrochen hat, hat die Schule geschmissen, schon vor mehr als einem Jahr. Das war ihm alles zu langweilig, die Lehrer zu streng und »uncool«. Sein einziges Interesse galt seiner Playstation, Abhängen mit Freunden, Ballerspielen, je brutaler, je lieber. Counterstrike, Karatekid, Half Life, damit verbrachte er seine Zeit. Zum Lernen hatte er keine Lust. Seine Mutter war verzweifelt, konnte ihn aber irgendwann nicht mehr erreichen. Um ihn und seine beiden jüngeren Geschwister durchzubringen, musste sie putzen gehen. Ein Job bei einer Zeitarbeitsfirma, eine Putzkolonne in großen Bürogebäuden in der Stadt. Jeden morgen um halb fünf mit dem RER, dem Regionalexpress, mindestens eine Stunde Fahrzeit. Acht Stunden schuften, eine Stunde zurück, mit dreißig Minuten Mittagspause. Der Vater war schon lange verschwunden. Die Mutter redete nicht gerne darüber, außer wenn sie wütend war. Er sei zurück nach Algerien, hatte sie den Kindern einmal erzählt.

Hussein wurde als Ältester zwangsläufig zum Familienoberhaupt und zum Beschützer für die beiden Kleineren. Wenn irgendwelche Typen die Schwester oder den kleinen Bruder auf dem Schulhof anmachten, dann war er zur Stelle. Mehr als einmal hat er einen windelweich geprügelt, der eine freche Lippe riskierte oder handgreiflich wurde.

Ganz schlimm wurde es, als die Regierung das sogenannte Kopftuchgesetz erließ. Danach durften Kinder und Jugendliche an staatlichen Schulen keine religiösen Symbole mehr tragen. Als Christ kein Kruzifix um den Hals, als Jude keine Kippa, als muslimisches Mädchen keinen Schleier, kein Kopftuch. Das Gesetz war pünktlich zum Schulbeginn 2004 in Kraft gesetzt worden. Am ersten Schultag stand der Direktor mit zwei

Lehrern vor dem Tor und achtete darauf, dass alle das Kopftuch abnahmen, bevor sie die Klassenzimmer betraten. In La Courneuve richtete sich, wie in anderen Vororten, das Gesetz ausschließlich gegen Muslime. Juden gab es hier weit und breit keine, und die paar Kinder aus katholischen Familien trugen ohnehin kein Kreuz, schon um niemanden zu provozieren.

In der ersten großen Pause wurde seine Schwester dann von drei Jungs belästigt, mit denen Hussein schon öfter Ärger gehabt hatte. Ob sie keine gute Muslimin sei? Warum sie sich nicht an die Gebote des Propheten halte? Da könne sie doch gleich auf den Strich gehen, schubsten sie die kleine Schwester herum, die sich gegen die viel Stärkeren nicht wehren konnte. Das war der Moment, als Hussein dazukam. Dem Ersten schlug er die Faust mitten ins Gesicht, dass das Blut aus der Nase spritzte. Den Zweiten legte mit einem gezielten Tritt zwischen die Beine schachmatt, sodass er am Boden liegen blieb und sich vor Schmerzen krümmte. Bevor er sich den Dritten vorknöpfen konnte, hatte der bereits das Weite gesucht. Die Lehrer und Mentoren, die dann dazwischengingen, wollten sich seine Version des Zwischenfalls nicht anhören. Zu oft war er schon wegen Tätlichkeiten und Gewalt bestraft worden. Diesmal würden sie ihn von der Schule schmeißen, womöglich gar die Polizei holen. Auf diese Begegnung wollte es Hussein nicht ankommen lassen und zog es vor, abzuhauen und nie wieder an der Schule zu erscheinen. Einer seiner Kumpel stellte ihn noch am gleichen Abend einem »Caïd« vor, einem kleinen Bandenchef, der ein Revier von fünf Blocks kontrollierte.

La Courneuve haben sich die Banden untereinander aufgeteilt. Sie handeln mit allem, was nicht niet- und nagelfest ist. Geklaute Elektronikgeräte, vorzugsweise Computer, Autoradios, DVD-Player und Fernseher mit Flachbildschirm. Mit denen ließen sich rund um die Fußballweltmeisterschaft besonders gute Geschäfte machen. Natürlich auch mit »Kiff-Kiff«, Haschisch, Marihuana, Crack, Ecstasy und manchmal auch mit Heroin. Für Kokain gibt es in der Banlieue kaum einen Markt, weil es einfach zu teuer ist. Koks geht besser in der Innenstadt und bei der feinen Gesellschaft in Neuilly. Der Caïd bot Hussein an, für ihn zu arbeiten. Erst kleine Botengänge, Nachrichten überbringen bei Schutzgelderpressungen. Schmiere stehen bei Einbrüchen oder in den Parkhäusern am Flughafen, wenn die anderen Autos knackten. Entlohnt wurde er anfangs für seine Dienste mit billigem Stoff, den er gewinnbringend verkaufte.

Bald wurde aus dem Drogenhandel ein lukratives Geschäft, und weil Hussein cleverer und kräftiger war als seine Altersgenossen, beauftragte ihn sein Arbeitgeber mit immer neuen, gefährlicheren Aufgaben. Es blieb nicht bei kleinen Diebstählen und ein paar Gramm Drogen. Er machte bei größeren Raubzügen mit. Ein abgestellter LKW, ein Warenlager, ein Kneipenwirt, den sie mit Schlagring und Baseballschläger behandelten, um ihn an seine Zahlungen zu erinnern. Schließlich durfte er sogar die Einnahmen eines illegalen Spielclubs eintreiben. Hussein geriet immer tiefer in den Sog der Kriminalität, und längst verdiente er ein Vielfaches vom kargen Lohn seiner Mutter. Er machte ihr Geschenke, buhlte um ihre Anerkennung. Eine Waschmaschine, ein Fernseher, ein neuer Mantel. Die meisten dieser Sachen zweigte er bei seinen Raubzügen ab. Auch die Geschwister wurden versorgt. Ein MP3-Player für den Bruder, Nike-Sportschuhe, neue Klamotten, Designer-Jeans, auch für die Schwester. Für sie klaute er sogar auf Bestellung eine schicke Sonnenbrille von Armani. Alles was »cool« war und angesagt.

Die Mutter ahnt, woher das alles kommt, und weiß, dass es nicht gutgehen wird. Eines Tages bringt Hussein eine Pistole mit nach Hause. Stolz zeigt er sie seinen Geschwistern. Sie ist scharf geladen. Der Caïd hat sie ihm geschenkt, so etwas wie der Ritterschlag auf der Karriereleiter als krimineller Vorstadtgangster. In ihrer Verzweiflung wendet sich die Mutter an die »großen Brüder«. Das sind muslimische Sozialarbeiter, die früher selbst Mitglieder von Vorstadtbanden waren. Sie arbeiten unabhängig von Polizei und Justiz und genießen bei den Jugendlichen einen gewissen Respekt. Jussuf, einer von ihnen, redet mit Hussein – mehrere Tage hintereinander. Er verspricht, ihm bei der Suche nach einer Lehrstelle zu helfen, mit ihm die Bewerbungen zu schreiben. Vergeblich! »Warum soll ich irgendwo für einen Hungerlohn schuften, wenn ich auf der Straße das Fünfzigfache verdienen kann?« In einer Samstagnacht begeht er mit zwei anderen Älteren einen bewaffneten Raubüberfall. Am Sonntagmorgen steht die Polizei vor der Tür und verhaftet ihn. Aber nach wenigen Tagen ist er bis zur Verhandlung wieder auf freiem Fuß und macht weiter, als wäre nichts geschehen.

Die Gesetzesbrecher werden immer jünger, die Straftaten immer brutaler. In den vergangenen zehn Jahren ist die Jugendkriminalität um 80 Prozent gestiegen. Als Konsequenz aus den Vorstadtunruhen hat die Regierung das Jugendstrafrecht drastisch verschärft. Nach dem neuen »Loi Sarkozy« dürfen künftig schon 13-Jährige in geschlossene Erziehungsheime eingewiesen werden. 16- bis 18-Jährige kommen sofort vor den Haftrichter. Und wer Busse anzündet, Polizisten attackiert oder Menschen bedroht, muss mit fünfzehn Jahren Gefängnis als Höchststrafe rechnen. Die sozialistische Präsidentschaftskandidatin Ségolène Royal hatte sogar gefordert, jugendliche Straftäter in militärische Umerziehungslager zu stecken. All das verdeutlicht das Problem, ändert aber nichts an den Ursachen.

Ein Mann sieht rot

Es war ein trauriger Abgang. Zehn Minuten vor dem Ende des Finales um die Fußballweltmeisterschaft in Berlin verlässt der Kapitän der französischen Nationalmannschaft den Platz.

Er steigt die Treppen hinunter in die Mannschaftskabine des Olympiastadions, ohne sich noch einmal umzudrehen, ohne ein letztes Winken und scheinbar ohne Reue. Zinedine Zidane, das Idol des französischen Fußballs! Ein tragischer Held. Es ist ein Abschied für immer. Schon vor der WM hatte er seinen Rücktritt erklärt. Zum Schluss bleibt ein Schatten, ein übler Nachgeschmack als Finale einer Ausnahmekarriere.

Marco Materazzi, ein italienischer Abwehrspieler, hatte den Kapitän der Franzosen provoziert, vor laufenden Kameras, aber weit weg von jedem Mikrofon. Was hat er nur gesagt, dass Zidane völlig ausrastet und nicht nur den Italiener, sondern die ganze Nation vor den Kopf stößt? Fiese Bemerkungen über die Mutter, die Schwester als Nutte bezeichnet, das wollen brasilianische Lippenleser herausgefunden haben. Das kann in der Vorstellungswelt eines Zinedine Zidane nicht unbeantwortet bleiben. Frankreich rätselt tagelang darüber, warum dieses Fußballidol seine Karriere mit solch einer Szene beendet hatte.

Schließlich bricht er sein Schweigen, aber er wiederholt nicht die Beleidigungen des Italieners, sondern er umschreibt sie: »Das war ziemlich schwerwiegend – das waren richtig persönliche Sachen, die an die Ehre gingen. Dreckige Bemerkungen über meine Schwester, über meine Mutter. Das waren sehr harte Worte. Du hörst das einmal, du hörst es zweimal, aber beim dritten Mal wehrst du dich. Ich bin einer, der lieber eine Rechte in die Fresse kriegt, als sich so etwas anzuhören.« Das ist die Sprache der Vorstadt.

Zizou, der Liebling der Nation, ist in einem der übelsten Vororte von Marseille aufgewachsen. La Castellane, dort, wo fast nur Einwanderer aus Algerien leben. Eine Umgebung, in der die Straßenbanden regieren. Streitereien werden mit der Faust oder mit dem Messer geregelt. Hier gilt das Recht des Stärkeren. Die Eltern in La Castellane haben nicht viel. Die Kinder noch weniger. Ihren Fußball, ihre Ehre und Zizou, den Superstar. Sie blicken zu ihm auf, sie träumen davon, so zu werden wie er. Reich, berühmt, erfolgreich. Aber wer hier geboren wird, hat in der französischen Gesellschaft normalerweise keine Karten. Außer er macht Karriere, als Krimineller oder als Fußballer. Zinedine Zidane hatte es geschafft. Das Einwandererkind konnte sich durchboxen, bis ganz nach oben. Seine Eintrittskarte in eine bessere Welt war, dass er mit dem Ball eleganter umzugehen verstand als die meisten, die in La Castellane groß werden. Mit Millionen Euro auf dem Konto wuchs er zum Übermenschen für all die Kinder, die kaum eine Chance haben, jemals aus dem Dreck der Vorstadt herauszukommen.

Zidane steht dafür, dass der Traum Wirklichkeit werden kann, eines Tages selbst der Tristesse der Banlieue zu entfliehen. Zidane verkörpert wie kein zweiter die gelungene Integration. Deshalb liebt ihn die Politik. Als die Blauen 1998 die Weltmeisterschaft gewannen, da konnte sich der Rechtsextremist Jean-Marie Le Pen noch über die Söldner in der Mannschaft lustig machen. Die Nationalelf sei nicht französisch, sondern ein Haufen Araber und Neger. Längst aber ist die Tricolore mit ihren Farben »bleu-blanc-rouge« (blau-weiß-rot) in »black-blanc-beur« (schwarz-weiß-arabisch) umgefärbt worden, wenn das Leder rollt. *»Beur«* ist eine bei Vorstadtjugendlichen beliebte Wortspielerei, bei der Silben verdreht werden, und steht für alles, was aus Nordafrika kommt und aus dem arabischen Raum.

Zizou hat nie vergessen, wo er herkommt. Deshalb setzt er sich ein für Sozialprojekte, für die Eingliederung von Ausländern und gegen Rassismus. Wenn Zidane sich für Toleranz und gegenseitige Achtung ausspricht, dann klingt das authentisch. Seine Worte bekommen Gewicht, weil er Frankreichs erfolgreichster Sportler ist. Die falsche Hautfarbe zu haben, darunter hat er ein Leben lang gelitten, und tief in seinem Inneren ist er immer das Straßenkind aus dem Vorort von Marseille geblieben. Einer, der zeitlebens kämpfen musste, sich wehren gegen Beleidigungen und Anfeindungen. Einer, der schon einmal zuschlug, wenn er sich anders nicht mehr zu verteidigen wusste. Auch auf dem Fußballplatz. Zwölf rote Karten hat er im Verlauf seiner Karriere kassiert. Für Tätlichkeiten, die jenseits des Rasens zu strafrechtlichen Konsequenzen geführt hätten. Seine Kopfstöße waren gefürchtet, nicht nur mit dem Ball. Und gelegentlich flogen sogar die Fäuste.

»Ich entschuldige mich bei allen Kindern und bei allen, die das gesehen haben. Das war nicht zu tolerieren, das war unverzeihlich. Aber ich bedauere nicht, was ich getan habe, denn das hieße, der andere hätte mit seinen Bemerkungen recht gehabt«, erklärt Zidane sein Verhalten nach dem WM-Finale in einem Fernsehinterview.

Für seine sportliche Leistung bei der Fußballweltmeisterschaft wird ihm als bestem Spieler der Goldene Ball verliehen. Innerhalb weniger Tage hat eine französische Hip-Hop-Gruppe einen Song mit dem schönen Titel »Coup de Boule« komponiert, was so viel heißt wie Kopfstoß. »*Zidane, il a frappé – Zidane, il a tapé* – Zidane, er hat zugeschlagen, Zidane, er hat getroffen«, lautet der Refrain, und französische Musikverlage sind bereit, bis zu 100 000 Euro für die Rechte hinzublättern. Ein neuer Klingelton für Frankreichs Handybesitzer.

Doktor Dalil Boubakeur, das Oberhaupt der französischen islamischen Gemeinden, lobt den Fußballspieler in einem öffentlichen Kommuniqué über den grünen Klee. Er versichert ihm die tiefe Bewunderung der muslimischen Glaubensbrüder und nimmt ihn vorsichtshalber gegen alle rassistischen Übergriffe in Schutz. Selbst Algeriens Präsident Abdelaziz Bouteflika schickt dem Sohn algerischer Einwanderer ein Dankschreiben: »um Zidane unsere Solidarität und Freundschaft auszudrücken«. Der Fall Zidane bekommt damit eine Dimension, die weit über das Fehlverhalten zweier Fußballer auf dem Spielfeld hinausgeht. »Man kann sein Verhalten nicht akzeptieren, verstehen kann man es sehr wohl«, erteilt Präsident Chirac dem Nationalhelden in seinem traditionellen Interview zum 14. Juli für den Aussetzer Absolution. Vielleicht, weil der Präsident an den eigenen bevorstehenden Abgang denkt, gegen den der Platzverweis für Zidane geradezu glanzvoll erscheinen dürfte.

Ein Jahr danach

Ende Oktober 2006. Geändert hat sich nicht viel in den Vorstädten. Jedenfalls nicht für die Jugendlichen. Dabei ist der Rückgang der Arbeitslosigkeit, objektiv gesehen, einer der wenigen Lichtblicke für die konservative Regierung. Im Juni 1997 erreichte sie mit 12,6 Prozent den höchsten Stand seit dem Krieg. Dann folgte eine lange Phase des kontinuierlichen Rückgangs auf 8,7 Prozent im Mai 2001. Anschließend kämpfte die Regierung von Premierminister Jean-Pierre Raffarin mit einem Anstieg und später einer Stabilisierung auf extrem hohem Niveau, bedingt auch durch den Einbruch der Weltwirtschaft nach Nine-Eleven, den Terroranschlägen in New York und Washington. Für Februar 2005 wies die Aufstellung der Statistikbehörde INSEE *(Institut National de la Statistique et des Études Économiques)* 2,768 Millionen Arbeitslose aus – das entsprach einer Quote von 10,1 Prozent. Im Vergleich zum Februar 2004 waren damit rund 50 000 Menschen mehr arbeitslos gemeldet, trotz eines moderaten Wirtschaftswachstums. Erst danach zeigten die Programme der Regierung allmählich Wirkung. Die Kurve sank kontinuierlich.

Im September 2006 eine Erfolgsmeldung: Die Zahl der Arbeitslosen ist auf 2,129 Millionen zurückgegangen, eine Quote von nur mehr 8,8 Prozent. Natürlich ist diese Zahl geschönt, und die Statistik sagt nur die halbe Wahrheit. Langzeitarbeitslose, die das Rentenalter erreicht haben, Obdachlose, die nirgends erfasst werden und sich mit Betteleien über Wasser halten, und viele Tausende von illegalen Einwanderern werden bei dieser Zählweise nicht berücksichtigt. Tatsächlich sinken die Zahlen von Monat zu Monat, langsam, aber stetig. Im Dezember 2006 erreichen sie mit 2,11 Millionen den niedrigsten Stand seit Juli 2001. Das sind zehn Prozent weniger als im Vorjahr und entspricht einer Arbeitslosenquote von nur mehr 8,7 Prozent. Und diese Zahl kann sich, gerade im direkten Vergleich zu Deutschland, sehen lassen.

Anfang November 2006 feiern die Politiker in Berlin den Durchbruch auf dem Arbeitsmarkt, weil die Quote erstmals seit vier Jahren wieder unter zehn Prozent liegt. In Zahlen ausgedrückt sind immer noch 4,085 Millionen Deutsche ohne Beschäftigung, und das, obwohl durch neue Zählweisen viele bereits aus den Statistiken herausgeflogen sind. Dagegen hat Frankreich tatsächliche Erfolge bei der Bekämpfung der Arbeitslosigkeit. Das entlastet die Sozialkassen, bringt Steuereinnahmen und verbessert die Haushaltslage. Aber ein Riesenproblem bleibt: die hohe Jugendarbeitslosigkeit. Seit vielen Jahren bewegt sie sich auf einem im Vergleich mit anderen Ländern der Eurozone extrem hohen Niveau. Auch in Deutschland liegt sie mit 15 Prozent über dem Durchschnitt. Im Februar 2005 waren in Frankreich 22,9 Prozent der unter Fünfundzwanzigjährigen arbeitslos gemeldet. Auch diese Zahl ist bis Herbst 2006 leicht zurückgegangen.

Während also in ganz Frankreich die Arbeitslosenzahlen sinken, steigen sie in den Vororten weiter. Vorsichtige Schätzungen gehen von 36 Prozent aus. Aber das ist der landesweite Schnitt. In den Problemgebieten der Vorstädte sind 40 bis 50 Prozent realistischer, weil dort keine Arbeit zu finden ist.

Der Premierminister fabuliert zum Jahrestag der Unruhen von »Freihandelszonen« in den Vorstädten, wo mit staatlicher Hilfe Jobs geschaffen werden sollen. Tatsächlich hat die Regierung einiges versucht, um die Situation der verlorenen Generation in der Banlieue zu verbessern. 100 Millionen Euro sind in die Vorstädte geflossen, an Vereine und soziale Institutionen. Damit wird Nachhilfe für die Jugendlichen bezahlt, um sie vor dem Versagen in der Schule zu bewahren. Für besonders Begabte gibt es zusätzliche Unterstützung. Staatliche Stipendien sollen ihnen den Weg an weiterführende Schulen und Universitäten eröffnen. 46 000 staatlich subventionierte Stellen sollten für Beschäftigung sorgen. Der Gesetzgeber hat das Einstiegsalter für Lehrstellen von sechzehn auf vierzehn Jahre herabgesetzt. Eine Maßnahme, die Schulabbrechern die Möglichkeit eröffnen soll, doch noch eine Berufsausbildung zu erhalten, Jugendlichen, die nie einen Schulabschluss schaffen würden. Gescheitert allerdings ist das Gesetz über die neuen Erstanstellungsverträge. Damit sollte der Kündigungsschutz für Berufsanfänger bis zum 26. Lebensjahr aufgehoben werden, um für Firmen einen Anreiz zu schaffen, jungen Leuten eine Chance zu geben, sie auszuprobieren, sie aber notfalls, auch ohne arbeitsrechtliches Risiko, wieder loszuwerden, wenn sie sich nicht bewähren. Es hatte nicht viel gefehlt und der Proteststurm gegen dieses Gesetz hätte Premierminister Dominique de Villepin aus dem Amt gefegt.

Die Grundprobleme sind geblieben. Die Menschen in den Vorstädten haben nach wie vor das Gefühl, dass sich für sie nichts verändert hat. Ein Großteil des Geldes, das in die Vorstädte gepumpt wurde, diente dazu, die demolierte Infrastruktur wieder herzurichten. Eine Polizeistation in Clichy-sous-Bois, ein Rathaus da, ein öffentliches Gebäude dort. Noch immer stehen sich Staatsmacht und Einwandererkinder unversöhnlich, ja feindselig gegenüber. Die Bretter über dem sozialen Abgrund der Vorstädte sind brüchig und dünn. Jederzeit können sie brechen. Die kleinste Belastung genügt. Und darunter wabert das Magma von Unruhen, Aufstand und Gewalt. Die wenigsten Franzosen sind sich darüber im Klaren, welch explosives Gemisch sich in den Vorstädten zusammengebraut hat.

Deshalb wirft der Jahrestag der Vorstadtunruhen seine Schatten voraus. Immer wieder werden Polizeistreifen in den Hinterhalt gelockt, ihre Autos zertrümmert, Beamte attackiert. Die Zwischenfälle laufen alle nach einem ähnlichen Muster ab. Polizisten verfolgen einen Verkehrssünder, stellen einen Ladendieb, filzen einen jungen Drogendealer. Plötzlich werden sie von einer Meute aufgebrachter Jugendlicher umringt. Zehn, zwanzig und mehr, die auf die Beamten losgehen. Steine fliegen, eine Eisenstange kommt zum Vorschein oder ein Messer. »Wir wollen hier keine Flics«, das ist die Botschaft. Die Vorstädte werden zum rechtsfreien Raum. Davon profitieren die Caïds, die Bandenchefs, die sich die Wut der Vorstadtjugendlichen zunutze machen. Sie wollen die Polizei raushaben aus ihrem Revier, damit sie ungestört ihren schmutzigen Geschäften nachgehen können. Uniformierte stören bei Autoschiebereien, Schutzgelderpressungen und Drogenhandel. Im Internet kursieren wilde Verschwörungstheorien. Angeblich hätten die Bandenchefs Schusswaffen an die Jugendlichen verteilt, und die Aufstände zum Jahrestag der Unruhen würden von langer Hand organisiert. Radikale Islamisten wollten eine Art »Vorstadt-Intifada« nach dem Vorbild der Palästinenser gegen die französische Obrigkeit führen. Doch solche Szenarien entbehren jeder Vernunft. Keiner, schon gar nicht die Bandenchefs in der Banlieue, haben das geringste Interesse daran, dass die Situation eskaliert. Denn das behindert nur die Geschäfte.

Aber was bleibt, ein Jahr nach den Unruhen, das sind die Ursachen: Arbeitslosigkeit, Diskriminierung, Hoffnungs- und Perspektivlosigkeit und die Ignoranz der französischen Gesellschaft gegenüber der Lebenswirklichkeit in den Vorstädten. Also werden Linienbusse gestoppt und die Fahrgäste mit Waffengewalt zum Aussteigen gezwungen. Dann wirft ein Jugendlicher mit dunkler Hautfarbe einen Molotowcocktail in den Bus. Sachschaden 140 000 Euro, abgefackelt in wenigen Minuten. In Marseille geht am 28. Oktober 2006 etwas entsetzlich schief. Eine Frau schafft es nicht rechtzeitig, das Fahrzeug zu verlassen. »Sie brannte von Kopf bis Fuß. Ihr ganzer Körper stand in Flammen, wie eine menschliche Fackel«, so beschreibt ein Augenzeuge das Horrorszenario. Die sechsundzwanzigjährige Frau erleidet lebensgefährliche Verbrennungen, aber sie überlebt, obwohl siebzig Prozent ihrer Haut zerstört werden. Sie ist in Marseille geboren, aber in Dakar im Senegal groß geworden. Die Polizei verhaftet einige Tage später die fünf Täter. Cédric und Ayoub, beide fünfzehn Jahre alt und strafunmündig, sowie Eddy, Romuld und Amdjad, alle drei erst siebzehn, aber längst polizeibekannt wegen einer ganzen Latte von Delikten.

In Paris demonstrieren einige hundert Jugendliche aus den Vorstädten. Sie wollen zur Assemblée Nationale. Kistenweise schleppen sie Berichte mit von Betroffenen, die die Missstände in der Banlieue aufgeschrieben haben. 20 000 sind es, subjektive Beschreibungen von Bewohnern, die festgehalten haben, wo es in den Vororten am meisten stinkt. Die Polizei hält die Demonstranten auf. Aber ihr Anführer wird bis ins Parlament vorgelassen und kann sein Anliegen vortragen. Dabei wird eines deutlich: Ein Jahr hatte die französische Regierung Zeit, Antworten auf die brennendsten Fragen zu finden. Sie hat diese Frist weitgehend ungenutzt verstreichen lassen. Auch dafür wird es bei den bevorstehenden Präsidentschaftswahlen die Quittung geben.

Fehler von gestern – Probleme von heute

Frankreich hat den Zweiten Weltkrieg gewonnen – ein Selbstbetrug

Frankreich hat jeden Krieg gewonnen. Den Ersten Weltkrieg, den Zweiten, den von 1870/71, den Indochinakrieg, den amerikanischen Unabhängigkeitskrieg und die meisten der Napoleonischen. Jedenfalls wenn es nach französischer Geschichtsschreibung und Traditionspflege geht. Richtig ist, dass die Franzosen trotz aller Niederlagen es irgendwie fertiggebracht haben, am Ende immer wieder auf der Siegerseite zu stehen. Es gibt wohl kein anderes Land, abgesehen vielleicht von Österreich, das seine eigene jüngere Geschichte mit so vielen partiellen Gedächtnislücken beurteilt. Wahrscheinlich handelt es sich dabei um eine Art Selbstschutzmechanismus, um die dunklen Kapitel besser verdrängen zu können.

Bis heute hat es in Frankreich keine nennenswerte Aufarbeitung der Kolonialgeschichte gegeben. Natürlich waren im Zweiten Weltkrieg fast alle Franzosen in der Résistance. Marschall Pétains Rolle während der Nazi-Herrschaft gilt als historischer Betriebsunfall, ohne dass man seine Verdienste im Ersten Weltkrieg, dem Großen Krieg, schmälern möchte. Kollaborateure, Franzosen, die aktiv bei der Judenverfolgung geholfen haben, sind dem kollektiven Vergessen anheimgefallen. Und an ein Kapitel mögen die Franzosen bis heute nicht erinnert werden: den Algerienkrieg. Für Frankreich ein ähnliches

Trauma wie Vietnam für die Amerikaner. Fehler eingestehen, Irrtümer bekennen, das ist nicht die Stärke der Franzosen.

Lieber zelebrieren sie die Ruhmestaten vergangener Tage mit Pomp und Gloria. Den 11. November 2006, den Jahrestag, als nach dem Ersten Weltkrieg die Waffen schwiegen, begingen die Franzosen erstmalig mit einem gewissen Desinteresse. Vielleicht, weil er auf einen Samstag fiel und es somit keinen zusätzlichen freien Tag gegeben hat. Oder es mag daran gelegen haben, dass nur noch vier Veteranen übrig waren. Der fünfte war kurz vor dem Jahrestag im Alter von 111 Jahren gestorben. Ein Einziger nahm an der Feier unter dem Pariser Triumphbogen teil, René Riffaud, Teilnehmer der Schlacht an der Somme und mit 107 Jahren der jüngste Überlebende des Großen Krieges. Er fühlte sich unglaublich geehrt und bedankte sich mit brüchiger Stimme in jedes dargereichte Mikrofon, weil seine Enkeltochter Jahre dafür gekämpft hatte, dass ihr Großvater den Status als *ancien combattant* zugesprochen bekam.

Schon im Vorfeld des Feiertages hatten Veteranenverbände und die im Verteidigungsministerium dafür zuständige Abteilung dazu aufgerufen, die Erinnerung an die alten Kämpfer nicht verblassen zu lassen. Dazu wurden in allen Tabakkiosken landesweit zwei Millionen Kerzen verkauft, für zwei Euro das Stück. Die Franzosen waren aufgefordert, sie am Gedenktag vor den Mahnmalen der Gefallenen anzuzünden. Der Erlös daraus sollte dem Erhalt der Gedenkstätten zugute kommen. Aber kaum jemand wollte diesem Appell folgen.

Noch unterhält das Verteidigungsministerium eine eigene Abteilung mit einem Staatssekretär für die Veteranen, deren Verdienste vom Staat hochgehalten werden. Nur, die jüngeren Franzosen können mit dieser Form von Traditionspflege immer weniger anfangen. Genauso, wie sie ungern daran erinnert werden, dass das Ende des Zweiten Weltkriegs die Zäsur war, die das Ende des französischen Kolonialreiches eingeläutet hatte. Die Emanzipation der Kolonien war nicht mehr aufzuhalten. Sie begann in Asien und erreichte Mitte der 1950er Afrika und Ozeanien. Für das Mutterland Frankreich war das, ähnlich wie für Großbritannien, ein schmerzhafter Prozess. Die neuen, unabhängig gewordenen Länder, vor allem auf dem afrikanischen Kontinent, blieben schwach und politisch instabil. Hunger, Armut und Krankheiten waren der Preis der Freiheit. Die sozio-ökonomischen Unterschiede verschärften die Spannungen zwischen Erster und Dritter Welt. Für viele Probleme, mit denen Frankreich heute zu kämpfen hat, wurde vor über sechzig Jahren der Grundstein gelegt.

Integration zweiter Klasse

Frankreich leistet sich einen beigeordneten Minister für die Förderung von Chancengleichheit: Azouz Begag, 1957 in Lyon geboren, Soziologe, Romanschriftsteller und Forscher im *Centre National de la Recherche Scientifique* (CNRS), dem nationalen wissenschaftlichen Forschungsinstitut. Seine Eltern kommen aus Algerien und emigrierten 1949 nach Frankreich. Seine Kindheit verbrachte Begag in der Banlieue von Lyon, später zog die Familie in die Lyoner Altstadt Duchère. Er sieht es als seine Aufgabe an, die Förderung unterprivilegierter Schichten sicherzustellen, ohne zu viel »positive« Diskriminierung, sprich Quotenregelung, zu praktizieren. Und er macht sich regelmäßig damit lächerlich.

Begag hat durchaus komödiantisches Talent, wenn er im Brustton der Überzeugung im Fernsehen verkündet, dass keine Regierung so viel für die Integration von Ausländern getan habe wie die von Dominique de Villepin unter Präsident Jacques Chirac. Er erinnert dabei ein wenig an »Comical Ali«, den letzten Kommunikationsminister von Saddam Hussein, der auf dem Höhepunkt des Irakkrieges in die Kameras und Mikrofone der internationalen Sender prustete, dass die Republikanischen Garden auf dem siegreichen Vormarsch seien, während hinter ihm die amerikanischen Panzer durch Bagdad rollten. Dabei kann Azouz Begag, der sich gerne als charmanter Pausenclown geriert, wunderbar wütend werden, wenn er von irgendjemandem als »Quoten-Maghrebiner« der Regierung bezeichnet wird oder einer die Ernsthaftigkeit seiner Integrationsbemühungen in Abrede stellt:

»Ich will einen Schwarzen, ich will einen Bewohner der Antillen, einen Mann aus Madagaskar, ich will Frauen, ich will die Vielfalt. Ich habe mein Kabinett entsprechend dieser Vielfalt zusammengestellt. Es ähnelt dem Frankreich von heute.« So definiert Begag sein Verständnis von Multikulti in Frankreich und schießt damit am eigentlichen Problem vorbei. Denn es geht nicht um das Zusammenleben von Menschen unterschiedlicher Herkunft, Hautfarbe und kulturellem Hintergrund. Es geht um ihre Akzeptanz in der französischen Gesellschaft, die nach wie vor weiß, katholisch und rassistisch ist. Ausgrenzung entsteht durch Abgrenzung, und dafür gibt es viele Methoden. Mit Rassismus als Lebenseinstellung kommt auch in Frankreich kein Kind auf die Welt. Der wird vermittelt, anerzogen, durch Elternhaus, Familie, Schule und Arbeitsplatz. Organisationen wie »S.O.S. Racisme« wenden sich seit Jahren gegen Phänomene wie Diskriminierung von Ausländern, Fremdenhass, Frauenfeindlichkeit, Antisemitismus, Diffamierung von Homosexuellen und jede Form von Intoleranz. Mit wenig Erfolg, weil in weiten Teilen der Bevölkerung diese Haltung, graduell unterschiedlich ausgeprägt, noch immer tief verwurzelt ist. Man kann in Frankreich fast von einer Art »passivem Rassismus« sprechen. Kein Franzose würde offen zugeben, dass er so denkt. Aber er wird alles tun, um sich von der jeweiligen Minderheit räumlich, physisch, intellektuell und im gesellschaftlichen Umgang abzuschotten.

Dieses Unter-sich-bleiben-Wollen bezieht sich übrigens nicht ausschließlich auf Randgruppen, sondern verhindert auch die Durchlässigkeit zwischen den Gesellschaftsschichten. In gewisser Weise ist Frankreich auch heute noch ein Ständestaat wie am Vorabend der Revolution von 1789, mit dem Unterschied, dass man die Zugehörigkeit zu einem bestimmten Stand nicht mehr an äußerlichen Dingen wie der Kleidung festmachen kann. Heute sind es nicht Soutane oder Uniform, Gehrock oder Perücke, die auf gesellschaftliche Stellung schließen lassen, sondern versteckte Attribute, die sich in Lebensläufen und Bewerbungsunterlagen finden. Der Besuch einer bestimmten Schule oder eines Internates, eine Ausbildung an der ENA, Auslandsaufenthalte und Sprachkenntnisse, Adresse, Hobbys und Feriendomizile ermöglichen es schnell, einen Franzosen der Ober-, Mittel- oder Unterschicht zuzuordnen. Je besser der soziale Hintergrund, desto höher ist in aller Regel die Toleranz gegenüber Andersdenkenden und Minderheiten. Theoretisch! Man gibt sich gerne im intellektuellen Zirkel, beim feinen Dîner oder beim Stehempfang mit dem Champagnerglas in der Hand als Vorstadtversteher. Aber wehe, wenn plötzlich ein persönlicher Kontakt daraus wird.

Frankreich ist ein hysterisches Land. Immer wieder wurden in der jüngsten Vergangenheit die Angstgefühle geschürt. Wie rhetorische Kriegsführung klang manche Debatte über den Antisemitismus, die europäische Verfassung, die Einwanderung, Le Pen, das Kopftuch, den Krieg im Irak. Mit dem Mai 1968 hatte in Frankreich eine Art Vergangenheitsbewältigung begonnen. »Wir sind alle deutsche Juden«, riefen damals die Aufständischen und solidarisierten sich mit Dany Cohn-Bendit. Den Theoretikern vom »Ende der Revolution« gilt 1968 als letzte Revolte. Über die revolutionären Konflikte waren aber immer auch Ausländergruppen integriert worden. Das Verpuffen dieser klassenkämpferischen Dynamik hat die Integrationskräfte geschwächt und der Kolonialkrieg die Fronten verwischt. Die fremdenfreundliche Linke tat sich schwer mit den Einwanderern aus dem »antikolonialistischen« Algerien, aber auch mit den Dissidenten aus dem Osten. »Für sie sind die Banlieues Ghettos, in denen der Kolonialismus weitergeht«, schrieb die *Frankfurter Allgemeine Zeitung*.

Die »soziale Apartheid« entspreche der Rassentrennung, behauptet die Bewegung »Einheimische der Republik«, denen sich Linke und Grüne angeschlossen hatten, nach den Unruhen des Spätherbstes 2005. In ihrem Manifest werden Polizisten als Besatzungstruppen bezeichnet, Sozialarbeiter und Lehrer gelten – wie die Missionare – als Helfershelfer der Ausbeuter. Dagegen wird Widerstand geleistet: Von den »Einheimischen der Republik« wurde er im Voraus legitimiert. Mit der Kausalität von Wort und Taten ist Vorsicht geboten. Doch die Gewaltausbrüche erscheinen durchaus als Begleitprogramm der Auseinandersetzungen um die Hinterlassenschaft des Kolonialismus und des endlich thematisierten Algerienkriegs.

Man kann sich lange über Ursache und Wirkung den Kopf zerbrechen. Viele Hauptseminare an politischen Fakultäten werden sich auch künftig noch mit Frankreichs Vergangenheitsbewältigung beschäftigen. Aber eines kann man feststellen, ohne dass es dafür einer wissenschaftlichen Begründung bedarf: Frankreich ist immer wieder mit der Integration seiner Zuwanderer gescheitert. Und nicht aus wirtschaftlichen, politischen oder religiösen Gründen, sondern weil die Franzosen niemanden wollten, der nicht Franzose ist. Vielleicht auch weil Menschen wie Azouz Begag, beigeordneter Minister für die Förderung von Chancengleichheit, spätestens in dem Moment, als er auf der französischen Seite der Gesellschaft angekommen war, vergessen hat, wo er herkam. Deshalb gibt es bei unseren Nachbarn noch eine Menge aufzuarbeiten.

Die Tafel am Gare de l'Est

Tagtäglich hetzen Abertausende durch die Bahnhofshalle des Pariser Ostbahnhofes. Reisende, Pendler, Angestellte auf dem Weg zur Arbeit, Schüler und Studenten. Kaum einer nimmt die große Gedenktafel wahr, die mit den Farben Frankreichs und gelegentlich auch mit Blumen und Kränzen geschmückt ist. Gedenksteine und Tafeln gibt es viele im ganzen Land. Die meisten für die Gefallenen des Ersten Weltkrieges. Sie stehen an prominenten Stellen, vor Dorfkirchen, auf Marktplätzen oder vor Rathäusern. Auch den Toten des Zweiten Weltkriegs wird ein ehrendes Andenken bewahrt. An sie erinnern nicht nur die Sammellisten der Söhne jeder Gemeinde, alphabetisch geordnet oder nach dem Todestag, sondern oft auch individuelle Votivtafeln.

Wer mit offenen Augen durch Paris geht, findet an vielen Häusern und Straßenecken die Namen von Soldaten, Mitgliedern des Widerstandes und Zivilisten, die während der Nazi-Besatzung oder noch in den letzten Tagen der Befreiung der französischen Hauptstadt im August 1944 ihr Leben gelassen haben:

Paris, 7. Arrondissement, Boulevard Saint-Germain, am Gebäude des heutigen Verteidigungsministeriums:
Hier wurden am 25. August 1944 der Chef-Sergeant Jean Vandal und der Soldat Michel Belloc aus dem ersten Regiment der Division Leclerc tödlich verwundet.

Paris, 7. Arrondissement, 46, Rue du Bac:
Roger Connan, von den Deutschen erschossen am 20. August 1944

Paris, 8. Arrondissement, 28, Boulevard Malesherbes:
Marcel Faisy, gefallen am 21. 8. 1944 für die Befreiung von Paris, ein Wächter des Friedens

Paris, 8. Arrondissement, 9, Rue Roy:
Hier wurde am 21. August Hubert Cuny, Vater von 6 Kindern, von den Deutschen getötet

Paris, 20. Arrondissement, 1, Rue Dulaure:
Hélène Brun, Mitglied der kommunistischen Partei und der Frauenunion Frankreichs, als Geisel deportiert, 1945 im KZ Bergen-Belsen umgebracht, gestorben für Frankreich

Paris, 15. Arrondissement, 18, Rue Auguste-Chabrières:
Hier wurde im März 1942 von der GESTAPO Rose Blanc, eine Führerin der jungen Frauen Frankreichs, eine Heldin von 23 Jahren, festgenommen. Gestorben in Auschwitz für die nationale Unabhängigkeit

Hinter jeder Inschrift steckt eine persönliche Geschichte, eine individuelle Tragödie. Wenn sich der Betrachter darauf einlässt, wird dieses Schicksal, das sich vor mehr als 60 Jahren zugetragen hat, noch einmal wach.

Die Tafel am Gare de l'Est ist anders. Auf ihr sind keine einzelnen Namen, keine persönlichen Daten vermerkt. Nüchtern werden dort Zahlen aufgeführt von den Menschen, die von hier eine Reise ohne Wiederkehr antraten. Menschen, die in Viehwaggons getrieben wurden, durch halb Europa gekarrt, um schließlich nach Hunger, Quälerei, Schlägen und Erniedrigung einen elenden Tod in der Gaskammer oder einen langsamen durch Zwangsarbeit zu sterben. Bei den Deportierten, deren Zahl in den Stein gemeißelt wurde, handelt es sich um französische Juden, die von der SS in die Konzentrationslager in Osteuropa abtransportiert worden waren.

Eine andere Tafel gibt es am Gare d'Austerlitz. Dort steht zu lesen:

Vom Bahnhof Paris-Austerlitz wurden Folgende in die Lager von Pithiviers und Beaune-la-Rolande geschickt, bevor sie nach Auschwitz transportiert und dort umgebracht wurden: Am 14. Mai 1941 3700 Juden, alles Männer, und vom 19. bis zum 22. Juli 1942 7800 Juden, darunter 4000 Kinder, die im Velodrome d'Hiver zusammengetrieben worden waren, nachdem sie im Gebiet von Paris auf Befehl der deutschen Besatzer von der Polizei, die im Namen des französischen Staates handelte, festgesetzt worden waren. Wir vergessen das nie!
Die Söhne und Töchter der deportierten Juden Frankreichs

Nach vorsichtigen Schätzungen sind 76 000 der 300 000 französischen Juden in den Vernichtungslagern der Nazis ums Leben gekommen. Nicht eingerechnet sind die, die in französischen Lagern als Geiseln oder Widerstandskämpfer umgebracht wurden. Nach Deutschland ist das die höchste Anzahl von Juden, die während der NS-Herrschaft in einem westeuropäischen Land getötet wurden. Gleichzeitig ist aber auch der Anteil der

Juden, die in Frankreich gerettet wurden, der höchste in Westeuropa. Drei Viertel der französischen Juden überlebten, in Belgien oder Holland waren es gerade einmal 25 Prozent. Trotz der antisemitischen Haltung der Vichy-Regierung und der engen Zusammenarbeit der französischen Verwaltung mit den Deutschen bei der Judenverfolgung haben viele Franzosen sich geweigert, ihre jüdischen Landsleute auszuliefern. Als im Sommer 1941 zum ersten Mal in Frankreich Juden zusammengetrieben und abtransportiert wurden, halfen dabei nicht weniger als 6000 französischer Polizisten.

Heute gibt es keinen Zweifel mehr daran, dass der Antisemitismus in der Nazizeit offizielle französische Regierungspolitik war. Die Anweisungen kamen von oben, und der überwiegende Teil der Beamten befolgte sie blind. Andererseits war der nicht besetzte Teil Frankreichs für viele Juden aus ganz Europa der letzte Ausweg, um nicht in den KZs von Auschwitz, Treblinka oder Majdanek vergast zu werden. Weil sie über den Süden, die Häfen am Mittelmeer und am Atlantik ihren Häschern entkommen konnten, schafften viele den Weg über Portugal oder Marokko nach Südamerika in die Freiheit. Die Filme »Casablanca« und »Jakubowsky und der Oberst« oder das Buch von Erich Maria Remarque *Die Nacht in Lissabon* sind als eindrucksvolle Zeugnisse dieser dunklen Zeit zu Weltruhm gelangt.

Dennoch fällt vielen Franzosen bis heute der Umgang mit diesem finsteren Kapitel ihrer Vergangenheit schwer. Gerne verweisen sie auf die Menschen, die im Widerstand gegen Hitlerdeutschland gekämpft haben. Gerne blicken sie zurück auf die Generäle de Gaulle und Leclerc, die von England aus mit der Armee des Freien Frankreich die Befreiung ihrer Heimat betrieben haben. Dabei wird schon einmal die Tatsache übergangen, dass diese Befreiungsarmee ohne die großen alliierten Verbündeten, England und die USA, keine Chance für eine Rückkehr auf das europäische Festland gehabt hätte. Aber das weniger heldenhafte Kapitel der vielen Kollaborateure, die mit den Nazis zusammengearbeitet hatten, sei es aus Opportunismus, aus Überzeugung oder einfach nur, um selbst zu überleben, das wird gerne verdrängt. Es passt nicht zum Ansehen der Großen Nation, dass Franzosen ihre jüdischen Mitbürger denunziert und verraten und beim Abtransport von Juden in die Vernichtungslager aktiv mitgeholfen haben. Der Glorienschein der alliierten Siegermacht strahlt einfach nicht mehr so hell, wenn die Franzosen einräumen müssen, dass ihre staatliche Eisenbahngesellschaft SNCF Waggons an die SS vermietet hat, um die Juden zu deportieren, und dafür auch noch gutes Geld kassierte.

Den Franzosen ist ein Prozess noch immer besonders peinlich, in dem mehr als sechzig Jahre nach Kriegsende Hinterbliebene von Holocaustopfern die SNCF auf Entschädigung verklagten. Denn eigentlich, so glaubten sie, hätten sie ihren Part im Tausendjährigen Reich schon kurz nach Kriegsende aufgearbeitet. Schließlich hatte General de Gaulle als Chef der provisorischen Regierung direkt nach der Befreiung von Paris Ende August 1944 ordentlich aufgeräumt, als er Frankreichs Kriegsverbrecher vor den Kadi brachte. Fast eine halbe Million Franzosen wurden wegen Kollaboration angeklagt. Immerhin 3700 von ihnen erhielten die Todesstrafe, 150 000 gingen hinter Gitter und verloren ihre bürgerlichen Ehrenrechte. Beamte, Armeeoffiziere, sogar Kleriker wurden verurteilt, und dennoch entgingen viele einem Prozess oder wurden fälschlich laufen gelassen. Damit war ihr Teil der Vergangenheitsbewältigung erledigt.

Aber immer wieder holt diese Vergangenheit sie ein. Der Prozess gegen den Schlächter von Lyon, Klaus Barbie, die Freiwilligen, die als Soldaten in schwarzer Uniform in der Waffen-SS-Division »Charlemagne« kämpften und im Mai 1945 zu den letzten Verteidigern von Berlin gehörten, waren für Frankreich kein Ruhmesblatt. Das lag nicht allein an der fehlenden Bereitschaft der politisch Handelnden, sich mit der eigenen Vergangenheit kritisch auseinanderzusetzen, sondern in erster Linie an einem gut getarnten, aber tief verwurzelten Antisemitismus in der französischen Gesellschaft. Dieser verbindet sich in seltsamer Weise mit einem latenten Judenhass, der vor allem von den jüngeren, muslimischen Bewohnern der Vorstädte gepflegt wird.

Vergangenheit oder der Kampf gegen die kollektive Amnesie

Neben den Bahngleisen unweit der Station von Sainte-Geneviève-des-Bois im Département Essonne, südlich von Paris, wird am 13. Februar 2006 ein grauenvoll zugerichteter, nackter Mann gefunden. Er hat zwei Messerstiche im Hals und ist auf achtzig Prozent seines Körpers mit Brand- und Schnittwunden übersät. Offenbar wurde er bestialisch gequält und misshandelt. Auf dem Weg ins Krankenhaus stirbt der Dreiundzwanzigjährige.

Ilan Halimi war Verkäufer in einem Laden für Mobiltelefone, und er war Jude. Letzteres wurde ihm zum Verhängnis. Eine Bande schwarzafrikanischer Jugendlicher aus der Plate-Pierre-Siedlung im Süden von Paris, angeführt von dem sechsundzwanzigjährigen Youssouf Fofana, der sich selbst »Gehirn der Barbaren« nennt, hatte ihn entführt. Fofana wird an der Elfenbeinküste, im Heimatland seiner Eltern, verhaftet und an Frankreich ausgeliefert. Er ist Muslim, aber die einundzwanzig von der Polizei festgenommenen Mittäter, die wie Fofana in Plate-Pierre aufwuchsen, entstammen unterschiedlichen ethnischen und religiösen Gruppen. Vier Mädchen sollen potenzielle Opfer angelockt haben, und zwölf Jungen bewachten für ein paar Euro, die man ihnen versprochen hatte, Ilan drei Wochen lang abwechselnd in einer Wohnung und in einem Keller in der Siedlung. Die Schlüssel stellte ein Hausmeister zur Verfügung.

Plate-Pierre ist eine gemischte Siedlung in dem Arbeitervorort Bagneux mit Sozialwohnungen und privaten Wohnblocks und einer im Vergleich zu ähnlichen Gebieten relativ niedrigen Arbeitslosigkeit von 12,5 Prozent. Die Siedlung ist ganz gut in Schuss, obwohl Bewohner über eine gewisse Verwahrlosung klagen. Allerdings geben Sozialarbeiter zu, den Kontakt zu der Altersgruppe der Sechzehn- bis Neunzehnjährigen, der die meisten der Verdächtigen angehörten, verloren zu haben. Die Eltern hatten von den Vorfällen nicht die geringste Ahnung und waren entsetzt über das, was Ilan angetan wurde. Fofana und drei oder vier Unterführer scheinen der harte Kern der Bande gewesen zu sein. Die Übrigen wurden mit hineingezogen.

Das Bekanntwerden der Einzelheiten der Entführung, Folterung und Ermordung von Ilan Halimi nach dreiwöchiger Gefangenschaft hat in ganz Frankreich eine Schockwelle der Empörung ausgelöst und tiefe Abscheu hervorgerufen. Der Köder der Entführer war, wie schon in anderen Fällen vorher, ein attraktives Mädchen iranischer Herkunft, das an seinem Arbeitsplatz, einem Laden im 11. Arrondissement von Paris, mit Ilan geflirtet und ihn in die Falle gelockt hatte. Auch in anderen Telefonläden in diesem Bezirk hatte sie Ähnliches versucht. Nachdem ihr Foto von den Medien verbreitet worden war, stellte sie sich der Polizei. Ihre Informationen und die eines Jungen portugiesischer Abstammung, der Ilan bewacht hatte und von dem Verbrechen schockiert war, ermöglichten der Polizei die schnelle Festnahme von zunächst dreizehn Verdächtigen.

Die Staatsanwaltschaft glaubte anfangs nicht, dass die Kidnapperbande aus antisemitischen Motiven gehandelt habe. Sie wies darauf hin, dass mehrere andere Opfer der Vorstadtgangster keine Juden gewesen seien und dass Ilans Familie weder Beleidigungen noch Drohungen erhalten habe. Auch Youssouf hat antisemitische Motive geleugnet und erklärt, die Entführung Ilans sei aus »rein finanziellem Interesse« geschehen. Erst als die anderen Täter in Verhören gestanden, sie hätten sich Ilan als Opfer ausgesucht, weil alle Juden Geld hätten, änderte sich diese Beurteilung.

Am 26. Februar 2006 zogen 80 000 Menschen durch Paris, um das Verbrechen zu verurteilen und gegen Antisemitismus und Rassismus zu protestieren. Alle Religionsgemeinschaften und ethnischen Gruppen waren vertreten, unter ihnen auch muslimische Organisationen.

Innenminister Nicolas Sarkozy erklärte vor der Nationalversammlung: »Die Wahrheit lautet, dass diese Gangster zuerst aus kriminellen Motiven, aus Geldgier gehandelt haben. Aber sie waren der Überzeugung, dass Juden Geld haben und dass im Falle, dass die Entführten selbst keines hätten, die Familie und die jüdische Gemeinschaft schon zusammenhalten würden. Das nennt sich Antisemitismus durch Amalgambildung.«

Der Fall Halimi hat einmal mehr mit dem Finger auf ein Versäumnis der Gesellschaft gedeutet, das die meisten am liebsten ignorieren. Das Wegschauen der Franzosen bei offensichtlich antisemitischen Übergriffen hat auch mit einem Stück unaufgearbeiteter Vergangenheit zu tun. Denn Antisemitismus besitzt in Frankreich eine lange Tradition.

Die Affäre Dreyfus, die 1894 ihren Anfang nahm, war vielleicht sogar der Beginn des modernen Antisemitismus in Westeuropa. Alfred Dreyfus, jüdischer Hauptmann der französischen Armee, wurde zu Unrecht der Spionage angeklagt, degradiert, verurteilt und verbannt, nachdem er von antisemitischen Teilen der französischen Armee als deutscher Agent denunziert worden war. Sein Schicksal hatte Frankreich in zwei unversöhnliche Lager gespalten. In einem legendär gewordenen offenen Brief mit dem Titel »*J'accuse* – Ich klage an« hatte der Schriftsteller Émile Zola den Fall des unschuldig auf der Teufelsinsel schmachtenden jüdischen Hauptmanns an die Öffentlichkeit gebracht. Nach mehreren Kampagnen und Berufungsprozessen wurde Dreyfus 1899 begnadigt. Erst 1906 rehabilitierte ihn Frankreichs höchstes Gericht, der Pariser Kassationshof, endgültig.

Staatspräsident Jacques Chirac verbeugte sich hundert Jahre danach mit einem Staatsakt vor dem berühmtesten Justizopfer. Beobachter hatten ursprünglich sogar erwartet, dass Dreyfus mit einer Geste später Wiedergutmachung im Panthéon zur letzten Ruhe gebettet werden könnte. Chirac ist sich über den Einfluss der Dreyfus-Affäre auf die Französische Republik und die heutige Gesellschaft ziemlich klar. Deshalb wollte er »den Mann, den Soldaten, den Patrioten ehren, der Opfer eines entsetzlichen Justizirrtums wurde«.

Tatsächlich hat der Fall Dreyfus die gesellschaftliche Ordnung in Frankreich verändert, und die Auswirkungen reichen bis in unsere Tage. Die Macht der katholischen Kirche, die durch ihren Antijudaismus und eine überkommene reaktionäre und rigide Moralordnung sich selbst ins Abseits gestellt hatte, wurde massiv zurückgedrängt. Das Schulwesen erlebte eine radikale Säkularisierung, um den Einfluss der Kirche auf die künftigen Generationen zu minimieren. Die in den Wahlen von 1902 siegreichen Linken veranlassten die Schließung von rund 2500 kirchlich geführten Schulen, nachdem schon im Jahr zuvor durch ein neues Vereinsgesetz auch Ordensgemeinschaften die mit strengen Auflagen verbundene Anerkennung als Verein beantragen mussten. Ordensmitglieder durften nicht mehr als Lehrer arbeiten, Kruzifixe und religiöse Symbole wurden aus den Gerichtssälen entfernt. Aus Gründen der Neutralität wurden auch die anderen Konfessionen in diese Regelung mit eingeschlossen.

Mit dem Gesetz zur Trennung von Religion und Staat vom 9. Dezember 1905 kündigte die französische Regierung schließlich auch das Konkordat von 1802 mit dem Vatikan einseitig auf. Die »Lois Combes« von 1905 führten zur heute noch bestehenden kompletten Säkularisierung, die auch in der Verfassung der Fünften Republik verankert ist. Es gibt keine staatliche Finanzierung der Kirche, keine Kirchensteuer. Alle Kirchenbauten gehören dem Staat, und an staatlichen Schulen existiert kein Religionsunterricht mehr. Das Kopftuchgesetz an französischen Schulen, das seit 2005 jede Art von religiös geprägter Kleidung oder anderen »deutlichen Zeichen« verbietet, ist nur vor diesem Hintergrund zu verstehen.

Judenhass ist in weiten Teilen der noch immer katholisch geprägten Bevölkerung unter einer offen zur Schau getragenen Toleranz nicht ungewöhnlich. Hin und wieder kommt es zu einem öffentlichen Aufschrei, meist dann, wenn etwas Spektakuläres passiert. Im Elsass werden immer wieder Grabsteine von jüdischen Friedhöfen geschändet, in einem Pariser Vorort fliegt ein Brandsatz in eine jüdische Schule. Am Wochenende, sodass niemand zu Schaden kommt. Es sind Warnzeichen, die oft nur reflexartigen Aktionismus der Politiker und Ordnungskräfte auslösen, an den Ursachen aber nichts ändern. Manchmal führt dieser Aktionismus sogar zu peinlichen Irrtümern, so, als eine junge Jüdin behauptete, sie sei in einem RER von Paris in die nördlichen Vororte von einer Gruppe arabisch aussehender junger Männer überfallen worden. Die Angreifer hätten ihr Gewalt angetan und ihr ein Hakenkreuz auf die Stirn gemalt. Nach diesem Zwischenfall überschlugen sich die Politiker bis hinauf zum Staatspräsidenten mit Verurteilungen, Entschuldigungen und der Ankündigung strengerer Gesetze. Hinterher stellte sich heraus, dass es sich bei dem Opfer um eine geistig Verwirrte mit ausgeprägter Phantasie gehandelt hatte.

Aber es gibt Antisemitismus in Frankreich, in der französischen Gesellschaft und in den Vororten, in denen sich die Mehrheit der Menschen zum muslimischen Glauben bekennt. Seit dem Beginn der zweiten Intifada im Nahen Osten im September 2000 hat er sogar deutlich zugenommen. Noch einmal verstärkt wurde er 2006 durch den israelischen Angriff auf den Libanon. Auch das politische Verhältnis zwischen Jerusalem und Paris ist nachhaltig gestört, seit der ehemalige israelische Premierminister Ariel Sharon im Juli 2004 die rund 600 000 französischen Juden zur »Aliyah« aufgefordert hat, zur Einwanderung nach Israel, weil sie in Frankreich ständig vom Antisemitismus bedroht und ihres Lebens nicht mehr sicher seien. Chirac hatte ihn darauf zur »persona non grata« erklärt, was Sharon auch nicht weiter gestört hat.

Die Kinder fressen die Revolution

Protest paradox

Menschen hassen Veränderungen, außer sie sind mit Gehaltserhöhungen verbunden. Dieser Satz lässt sich in Frankreich auf beinahe jeden Lebensbereich übertragen. Natürlich wissen alle Franzosen, sofern sie in der Lage sind, eine Zeitung zu lesen oder wenigstens den Nachrichtensendungen im Fernsehen oder Radio zu folgen, dass es schlecht bestellt ist um ihre Zukunft. Mindestens so schlecht wie in Deutschland. Die demographische Pyramide steht auf dem Kopf, die Sozialkassen sind erschreckend leer, von Europa ist nur mehr Schlechtes zu erwarten, die Politiker sind unfähig, der Staatshaushalt ist überschuldet, die Zinsen verschlingen die Zukunft. Und was geschieht? Nichts. Und das, obwohl es im Parlament eine ordentliche Mehrheit für das bürgerliche Lager und den Staatspräsidenten gibt. Woran also liegt es? Sind die Franzosen nur reformunwillig oder tatsächlich reformunfähig?

Zum Nachweis ihrer Daseinsberechtigung brauchen die Gewerkschaften mindestens einmal im Jahr einen landesweiten Streiktag. Dieser Tag der Mobilisierung ist so eine Art Pulsmesser, ob die Gewerkschaften noch »leben«. Der streikende Franzose ist das »Alter Ego« des arbeitenden Franzosen. Streiks müssen nicht notwendigerweise dem Erreichen eines bestimmten Ziels oder der Durchsetzung einer Forderung wie der nach mehr Lohn dienen, sondern sind mehr ein Ritual mit einer Ventilfunktion, um Dampf aus dem Kessel einer unzufriedenen Gesellschaft abzulassen. Ein wunderbares Beispiel ist der Kampf für den Erhalt der 35-Stunden-Woche in der Gastronomie. Jedem ist klar, dass kleine Betriebe – und das sind in Frankreich noch immer die meisten – daran zugrunde gehen. Trotzdem wird eisern für den Erhalt gekämpft.

Gemeinsam mit ihren Mitgliedern verdrängen die Gewerkschaften erfolgreich, dass die Herausforderungen der Globalisierung und die Konkurrenz durch die Osterweiterung der Europäischen Gemeinschaft längst auch in Frankreich angekommen sind. Streiken befriedigt die Lust nach revolutionärer Auseinandersetzung mit den Herrschenden. Nie ist dabei so richtig klar, ob die Streiks nur das übliche ritualisierte Muskelspiel zwischen Gewerkschaften und Regierung sind oder ob das Land tatsächlich wieder am Beginn einer gründlichen Protestbewegung steht. Letztlich ist das auch egal. Denn beides kann nahtlos ineinander übergehen. Die Ängste von Arbeitnehmern und jungen Leuten, die sich noch in der Ausbildung oder im Studium befinden, sind real: Keine Perspektive, drohende Arbeitslosigkeit, Angst vor Altersarmut, Konzerne, die die Produktion dahin verlagern, wo sie kostengünstiger ist – all das ist in den Köpfen der Franzosen genauso vorhanden wie in denen der Deutschen.

Dennoch gibt es einen gravierenden Unterschied. Die Gewerkschaften haben in Frankreich einen höheren Stellenwert als die vergleichbaren deutschen Organisationen, obwohl sie wesentlich weniger Mitglieder zählen. In Frankreich sind nur rund 1,5 Millionen Arbeitnehmer Mitglied in einer der beiden großen Gewerkschaften CGT und CFDT. In Deutschland sind immerhin noch rund 6,7 Millionen in einer Mitgliedsgewerkschaft des Deutschen Gewerkschaftsbundes eingeschrieben. Trotz des niedrigen Organisationsgrades der französischen Arbeitnehmer sind die Gewerkschaften viel mehr als in Deutschland ein herausragender Machtfaktor und damit automatisch ein Gegengewicht zu einer bürgerlichen, wirtschaftsliberalen Regierung. Sie stemmen sich, gemeinsam mit all denen, die glauben, durch Reformen, die EU-Erweiterung, die Folgen der Globalisierung und demographische Veränderungen etwas zu verlieren, gegen jede Veränderung. Liebgewonnene soziale Errungenschaften wie die 35-Stunden-Woche, den Anspruch auf vierzehn Monatsgehälter, großzügige automatische Abfindungen bei der Beendigung eines Arbeitsverhältnisses und einen ausufernden Kündigungsschutz empfinden die Franzosen inzwischen als so selbstverständlich, dass sie nicht bereit sind, auch nur einen Gedanken darauf zu verschwenden, wie lange sich das noch bezahlen lässt. Die Vollkasko-Mentalität ist bei unseren Nachbarn deutlich ausgeprägter als in Deutschland, wo sich inzwischen herumgesprochen hat, dass die Arbeitnehmer in Osteuropa nicht nur billiger, sondern oft besser, mit Sicherheit aber wesentlich motivierter arbeiten als die Menschen in der deutschen Post-Wohlstands- und Wirtschaftswundergesellschaft. In Frankreich hat man gelegentlich den Eindruck, dass solcherlei Erkenntnisse an dem Land noch relativ spurlos vorübergegangen sind.

Einer gegen (fast) alle

Zu beneiden war er nicht in den Herbsttagen des Jahres 2005, Dominique de Villepin, Frankreichs Premierminister, der sich so viel vorgenommen hatte: Steuerreformen, Senkung der Arbeitslosigkeit, Förderung der Familie und eine Sanierung der maroden Staatsfinanzen. Der Generalstreik wurde für den Premierminister zum Härtetest. Die linken Zeitungen jedenfalls orakelten bereits vom *mardi noir*, dem Schwarzen Dienstag. Richtig daran war sicher, dass de Villepin vorher den richtigen Ton hätte treffen müssen, wenn er seine Reformvorhaben und damit seine Aktien beim Rennen um die Nachfolge Chiracs nicht hätte gefährden wollen.

Dabei hatte der Herbst so nett für ihn begonnen. Ein Parteitag der UMP an der Atlantikküste, Joggen am Strand vor laufenden Kameras, ein Frühstück mit seinem Erzrivalen Nicolas Sarkozy. Endlich hatte es der Premierminister geschafft, seinen

Konkurrenten in den Meinungsumfragen hinter sich zu lassen. Die Arbeitslosenzahl erstmals unter den magischen 10 Prozent, dabei den fünften Monat in Folge rückläufig, sowie eine Bilanz seiner ersten hundert Tage im Amt, die von harter Arbeit zeugte und sich durchaus sehen lassen konnte.

Geschickt eigentlich auch der Schachzug, alle wichtigen Gewerkschaftsführer in das Hôtel Matignon einzuladen, um sie über seine Pläne zu unterrichten, bevor sie sie aus dem Fernsehen erfuhren. Konsens herstellen, bevor sich das Parlament damit befasste und die öffentliche Diskussion kein gutes Haar mehr an den Plänen ließ. Eine Taktik, die fatal an die »Politik des runden Tischs« erinnerte, die Gerhard Schröder so gern praktizierte. Er wolle keine Politik des Kahlschlags, hatte Villepin angekündigt, um die Gewerkschaften friedlich zu stimmen, »und es wird im öffentlichen Dienst keinen weiteren Personalabbau mehr geben«, so seine Beruhigungspille für die Beamten. Der Premierminister bewegte sich auf vermintem Terrain. Sein Vorgänger, der glücklose Jean-Pierre Raffarin, musste den Sessel als Kabinettschef räumen, weil die Franzosen ihn mit ihrem Nein bei der Volksabstimmung über eine künftige EU-Verfassung vor allem für innenpolitische Fehlleistungen abgestraft hatten. De Villepin wusste das, und er wusste auch, dass er wenig Zeit hatte, Erfolge vorzuweisen. Die Freunde von Nicolas Sarkozy grinsten bereits hinter seinem Rücken: »Der Härtetest kommt für Villepin. Nach dem 4. Oktober 2005 hat er wenig Chancen, dass sein Stern in den Umfragen noch einmal steigt.«

Alle Gewerkschaften und die Opposition riefen zum Boykott auf. Wogegen eigentlich? FO (Force Ouvrière) und CGT (Confédération Générale du Travail) hofften auf wenigstens eine Million Demonstranten. Nach einer Ifop-Umfrage unterstützten 57 Prozent der Franzosen die Gewerkschaften. Der Streik sollte alle Lebensbereiche erfassen. Öffentlicher Dienst, Schulen und Universitäten, Krankenhäuser, Müllabfuhr und Verkehrsbetriebe würden dem Aufruf folgen. Die Gewerkschaften waren bestens vorbereitet. Züge und U-Bahnen fuhren so lange, bis alle Beschäftigten ihren Arbeitsplatz erreicht hatten, wo sie sich dann in die Streikfront einreihen konnten. Anschließend ging nichts mehr. Auch die Air-France-Mitarbeiter und das Bodenpersonal auf den Flughäfen machten mit. Den Linksparteien war es zum ersten Mal seit der Volksabstimmung vom 29. Mai über die europäische Verfassung gelungen, eine gemeinsame Linie gegen die Sozialpolitik der Regierung zu finden und mit einem Streikaufruf aller zu untermauern.

Im Hôtel Matignon gab man sich keinen Illusionen hin. Offiziell war der Premierminister »ruhig«. Seine Umgebung versuchte den Ball flach zu halten: »Wir haben schon viel gearbeitet, um auf die Sorgen und auf die Frustrationen zu antworten, die die Franzosen am 29. Mai bekundet haben.« Ein Berater des Premierministers verwies auf »Maßnahmen, die in aller Dringlichkeit ergriffen werden. Es ist sicher, dass die Ergebnisse auf sich warten lassen, aber es gibt bereits Anzeichen einer Verbesserung, wie bei der Arbeitslosigkeit.« Aus dem Arbeitsministerium die gleichen Töne, wo Jean-Louis Borloo den Streiktag vom 4. Oktober 2005 als eine »vollkommen normale demokratische Atmung« bezeichnete. Man hätte glauben können, Jean-Pierre Raffarin zu hören, als er Monat für Monat den Demonstrationen trotzte. Zuletzt nach der Abschaffung des Pfingstmontags als Feiertag am 16. Mai 2005.

Der Tag, an dem die Gewerkschaften wieder mobil machten, kam zu einem Zeitpunkt, an dem de Villepin noch eine andere offene Flanke hatte. Im Konflikt um die SNCM – Société Nationale Maritime Corse Méditerranée, die staatliche Fährlinie, die das Festland mit Korsika verbindet – hatte der Premierminister kein glückliches Händchen bewiesen, als er mit mehreren Hubschraubern bewaffnete Gendarmen auf einem von streikenden Nationalisten besetzten Schiff absetzen ließ, um es wieder in die Gewalt der regulären Besatzung zu bringen. Nicht nur die Gewerkschaften haben ihm dieses Kommandounternehmen nachhaltig übel genommen. Auch alle militanten Nationalisten der rebellischen Mittelmeerinsel machten wieder Front gegen Paris. Der Premierminister mit den guten Vorsätzen saß in der Ecke seines Reformsandkastens, und alle beschmissen ihn mit

Dreck. Gewerkschaften, die linke Opposition, die rechte Front National, die schon durch bloßes Nichtstun von den Fehlern der Regierung profitierte, und die parteiinternen Rivalen, allen voran Nicolas Sarkozy, der keine Gelegenheit ausließ, den Premierminister vorzuführen.

Villepin, der Schöngeist im Hôtel Matignon, der gerne Gedichte schreibt und philosophische Traktate liest, verstand nicht mehr, was alle von ihm wollten. Als Publikumsliebling und Superstar auf der außenpolitischen Bühne war er es gewohnt, vom Erfolg geküsst zu werden. Aber in der Rolle des obersten Befehlsempfängers eines Präsidenten, der ihn geformt und groß gemacht hatte, war er jetzt auf Gedeih und Verderb an dessen Niedergang gekettet. Dominique de Villepin kämpfte, sah sich lange Zeit selbst als den genuinen Nachfolger Chiracs. Er stemmte sich gegen das Scheitern. Die Bekämpfung der Arbeitslosigkeit war sein oberstes Ziel, und er hatte dabei sogar Erfolg.

Im November 2005 brennen die Vorstädte. Da ist der Premier gerade einmal ein halbes Jahr im Amt. Chirac lässt ihn während der Unruhen zehn lange Tage im Gewittersturm der öffentlichen Kritik stehen. Aber er wehrt sich dagegen, will seine Niederlage nicht akzeptieren. Er sucht eine Antwort und glaubt sie auch bald gefunden zu haben. Die Jugendlichen, die Randale machen, müssen in Lohn und Brot, eine Ausbildung erhalten, eine Perspektive. Den Schlüssel dazu sieht er in der Aufhebung des Kündigungsschutzes für Berufsanfänger. Im Eiltempo peitscht er ein entsprechendes Gesetz durchs Parlament. Damit öffnet er die Büchse der Pandora. Diesmal ziehen die Studenten auf die Straße, die sich um ihre soziale Absicherung am Beginn eines Berufslebens betrogen fühlen. Die Gewerkschaften schließen sich an. Tagelang, wochenlang, prügeln sie sich in den Straßen von Paris und anderen Städten mit der Polizei.

Als Staatspräsident Chirac schließlich seinem Premierminister in den Rücken fällt und das Gesetz zurückzieht, ist de Villepin politisch am Ende. Seine Kritiker feixen, dass Hochmut vor dem Fall kommt. Die Arroganz des Premiers war vielen schon lange ein Dorn im Auge. Als Begründung dafür, dass er sich selbst nie einer Wahl gestellt hat, wird von Villepin der Ausspruch kolportiert: »*Les députés sont des connards élus par des nuls* – Abgeordnete sind von Nullen gewählte Vollidioten.« Kein Wunder, dass der Premier sich damit wenige Freunde in der politischen Kaste gemacht hat. Selbst enge Vertraute meinen, er müsse zurücktreten, wenn er noch einen Funken Charakter habe. Aber er bleibt. Wahrscheinlich hat er das Bild vor seinem Auge, als er seinen Vorgänger Jean-Pierre Raffarin im Hof des Hôtel Matignon verabschiedet hatte. Raffarin ging Hand in Hand mit seiner Frau zum Wagen, ohne sich noch einmal umzudrehen. Bei allem Frust über den Abgang als Sündenbock für Chirac, erleichtert, die schwere Bürde des undankbaren Amtes los zu sein. Dominique de Villepin winkte ihm, leicht überheblich, gönnerhaft, mit einem siegessicheren Lächeln hinterher. Damals wusste er noch nicht, dass er in seine eigene Zukunft geblickt hat. Abschiede in der Politik können sehr bitter sein!

Moi d'abord – Frankreich zuerst

Woran erkennt man den deutschen Touristen in der Pariser Metro? Er versucht nirgends anzuecken, lässt seinem Nachbarn genügend Raum, bietet älteren Herrschaften sogar seinen Sitzplatz an. Ein Franzose würde das nie tun! Er drängelt sich vor, versucht sich einen noch so kleinen Vorsprung zu verschaffen, schnappt dem anderen den letzten Stuhl vor der Nase weg. Die tägliche Schlacht um die Vorfahrt im Straßenverkehr, um die winzigste Parklücke, um die Poleposition an der nächsten Ampel hinterlässt Spuren. Wenn Sie in Paris Autos sehen, die keine Schrammen dieses Kleinkriegs aufweisen, dann sind es entweder gepflegte Regierungs- oder Diplomatenlimousinen mit Chauffeur oder schwarze S-Klasse-Fahrzeuge mit deutschem Kennzeichen, die vorzugsweise von Mietwagenfirmen an Zuhälter oder reiche Kunden aus den Golfstaaten ausgeliehen werden.

Das normale Alltagsauto sieht anders aus. Abgebrochene Rückspiegel, verbeulte Stoßstangen, eingedellte Kotflügel und eingeschlagene Seitenscheiben zeugen von dem Überlebenskampf, der sich auf den Straßen der Hauptstadt abspielt. Die Franzosen nehmen diese Blessuren mit stoischer Gelassenheit. Eingeparkt wird nicht nur nach Gehör, sondern nach dem Boxauto-Prinzip auf Presspassung. Es gilt das Recht des Stärkeren, und wer nachgibt, ist ein Weichei.

Nirgendwo kann der Besucher diese Verhaltensweise besser beobachten als am Étoile. Sternförmig laufen auf den Triumphbogen zwölf vierspurige Avenuen zu. Einige von ihnen erinnern an Napoleons Armeen und seine großen Schlachten. Es ist der Geist dieser kriegerischen Auseinandersetzungen, der bis heute die Autofahrer beseelt, die sich wie Husarenregimenter in das Getümmel stürzen. Die Regel heißt rechts vor links, und wer dort herein- und auch wieder herauswill, muss als Anfänger schon ein gewisses Maß an Todesverachtung aufbringen. Das Ziel ist, erst einmal durchstechen bis zur Mitte, und das angesichts von fünfzig Bussen, Autos, Motorrädern, die mit hoher Geschwindigkeit von links heranpreschen und nur den Vorsatz zu haben scheinen, mit möglichst viel Anlauf auf der Fahrerseite in Sie hineinzudonnern. Wer jetzt im Auge dieser Bedrohung zögert, zaudert, bremst, der hat das Spiel verloren. Denn Sekunden später steht er eingekeilt in einen Haufen Blech, aus dem es kein Vor und kein Zurück gibt. Schon gar kein Entkommen aus einem vielstimmigen Hupkonzert und dem Schwall wüster Beschimpfungen. Das Überlebensmotto lautet: »*Moi d'abord* – Ich zuerst!«

Wer nicht verinnerlicht, dass die Franzosen nach dieser Grundeinstellung leben, der bekommt bei ihnen kein Bein auf die Erde. Schlimmer noch, er wird nicht ernst genommen und wird anfangen, das Land und seine Bewohner zu hassen. Denn die Franzosen praktizieren dieses Prinzip nicht nur im öffentlichen Nahverkehr und auf den Straßen, sondern in jeder Lebenslage. Das geschieht nicht aus bösem Willen oder aus Rücksichtslosigkeit, sondern aus dem kompletten Unvermögen heraus, zu erkennen, wann man seinem Gegenüber auf die Füße tritt. Im Kleinen, im Alltag, ist das genauso wie in der großen Politik. Sie besitzen keine Antennen. Sie unterschreiten Fluchtdistanzen, realisieren nicht, wenn sie Grenzlinien überschreiten, und sind meist völlig überrascht, wenn andere auf ihr Verhalten vergrätzt reagieren. Skrupel, Einfühlungsvermögen, Respekt vor Andersdenkenden, das ist die französische Sache nicht.

Als die deutsch-französischen Umarmungen zwischen Schröder und Chirac ihren Zenit erreicht hatten, ging es um handfeste nationale Interessen. Der französische Pharmakonzern Sanofi schickte sich an, die kleinere deutsche Aventis zu schlucken. Die deutschen Gewerkschaften kämpften für die Eigenständigkeit des Unternehmens und den Erhalt der Arbeitsplätze. Schröder ließ sich am 20. November 2003 in Brüssel von Chirac vertreten, um bei der Abstimmung über die Arbeitsmarktreformen im Bundestag anwesend sein zu können. Ein bislang beispielloser Vorgang in der Europäischen Union. Fast zeitgleich machte sich Nicolas Sarkozy für die französische Übernahme stark. Wenn es um nationale Ansprüche geht, kennt man in Paris keine Freunde. Schröder geriet ins Schleudern, Chirac hielt sich raus, Sarkozy sammelte Punkte im Lager der Industrie, und das Ergebnis ist bekannt. Sanofi verleibte sich Aventis ein, und deutsche Positionen blieben auf der Strecke, wobei man fairnesshalber festhalten muss, dass die meisten Arbeitsplätze erhalten wurden.

Der nächste Fall war Alstom. Diesmal wollte der deutsche Siemens-Konzern bei dem maroden französischen Unternehmen die Mehrheit übernehmen. Diesmal argumentierte Finanzminister Sarkozy genau umgekehrt. Es gehe nicht an, dass französische Arbeitsplätze einer Fusion geopfert würden. Auch hier ist das Ergebnis bekannt. Die Firmenübernahme kam nicht zustande. Einmal mehr zogen die Deutschen den Kürzeren. Auch hier war die Freundschaft vorbei, weil es um Frankreich ging. Ein Satz, den sich die Politiker in Berlin merken sollten, bevor sie sich das nächste Mal vor den Karren angeblich gemeinsamer Interessen spannen lassen.

Ausgetrickst

Wer Franzosen auf dem europäischen Parkett ins Gehege kommt oder gar auf eigenem Terrain, der muss sich warm anziehen. Dies sei am Beispiel eines kleinen supranationalen Kreditinstitutes beschrieben, das kaum jemand kennt, das aber ursprünglich einmal auch mit deutschen Steuergeldern finanziert wurde.

In Paris hat die CEB ihren Sitz. Die Abkürzung steht für »Council of Europe Development Bank«, Entwicklungsbank des Europarates, nicht zu verwechseln mit der sehr viel größeren Europäischen Entwicklungsbank. Das Institut macht weder große Geschäfte, noch bewegt es sehr viel Geld. Das ist auch nicht seine Aufgabe. Sondern diese Bank soll die Europaratsländer, Kommunen und öffentliche Institutionen in Mittel- und Osteuropa fördern, ihnen Geld zu vernünftigen Konditionen leihen, damit sie eines Tages den Anschluss an die Europäische Union schaffen. Hauptsächlich für sozialen Wohnungsbau, Gesundheit, Erziehung, Umweltschutz, den Erhalt des kulturellen Erbes und zur Stärkung der sozialen Kohäsion. Diese Kreditvergabe finanziert sie mit der Ausgabe von Anleihen auf dem Kapitalmarkt. Die größten Anteilseigner sind Frankreich, Italien und Deutschland mit je 16,7 Prozent. Dann folgen Spanien mit 10,9, die Türkei mit 7,1 und Polen mit 2,3 Prozent sowie eine Menge kleinere Miteigentümer. Insgesamt sind es 38 Länder.

Die Bank hat seit 1993 einen öffentlichkeitsscheuen französischen Präsidenten, Raphael Alomar, dessen Vertrag zum vierten Mal bis 2011 verlängert wurde. Er wird dann über siebzig Jahre alt sein. Normalerweise sind Mandate in solchen Institutionen zeitlich begrenzt. Außerdem gab es bisher drei Vizepräsidenten, einen Italiener, einen Spanier und einen Polen, der aber gerade im Amt verstorben ist. Theoretisch ist dieses Gremium 38 Botschaftern der Anteilseignerstaaten rechenschaftspflichtig, die beim Europarat in Straßburg akkreditiert sind. In der Praxis existiert diese Kontrolle nicht. Für das Präsidentenamt versuchte kurz auch Frankreichs Ex-Außenminister Michel Barnier nominiert zu werden – da er aber zuvor im Élysée-Palast in Ungnade gefallen war, ohne die geringste Aussicht auf Erfolg.

Die Bank hat ein sechsköpfiges Direktorium, das paritätisch besetzt für das operative Geschäft zuständig sein sollte. Allerdings brachte es Raphael Alomar fertig, auf jede frei werdende Position einen Franzosen zu hieven, sodass vier der sechs Direktoren inzwischen aus seinem direkten Umfeld kommen. Der juristische Direktor, ein Grieche, warf nach bereits zwei Jahren das Handtuch. Der letzte deutsche Direktor für Finanzen wurde innerhalb kürzester Zeit aus dem Haus gemobbt, noch bevor er möglicherweise die seltsamen Methoden des Präsidenten hätte hinterfragen können. Natürlich wurde auch er durch einen Franzosen ersetzt, der in der Gunst Alomars stand. Aufwendige, sinnlose Geschäftsreisen des Präsidenten nach Asien, Kanada, auf die Fidji- und die Osterinseln, nach Australien und Chile, wo die Bank wirklich keinerlei Interessen hat, häufig in Begleitung der Ehefrau, blieben genauso ungeprüft wie Touren mit Chauffeur und Dienstwagen der Bank nach Venedig und an die Côte d'Azur, wo Alomar angeblich ein Feriendomizil besitzt.

Die Bank hat längst ihren eigentlichen Geschäftszweck aus den Augen verloren. Sie ist inzwischen vielmehr zu einem billigen Rückfinanzierer für französische und spanische Verkehrsbanken geworden. Dexia, ein Finanzinstitut, das vornehmlich im Kommunalkreditgeschäft tätig ist und an den Börsen von Brüssel und Paris gelistet ist, hat von der CEB rund eine Milliarde Euro an Krediten erhalten, was ca. 10 Prozent der Gesamtvergabe entspricht, 500 Millionen Euro davon auf ungesicherter Basis. Die französische Crédit Agricole erhielt 550 Millionen Euro, die spanische Banco Santander rund 480 Millionen, die BNP Paribas und die französische Caisses d'Épargne Groupe zusammen über eine Milliarde Euro an Krediten. Damit hat das Institut seine sämtlichen Risiken nach außen verlagert, und vor allem französische Banken profitieren von einer billigen Geldquelle, denn die CEB erhält sich so zwar das hervorragende AAA-Rating, verdient aber kaum das Geld, ihr operatives Geschäft zu bezahlen. Auch die deutsche Kreditanstalt für Wiederaufbau, die normalerweise keinen direkten Zugang zu EU-Mitteln hätte, konnte über diesen Umweg immerhin 650 Millionen Euro aus europäischen Fördermitteln abzweigen.

Kein Wunder, dass Berlin beide Augen zudrückt, wenn der französische Präsident der CEB unliebsame deutsche Mitwisser dieses Selbstbedienungssystems geräuschlos entfernt. Ursprünglich wurde die Bank auch von deutschen Steuerzahlern finanziert, nur zu sagen haben die deutschen Anteilseigner schon lange nichts mehr. Ein Artikel in der *Frankfurter Allgemeinen Zeitung* zum fünfzigjährigen Bestehen der Bank beschrieb nüchtern diese Missstände. Daraufhin bestellte das Auswärtige Amt in Berlin am 28. November 2006 zum ersten Mal die Führungsspitze der CEB zu einer öffentlichen Anhörung ein. Geändert hat sich dennoch nichts. Ach ja, offiziell hat die Bank zwei Arbeitssprachen: Englisch und Französisch. Aber es sollte niemand wundern, dass der Präsident darauf besteht, dass ausschließlich die Sprache Molières benutzt wird.

Sprachbarrieren

Warum spricht kaum ein Franzose eine andere Sprache außer der eigenen? Warum werden die Balearen von Deutschen und Engländern überrannt, und warum findet man dort nur selten französische Touristen? Und warum heißt ein Computer überall auf der Welt Computer, auf Französisch aber *»ordinateur«*? Oder warum bedeutet »digital« überall »digital«, auf Französisch aber »numérique«? Und, und, und …

Die Liste der französischen Besonderheiten ließe sich unendlich fortsetzen. Dabei sind die Franzosen nicht vorsätzlich ignorant und arrogant. Sie sind sich nur selbst genug.

Warum machen Jahr für Jahr Millionen von Deutschen Urlaub in Frankreich, aber warum verirrt sich nur selten ein Franzose in den Ferien nach Deutschland? Die Antwort ist genauso traurig wie einfach: Für die Franzosen gibt es keinen vernünftigen Grund, in ein Land zu fahren, in dem das Essen miserabel und das Wetter ständig schlecht ist; in ein Land, in dem die Sprache Goethes unaussprechlich ist und in dem es eigentlich keine Kultur geben kann, jedenfalls nicht in den Augen eines Bürgers der weltgrößten Kulturnation. Da bleibt man lieber daheim und unter seinesgleichen.

Nur Berlin gilt inzwischen als »super-chic«. Jeder zweite französische Student gibt an, davon zu träumen, wenigstens ein Semester in der deutschen Hauptstadt zu studieren. Denn sie ist hip, in ihr spürt man die Brüche, das Unfertige und den alten Osten. Aber für den Durchschnittsfranzosen, wie den Otto Normalverbraucher aus den alten Bundesländern, ist gerade das unheimlich. Und für den Franzosen erst recht dort, wo er nicht verstanden wird. Fragt man ihn, ob er noch eine andere Sprache spricht außer der eigenen, lautet die Antwort in der Regel: »Anglais, just a little.« Dabei sollte es der höfliche Ausländer denn auch belassen, weil er genau die drei Worte gehört hat, die sein Gegenüber beherrscht.

Die Franzosen sind mit sich selbst zufrieden, weil sie alles, was sie brauchen, im eigenen Land haben. Das erkennt man nicht auf den ersten Blick, das wird dem Ausländer erst in kontemplativen Momenten deutlich. Ende Juni zum Beispiel, wenn man der Hektik von Paris für ein Wochenende entflohen ist und auf der Kaimauer von Cancale an der bretonischen Küste sitzt. In der Hand ein Glas Muscadet, auf dem Schoß einen Teller mit einem Dutzend Austern, die noch ein paar Minuten vorher im Wasser geschwommen sind. Zwölf Stück für 2,80 Euro, 50 Cent extra das Öffnen und noch einmal 50 Cent für die Zitrone. In Paris kosten sie das Vierfache, in Deutschland noch mehr. Allerdings steigt dafür auch mit jedem Kilometer die Chance, sich ordentlich zu vergiften. Während man die Austern schlürft und den Fischern bei der Arbeit zuschaut, kann man darüber sinnieren, ob Schalen- und Krustentiere denn in den Monaten ohne r überhaupt für den menschlichen Verzehr geeignet sind. Diese Regel stammt übrigens aus Zeiten, als es noch keine geschlossenen Kühlketten gab und die maritimen Köstlichkeiten in Holzkörben mit dem Pferdewagen transportiert wurden.

Ein Problem, das sich in Deutschland nicht stellt, da die einzigen genießbaren Austern auf Sylt zu finden sind. Die reichen gerade einmal zur Fütterung der Luxus-Inselbewohner oder allenfalls noch zum Vertrieb in Deutschlands nördlichster Fischbude, die inzwischen auch Ableger auf der Düsseldorfer Kö und dem Berliner Ku'damm unterhält. Damit ist wenigstens die Versorgung der Pseudoschickeria sichergestellt. Nicht, dass es solche Zeitgenossen in Frankreich nicht gäbe. Man trifft sie sogar in konzentrierter Form zu bestimmten Jahreszeiten an den immergleichen Spielplätzen. Im Winter in Megève, im Sommer am Pampelonne-Strand von Saint-Tropez oder, wem das zu heiß ist, in Deauville, Biarritz oder Saint-Jean-de-Luz. Gerne auch in den 5-Sterne-Ressorts von St. Barth in der Karibik oder auf Mauritius. Um die einstmals beliebte Winterdestination, La Réunion im Indischen Ozean, machen die Frenchies inzwischen einen großen Bogen, seit das Chikungunya-Fieber Hunderte Einheimische dahingerafft hat. Hoch im Kurs sind nach wie vor die sogenannten *escapades* nach Marokko.

Wer als Franzose aber auf sich hält, verbringt die schönsten Monate des Jahres vorzugsweise im eigenen Haus oder in dem von Freunden. Solch ein Feriendomizil darf aber nicht verwechselt werden mit der *résidence secondaire*, dem Landsitz, den wohlhabende Pariser fürs Wochenende unterhalten. Da bietet sich die Normandie an, die Gegend an der Loire und für viele sogar die Region um Avignon. Der TGV *(Train à Grande Vitesse)* macht's möglich. Zwei Fahrstunden bis in den Süden, das bedeutet Lebensqualität und die Reduzierung der Wochenarbeitszeit auf einen Kern, der sich auf Dienstag bis Donnerstag beschränkt.

Frankreich besitzt einfach alles: Berge zum Skifahren, unendlich lange Küsten mit Stränden vom Ärmelkanal bis zur Biskaya. Die Mittelmeerküste, von Spaniens Grenze bis nach Italien. Kultur, mit großartigen Kirchen, Schlössern und Museen. Eine bewegte Geschichte, mit der es höchst selektiv umzugehen versteht. Köstliches Essen und wunderbare Weine. Von diesem *savoir-vivre* haben die Franzosen in ihrer nicht immer glücklichen Kolonialzeit reichlich exportiert. Nach Afrika und Kanada, nach Südostasien, in den Indischen Ozean, die Karibik und den Südpazifik. Davon ist zwar nicht viel geblieben, aber immer noch genug, um als Franzose rund um den Globus reisen zu können, ohne von einer anderen als der französischen Lebensart und Sprache belästigt zu werden.

Das Phänomen der »Dom-Toms« – *»Départements d'Outre Mer«* und *»Térritoires d'Outre Mer«* – beschert den Franzosen bis heute günstige Inlandsflüge nach Martinique, Guadeloupe, Saint-Martin in der Karibik, Mayotte im Indischen Ozean oder in das Südseeparadies Neukaledonien. So viele Wahlmöglichkeiten wirken sich auf das Selbstverständnis aus. Daran glauben – von Präsident Chirac, wenn er sich auf dem Gipfel der Frankophonie mit schwarzen Potentaten ablichten lässt, bis zum französischen Holzklasse-Touristen – fast alle: »Wir sind immer noch wer, solange wir die Welt mit unserer Sprache, unserer Kultur und unseren Vorstellungen von Freiheit, Gleichheit und Brüderlichkeit beglücken können.«

Frankreich ist ein modernes Land

Mitnichten! Frankreich tut nur so. Am besten kann man das schon bei der Ankunft am Flughafen Charles de Gaulle in Paris beobachten. Terminal 1, 1976 fertiggestellt, galt einmal als das Aushängeschild futuristischer Architektur. Der Rundbau mit seinen Satelliten, an denen die Flugzeuge andocken, vereint Funktion, Design und Utopie wie kaum ein anderes Gebäude in Europa. Selbst Regisseur Roman Polanski ließ für seinen Film »Frantic« die Darsteller über die Laufbänder der gläsernen Passagierbrücken an der Kamera vorbeigleiten.

Dreißig Jahre später ist dieses Vorzeigegebäude zur vergammelten Betonruine verkommen. Die Laufbänder sind wegen Wartungsarbeiten meist außer Betrieb. Passagiere müssen ihr Handgepäck kilometerweit über schiefe Ebenen schleppen. Die einst weißen Kacheln in den Wartesälen der Satelliten sehen aus wie ein Gesicht mit Pockennarben. Orangefarbene Plastikstühle ruhen lebensgefährlich locker in ihren Stahlverankerungen. Von den Aufzügen geht gerade einmal jeder zweite. Nur die Parkhäuser wären nach wie vor bestens dafür geeignet, Krimis oder Agententhriller zu drehen, einfach deshalb, weil die Hälfte der Beleuchtungskörper defekt ist und so das Ganze in ein schummeriges Dämmerlicht getaucht wird. Um ein vergleichbar heruntergekommenes Flughafengebäude zu finden, muss man schon sehr weit reisen, irgendwo in die Hinterlassenschaften im Süden der ehemaligen Sowjetunion oder in die Tiefen des afrikanischen Kontinents.

Seit Jahren wird diese Rezeption der Grande Nation renoviert. Das führt hauptsächlich dazu, dass die Reisenden über immer neue Baustellen stolpern, Zufahrten und Eingänge ständig verlegt werden, sich unendliche Schlangen von Passagieren gegenseitig auf den Füßen herumstehen. Zugegeben, Terminal 1 in Charles de Gaulle ist ein besonders krasses Beispiel für den französischen Anspruch, modern sein zu wollen, und der Wirklichkeit, dass es mit den modernen Zeiten nicht sehr weit her ist. Aber es ist symptomatisch, weil diese Diskrepanz zwischen Anspruch und Wirklichkeit sich wie ein roter Faden durch fast alle Lebensbereiche zieht.

Sollten Sie das Pech haben, als Notfallpatient in ein französisches Hospital eingeliefert zu werden, dann garantiere ich Ihnen, dass Sie über Nacht zum glühenden Anhänger des deutschen Gesundheitssystems werden. Die hygienischen Verhältnisse spotten jeder Beschreibung. Die Krankenhäuser und ihre technische Ausstattung erinnern fatal an die Zeiten, als Marie Curie in der Salpêtrière praktiziert hat. Natürlich gibt es in Frankreich hervorragende Mediziner mit Privatpraxen und Kliniken, in denen der Patient für teures Geld beste Behandlung und Versorgung bekommt. Aber wer auf die staatlichen Gesundheitseinrichtungen angewiesen ist, der ist wirklich ein armes Schwein. Bezeichnenderweise kehren seit einigen Jahren immer mehr Mediziner ihrer Heimat den Rücken, um ihr Glück in anderen Ländern zu suchen. Marokko, Kanada, die USA und selbst europäische Länder wie Holland oder Skandinavien bieten den Akademikern bessere Bezahlung und reizvollere Zukunftsaussichten als Frankreich. Diese Entwicklung sollten die Politiker in Berlin genau im Auge behalten, bevor sie mit der nächsten Gesundheitsreform in Deutschland unsere Errungenschaften im medizinischen Bereich, die weltweit noch immer Spitzenklasse sind, systematisch zerstören.

Noch ein drittes Beispiel, um den Begriff »modern« im Zusammenhang mit Frankreich zu konterkarieren. Wenn Franzosen verreisen, besitzen sie einen Reisepass, aber nur der kleine Prozentsatz, der sich tatsächlich traut, französisches Territorium zu verlassen. Einen Personalausweis kennen sie nicht. Innerhalb Frankreichs genügt als Identitätsnachweis ein Führerschein, ein Studenten- oder Rentnerausweis und notfalls sogar der Mitgliedsausweis des Golf- oder Tennisklubs oder die Karte der örtlichen Bibliothek. Nur Ausländer brauchen eine sogenannte *carte de séjour*, die, dem deutschen Personalausweis nicht unähnlich, maschinenlesbar ist und die wesentlichen Daten des Inhabers aufweist. Für Staatsangehörige aus EU-Staaten ist diese Vorschrift durch das Abkommen von Schengen aufgehoben, das ihnen Freizügigkeit in den Mitgliedstaaten garantiert. Dies hat freilich die Verwaltung in den Präfekturen der Départements nicht daran gehindert, achtzehn Monate nach Inkrafttreten dieser Bestimmung von EU-Ausländern noch immer eine Aufenthaltsgenehmigung zu verlangen. Geduldig durften sie sich mit Afrikanern, Balkanflüchtlingen und Afghanen vor den Schaltern einreihen.

In der Präfektur von Versailles blieben die Tresen für EU-Bürger natürlich regelmäßig wegen Personalmangel geschlossen. Und dass ein Mensch ohne Papiere, ein Ausländer gar, ein Wesen zweiter, wenn nicht dritter Klasse ist, machten einem die Beamten mit jeder Geste, mit jedem Wort, klar. Um wie viel elender muss sich da eine Flüchtlingsfamilie aus Mali oder Bangladesch fühlen. Die Prozedur selbst war der einer deutschen Behörde vergleichbar: Nummer ziehen, Formulare ausfüllen, warten, bis die Nummer an einem Schalter aufgerufen wird.

Darüber konnte dann schon einmal der ganze Vormittag vergehen, und wenn man Pech hatte, dann wurde die eigene Nummer nicht mehr gezogen, bevor der Schalterbeamte pünktlich um 11.45 Uhr seine Mittagspause einläutete.

Nachdem ich selbst erfolglos damit drei Vormittage verplempert hatte, ohne zu der begehrten Aufenthaltsgenehmigung zu kommen, entschloss ich mich, darüber einen Bericht zu veröffentlichen. Auf meine Frage, warum noch immer von EU-Bürgern eine Aufenthaltsgenehmigung verlangt werde, die mit europäischem Recht nicht mehr vereinbar sei, und warum in der Behörde derart katastrophale Zustände herrschten, antwortete mir die stellvertretende Präfektin von Versailles: »Monsieur, unser Computersystem ist zwanzig Jahre alt, und die ganze Verwaltung arbeitet so wie zu Zeiten von Napoleon III.« Zwei Tage nach der Ausstrahlung des Beitrages im deutschen Fernsehen hat Innenminister Sarkozy die rechtswidrige *carte de séjour* für EU-Bürger einkassiert. Deutlicher kann man eigentlich nicht beschreiben, wie modern der französische Staat wirklich ist.

Das Land der schnellen Züge

Wenn die Deutschen ihre Nachbarn um etwas wirklich beneiden sollten, dann um ihre Hochgeschwindigkeitszüge. Der TGV braucht für die rund 800 Kilometer von Paris nach Marseille gerade einmal drei Stunden. Dabei zischt er mit mehr als 300 Stundenkilometern durch das Rhônetal. Zum Vergleich: Ein deutscher ICE benötigt für die Stecke von Hamburg nach München, die nur dreißig Kilometer länger ist, mehr als doppelt so lange. Während die französischen TGVs ihre eigenen Trassen und Bahnhöfe haben und vom Start zum Ziel einfach durchrauschen, muss der Vorzeigesprinter der Deutschen Bahn sein Tempo an den Bummelzug vor ihm anpassen. Denn auf deutschen Gleisen herrscht Mischverkehr. Der ICE teilt sich seine Spur mit Regionalexpress und Güterzug. Und weil er auch noch im Schnitt alle siebzig Kilometer hält, um Passagiere ein-

und auszuladen, kann er seinen Trumpf, die überlegene Geschwindigkeit, fast nirgendwo richtig ausspielen.

Die Franzosen haben die Weichen für diese Verkehrspolitik schon in den Achtzigerjahren gestellt. Damals glaubten die Wenigsten daran, dass sich dieses Konzept einmal rechnen würde. Die erste TGV-Strecke von Paris nach Lyon, die 1993 in Betrieb genommen wurde, kostete damals 2,3 Milliarden Euro. Solche Investitionskosten für Hochgeschwindigkeitsverbindungen seien einfach zu hoch, so wurde immer wieder argumentiert. Mancher Verkehrspolitiker in Berlin denkt heute noch in diesen Kategorien. Übersehen wird dabei, dass die erste TGV-Strecke nach nur sechs Jahren den »break-even point« erreicht hatte, einschließlich der Entwicklungskosten für die schnellen Züge. Die staatliche Eisenbahngesellschaft SNCF hat dem TGV zu verdanken, dass sie seit 2004 wieder Geld verdient. Im Jahr 2005 kamen mit dem Transport von Fahrgästen 645 Millionen Euro herein. Das sind Zahlen, die den Fluggesellschaften den Angstschweiß auf die Stirn treiben. Noch vor wenigen Jahren bestiegen nur 30 Prozent der Franzosen den Zug für die Fahrt in den Süden. Heute ist das Verhältnis genau umgekehrt. Richtung Bordeaux hat die Bahn einen Marktanteil von zwei Dritteln, und den Eurostar, der durch den Tunnel nach London fährt, nutzen inzwischen über 70 Prozent aller Reisenden, die auf die Insel wollen. Da können die Fluggesellschaften einfach nicht mehr mithalten. Mit immer neuen Sicherheitskontrollen, die mehr und mehr Passagiere abschrecken, haben immer weniger Lust zu fliegen. Air France hat einige Inlandsstrecken bereits gestrichen. Regionalflieger wie Air Inter, Aéris, Air Littoral oder Air Lib sind pleitegegangen oder wurden geschluckt.

Erst als Billigflieger wie Easyjet, Ryan Air und Co den Süden Frankreichs für sich entdeckten, wurde es kurzfristig eng für die SNCF. Aber für einen Staatsbetrieb reagierte sie erstaunlich schnell mit einem hoch flexiblen Preisgestaltungssystem. Frühbucherrabatte, Internet-Tarife, Spartickets für 19 Euro, das Angebot erwies sich als so erfolgreich, dass es inzwischen auf alle TGV-Strecken ausgebaut wurde. Das Geheimnis hinter dieser aggressiven Preispolitik ist ein Rezept, von dem Fluggesellschaften träumen. Komplettbelegung durch ein hoch effizientes Kapazitätsmanagement. Für jeden Zug wird die zu erwartende Nachfrage kontinuierlich nachberechnet. Aufgrund dieser Daten können Tarife und Sonderangebote ständig angepasst werden, zum Teil im Stundenrhythmus. Vorbei sind damit die Zeiten halb voller Züge. Statt schwach besetzte Waggons durch die Landschaft zu fahren werden freie Plätze zu Schleuderpreisen im Internet als Last-Minute-Tickets verscherbelt. Auslastung ist alles.

Letztendlich profitiert der Kunde von diesem mörderischen Wettkampf zwischen Zug und Jet. Aber Umweltbewusstsein und ein Umdenken in der Umweltpolitik wegen der Einhaltung des Kyoto-Protokolls sorgen dafür, dass der Bahnverkehr seinen Vorsprung weiter ausbauen kann. Die eindringliche Warnung vor der bevorstehenden Klimakatastrophe, mit der der ehemalige US-Vizepräsident Al Gore in seinem Dokumentarfilm »An Inconvenient Truth – Eine unbequeme Wahrheit« nicht nur die amerikanische Öffentlichkeit, sondern Politiker weltweit wach gerüttelt hat, lässt den Flugverkehr auf Kurz- und Mittelstrecken fast als Verbrechen erscheinen. Während die Preise für Flugbenzin immer neue Rekordmarken reißen und gleichzeitig der Konkurrenzkampf sich täglich verschärft, werden französische Züge mit Strom gespeist, der zwar nicht aus der Steckdose kommt, aber zu kalkulierbaren Preisen aus heimischen Atomkraftwerken.

Nur zum Vergleich ein paar Zahlen: 80 Prozent der Elektrizität werden in Frankreich in Kernkraftwerken produziert. In Deutschland sind es gerade einmal 27,5 Prozent, Tendenz rückläufig. Der Herstellungspreis für die Kilowattstunde ist in Frankreich nur halb so hoch wie bei uns. Frankreich liefert den billigsten Strom, ein enormer Standortvorteil für die französischen Firmen. Die Franzosen haben sich in den vergangenen Jahren damit einen fast uneinholbaren Vorsprung gesichert, und zwar in genau den Jahren, in denen in Deutschland die rotgrüne Politik jede vernünftige umweltfreundliche Verkehrsentwicklung blockiert hat. Und in denen sich Gerhard Schröder lieber für den Bau der deutschen Magnetschwebetechnik im fernen chinesischen Shanghai eingesetzt hat als für den Ausbau des eigenen Hochgeschwindigkeitsnetzes.

Kein Wunder also, dass der bayerische Ministerpräsident Edmund Stoiber ins Stottern und Schleudern gerät, wenn er über die Anbindung des Münchner Hauptbahnhofes an den Flughafen Franz Josef Strauß mit Hilfe des Transrapid faselt. Sein Wortmüll zu diesem Thema, der im Internet inzwischen Kultstatus hat, dauert jedenfalls länger, als eine Fahrt mit der Magnetschwebebahn auf dieser Strecke in Anspruch nehmen würde. Die Deutschen mögen sich damit trösten, dass sie mit dem ICE vielleicht den schöneren und moderneren Zug haben, die Franzosen jedenfalls besitzen den schnelleren und vor allem einen, der Geld verdient. So richtig klar dürfte das den Deutschen erst Mitte 2007 werden.

Denn dann wagen Deutsche und Franzosen ein ehrgeiziges Experiment: Von Juni 2007 an organisiert eine deutsch-französische Gesellschaft mit dem Arbeitstitel »Rhealys« (ein Akronym aus **Rhe**in, **Al**sace/Elsass und **Lys**/Lilie, das Emblem der französischen Könige) den grenzüberschreitenden Hochgeschwindigkeitsverkehr. Die SNCF schickt ihre TGVs über Rhein und Saar, die Deutsche Bahn ihre ICEs nach Paris – ohne lästiges Umspannen der Loks. Bislang war Bahnfahren alles andere als grenzenlos. Jedes neue Land hatte sein eigenes Schienensystem und eigene Vorschriften. Damit soll Schluss sein. Der ICE 3 hat Ende 2006 in der Champagne bewiesen, dass er endlich »frankreichtauglich« ist. Testläufe und Überarbeitung des Hightech-Zuges hatten fünf Jahre gedauert. »Paris hat massiv in die Trasse Richtung Ostgrenze investiert, die wollen durchstarten«, sagt ein Manager der Deutschen Bahn. Mit 320 Stundenkilometern werden ICE und TGV durch Frankreich donnern, in Deutschland dann maximal mit Tempo 200, denn dort wurde das Gleisbett nicht für Spitzengeschwindigkeiten ausgebaut – um Geld zu sparen.

Nicht nur der Zustand der Schienen zeigt, dass die Bahnsysteme in Frankreich und Deutschland unterschiedlicher kaum sein könnten – und genau das macht das Projekt der Nachbarn so schwierig. So setzen die Eisenbahner beider Länder allein schon auf völlig unterschiedliche Zugtechnik, vom Antrieb bis zum »Klapptritt«: In Deutschland öffnet sich die Tür, während gleichzeitig die Trittstufe ausklappt. In Frankreich ist das verboten. Jeder ICE 3 wurde für acht Millionen Euro nachgerüstet, damit er in Frankreich fahren darf. Die Zulassungsprozedur hat die Deutschen 30 Millionen Euro gekostet.

Auch die gesamte Schnellzugphilosophie ist eine andere: Die Franzosen fahren rasend schnell in schlicht ausgestatteten, aber rauchfreien Wagen und legen kaum Stopps ein. Die ICEs bummeln dagegen, halten aus französischer Sicht an jeder Milchkanne, sind aber deutlich komfortabler.

Dass sich dennoch beide Seiten zusammengetan haben, hat handfeste Gründe: Spätestens im Jahr 2011 müssen auch die Franzosen ihren Bahnverkehr für den ausländische Wettbewerb öffnen. Durch die Kooperation mit der Deutschen Bahn haben sie einen der wichtigsten Konkurrenten mit im Boot. Und die Bahn will im Ausland wachsen. Noch steuert das Geschäft in Frankreich nur 15 Prozent zum Umsatz des Fernverkehrs bei. Bald soll es um ein Drittel mehr werden.

Wenn die letzte große Achse, der TGV-Est, die Verbindung von Paris nach Straßburg, den Fernreisenden zur Verfügung steht, dann wird sich die Fahrzeit von Frankfurt nach Paris von sechs auf vier Stunden verringern. Es könnte noch viel schneller gehen, würden die Züge auf deutscher Seite nicht »ausgebremst«. Auf eine große Ostverbindung von Straßburg über Stuttgart, München, Wien nach Budapest und vielleicht auf den Spuren des alten Orient-Express bis Istanbul werden Eisenbahnbegeisterte noch lange warten müssen.

Würden die Manager der Deutschen Bahn, allen voran Herr Mehdorn und der deutsche Verkehrsminister, dessen Namen selbst altgedienten Berliner Journalisten kaum einfällt, nicht vom Börsengang träumen, sondern einmal eine Dienstreise nach Frankreich unternehmen, dann könnten sie sich abschauen, wie man mit neuen Konzepten einen maroden ehemaligen Staatsbetrieb sanieren kann. Vielleicht wäre Anne-Marie Idrac, die als Präsidentin der französischen Staatsbahnen im Juli 2006 Louis Gallois abgelöst hat, ja auch bereit, den Deutschen die eine oder andere Nachhilfestunde zu geben. Aber wer sich dafür feiern lässt, dass ein ICE von Hamburg nach Berlin nur noch eine Stunde 28 Minuten braucht, aber bei Wittenberge auf siebzig Stundenkilometer runterbremsen muss, der ist anscheinend auch zu blöd, um von unseren Nachbarn zu lernen.

Warum einfach, wenn es auch schwierig geht

Gelegentlich lohnt sich der Blick über die Grenze. Deutschland ist ein Transitland. Jeder, der sich auf den Autobahnen bewegt, macht die gleichen leidvollen Erfahrungen. Brummis aus Holland, Belgien, Frankreich, Spanien, Italien, Österreich und neuerdings auch aus Ungarn, Rumänien, Bulgarien, der Ukraine, Tschechien, der Slowakei, Polen, dem Baltikum und, und, und … verstopfen Deutschlands Quer- und Längsachsen. Die Aufzählung macht das Problem so richtig schön anschaulich. Da muss etwas passieren, meinen die Politiker, die nicht nur die chronisch verstopften Fernverkehrsstraßen, sondern vor allem auch die chronisch leeren Kassen im Blick haben. Eine Autobahnmaut muss her. Aber anstatt nach Österreich oder in die Schweiz zu schauen, wo die »Pickerln« und »Vignetten« an jedem Kiosk verkauft werden, der Verwaltungsaufwand sich in Grenzen hält und der Staat richtig Geld verdient, musste es in Deutschland ein milliardenteures, elektronisches Überwachungssystem sein, das nicht nur die gefahrenen Kilometer der LKWs erfasst, sondern jede Form von Rasterfahndung à la »Big Brother« ermöglicht. Wenn es dann erwartungsgemäß erst einmal nicht funktioniert, weil es viel zu kompliziert ausgefallen ist, der Staat Milliarden an Einnahmeausfällen verzeichnet, sich Auftraggeber, Entwickler und Betreiber gegenseitig mit Schadensersatzklagen an den Hals gehen, dann fällt den deutschen

Politikern als letzter Ausweg nur noch das Zauberwort »Privatisierung« ein. Wunderbar! Die Lösung aller Sorgen:

Keine Lasten mehr für Ausbau und Instandhaltung des Autobahnnetzes. Einnahmen durch den Verkaufserlös. Einmalig versteht sich. Das Tafelsilber ist weg. Dümmer geht's nimmer!

Wie gesagt, der Blick über die Grenze würde sich lohnen. Frankreich hat uns seit Jahren vorexerziert, wie man es besser machen kann. Dort waren weite Teile des Fernstraßennetzes langfristig verpachtet und der Staat zu über fünfzig Prozent an den Konzessionen beteiligt. Die Betreiber kümmerten sich um den Unterhalt. Der Staat bekam nicht nur Pachteinnahmen, sondern auch noch Steuern.

Das System ist konkurrenzfähig. Und der Bürger hat die Wahl. Im Westen von Paris zum Beispiel. Da bedienen zwei Autobahnen den Zubringerverkehr in die Hauptstadt. Die A13, in der Rushhour ständig verstopft, aber kostenfrei. Von Versailles bis in die Stadt sind eineinhalb Stunden Fahrzeit die Regel. Und die A14, in privater Hand, gut ausgebaut als »péage«, als Mautstrecke. Das ist nicht billig: 6,10 Euro für die einfache Strecke. Dafür ist der Autofahrer aber innerhalb von vierzehn Minuten am Étoile, garantiert staufrei.

Das Mautsystem schafft Arbeitsplätze, weil noch Menschen in den Kassenhäuschen neben den Ticketautomaten sitzen. Alle profitieren: Die privaten Betreiber, der Staat, die Arbeitnehmer, die Autofahrer. Mit einer Geschwindigkeitsbegrenzung von 110 oder 130 Stundenkilometern sind Langstrecken in keinem europäischen Land so entspannt zu bewältigen wie in Frankreich.

Eine Maut für alle und dafür im Gegenzug die Mineralölsteuer entsprechend senken, das wäre EU-konform und würde den Tanktourismus in billigere Nachbarländer eindämmen. Denn mit der Senkung der Mineralölsteuer würden nicht einseitig nur die deutschen Autofahrer entlastet, wie es bei einer Abschaffung der Kfz-Steuer der Fall wäre. Der Wirtschaftsfachmann und Landtagsabgeordnete der CSU aus Regensburg, Philipp Graf von und zu Lerchenfeld, der sich für diesen Weg seit geraumer Zeit stark macht, wurde anfangs von seinen Parteifreunden deswegen wie ein Alien betrachtet. Inzwischen aber wird er sogar von Bayerns Innenminister Günther Beckstein ernst genommen. Nur in Berlin belächeln die Verantwortlichen den bayerischen Vorstoß noch immer. Dieser überaus sinnvolle Vorschlag einer PKW-Maut wird auf absehbare Zeit in Deutschland schwer eine Mehrheit finden, weil sowohl die Mineralölsteuer als auch der Bau von Autobahnen Bundesangelegenheit ist.

Auch in Frankreich waren die Kassen so leer, dass der Staat im Jahr 2005 seinen Anteil an den Konzessionen versilbert hat. Patrioten aller Parteien protestierten gegen diese »Verschleuderung der nationalen Familienjuwelen« und rechneten vor, dass die Autobahnen bis zum Auslauf der staatlichen Konzessionen im Jahr 2032 etwa 35 Milliarden Euro an Gebühren erwirtschaftet hätten. Dem hielt die Agentur für Staatsbeteiligungen entgegen, der erzielte Verkaufspreis von 14 Milliarden Euro bar auf die Hand sei – Zinsen und Inflation eingerechnet – genauso viel wie 35 Milliarden Euro in 30 Jahren. Und wohlgemerkt, der Staat hatte nur seine Konzessionen verkauft. Die Autobahnen selber gehören ihm nach wie vor. Wenn die Rechte nach 25 Jahren auslaufen und dann neu vergeben werden, bringt das wieder Geld in die Haushaltskasse. Vielleicht sollten die Mitglieder des Verkehrsausschusses im Deutschen Bundestag gemeinsam mit ihren Kollegen des Finanzausschusses einfach mal eine kleine Busfahrt ins Nachbarland unternehmen. Reisen bildet bekanntlich.

Die Paten von Toulouse

Jacques Chirac und Angela Merkel hatten ihren Rundgang fast beendet. Die Schätze des Grünen Gewölbes aus Dresden zum ersten Mal im Schloss von Versailles, die ganze Pracht des sächsischen Barock im Glanz des Sonnenkönigs. Ein Auftakt für ein Gipfeltreffen der beiden Regierungschefs, wie er prachtvoller kaum ausfallen könnte. Die Politiker und ihr Anhang aus Hofschranzen, Leibwächtern und wenigen akkreditierten Journalisten hatten den obersten Absatz der Treppe erreicht, der zum »Cour des Ministres« herunterführt. Dort lauerte eine schmächtige Gestalt. Hinter einer modischen Designerbrille der Gesichtsausdruck eines Wiesels, das Beute wittert. Unter den Arm hatte der Mann einen alten Folianten geklemmt. Mit zwei schnellen Schritten stellte er sich im dunkelblauen Nadelstreifenanzug Chirac und Merkel in den Weg. Der französische Präsident bedeutete mit einem Kopfnicken in die Richtung seiner Personenschützer, dass von dem Kleinen keine Gefahr ausgehe, und so begann dieser im salbungsvollsten Tonfall auf Angela Merkel einzureden. Die Kanzlerin reagierte zunächst völlig konsterniert. Ihre Dolmetscherin war irgendwo im Pulk der Begleiter hängen geblieben, sodass sie keine Silbe des Wortschwalls mitbekam, der da auf ihre Chefin herniederprasselte.

In ihrer Verzweiflung blickte sich Angela Merkel Hilfe suchend nach allen Seiten um. Aber da war nur das freundliche Gesicht von Jacques Chirac, der wohlgefällig zu allem nickte, was der Kleine mit dem alten Buch vortrug. Es dauerte einige Minuten, bis die Kanzlerin aus ihrer Ahnungslosigkeit befreit wurde.

Der schleimige Wichtigtuer war kein Geringerer als der französische Chef des europäischen Luft- und Raumfahrtkonzerns EADS. Noël Forgeard erklärte weitschweifig und unterwürfig, mit welch enormem Aufwand man einen alten Kodex aus Stralsund erworben und restauriert hätte. Den wollte er jetzt der Kanzlerin überreichen, die schließlich aus dieser Gegend stamme. Angela Merkel konterte knochentrocknen, sie fände es immer gut, wenn gestohlene Sachen an ihren rechtmäßigen Bestimmungsort zurückkämen.

Das war am 23. Januar 2006. Noël Forgeard war am Ziel seiner Träume, auf dem Höhepunkt seiner Macht. In einem hässlichen Zweikampf hatte er es bis an die Doppelspitze von EADS geschafft. Allerdings war es ihm nicht gelungen, gleichzeitig Chef der Tochter Airbus zu bleiben. Diesen Stuhl musste er Gustav Humbert überlassen, dem Deutschen, der vom Anteilseigner DaimlerChrysler nach Toulouse geschickt worden war.

Ein Jahr zuvor hatte Forgeard seinen Abgang bei Airbus und

den Aufstieg an die EADS-Spitze mit einer Rieseninszenierung vor 5000 geladenen Gästen zelebriert. Vier Regierungschefs waren angetreten, um bei dem neuen Giganten der Lüfte Pate zu stehen. Schröder, Blair, der Spanier Zapatero und Chirac wollten zeigen, dass eine europäische Kooperation zu Meisterleistungen fähig ist, die selbst die amerikanische Konkurrenz in den Schatten stellt. Der neue A380, das erste zweistöckige Passagierflugzeug für 555 bis annähernd 1000 Fluggäste, je nach Bestuhlung, ließ alles klein aussehen, was bis dato Ingenieursverstand zuwege gebracht hatte.

Die Veranstaltung geriet zu einem Hochamt französischen Nationalstolzes und einer Krönungsmesse für Noël Forgeard. Die Sicherheitsbeamten des Élysée-Palastes, der CRS, der Gendarmerie, der örtlichen Polizei und der privaten Security von Airbus übertrumpften sich gegenseitig darin, geladene Gäste und akkreditierte Journalisten möglichst weit vom eigentlichen Ereignis fernzuhalten. Und das, obwohl der Zutritt ohnehin nur nach einem wochenlangen Anmeldeverfahren möglich war. Die gesamte Élysée-Presse wurde so spät nach Toulouse eingeflogen, dass sie die entscheidende Pressekonferenz versäumte. Ehrengäste, wie Hamburgs Erster Bürgermeister Ole von Beust, wurden von ihren Airbusbegleitern so lange in Kleinbussen über das Rollfeld bugsiert, dass sie lange vorher vereinbarte Interviewtermine mit deutschen Fernsehsendern nicht wahrnehmen konnten. Auch dem Vorstandschef der Lufthansa, Wolfgang Mayrhuber, wäre es beinahe so ergangen, hätte ihn nicht sein cleverer Kommunikationsberater Klaus Walter durch den Hintereingang, vorbei an allen Sicherheitskontrollen, hineingeschleust. Nikki Lauda, immerhin Eigner einer Fluglinie und an diesem Tag Co-Kommentator für das deutsche Fernsehen, wurde von der Airbus-Sicherheit fast gewaltsam daran gehindert, den Ort des Geschehens zu betreten, und das, obwohl er mit allen Ausweisen und Zugangskarten ausgestattet war, die ihn als VIP zu erkennen gaben.

Selbst Bundeskanzler Gerhard Schröder und sein Regierungssprecher Béla Anda hätten fast einen Live-Auftritt im deutschen

Fernsehen verpasst, weil das Protokoll von Airbus alles zu verhindern suchte, was nicht dem höheren Ruhm Forgeards und Frankreichs diente. Am Ende stand sogar Präsident Chirac etwas verloren hinter Gerhard Schröder, als der sich zusammen mit dem EU-Kommissar Günter Verheugen im Scheinwerferlicht des ZDF sonnen durfte. Schröder, der diesen kleinen deutschen Triumph sichtlich genoss, wandte sich schließlich an Chirac, der verzweifelt nach den abgeblockten französischen Journalisten Ausschau hielt, um auch ein paar Sätze loszuwerden: »Komm, Jacques, wir können jetzt mittagessen gehen. Dich will eh keiner mehr interviewen.«

Diese Episode sagt viel über das französische Selbstverständnis in dem Gemeinschaftsprojekt aus. Frankreich zuerst, ohne Rücksicht und ohne Respekt gegenüber den anderen Partnern. Airbus als verlängerter Arm der Staatsmacht, als willfähriger Verwalter französischer Interessen. Wer bei diesem Ereignis dabei war, der wird nie wieder an ein europäisches Gemeinschaftsprojekt gleichwertiger Partner glauben. Forgeards rechte Hand, der damalige Airbus-Vizepräsident Philippe Delmas, Absolvent der Elite-Hochschule ENA und von 1991 bis 1993 Sicherheitsberater von Außenminister Roland Dumas, lieferte in einem Buch für viele dieser Verhaltensweisen schon im Jahr 2000 die Erklärung. Er schrieb *Über den nächsten Krieg mit Deutschland*, ein geradezu bösartiges Pamphlet. Darin bescheinigte er den Deutschen eine kollektive Identitätskrise nach der Wiedervereinigung und ein notorisch schwankendes nationales Selbstbewusstsein. Dieser Unruheherd könne nur durch eine enge Kontrolle durch die anderen europäischen Partner – sprich Frankreich – beherrscht werden.

Solche Ansichten in der Führung eines deutsch-französischen Gemeinschaftsunternehmens müssen zwangsläufig zu atmosphärischen Spannungen führen. Aber es erklärt auch die Denkweise, dass Projekte, bei denen sich die Franzosen wirklich engagieren, von vornherein unter dem Vorbehalt ihrer Dominanz stehen.

Jede Beschwerde über das Verhalten der Airbus-Leute im

Januar 2005 wurde in Toulouse mit dem Satz quittiert: »Was interessieren uns die Briten oder die Deutschen. Die Emirate und China, das sind für uns interessante Märkte.« Der britische CNN-Anchorman Richard Quest, der stundenlang von dem Ereignis berichtete, ohne je näher als eine Meile an den Ort des Geschehens heranzukommen, und der eine große Leidenschaft für alles besitzt, was fliegt, brachte das unsägliche Verhalten der Gastgeber auf den Punkt: »Ich hoffe nur«, so seine Moderation, »dass der A380 besser fliegt als das, was die Franzosen hier als Organisation der Veranstaltung abgeliefert haben.«

Tut er nicht, wie sich inzwischen herausgestellt hat. Probleme mit dem Fahrwerk, mit den Kabelbäumen und der Elektronik zwangen die Airbus-Spitze im Juni 2006, zuzugeben, dass man mit dem Prestigeprojekt weit hinter dem Zeitplan herhinkt. Als dies öffentlich wurde, verlor der Aktienkurs von EADS über Nacht fast ein Drittel seines Wertes. Aber der Problemvogel A380 ist nur die Spitze des Eisbergs. Denn gleichzeitig wurde bekannt, dass Noël Forgeard, seine Kinder und andere Airbus-Manager Aktienoptionen im Wert von 2,5 Millionen Euro versilbert hatten. Der enge zeitliche Zusammenhang zu den Pannen mit dem A380 ließ den Verdacht von Insiderhandel aufkommen. Die Börsenaufsicht schaltete sich ein. Noël Forgeard versuchte den Schwarzen Peter dem deutschen Partner zuzuschieben. Das Werk in Hamburg sei für die Produktionsverzögerungen verantwortlich. Die Anteilseigner im Aufsichtsrat traten auf den Plan. Manfred Bischoff, der Abgesandte von DaimlerChrysler, und der französische Multimilliardär Arnaud Lagardère, der 17 Prozent des Unternehmens hält, gelangten endlich zu der Erkenntnis, dass Forgeard nicht mehr zu halten war. Alle politische Rückendeckung aus dem Élysée-Palast nützte dem Manager nichts mehr, der Airbus lange wie sein persönliches Eigentum behandelt hatte. Forgeard musste seinen Hut nehmen, und er riss dabei seinen langjährigen Rivalen und Co-Vorstand, den deutschen Gustav Humbert, gleich mit in den Abgrund. Der vorläufige Höhepunkt einer deutsch-französischen Kabale, die viel tiefere Ursachen hat.

Nach dem Wirbel um Lieferverzögerungen beim Airbus A380 und dem Kurssturz bei der Muttergesellschaft EADS wurden schwere Vorwürfe gegen die Airbus-Führung und die Großaktionäre laut. Der sozialistische Abgeordnete Gérard Bapt verlangte eine »sofortige Aufklärung« über »ein mögliches Insiderdelikt« von Topmanagern des größten europäischen Luft- und Raumfahrtkonzerns, darunter Noël Forgeard. Es gehe um den »Ruf der Führungsspitze des Unternehmens« mit großer Bedeutung für den Raum Toulouse, das Zentrum der Airbus-Produktion in Frankreich. Auch der Kleinaktionärsverband ADAM forderte eine Untersuchung der Aktienverkäufe durch die Börsenaufsicht. »Wenn ein Insiderdelikt vorliegt, muss es hart bestraft werden, zumal viele Leute viel Geld verloren haben«, erklärte ADAM.

Airbus musste weitere Verzögerungen bei der Auslieferung des A380 und eine Streckung der Produktion ankündigen. Dies löste einen erneuten Kurssturz der EADS-Aktien aus. Kunden, die die Maschine bestellt hatten, reagierten verärgert und wollten Schadenersatz. EADS-Großaktionär DaimlerChrysler war nach eigenen Angaben von den Produktionsproblemen beim Airbus A380 überrascht worden. Bei der Verringerung des EADS-Anteils von 30 auf 22,5 Prozent im April habe man von den Problemen keine Kenntnis gehabt, sagte Konzernsprecher Thomas Fröhlich.

Der Autokonzern wollte ursprünglich weiter an einer strategischen Beteiligung von mindestens 15 Prozent an EADS festhalten. Im April hatte DaimlerChrysler verlautbart, mittelfristig weitere 7,5 Prozent der EADS-Aktien abgeben zu wollen.

Der deutsche Airbus-Sprecher David Voskuhl, ein Meister der Ahnungslosigkeit und für diese Fähigkeit inzwischen ins Werk Hamburg versetzt, versicherte, das Ausmaß der Produktionsprobleme beim A380 sei auch für Airbus »sehr neu«. Airbus-Chef Gustav Humbert habe persönlich Kunden angerufen, um sie über die Verzögerung zu informieren. Die Kunden seien sauer, weil sie das Flugzeug gut fänden und fliegen wollten, beruhigte der Sprecher. Abbestellungen gebe es aber nicht.

Über die harte Reaktion der Börse zeigte man sich bei Airbus in Toulouse verwundert, jedenfalls nach außen hin. Der A380 sei ein Projekt nicht für die kommenden Jahre, sondern für die nächsten Jahrzehnte. Streckungen im Zeitplan beim A380 könnten ab 2010 aufgeholt werden. Arnaud Lagardère trat vehement der Vermutung entgegen, in Erwartung des Kurssturzes die Hälfte seiner 15 Prozent EADS-Anteile im April verkauft zu haben. Die Entscheidung sei schon 2005 gefallen und habe lange mit DaimlerChrysler abgestimmt werden müssen. »Wenn wir unehrlich wären, hätten wir nicht 7,5 Prozent des Kapitals verkauft, sondern alles«, verteidigte sich Lagardère. Auch er zeigte sich »sehr überrascht« über den Kurssturz der Aktie. Die Investoren hätten damit ihren Mangel an Vertrauen in die Kapazität von Airbus gezeigt, »sehr komplexe Projekte zu einem guten Ende zu führen«.

Noch im Mai 2006 hatte Gustav Humbert der EADS-Führung versichert, keine Hinweise auf einen Verzug beim A380 zu haben. Am 1. Juni war bei einem Analystentreffen von EADS-Teams dieselbe Antwort gekommen. »Vielleicht haben einige Produktionsteams Verzögerungen nicht gemeldet, weil sie hofften, diese aufholen zu können«, versuchte Lagardère das Fiasko zu erklären.

Erst am 21. Dezember 2006 wurde das Hauptquartier des europäischen Luft- und Raumfahrtkonzerns EADS in Paris wegen des Verdachts auf Insidergeschäfte durchsucht. Die Staatsanwaltschaft hatte am 20. November Ermittlungen aufgenommen, nachdem Aktionärsschützer gegen massive Aktienverkäufe von zahlreichen Topmanagern geklagt hatten. Rund 800 EADS-Mitarbeiter hatten sich von ihren Aktien getrennt. Zwei Ermittlungsrichter untersuchten den Verdacht auf Insiderhandel und Täuschung des Marktes. Parallel prüft auch die französische Börsenaufsicht AMF die verdächtigen Aktienverkäufe. Die Ermittler gehen davon aus, dass die EADS-Hauptaktionäre bereits im März 2006 genau wussten, welche Lieferverzögerungen beim A380 zu erwarten waren.

In der Zwischenzeit verkauften nicht nur Topmanager wie

Airbus-Vizechef Fabrice Brégier, der Leiter des EADS-Rüstungsprogramms Stefan Zoller oder der frühere EADS-Chef Noël Forgeard ihre Aktien. Auch die industriellen Hauptanteilseigner DaimlerChrysler und die französische Lagardère-Gruppe trennten sich von je einem Viertel ihrer Anteile. Sie alle beteuern, nichts von den Problemen und Verzögerungen gewusst zu haben. Warum auch. Nur EADS-Co-Chef Tom Enders deutete dann im Dezember an, dass damals die Dinge sehr wohl bekannt gewesen seien. Er habe Aktienverkäufe im März nicht für opportun gehalten.

Es kommt noch dicker. Noël Forgeard, der wie eine Mischung aus Westentaschendiktator und Mafia-Capo über das Airbus-Imperium in Toulouse geherrscht hatte, war so mit dem Riesenvogel A380 beschäftigt gewesen, dass er die eigentliche Herausforderung völlig übersehen hatte. Der Markt verlangte nach einem modernen Jet mittlerer Größe. Zwischen 270 und 350 Sitzen, aber mit einer Reichweite von über 15 000 Kilometern, ausreichend, um von Mitteleuropa ohne Zwischenlandung nach Amerika, ins südliche Afrika und in weite Teile Asiens zu gelangen. Für die kommenden zwanzig Jahre hatten die Marketingstrategen unter Berücksichtigung der Lebenszyklen vorhandener Maschinen und der Erwartungen künftiger Passagierzahlen einen weltweiten Bedarf von 5700 Maschinen ab 100 Passagieren errechnet. Damit war klar, dass in diesem Segment künftig das meiste Geld zu verdienen sei. Das Airbus-Management hatte diese Entwicklung komplett ignoriert und ihren Kunden nur eine überarbeitete und verlängerte Version des alten A330 anbieten wollen. Diese aufgepeppte Variante eines alten Modells war bei den Kunden durchgefallen, weil Erzrivale Boeing mit der neu konzipierten 787 »Dreamliner« ein viel kostengünstigeres Konkurrenzprodukt entwickelt hatte. Zum Jahresende 2006 waren bei Boeing 433 feste Aufträge für das Modell eingegangen, während Airbus von der ursprünglichen Version des A350 gerade einmal 100 Maschinen in den Büchern stehen hatte. Monatelang wurde bei EADS die Entscheidung für den Bau des neuen Langstreckenflugzeugs A350 hinausgezögert.

Mit dem Abgang von Noël Forgeard, dem Hauptverantwortlichen für das Desaster, wechselte der Chefsessel bei Airbus innerhalb von weniger als 15 Monaten viermal den Besitzer. Für den braven deutschen DaimlerChrysler-Mann Gustav Humbert wurde er nach einem Jahr zum Schleudersitz. Nachfolger Christian Streiff warf nach nur drei Monaten das Handtuch, nachdem ihm klar geworden war, dass Airbus wegen des massiven staatlichen Einflusses auf französischer Seite ein fast unlösbarer Sanierungsfall sei. Grund für den Rücktritt waren offenbar Differenzen zwischen Streiff und der EADS-Doppelspitze über deren Pläne zur engeren Integration des Flugzeugbauers in den Konzern.

»Streiff wollte Airbus nach dem Muster von Forgeard weiterführen und möglichst nur quartalsweise Bericht erstatten«, sagte ein Konzernkenner. Streiff zog es vor, als Vorstandschef zu Peugeot zu wechseln.

Der vorerst Letzte, der diese »mission impossible« übernahm, ist Louis Gallois, der Sanierer der SNCF. Er riss das Ruder herum und entschied sich für eine komplette Neukonstruktion des Jets mittlerer Größe, des A350 XWB. XWB steht dabei für »Extra Wide Body«, einen extrabreiten Rumpf, eine größere Kabine und mehr Platz für die Passagiere. Nur weicht der Entwurf vom Airbus-Standarddesign völlig ab. »Wenn sie das nicht schaffen, dann wird Airbus sterben«, prophezeit Tim Clark, Chef der »Emirates« und einer der größten Abnehmer des Flugzeugherstellers. Und selbst wenn sie es schaffen, haben die Airbus-Manager in den nächsten Jahren zwei massive Probleme: 10 Milliarden Euro müssen ohne staatliche Subventionen aufgebracht werden, weil anderenfalls eine Klage des Konkurrenten Boeing vor der Welthandelsorganisation wegen unzulässiger staatlicher Hilfe droht. Außerdem liegt man im Zeitplan weit hinter dem amerikanischen Rivalen. Denn der wird die Boeing 787 »Dreamliner« bereits 2008 an die Kunden ausliefern. Airbus wird wegen des langen Zauderns des alten Managements frühestens 2012 die ersten Maschinen an die Kunden übergeben.

Airbus und auch der Mutterkonzern EADS werden seit Jahren nach dem Prinzip der drei chinesischen Affen geführt, wenn es um Schwierigkeiten geht. »Nichts sehen, nichts hören und erst recht nichts sagen«, bis einem das Wasser am Hals steht. Für Deutschland geht es dabei um viel Geld und sehr viele Arbeitsplätze. Die Kanzlerin sollte sich davor hüten, über eine eigene staatliche Beteiligung den Einfluss der französischen Regierung zurückdrängen zu wollen. Vielmehr müsste sie in Paris dafür werben, dass sich die Politik aus dem Unternehmen heraushält, so weit es irgendwie geht. Denn nach den ganzen Turbulenzen wäre eine Bauchlandung des europäischen Luft- und Raumfahrtkonzerns ein weiterer Nagel zum Sarg der europäischen Idee.

Hubschrauber, Jets und Raketen

Es war ein seltsames Gespräch in dieser Bar im Transitbereich des Flughafens von Abu Dhabi. Wir hatten eine Woche Dreharbeiten auf der »Charles de Gaulle« hinter uns. Das Schiff mit einer Mannschaft von der Größe einer französischen Kleinstadt war uns richtig ans Herz gewachsen. Offiziere und Mannschaften hatten uns mit außergewöhnlicher Freundlichkeit und Selbstverständlichkeit aufgenommen. Allerdings erst nachdem sie gesehen hatten, dass wir uns nicht mit laufender Kamera vor die startenden Jets auf das Flugdeck geworfen hatten und den Schiffsbetrieb nicht mehr störten, als unbedingt notwendig war. Vom kommandierenden Admiral über den Schiffsseelsorger bis zum Küchenjungen, tief unter Deck, waren alle von geradezu ausgesuchter Gastfreundschaft, Höflichkeit und Hilfsbereitschaft. Ein extremes Kontrastprogramm, wenn man direkt von Paris aus auf ein Stück Frankreich gebeamt wird, das irgendwo mitten im Persischen Golf seine Heckwelle durchs Wasser zieht.

Alle, bis auf einen. Ein Vollkapitän der Marineflieger, der sich mit seiner besonders schnodderigen Art und einer ausgeprägten

Deutschenfeindlichkeit hervortat. Ein Kommisskopf, dem jeder Zivilist von vornherein suspekt war und Fernsehjournalisten ganz besonders. Gleich zur Begrüßung eröffnete er uns, dass der einzige Pilot, der es jemals fertiggebracht hatte, einen seiner teuren Jets beim Landeanflug aufs Dach zu legen, ein deutscher Austauschflugzeugführer der Luftwaffe gewesen sei. Wir sollten uns also ja nicht einbilden, irgendwelche Extrawürste gebraten zu bekommen, und außerdem könnten wir etwas erleben, wenn wir seinem Flugbetrieb in die Quere kämen. Der Mann war Bretone und besaß eine gewisse Ähnlichkeit mit Automatix, dem Schmied mit dem großen Vorschlaghammer aus dem Asterix-Comic. Er bewertete die Fähigkeiten der Marineflieger. Wenn er den Daumen über einen Piloten senkte, dann bedeutete das das vorzeitige Ende einer hoffnungsvollen militärischen Laufbahn. Die Vermutung lag nahe, dass er an den Piloten und uns den Frust darüber ausließ, nicht mehr selbst hinter dem Steuerknüppel eines Kampfjets sitzen zu dürfen. Sein Whisky-Konsum in der Offiziersmesse hätte ihm die Fliegerei ohnehin verboten. Dummerweise war dieser Offizier nach dem Geschwader-Commodore und dem Kommandanten der »Charles de Gaulle« für unser Vorhaben der wichtigste Mann an Bord. Also eine denkbar schlechte Ausgangsbasis für das Gelingen unseres Films.

Da wir aber für jede Filmaufnahme eines startenden oder landenden Flugzeugs sein Einverständnis brauchten, blieb uns nichts anderes übrig, als immer wieder das Gespräch mit ihm zu suchen. Er hatte eine Menge zu erzählen über die Einsätze auf dem Balkan und in Afghanistan. Bei seinen Geschichten vom Luftkrieg über Ex-Jugoslawien kam ihm sogar einmal ein Lob über die deutschen ECR-Tornado-Piloten, die die französischen Jagdbomber begleitet hatten, über die Lippen. Im Gegensatz zu den Amerikanern hätten die deutschen Piloten ihre HARM-Raketen auch benutzt, um serbische Radaranlagen und Raketenstellungen auszuschalten. Aber sehr viel mehr Positives über die Deutschen war ihm nicht zu entlocken.

Bis zu dem Tag, als wir im Hafen von Abu Dhabi wieder von Bord gingen und mit uns drei Busse voller Soldaten und Matrosen. Für den Transfer zum Flughafen sollte eigentlich die französische Botschaft sorgen, die aber mit der Organisation heillos überfordert war. Die Besatzungsmitglieder des Flugzeugträgers, die hier abgelöst wurden, hatten keinen Schimmer, wo es hingehen sollte. Also übernahm der Oberst das Kommando und wir die Verteilung auf die Busse. Diese deutsch-französische Zusammenarbeit muss dann doch das Eis gebrochen haben. Denn er ließ es sich vor dem Abflug nicht nehmen, mich zu mehreren doppelstöckigen Gläsern Scotch einzuladen. Dabei schimpfte er über die Politik im Allgemeinen und die verweichlichten Politiker im Besonderen, die die Militärausgaben immer weiter kürzen wollten, weil sie die neuen weltweiten Bedrohungen verkennen würden

Nach dem dritten Glas Whisky verstieg er sich dann zu folgendem Satz: »Die Einzige im Kabinett von Chirac, die Eier hat, ist MAM. Sie ist wirklich der einzige richtige Kerl in dieser Regierung.« Eine Einschätzung, die von vielen Militärs geteilt wird. Wahrscheinlich sogar von ihrem Chef, dem Staatspräsidenten. Über Michèle Alliot-Marie gab es lange, bevor das Rennen um eine mögliche Präsidentschaftskandidatur eröffnet war, von einem ihrer Kabinettskollegen den bemerkenswerten Spruch: »Wir Chiraquisten haben dreieinhalb Kandidaten: Natürlich Chirac, Juppé immer und jederzeit, Villepin, warum nicht, und eine halbe Kandidatin, Michèle Alliot-Marie.« Die Stimme des Oberst der Marineflieger wäre ihr sicher gewesen.

Als ich versuchte, der Frage auf den Grund zu gehen, warum er denn so wütend auf die Politik sei, brach es aus dem Oberst heraus: »Was glauben Sie denn, warum wir mit der ›Charles de Gaulle‹ durch den Persischen Golf schippern und mit den Amerikanern Katz und Maus spielen? Im Kampf gegen den Terror? Das ist doch alles Blödsinn. Das macht militärisch überhaupt keinen Sinn. Was Sie hier miterlebt haben, ist eine reine Verkaufsveranstaltung für unseren neuen Jet, die Rafale. Die Amerikaner kriegen hier im Mittleren Osten seit dem Irakkrieg kein Bein mehr auf den Boden und können deshalb ihren Krempel auch nicht mehr an den Mann bringen. Die Europäer haben mit dem Eurofighter so ein Mistflugzeug gebaut, dass es keiner haben will. Stellen Sie sich mal vor, Sie sitzen in einem Jet, der nach fünfzehn Minuten einen Luftkampf abbrechen muss, weil er keinen Sprit mehr hat. Wenn Sie dann zu Ihrem Flugzeugträger wollen, mit dem letzten Tropfen, sind Sie tot, bevor Sie überhaupt denken können. Deshalb haben wir unseren eigenen Abfangjäger gebaut. Und die wollen wir jetzt an die Scheichs verkaufen. Dazu dient diese Veranstaltung.« Die Franzosen haben mit der Rafale eine Konkurrenz zum Eurofighter gebaut, dem sie von vornherein keine Verkaufschancen eingeräumt hatten.

Frankreich ist hinter den USA und Großbritannien das drittgrößte Exportland für militärisches Material. Die Waffenausfuhr hat sich seit Mitte der Neunzigerjahre verdreifacht. In der Luftfahrtbranche spiegelt sich dies deutlich wider: Dort beträgt der Exportanteil über 70 Prozent. Einfuhrländer finden sich hauptsächlich im Mittleren Osten, Lateinamerika und in Südostasien. Darunter auch Länder wie Libyen. Für die französische Industrie und auch die Regierungen – unabhängig von ihrer politischen Ausrichtung – ist der Rüstungsexport unverzichtbar zum Erhalt des wehrtechnischen Know-hows und damit der Industriestruktur. Rüstungsexport wird als eine gemeinsame nationale Aufgabe und Notwendigkeit gesehen. Es besteht Einigkeit, dass Kernkapazitäten und Arbeitsplätze nicht mehr allein durch den nationalen Markt, sondern durch Export gesichert werden müssen. Dieses Verhalten steht damit diametral im Gegensatz zur deutschen Politik.

Deutschland hat längst die strategisch bedeutenden Märkte verloren und die damit zusammenhängende geopolitische Rolle. Zum anderen gefährdet Deutschland den Erhalt der nationalen Industrie, Technologie und mittelständische Strukturen unter einer europäischen Systemführerschaft.

Europäische Rüstungskooperationen sind ohne Frankreich nicht denkbar. Die Umstrukturierungsbemühungen der europäischen Industrie sind die Folge von vier Entwicklungen:

- der Veränderung der sicherheitspolitischen Rahmenbedingungen in Europa nach dem Ende des Kalten Krieges;

- der darauf reagierenden Versuche der USA, ihre Rüstungsindustrie zu konsolidieren und an asymmetrische Konflikte wie in Afghanistan oder beim Irak-Feldzug anzupassen;
- der Kürzung von Haushaltsmitteln für Verteidigungsausgaben nicht nur in den USA, sondern vor allem in Europa;
- fehlenden Antworten auf das Problem von Über- und Mehrfachkapazitäten in Forschung und Entwicklung.

Mit dem vor allem am Widerstand der USA gescheiterten Bemühen um die Bestellung des NATO-Oberkommandos Süd in den Neunzigerjahren und dem Vorschlag einer unabhängigen Nutzung der »Combined Joint Task Forces«, des multinationalen Alliierten Streitkräftekommandos der NATO, versuchte Paris, den Rückgriff auf alle militärischen Mittel der NATO – auch ohne das Einverständnis Washingtons – zu ermöglichen. Der Wunsch war, die NATO zu reformieren und zu »europäisieren«, mit dem Ziel, eine »eigenständige, europäische und strategische Handlungsfähigkeit« unter Verwendung der vorhandenen NATO-Mittel zu erreichen.

Deshalb beschäftigt sich Frankreich mit einer Neudefinition seiner Rolle in der Welt. Aufgrund der veränderten Gegebenheiten in Europa sieht Frankreich in einer Landesverteidigung heute keine sinnvolle Option für die eigene Sicherheitspolitik. Vielmehr will Paris durch eine Reduzierung der Streitkräfte und eine Konzentration der Mittel eine bündnisfähige »Interventionsarmee« aufbauen, um damit ein wirksames Instrument für seine neue Außen- und Sicherheitspolitik zu schaffen. Frankreichs wichtigstes Ziel ist die »Autonomie Europas« im internationalen Krisenmanagement.

Der Schwenk von der Landesverteidigung hin zu multinationaler Intervention gefährdet die laufenden Programme – verstärkt auch die deutsch-französischen – und zwingt die Industrie bei stark gekürzten Budgets zu einer noch stärkeren Exportorientierung als bisher. Das bekommt auch die deutsche Außenpolitik zu spüren, die sich zunehmend selbst infrage stellen muss. Ein parteiübergreifender Prozess des Umdenkens, wie er bei den Auslandseinsätzen der Bundeswehr außerhalb des NATO-Gebietes stattgefunden hat, lässt aber immer noch auf sich warten.

Ein Beispiel, das Anlass zum Nachdenken gibt: Die enge Zusammenarbeit Deutschlands mit der Türkei im Rüstungsbereich wurde von deutscher Seite wegen der Kurdenfrage auf Eis gelegt. Aufträge aus der Türkei – von Hubschraubern bis Infanteriewaffen – gehen jetzt an Frankreich. Deutschland steht als Buhmann in der EU da. Und nicht erst, seit sich Angela Merkel für eine »privilegierte Partnerschaft« mit der Türkei statt einer Mitgliedschaft in der EU ausgesprochen hat. Dies belastet dauerhaft auch die Beziehungen zu den USA. Rund 10 000 Firmen mit über 2 Millionen Beschäftigten arbeiten direkt oder indirekt im Bereich Wehrtechnik.

Was für die Franzosen am Waffenexport hängt, wird bei einem Blick auf die Liste der größten Rüstungsunternehmen klar, ohne dass diese einen Anspruch auf Vollständigkeit erhebt:

- EADS: zivile und militärische Luft- und Raumfahrt sowie Verteidigungselektronik, 37 Mrd. Euro Umsatz
- Thales Group: Avionik-Systeme, Luftabwehr, Elektronik, Schiffbau, 10,2 Mrd. Euro Umsatz
- Dassault: Flugzeugbau, Software, 3,5 Mrd. Euro Umsatz
- Die Lagardère Gruppe, die etwa ein Drittel des Umsatzes von 8,9 Mrd. Euro mit ihrer EADS-Beteiligung erzielt
- SAGEM: Elektronik und Kommunikation, mit einem Gesamtumsatz von 3,1 Mrd. Euro, davon entfällt ca. ein Drittel auf Rüstungstechnik
- SAFRAN: Triebwerke und Elektronik, mehr als 10 Mrd. Euro Umsatz
- NEXTER, früher GIAT Industries: das einzige große staatliche Unternehmen für den Heeresbereich, Waffentechnik, Geschütze, Systemtechnik, Munition, genaue Umsatzzahlen werden nicht veröffentlicht, geschätzt werden 5 Mrd. Euro
- DCN: staatliche Marinewerften, an denen inzwischen Thales beteiligt ist, 2,6 Mrd. Euro Umsatz

Mehrere hunderttausend Arbeitsplätze sind direkt oder mittelbar vom Wohlergehen der Waffenschmieden abhängig. Diese Industrie verkörpert nicht nur das Wohlergehen der Wirtschaft, sondern sie ist das Aushängeschild der Republik. Denn nur ihr Bestand sichert Frankreich seinen Anspruch als autonome Mittelmacht, die in der Lage ist, ihre politischen Ambitionen auch militärisch zu unterfüttern.

In der Rüstungsindustrie hat in den vergangenen Jahren ein enormer Umstrukturierungs- und Konzentrationsprozess stattgefunden. Das erhöht den Druck auf Berlin. Kann das in Deutschland heute existierende duale Verteidigungskonzept, mit Hauptverteidigungskräften auf der einen und Krisenreaktionskräften auf der anderen Seite, national wie international langfristig noch überzeugen? Läuft nicht die Bundeswehr Gefahr, Rüstungsaufträge auf Interventionseinheiten für Auslandseinsätze zu konzentrieren? Die Folge wäre eine Teilung der Armee: modern ausgerüstete Krisenreaktionskräfte einerseits und eine zunehmend technisch veraltende Hauptstreitmacht für reine Bündnis- und Landesverteidigung andererseits.

International kann Deutschland mittelfristig den heutigen Anforderungen der Standardisierung zumindest bei den Hauptverteidigungskräften nicht mehr gerecht werden. Dies würde eine Definition der rüstungspolitischen Zusammenarbeit, also auch eine Harmonisierung der deutsch-französischen Programme, erschweren. Deutschland sollte hierbei nicht europäischer sein als andere Nationen und auf den Erhalt oder zumindest auf die gleichberechtigte Berücksichtigung seiner nationalen Interessen achten.

Die Exportchancen sind, ob man das will oder nicht, neben dem eigenen Einsatzziel das entscheidende Kriterium für die Entwicklungsvorgaben neuer Waffensysteme. Auch hier wird die Schere zwischen Deutschland und Frankreich immer größer. Während Deutschland nach wie vor mit dem Primat der Landesverteidigung an Projekte herangeht, sind für Frankreich zwei Punkte entscheidend: Kriseneinsatztauglichkeit und Chancen auf dem Weltmarkt. Besonders bei technisch hochwertigen Systemen wie dem deutsch-französischen Projekt des neuen Kampfhubschraubers »Tiger« wird das deutlich. Wegen der unterschiedlichen strategischen Ausrichtung wird der Tiger in drei Versionen gebaut. Deutschland braucht den Unterstützungshubschrauber UHU; Frankreich den Begleithubschrauber HAP und eventuell den Panzerabwehrhubschrauber HAC. Paris setzt mit dem HAP eindeutig auf das System mit den größten Exportmöglichkeiten und dem besten Preis und schiebt aufgrund des engen nationalen Budgets das dem deutschen UHU ähnliche Modell auf die lange Bank. Hinzu kommt, dass durch die Stückzahlreduzierung von UHU und HAC wegen der Kürzungen der Haushaltsmittel in beiden Ländern der Preis für zwei oder drei Hubschrauberversionen mit adäquater Bewaffnung nur schwer zu halten sein wird.

Eine deutsch-französische Kooperation im Verteidigungsbereich wie in den letzten Jahren wird es in Zukunft nicht mehr geben können. Die Gründe dafür liegen zum einen in der Neuformulierung des militärischen Bedarfs, vor allem in der französischen Entscheidung für eine »Armée de métier«, eine Berufsarmee. Zum anderen wird es in beiden Ländern künftig für Militärausgaben immer weniger Geld geben. Hinzu kommt, dass die Rüstungsindustrie in Frankreich aus Staatsunternehmen oder Firmen mit starkem staatlichem Einfluss besteht, während sich in Deutschland ausschließlich Privatfirmen in diesem Sektor tummeln. Und schließlich sind die politischen Rahmenbedingungen nicht mehr den unterschiedlichen sicherheitspolitischen Konzepten beider Staaten angepasst.

Kann das deutsch-französische Tandem der letzten vierzig Jahre eine neue politische Grundlage für eine künftige Kooperation erarbeiten? Ist dieses Tandem noch der Motor in Europa, oder wird es abgelöst von einer trilateralen oder multilateralen Kooperation? Eine europäische Verteidigungsindustrie muss – politisch gestützt – fähig sein, Produkte weltweit zu vermarkten, um – unabhängig von nationalen Verteidigungsbudgets – neue Produktentwicklungen aus internationalen Quellen zu finanzieren. Eine Voraussetzung hierzu besteht in der Öffnung der stark deutsch-französisch ausgerichteten Zusammenarbeit auf eine viel weiter gehende europäische und internationale Kooperation. Kann dann aber Frankreich eine Führungsrolle in der Verteidigungsindustrie auch weiterhin behaupten?

Innerhalb der Europäischen Union wird sich die aktuelle Politik Frankreichs sehr negativ auf eine zügige Realisierung weiterer deutsch-französischer Rüstungskooperationsprogramme auswirken. Die französische Hinwendung zu Europa geht einher mit einer konsequenten Abgrenzung gegenüber der transatlantischen Allianz, bis hin zur europäischen Autonomie. Diese Politik wird weder von Deutschland noch von Großbritannien befürwortet. Beide verstehen europäische Rüstungskooperation in erster Linie als Mittel für eine bessere oder chancengleiche transatlantische Kooperation. Unter diesem Gesichtspunkt muss die Frage erlaubt sein, inwieweit die von der Industrie vehement geforderten europäischen Rahmenbedingungen mit Frankreich mittelfristig machbar sind. Sie sind Grundlage für zukunftsweisende Kooperationsprogramme. Bezogen auf die NATO wird das unterschiedliche Verständnis von europäischer Rüstungskooperation in Frankreich auf der einen und Deutschland und Großbritannien auf der anderen Seite deutlich. Allen gemeinsam ist der Wunsch, von dem übermächtig scheinenden Partner USA mit all seinen Synergieeffekten nicht langfristig abgehängt zu werden. Paris aber zielt mit seinem Bemühen um eine stärker integrierte europäische Rüstung in erster Linie auf eine größere Autonomie Europas ab. Deutschland und Großbritannien sind dagegen auch militärisch fest in die NATO-Strukturen eingebunden.

Innerhalb der NATO wird es eine Beteiligung an Rüstungsprogrammen nur für Strukturen geben, die mit den amerikanischen vergleichbar sind. Die europäische Rüstungskooperation ist, besonders in Deutschland, also auch Mittel zu einer vernünftigen, national gewinnbringenden transatlantischen Kooperation. Machen die deutsch-französischen Programme vor solch einem Hintergrund noch Sinn?

Franzosen bauen schlechte Autos und andere Vorurteile

Falsch. Die Franzosen sind längst eine der führenden Autobauernationen. Die Zeiten, in denen ein Citroën schneller rostete, als er fuhr, sind vorbei. Nur die Älteren werden sich noch daran erinnern, dass man eine Ente, einen 2CV, mit einer Handkurbel anlassen konnte, wenn die Batterie wieder einmal leer war. Welcher frankophile Deutsche hat nicht irgendwann seinen Peugeot verflucht, weil er in voller Fahrt den Auspufftopf verloren hat. Kann man sich ein Auto vorstellen, das noch hässlicher war als ein alter Renault R 16?

Heute ist das ganz anders. Die Fahrzeuge aus französischer Produktion sind zuverlässig, innovativ, chic, sparsam und preiswert. Die Verkaufszahlen sprachen jahrelang Bände, und manche deutsche Firma aus Wolfsburg, Rüsselsheim oder Untertürkheim wäre froh gewesen, hätte sie die Probleme der Franzosen gehabt. Zum Jahresende 2006 hat sich das Blatt gewendet. Jetzt haben die deutschen Autobauer wieder die Nase vorn, während die Franzosen, allen voran Renault, mit rückläufigen Absatzzahlen kämpfen. Dafür können sie sich mit der Markenweltmeisterschaft in der Formel 1 trösten.

Christian Streiff, ein Ausnahmemanager aus dem Elsass, hielt es gerade einmal drei Monate als PDG beim multinationalen Staatsbetrieb EADS aus. Dann wechselte er flugs auf den Chefsessel von Peugeot. Sein kurzes Gastspiel bei EADS reichte aus, ein umfassendes Sanierungskonzept vorzulegen, das keiner je in die Tat umsetzen wird, und den Pariser Politikern klarzumachen, sie mögen gefälligst die Finger aus dem Konzern lassen. So viel Unbotmäßigkeit gegenüber der Staatsmacht kostete ihn schneller den Hals, sprich den Anstellungsvertrag, als DaimlerChrysler-Chef Jürgen Schrempp oder den VW-Lenker Wolfgang Pischetsrieder, der versuchte, mit der Hypothek seines Vorgängers – Rotlichtgeschichten, zu teurer Produktion und sinkenden Verkaufszahlen – fertig zu werden. Von Autobauern wie Ford oder Opel, die immer noch in Deutschland ihr

Glück versuchen, obwohl ihre Blechbüchsen eigentlich keiner mehr will, wollen wir gar nicht erst reden.

Die europäische Erweiterung mit den Hungerleiderländern haben die Franzosen längst vorweggenommen. In Rumänien wird der Logan gebaut. Ein Auto mit dem Charme einer Braunkohleheizung. Als der Ostblock noch hinter dem Eisernen Vorhang lag, bauten die Franzosen schon Autos in Rumänien für den lokalen Markt. Dacia hieß dieses Gefährt, das sich fuhr wie eine Mischung aus Traktor und ausgelatschtem Filzpantoffel. Aber die Franzosen hatten damit den Fuß in der Tür und die anderen das Nachsehen.

Wenn Vorteile für die heimische Industrie, Schutz vor ausländischer Konkurrenz und strategische Positionen auf dem Spiel stehen, dann können die anderen Länder von Frankreich nur lernen. Natürlich werden ausländische Besucher in die Nobelkarossen neuester Bauart aus dem Hause Citroën oder Peugeot gesetzt, wenn sie standesgemäß im Élysée-Palast vorfahren. Industrie, Staatsapparat und selbst die Gewerkschaften ziehen an einem Strang und halten die Fahne hoch, wenn heimische Interessen und Arbeitsplätze in Frankreich in Gefahr sind. Volkswagen verlagert Produktionsstätten nach Tschechien, wo billiger gebaut wird, wenn der Konzern Probleme bekommt. Steht Citroën vor einer ähnlichen Frage, dann denkt man in der Geschäftsleitung über eine mögliche Schließung des Werkes von PSA im nordportugiesischen Mangualde nach. Die Entlassung von 1400 Beschäftigten in dem seit 1964 bestehenden Werk wird leichter fallen als der Arbeitsplatzabbau in Frankreich.

Ein anderes Beispiel französischer Erfolgsgeschichte ist die Hotelgruppe Accor. Sie hat es geschafft, alle anderen vom Markt zu drängen. Wer in Frankreich auf ein Hotelbett angewiesen ist, hat kaum eine Chance, ihr zu entkommen. Eine Art Exklave im Ausland, in der Französisch gesprochen und gegessen wird. Nachdem sich die Idee des »All-inclusive-Urlaubs« im CLUB MED, wo die Gäste mit Holzperlen zahlten und von früh bis spät von Dauer-Gutgelaunten zu hirnrissigen

Aktivitäten animiert werden, langsam überlebt hat, setzt das französischste aller Tourismusunternehmen jetzt auf die gehobene Klientel. Henri, der Präsident dieser Ferienanlagen, ist ein Sprössling des ehemaligen Staatspräsidenten Valéry Giscard d'Estaing, und dennoch soll er seinen Job recht ordentlich machen. Vor allem deshalb, weil er langsam die Franzosen als Hauptkundschaft abschreibt und mehr auf zahlungskräftige Asiaten setzt.

Diese Adresse für die schönsten Wochen des Jahres gehört auch zur Accor-Gruppe, die sich vor allem damit hervortut, Horrorabsteigen in Gewerbegebieten in der Peripherie von größeren Städten zu unterhalten. Zielgruppe sind Fernfahrer, Vertreter, Menschen, denen es ausschließlich darauf ankommt, nach des Tages Müh und Last einen funktionierenden Fernseher mit Pornofilmen und eine gefüllte Minibar vorzufinden. Ibis, Etape, Formule 1, Red Roof, Motel 6, Mercure, Novotel heißen die anonymen Bettenburgen, die man am besten vergisst, bevor man sie einmal betreten hat. Sollte man diese Warnung nicht berücksichtigen, dann ist wenigstens der Fußpilz als dauerhafte Erinnerung und Mahnung gewiss. Das Erfolgsrezept scheint simpel zu sein: Mischkalkulation bei kompletter Marktführerschaft. Irgendwie muss es zu dieser Mischkalkulation gehören, dass die Gruppe auch zwei Ketten unterhält, die sich im mittleren Segment durchaus sehen lassen können. Dorint und Sofitel bieten zwar keine Offenbarungen, aber wenigstens halbwegs menschliche Behausungen. Das Trocadéro Dokhan im 16. Pariser Bezirk gilt noch immer als sympathischer Geheimtipp mit kleinen, geschmackvollen Zimmern und einem Lift, der wie ein alter Überseekoffer von Louis Vuitton aussieht.

Die Hotelgruppe Accor ist ein wenig wie Frankreich. Keiner mag sie, noch nicht einmal die Franzosen, aber irgendwie kommst du daran auch nicht vorbei.

Die ENArchie

Das Bildungssystem in Frankreich ist darauf ausgerichtet, Eliten heranzuziehen. Neben den Universitäten gibt es Kaderschmieden, die *»Grandes Écoles«*. Um die begehrten Plätze kämpfen die Kandidaten in einem regelrechten Wettbewerb, der eine zweijährige Vorbereitungszeit erfordert. Dieses Verfahren soll eigentlich dafür sorgen, dass alle die gleichen Chancen haben, an diesen Schulen angenommen zu werden. In Wahrheit dient der Aufnahmewettbewerb aber dazu, nicht nur eine Auswahl nach Begabung zu treffen, sondern auch nach sozialer Herkunft und gesellschaftlichem Hintergrund. Die Absolventen der drei führenden *»Grandes Écoles«* stellen bis heute fast das gesamte Führungspersonal der französischen Wirtschaft, Politik und Administration. Die *École des Hautes Études Commerciales* (HEC) mit ihrer wirtschaftlichen Ausrichtung, die *École Polytechnique*, genannt X, mit ihrem naturwissenschaftlichen Schwerpunkt zur Ausbildung von Ingenieuren und die *École Nationale d'Administration*, die ENA. Die ENA genießt eine Sonderstellung, weil sie 1945 ausdrücklich für die Schulung eines ganz besonderen staatlichen Führungspersonals geschaffen wurde. Der Gründervater, Michel Debré, formulierte den Anspruch der Schule so: »Hauptaufgabe des Unterrichts sollte es sein, die Noblesse der jeweiligen Persönlichkeit hervorzubringen und zu entwickeln.« Ein Anliegen, das auch die 1794 gegründete *École Polytechnique*, die noch heute vom Verteidigungsministerium finanzierte Spitzenschule für Ingenieure, ähnlich definiert: »Die Schule wurde zur Formierung einer Elite gegründet, einer Elite im Dienste des Staates.«

Nur so erklärt sich das Selbstverständnis der Schüler und Absolventen: Sie dienen dem Staat und damit der Allgemeinheit, indem sie alles versuchen, um in ihren Bildungsanstrengungen Erfolg zu haben. Für die Studenten der *École Polytechnique* ist es folgerichtig eine Selbstverständlichkeit, während des Studiums ihren Militärdienst zu leisten. Wer ein Jahr in einer militärfachlichen Verwendung im Range eines Leutnants auf einem Kriegsschiff fährt, hat es hinterher viel leichter, in der Industrie eine Führungsposition zu erreichen. Der Arbeitgeber geht davon aus, dass ein Absolvent der X beim Militär Sekundärtugenden gelernt hat, die sich auch in einem Wirtschaftsunternehmen auszahlen. Pünktlichkeit, Gehorsam, Kameradschaft, die Akzeptanz von Hierarchien. Was für einen jungen Kompanieführer richtig ist, kann für einen Abteilungsleiter in einer großen Firma nicht falsch sein. Weder die Studentenunruhen des Mai 1968 noch linke Regierungen haben das System der Grandes Écoles je infrage gestellt. Im Gegenteil, auch ein sozialistischer Präsident wie François Mitterrand, der schon Minister war, bevor die Schule gegründet wurde, rekrutierte sein Personal an der ENA. Der heutige Parteichef der Sozialisten François Hollande und seine Lebensgefährtin Ségolène Royal wurden von Jacques Attali, dem engsten Berater Mitterrands an der ENA, entdeckt und in seinen Beraterstab geholt. Beide waren übrigens in der gleichen Abschlussklasse wie Dominique de Villepin.

Während die *École Polytechnique* und die ENA vom Staat finanziert werden, wird das HEC, die renommierteste Wirtschaftsschule, privat getragen, und zwar hauptsächlich von der Pariser Industrie- und Handelskammer, die ihrerseits von Großunternehmen ihr Geld bekommt. Außerdem müssen für den Besuch Studiengebühren entrichtet werden. Derzeit sind das 6400 Euro im Jahr, ohne Unterkunft und Verpflegung, was Kindern aus ärmeren Familien den Zugang von vornherein fast unmöglich macht. Hält man sich nur einmal die nackten Zahlen von einigen hundert Abgängern dieser Schulen vor Augen, die Jahr für Jahr ins Berufsleben entlassen werden, dann kann man sich leicht vorstellen, welche Netzwerke und Seilschaften dabei entstehen.

Für einen Spitzenpolitiker ist es fast undenkbar, nicht die Sciences Po und anschließend die ENA absolviert zu haben. Über Diplomaten ohne ENA-Diplom heißt es am Quai d'Orsay: »*Il est entré par la petite porte* – Er ist durch die Hintertür reingekommen.« In der Rue Guillaume, einer kleinen Straße am linken Seine-Ufer, entdeckt der aufmerksame Spaziergänger ein ziemlich heruntergekommenes Gebäude, in dem sich die Seminarräume der politischen Fakultät befinden. Wer durch die Flure geht, in denen die Farbe bröckelt, aus offenliegenden rostigen Heizungsrohren das Wasser tropft und manche Fensterscheibe blind ist, der kann kaum glauben, dass hier Frankreichs künftige Führungsriege ausgebildet wird. Auch die Seminarräume gleichen Dorfschul-Klassenzimmern im ehemaligen Ostblock. Aber ein Besuch in der Bibliothek im Erdgeschoss belehrt einen schnell eines Besseren. In den altehrwürdigen Räumen hängen die Porträts sämtlicher Staatspräsidenten und Premierminister seit 1945, die hier das Rüstzeug für ihre späteren Ämter erhalten hatten. Für Bilder der unzähligen Minister, Staatssekretäre und Chefs großer nationaler Behörden ist gar kein Platz mehr.

Wer in Frankreich Karriere machen will, muss nicht nur eine dieser Kaderschmieden besucht haben, sondern auch schon das richtige Lycée. Wer nicht auf einer Spitzenschule war, hat eigentlich keine Chance. Ein bekannter Personalberater suchte für eine Spitzenposition im Auftrag eines französischen Konzerns eine Führungskraft. Unter den drei Bewerbern in der Endauswahl waren zwei langweilige Absolventen der Grandes Écoles mit eher durchschnittlichen Noten und einer, der in der Welt herumgekommen war, mehrere Sprachen beherrschte, einen hervorragenden Abschluss aus Harvard mitbrachte, aber nicht so ganz ins französische System passte, wie sich der Headhunter gegenüber seinem Kunden ausdrückte. Obwohl der Manager in Paris groß geworden war, hätte ihn jedes internationale Unternehmen mit Kusshand genommen. Nicht so in Frankreich! Der Personalberater wurde gebeten, doch noch auszuloten, welches Gymnasium der Bewerber besucht hatte. Als sich daran herausstellte, dass es keine der feinen Schulen von Paris war, sondern eine stinknormale staatliche in einem Vorort, da war seine Bewerbung gescheitert. Denn in Frankreich kommt es nicht nur darauf an, die richtigen Schulen besucht zu haben und die richtigen Leute zu kennen, man sollte noch dazu den richtigen Stallgeruch mitbringen.

6000 Spitzenjobs suchen einen Bewerber

Im Leben eines Menschen gibt es wiederkehrende Ereignisse. Gehört man einer bestimmten Berufsgruppe an, kann man sogar den Kalender danach richten. Marineball im November, die Feste der Landesvertretungen vor der großen Sommerpause in Berlin, Ende November der Bundespresseball, auf dem die fast 1200 akkreditierten und in einem Verein organisierten Parlamentsjournalisten ihre Opfer, ihr Anschauungsmaterial, die politischen Täter und den Bundespräsidenten zum gemeinsamen Tanzfest einladen. Wer einmal Mitglied der Bundespressekonferenz war, für den war der Presseball ein »coming home«, egal, wohin es einen verschlagen hatte. Man traf alte Freunde und Feinde, Weggefährten und Menschen, von denen man vermutet hatte, dass sie irgendwo in der Welt verschüttgegangen waren.

So war es auch beim Bundespresseball 2004 in Berlin. Denn da begegnete mir einer wieder, der in seinem früheren Leben ungeheuer wichtig gewesen war. Ein Ausnahmediplomat, einer, der dazu ausersehen war, der erste Außenminister eines gemeinsamen Europa zu werden. Brutaler ausgedrückt, nennt man solche Menschen Botschafter a. D., der Besoldungsgruppe B9 nach dem Bundesbeamtenbesoldungsgesetz. Das Kürzel a. D. bedeutet außer Dienst und besagt, dass dieser Träger eines Botschaftertitels und der Anrede »Exzellenz« nichts mehr zu melden hat. Irgendein Bundespräsident hat ihm seine Entlassungsurkunde in die Hand gedrückt, die von einem subalternen Beamten nach einem Machtwechsel ausgefertigt wurde. Dem guten Menschen von Wuppertal, Johannes Rau, wird nachgesagt, dass er den Amtsleiter seines Vorgängers Roman Herzog auf der Toilette eines Bonner Museums verabschiedet hat. Die Entlassungsurkunde, sozusagen auf dem Klo ausgehändigt, nach dem Pinkeln, aber noch vor dem Händewaschen.

Auf diesem Presseball in Berlin lief mir also einer über den Weg, der dabei war, als Geschichte geschrieben wurde, damals als Sicherheitsberater von Helmut Kohl. In dieser Funktion

Nachfolger von Horst Teltschik, dem Mann, der den deutschen Kanzler durch den Prozess der deutschen Einheit begleitet hatte. Joachim Bitterlich war ein anderer geworden. Keiner mehr, der sein Wissen, sein diplomatisches Geschick und seinen messerscharfen Verstand der Bundesrepublik Deutschland zur Verfügung stellte, sondern einer, der dem Regierungswechsel 1998 zum Opfer gefallen war.

Der clevere grüne Außenminister Joschka Fischer hatte zunächst die Kenntnisse von Helmut Kohls Sicherheitsberater weiter genutzt, indem er ihn als NATO-Botschafter für ein paar Monate nach Brüssel schickte. Aber Bitterlich, der in den europäischen Hauptstädten über ein ausgedehntes Netzwerk verfügte, gab sich mit diesem Abschiebeposten nicht zufrieden. Normalerweise hätte ihm eine der großen Botschaften zugestanden. Paris, wo der mit einer Französin verheiratete Diplomat sicher am besten aufgehoben gewesen wäre. Oder London, Washington, Moskau, Peking, vielleicht auch bei einer der internationalen Organisationen, als Botschafter bei den Vereinten Nationen oder der Europäischen Union. So aber wurde der Diplomat als deutscher Vertreter nach Madrid entsandt. Kein ganz unwichtiger Platz, aber auch keiner in der ersten Reihe. Dort begnügte er sich nicht damit, den Grüßaugust zu geben, sondern interessierte sich weiter für die deutsche Innenpolitik. Das wurde ihm zum Verhängnis, als er vor der Wahl 2002 Faxe mit Ratschlägen an Wolfgang Schäuble schickte, der sich in der CDU um den Bereich Außenpolitik kümmerte. Versehentlich gerieten sie in falsche Hände. Am Vorabend des deutschen Nationalfeiertages, des 3. Oktober 2001, musste der deutsche Botschafter am königlichen Hof zu Madrid seine sofortige Versetzung in den Ruhestand entgegennehmen, und das, obwohl am nächsten Abend einige hundert geladene Gäste vor der Tür standen.

Dieser Rausschmiss war vielleicht der größte Glücksfall im Leben von Joachim Bitterlich. Denn ein bedeutender französischer Gemischtwarenkonzern stellte ihn sofort als Cheflobbyisten und Verbindungsmann zu Regierungen weltweit ein. Für ein Salär, von dem verbeamtete Diplomaten nur träumen können. Seitdem macht er das, was er schon früher für die Bundesregierung getan hat. Er knüpft Kontakte, unterhält Netzwerke, analysiert Länder und gibt gute Ratschläge.

Sein Urteil über das Bildungssystem in Deutschland fällt vernichtender aus als jede PISA-Studie. Im direkten Vergleich von Deutschland und Frankreich mit dem Rest der Welt erkennt er ein Gefälle zu Lasten der alten Europäer, das dramatische Züge trägt. Immer mehr gut ausgebildete junge Akademiker kehren ihren Heimatländern den Rücken. Sie suchen ihr Glück in den USA, Kanada, Australien oder China. Selbst Länder wie Marokko haben für einen französischen Arzt mehr zu bieten als Frankreich. Im Jahr 2005 haben 490 000 Franzosen das Land verlassen, ohne die Absicht, jemals zurückzukehren. In Deutschland waren es im gleichen Zeitraum über 180 000, nicht ganz so viele wie in unserem Nachbarland, aber dennoch eine erschreckend hohe Zahl. Bei dem europäischen Flugzeugbauer Airbus fehlen reihenweise Ingenieure. Die holt sich der Konzern inzwischen aus Skandinavien. 6000 Positionen im mittleren und Topmanagement bei großen französischen Firmen sind derzeit zu vergeben. Aber es lassen sich keine Bewerber finden, die beide Sprachen, Deutsch und Französisch, beherrschen.

Für Joachim Bitterlich ist die Schlussfolgerung klar: Als Folge der Globalisierung bluten Länder wie Deutschland oder Frankreich intellektuell aus. Sie verlieren ihre künftigen Eliten, die schlauer, flexibler und mobiler sind als der Durchschnitt. Gleichzeitig wächst der Druck auf diese Volkswirtschaften und ihre Sozialsysteme durch die steigende Zuwanderung schlecht ausgebildeter und armer Menschen. Die Konsequenzen sind leicht absehbar. Produktivität und Wachstum verlagern sich in Länder, die den Menschen höhere Anreize für Leistung bieten, sei es durch ein faires Steuersystem, bessere Forschungsmöglichkeiten, staatliche Förderung oder einfach mehr Lebensqualität.

Dafür gibt es in Frankreich übrigens ein Paradebeispiel: Sophia Antipolis, im Hinterland der Côte d'Azur zwischen Cannes und Antibes gelegen. Dort hat der Staat in den Achtzigerjahren mit großem Aufwand ein Ansiedlungsprojekt für Zukunftstechnologie-Unternehmen gestartet. Hochmoderne Architektur unter südfranzösischer Sonne in einer Art überdimensionalem »Think Tank«. Ein Science-Fiction-Park in der Provence. Die Idee, die dahintersteckte, war, Spitzenkräften von Hightech-Firmen neben guter Bezahlung noch etwas anderes zu bieten. Und tatsächlich, vor allem amerikanische Unternehmen bissen an. Apple-Gründer Steve Jobs kam mit seiner Computerfirma »NeXT« nach Sophia Antipolis. Dow Chemical siedelte sich an. Biotechnologie-, Pharma-, und Softwarefirmen folgten. Sie holten sich Spitzenleute aus aller Welt, die neben einem Top-gehalt Lebensqualität suchten, mit einer guten Verkehrsanbindung an den Flughafen Nizza, den Stränden der Côte d'Azur und mediterraner Lebensart.

Sophia Antipolis wurde zum Vorzeigereservat für moderne Industrieentwicklung, bis die Hightech-Blase platzte. Danach erlebte der Park zeitweilig das Schicksal einer Geisterstadt. Unternehmen gingen pleite, schlossen mangels Erfolg und Kunden, zogen weg, zurück an klassische und billigere Standorte. Der Industriepark vergammelte und fiel in eine Art Dornröschenschlaf. Erst in den letzten Jahren, seit die Wirtschaft wieder auf Wachstumskurs ist, erinnern sich Manager an den Platz. Heute arbeiten über 26 000 Menschen in dem Wissenschaftsreservat, das inzwischen auch fünf Golfplätze und 40 Tennisanlagen bietet. Solche Konzepte könnten ein Schlüssel zum Erfolg im internationalen Wettbewerb sein. Denn die Besten einer neuen Generation haben längst kapiert, dass Geld nicht alles ist, sondern auch die anderen Faktoren stimmen müssen. Eine Erkenntnis, die sich in Frankreich viel leichter durchgesetzt hat als in Deutschland.

Staatsbetriebe, der letzte Hort des Sozialismus

30 Milliarden Euro Defizit, ein neuer Rekord im französischen Staatshaushalt. Dabei hat die Republik außer Steuern und Abgaben noch ganz andere Einnahmequellen. Der Staat ist nicht

nur der größte Arbeitgeber, sondern er ist auch der mächtigste Unternehmer im Land. Allerdings ist es nicht einfach, den Chef der Frankreich-AG zu finden.

»Erster Innenhof links, 5. Etage, Zimmer 5632 im Bâtiment Colbert«, die Empfangsdame im Gebäudekomplex des Wirtschafts- und Finanzministeriums am Pariser Seine-Ufer weiß Bescheid. Colbert? War das nicht das Finanzgenie im Dienste des Sonnenkönigs Louis XIV.?

Jedenfalls sitzt im Zimmer 5632 der Mann, vor dessen Imperium selbst die mächtigsten Fondsmanager und Bankenchefs der Welt erblassen: Denis Samuel-Lajeunesse, 57 Jahre alt und Herr über 70 Großunternehmen. Im Jahr 2005 haben die mit 1,3 Millionen Beschäftigten einen Umsatz von sage und schreibe 195 Milliarden Euro erwirtschaftet.

Der Beamte kümmert sich um öffentliche Monopolbetriebe wie Post, Bahn, Energieproduzenten, Telekommunikation, Autobahnen, Werften, Flughäfen, Versorgungs- und Rüstungsbetriebe. Als Bankier des Staates vertritt er die Republik als Großaktionär gegenüber den Spitzenmanagern der Staatsunternehmen. Er überwacht ihre finanziellen und strategischen Entscheidungen, zwingt sie mit der Umwandlung in Aktiengesellschaften zur Bilanzrechenschaft, bereitet Börsengänge vor und bringt nebenbei den Bürgern bei, dass die Tage des Staatskapitalismus gezählt sind. Mit nur 65 Mitarbeitern, die größtenteils aus der privaten Finanzwirtschaft kommen, besucht der Agenturchef jährlich bis zu 300 Aufsichtsratssitzungen. Er wirkt bei Personalentscheidungen mit und versucht, Firmenstrategien von politischen Einflussnahmen fernzuhalten. Oft vergeblich.

Sein voller Titel ist der Aufgabe durchaus angemessen und lautet *»Directeur général de l'Agence des Participations de l'État à la Direction du Trésor«*. Denis Samuel-Lajeunesse ist Direktor dieser 2003 gegründeten Agentur für Staatsbeteiligungen und will die Tradition des französischen Staatskapitalismus mit den Erfordernissen der modernen Marktwirtschaft vereinen. Der Absolvent der Kaderschmieden Sciences Po und ENA ist der

Antityp eines Elitebeamten. Er wirkt eher wie der freundlich väterliche Filialleiter der Sparkasse von nebenan.

Die großen Krisenfälle der französischen Staatsbetriebe – Crédit Lyonnais, Renault, Air France, EDF und Télécom – hat er fast alle miterlebt, nur in anderer Funktion. Zehn Jahre lang war er Chef des privaten Geldhauses Lyonnaise de Banque. Aber diese Zeiten sind längst überwunden.

»Au revoir l'État!« Der allgegenwärtige Staat trennte sich in den vergangenen Jahren von vielen seiner Unternehmen. Wie in Deutschland machte das Zauberwort von der Privatisierung die Runde. Doch bei strategischen Beteiligungen wie Bahn, Post, Energieversorgern und vor allem den Rüstungsunternehmen will er noch nicht loslassen.

Paradebeispiel war jüngst die Privatisierung der Konzessionen für die französischen Autobahnen. Rund 8000 Kilometer. Für die Franzosen mindestens so prestigeträchtig wie der Hochgeschwindigkeitszug TGV oder der Airbus. Quer durch die Parteien gab es einen Aufschrei wegen der Verschleuderung des nationalen Familiensilbers.

Auch der Verkauf von 15 Prozent der Anteile am Strommonopolisten EDF-Energie de France für 7 Milliarden Euro war in Frankreich heftig umstritten. Dabei zeigt das Beispiel EDF, wie wichtig die Kontrollfunktion der Beteiligungsagentur war. 2002 war der Energiegigant, der damals noch direkt vom Ministerium geführt wurde, durch riskante Engagements in Italien und Argentinien in arge Finanznot geraten. France Télécom hatte gar Schulden von insgesamt 68 Milliarden Euro angehäuft. Schließlich konnten beide ihre Verluste einfach aus dem Staatshaushalt decken. Eine parlamentarische Untersuchungskommission kam 2003 zu dem Urteil: »Das französische Modell der öffentlichen Unternehmen, wie es aus der Epoche des Krieges stammt, entspricht nicht mehr den internationalen Anforderungen.« Als Grund für die Schieflage nannte die Kommission »das Versagen der Manager, die auf Kosten der Steuerzahler unübersehbare Risiken eingehen, und das Versagen des Staates, der seine Rolle als Aktionär nicht erfüllt«.

Damals erhielt Samuel-Lajeunesse den Auftrag, mit den Missständen aufzuräumen. »Wir sind keine Supermacht, sondern der Anreiz für bessere Führung«, sagt der Staatsbankier. Selbst die fähigsten Manager der öffentlichen Unternehmen brauchten einen direkten Draht zu ihrem Hauptaktionär. Er kennt die Welt der Finanzinvestoren, hat Verhandlungserfahrung mit den europäischen Institutionen in Brüssel und wacht über Unternehmenspolitik, wie das in internationalen Konzernen längst üblich ist. Seinen Ärger über dämliche Ministerentscheidungen muss er oft runterschlucken. So wurde jüngst der Börsengang des Atomkraftwerk-Konzerns Areva auf die nächste Legislaturperiode nach 2007 verschoben: »Die Regierung wollte nach der umstrittenen EDF-Kapitalöffnung die Bürger nicht erneut reizen.«

Trotz aller Widerstände und politischen Gegenwinds hat der Staat die Privatisierung bei immer mehr öffentlichen Betrieben geschafft. 1986 zählte die Republik noch 3500 Staatsunternehmen, in denen rund 20 Prozent aller französischen Arbeitnehmer ein Viertel des Inlandsprodukts erwirtschafteten. Im Jahr 2000 gab es 1500 Staatsbetriebe mit 7,8 Prozent aller Angestellten und 11,5 Prozent Anteil am Nationalprodukt. Heute ist die Zahl auf 1288 Staatsbetriebe geschrumpft in denen 4,2 Prozent aller Angestellten noch 7 Prozent zur gesamten Wirtschaftsleistung beisteuern.

In einer Welt globalisierten Wettbewerbs wirken Staatsbetriebe so archaisch wie Dinosaurier. Diese Erkenntnis hat sich selbst bei der politischen Führung in Paris herumgesprochen, obwohl sich mancher im Kabinett nach wie vor damit schwertut, auf die lieb gewordenen Pfründen zu verzichten. Staatsbetriebe eignen sich doch so wunderbar, Politiker, die man nicht mehr braucht, auf hohem Niveau zu entsorgen. Auch Gewerkschaften lieben den Staat als Arbeitgeber. In dem letzten sozialistischen Naturschutzgebiet lässt sich bestens streiken, bei vollem Kündigungsschutz, ohne Angst vor Sanktionen und ohne dass sich der Konflikt mit dem Arbeitgeber in irgendeiner Weise karrieretechnisch negativ auswirkt. Im Gegenteil. Wer als Manager in einem Staatsbetrieb den Beweis erbracht hat, mit den Gewerkschaften klarzukommen, hat sich damit die höheren Weihen für fast jede Position erworben. Louis Gallois, dem als PDG der Staatsbahn SNCF der Ruf vorauseilte, mit der CGT umgehen zu können wie ein Schlangenbeschwörer, ist dafür das beste Beispiel. Jetzt darf er sich daran versuchen, den gebeutelten Flugzeugbauer Airbus wieder auf Vordermann zu bringen.

In der französischen Wirtschaft glaubt indes niemand, dass die Beteiligungsagentur unabhängige Aktionärspolitik betreiben kann. Dafür ist der Regierungseinfluss einfach zu groß. Jedes deutsche Unternehmen, das sich auf ein Kräftemessen mit einem französischen Staatsbetrieb einlässt, muss das im Hinterkopf behalten. Wenn es um gemeinschaftliche Rüstungsprojekte geht, um Zusammenarbeit im Energiebereich oder um Joint Ventures der Pharmaindustrie, dann muss klar sein, dass auf beiden Seiten Unternehmen stehen, aber hinter den französischen steht eben auch noch die Republik mit ihrem ganzen Gewicht. So kritisiert denn auch der OECD-Ökonom Paul O'Brien in seinem jüngsten Frankreich-Bericht, dass der Staat zu häufig Mehrheitsaktionär bleibe, Kapitalöffnungen nicht umfassend zulasse und Verkaufserlöse statt zum Schuldenabbau in die Sanierung und Entwicklung seiner verbleibenden Unternehmen stecke.

In der Tat erzielte Frankreich seit 1986 aus Privatisierungen stolze 77 Milliarden Euro. Doch nur 15 Prozent davon wurden zur Haushaltssanierung verwendet, der Löwenanteil floss in die Rekapitalisierung der Staatsbetriebe. Kein öffentliches Unternehmen in Frankreich befindet sich heute noch in einer Notlage. Alle Privatisierungen waren erfolgreich. Das ist nicht zuletzt das Verdienst der Staatsholding, deren Wirtschaftsimperium zwar objektiv schrumpft, aber 2004 gleichwohl ein internes betriebliches Wachstum von 4,8 Prozent verzeichnete. Das lag deutlich über dem Inlandsprodukt – aber unter den vierzig führenden Börsenunternehmen, die mit 7,6 Prozent wuchsen.

Doch nicht einmal Holdingchef Samuel-Lajeunesse hat allzu große Profiterwartungen. Bei allen Erfolgen kommen seine

Unternehmen nur auf eine bescheidene Durchschnittsrendite von 3 Prozent. Zwar herrscht im Lande Konsens darüber, dass man bei Kernbereichen wie Strom- und Schienennetz sowie atomaren Brennstoffen nicht nur in wirtschaftlichen Zahlen denken darf. »Aber was die übrigen industriellen Sektoren angeht, kommt auch Frankreich immer mehr zu der Einsicht, dass der Staat nicht dafür geschaffen ist, Unternehmen zu führen.« Mit diesem Satz wird Frankreichs wichtigster Manager, der eigentlich nur ein freundlicher Ministerialbeamter ist, allerdings ungern zitiert.

Das Kinderparadies – ein kleines Beispiel

Es kommt nicht oft vor, dass Philippe Marchais mit den Leistungen seiner Regierung zufrieden ist. Wie hat er sich damals im Mai 2005 geärgert, als seine Landsleute bei der Volksabstimmung die neue europäische Verfassung mit deutlicher Mehrheit ablehnten.

»Das hat Jacques Chirac ganz persönlich versiebt«, schimpft er. Auch von dem Reformpaket, das die Regierung jetzt anpackt, hält er nicht viel. »Die Steuerreform wird mir kaum etwas bringen«, vermutet er, »ein Spitzensteuersatz von 40 Prozent für Privatleute, das ist immer noch viel zu hoch. Und die Lockerung beim Kündigungsschutz für kleine Unternehmen wird auch keine Arbeitsplätze im großen Stil schaffen.«

Nur in einem Punkt lässt Philippe nichts auf die Regierung kommen: bei der Familienpolitik. »Da bin ich ganz auf der Seite von de Villepin. Das ist Klasse, was er da macht«, sagt der dreiundfünfzigjährige Vater von drei Kindern. »Früher haben wir immer neidisch nach Deutschland geschaut, wegen des hohen Kindergeldes und anderer Vergünstigungen für kinderreiche Familien, aber inzwischen sind wir hier viel weiter.«

Dominique de Villepin hat die Familienförderung in den Mittelpunkt seiner Reformpolitik gestellt, vielleicht auch deshalb, weil er mit allen anderen Reformen gescheitert ist. Tatsächlich ist das System schon heute wesentlich familienfreundlicher als das deutsche Familienprogramm, und die Verbesserungen, die die Regierung 2006 eingeführt hat, gibt jungen Familien noch mehr Anreize, Kinder zu bekommen. Schon jetzt ist die Geburtenrate im europäischen Vergleich mit 1,9 Kindern pro Frau deutlich höher als mit nur 1,2 Prozent in Deutschland. Im europäischen Vergleich liegt Frankreich 2006 ganz vorn.

Der Grund dafür ist simpel. Die Vereinbarkeit von Familie und Beruf ist für französische Mütter kein Problem. Das beginnt mit der Kinderkrippe, der »crèche«, wo jedem Kleinkind ein Platz zustehen sollte. Auch das Schulsystem, mit Ganztagsunterricht, gibt den Müttern viel Freiraum. Nur am Mittwochnachmittag und am Wochenende sind die Kinder tagsüber zu Hause. Philippes Ehefrau Martine kann deshalb »fulltime« in der kleinen Firma ihres Mannes mitarbeiten. Sie kümmert sich um die Verwaltung und die Abrechnungen, macht die ganze Terminplanung. Dennoch bleibt genügend Zeit für die Kinder, ihr anderes kleines Familienunternehmen. »Die Verbesserungen«, sagt sie, »hätten wir uns schon damals gewünscht, als wir geheiratet haben.« Aber sie ist froh, dass es für ihre Töchter Pauline und Charlotte eines Tages einfacher sein wird, einem Beruf nachzugehen, ohne auf eine eigene, kinderreiche Familie verzichten zu müssen.

In Zukunft sollen schon Studentinnen mit Kindern besser unterstützt und junge Familien bei der Vergabe von Wohnungen bevorzugt werden. Um den Franzosen die Entscheidung für ein drittes Kind zu erleichtern, werden Ehepaare die Wahl haben: Geht ein Elternteil für drei Jahre in Erziehungsurlaub, gibt es rund 500 Euro im Monat vom Staat. Will jemand nur für ein Jahr im Beruf pausieren, werden sogar 750 Euro pro Monat gezahlt. Ein wenig hat man das Gefühl, dass die Bundesfamilienministerin Ursula von der Leyen sich am französischen Modell orientiert hatte, als sie Ende 2006 ihr Programm zur Familienförderung auf den Weg gebracht hat.

In Frankreich arbeiten 90 Prozent der Frauen mit einem Kind und immerhin noch zwei Drittel derer, die drei Kinder haben.

Fast 100 Prozent aller Kinder ab drei Jahren besuchen die kostenlose »école maternelle«, eine Art Kindergarten, in dem sie auf die Schule vorbereitet und gefördert werden. Familien mit drei und mehr Kindern erhalten von der SNCF Vergünstigungen zwischen 30 und 50 Prozent. Diese »Karte für kinderreiche Familien« wird jetzt von den Familienkassen ausgegeben und soll dann auch für andere öffentliche und private Einrichtungen wie Schwimmbäder, Sportvereine, Museen und Tourismusangebote gelten. Mit drei Jahren ist der Erziehungsurlaub in Frankreich der längste in Europa, was sich für manche Mutter negativ in der Karriereplanung auswirkt. Denn Frauen, die lange aus dem Beruf aussteigen, haben oft größte Probleme, wenn sie wieder an den Arbeitsplatz zurückwollen. Viele verzichten deshalb auf diese Auszeit. Die höhere staatliche Unterstützung, die künftig neben dem Kindergeld gezahlt wird, soll dieses Problem zum Teil kompensieren.

Noch herrscht in Frankreich für die Betreuung der Kinder unter drei Jahren ein erheblicher Mangel an Krippenplätzen. Seit 2002 wurden 26 000 neue Plätze geschaffen, bis 2008 waren weitere 31 000 geplant und die werden jetzt noch einmal um 15 000 aufgestockt.

Außerdem wird die Regierung die Steuervergünstigungen für die Kinderbetreuung unter sechs Jahren außerhalb der eigenen Wohnung verdoppeln. »Im französischen Steuerrecht«, erklärt Martine, »gibt es eine ganz einfache Formel: je mehr Kinder du hast, desto weniger Steuern zahlst du. Nimm nur einmal die sogenannte *taxe d'habitation*, unsere Wohnsteuer. Als Ehepaar ohne Kinder müssten wir für unser Haus rund 1500 Euro im Jahr zahlen. Solange die Kinder zur Schule gehen und bei uns wohnen, zahlen wir nur knapp die Hälfte. Auch bei der Einkommensteuer ist das ähnlich. Je mehr Kinder, selbst wenn sie schon außer Haus in der Ausbildung oder im Studium sind, desto weniger nimmt dir der Staat. Frankreich ist da schon sehr familienfreundlich.«

Die Regierung von Dominique de Villepin verfolgt mit der konsequenten Familienförderung drei Ziele: Zum einen möchte sie die anstehenden Reformen sozial abfedern. Den Franzosen soll das Gefühl genommen werden, dass die Programme zur Förderung von Beschäftigung und Kaufkraft mit massiven Einschnitten ins soziale Netz verbunden sind und die Schwächsten benachteiligt. Das zweite Ziel ist die Veränderung der Demographie. In Frankreich sind die Rentenkassen mindestens so leer wie in Deutschland, und die Kinder von heute sind die Beitragszahler von morgen. In einer Gesellschaft, die immer älter wird, ist die Erhöhung der Geburtenrate die einzige Möglichkeit, die Rentenkassen vor dem drohenden Kollaps zu bewahren. Und schließlich kämpft die Regierung gegen eine zunehmende Überfremdung ihrer Bevölkerung. Schon heute gibt es in den Banlieues rund um die Großstädte ganze Stadtteile, in denen die Schulen nur noch von Einwandererkindern aus dem Maghreb und Schwarzafrika besucht werden. Auch die deutschen Prognosen sind beängstigend. Die Integrationsbeauftragte der Bundesregierung geht davon aus, dass im Jahr 2010 jeder zweite Schüler in einer Großstadt mit mehr als 100000 Einwohnern ein Ausländerkind sein wird.

Philippe und Martine sind seit neunzehn Jahren verheiratet. »Wenn wir einmal in Rente gehen«, so sagen sie, »dann wünschen wir uns nichts sehnlicher, als dass unsere Kinder auch glückliche Familien gründen. Schließlich wollen wir viele Enkel, und die sollen in Frankreich groß werden als ordentliche Franzosen.«

Mutterglück à la française wird vom Staat massiv unterstützt. Nach dem dritten Kind zahlen Familien praktisch keine Steuern mehr. Die Geburtenrate in Frankreich ist europäischer Rekord und schützt die Franzosen vor dem Aussterben, nicht aber vor Überalterung und Überfremdung. Die demographische Pyramide sieht auch in unserem Nachbarland inzwischen aus wie eine Colaflasche, die auf dem Kopf steht, auch wenn unten die Basis wieder breiter wird.

Franzosen fühlen sich nicht arm oder reich. Entweder leben sie nach dem Prinzip: »*Ça suffit pour se débrouiller* – Es reicht, um durchzukommen«, oder sie sind geradezu unverschämt reich. Die zuletzt veröffentlichte Liste des Magazins *Challenges* sieht auf Platz eins der reichsten Franzosen unangefochten Bernard Arnault, den Boss der Firmengruppe LVMH. Sein Vermögen wird mit 17,2 Milliarden Euro beziffert. Nummer zwei ist Gérard Mulliez, dem die Supermarktkette »Auchan« gehört. Er konnte sein Vermögen gegenüber dem Jahr 2005 von 10 auf 14 Milliarden Euro mehren. Erst auf Platz drei liegt die langjährige Spitzenreiterin, die vierundachtzigjährige Liliane Bettencourt, einzige Tochter von Eugène Schueller, dem Gründer des Haarpflege- und Kosmetikkonzerns L'Oréal. Sie nennt nur noch 12,12 Milliarden Euro ihr Eigen. Erst dann folgen Namen, die man eigentlich ganz oben vermutet hätte. Serge Dassault mit 6,62 Milliarden Euro, Eigentümer des gleichnamigen Flugzeugbau- und Rüstungskonzerns, der unter anderem den Kampfjet Mirage herstellt. Auch die altehrwürdige Tageszeitung *Le Figaro* gehört zu seinem Imperium. Ihm dicht auf den Fersen sind zwei weitere Luxus-Tycoone: die Familie Pinault mit 6,35 Milliarden Euro und Jean-Louis Dumas, der ehemalige Chef des Modehauses Hermès, mit immerhin noch 5 Milliarden.

Am anderen Ende der Fahnenstange haben die Menschen keine Namen. Sie sind allenfalls noch Zahlen in den statistischen Jahresberichten der Sozialhilfeträger, ganz zu schweigen von den »Clochards«, den Obdachlosen, die unter den Seine-Brücken hausen und schon längst von keiner Statistik mehr erfasst werden. Nicolas Sarkozy hat vor Weihnachten 2006 vollmundig angekündigt, wenn er Präsident würde, dann müsste keiner mehr auf dem Trottoir übernachten.

Im Winter 2006/2007 stand auf beiden Seiten des Canal Saint-Martin eine Zeltstadt, die zur Pilgerstätte sämtlicher Politiker wurde. Sie hatten plötzlich alle die Wohnungslosen entdeckt, ein wunderbares Wahlkampfthema. Weil inzwischen auch Menschen, die eigentlich recht ordentlich verdienen, oft keine Bleibe finden, nur weil sie als Freiberufler keinen Gehaltsnachweis als Garantie erbringen können, will die Regierung jetzt ein Recht auf Wohnung im Gesetz verankern. Selbst die sozialistische Präsidentschaftskandidatin Ségolène Royal wurde bei diesem Thema erstmalig konkret. Sie will abschaffen, dass sich Kommunen von ihrer Verpflichtung zum sozialen Wohnungsbau freikaufen können. Leer stehender Wohnraum soll überproportional besteuert werden. Was länger als zwei Jahre nicht belegt ist, soll von Staats wegen vergeben werden, um der Bodenspekulation Einhalt zu gebieten. Außerdem soll nach ihren Vorstellungen eine Behörde für Mietausfälle aufkommen, um Räumungsklagen zu vermeiden. Und schließlich will sie Mietern nach fünfzehn Jahren eine Kaufoption einräumen.

Sieht man genau hin, gibt es in Frankreich beißende Armut. Zwar muss in dem Heimatland von Gleichheit und Brüderlichkeit keiner verhungern, aber nach den Erhebungen von INSEE sind von 100 Personen 14 durch Armut gefährdet. Für den Single liegt die Grenze bei 645 Euro pro Monat, ein Ehepaar mit zwei Kindern muss ein Einkommen von rund 1600 Euro haben, um nicht als arm zu gelten. Unter dieser Schwelle leben mehrere hunderttausend. Der Staat hat sie ausgegrenzt, an den Rand gedrängt, vergessen, könnte man meinen.

Aber in Zahlen ausgedrückt, schneidet Frankreich im europäischen Vergleich gar nicht einmal so schlecht ab. Da befindet sich das Land ziemlich genau im Mittelfeld, allerdings weit hinter einkommensstarken Ländern wie Luxemburg und den Niederlanden und immer noch deutlich hinter Deutschland und Großbritannien. Obwohl das Lohnniveau um zirka 15 Prozent niedriger ist als in Deutschland, die Preise, besonders für Mieten und Lebenshaltungskosten, in Ballungsräumen aber um den gleichen Betrag und mehr darüber liegen, fragt man sich manchmal, wie die Franzosen mit ihrem Geld auskommen.

Eine statistisch gesicherte Antwort gibt es nicht, wohl aber einen Umstand, der einen Teil dieses Phänomens erklärt. In Frankreich besitzen viel mehr Menschen Immobilien als in

Deutschland. Die Häuser und Wohnungen sind oft seit hundert Jahren und mehr im Besitz der gleichen Familien. So haben viele Menschen ein Dach über dem Kopf, für das sie keine Miete zahlen müssen, sondern nur die Nebenkosten. Auch wenn die Häuser oft in einem bejammernswerten Zustand sind, weil den Eigentümern das Geld für Renovierungen fehlt, bleibt ihnen vom Einkommen rund 20 Prozent mehr Geld übrig als vergleichbaren deutschen Arbeitnehmern.

Ganz anders sieht das natürlich bei den Einwanderern aus. Da ist einmal die viel höhere Arbeitslosigkeit. Während EU-Bürger, die in Frankreich leben, in etwa die gleiche Arbeitslosenquote aufweisen wie die Franzosen selbst, ist die Zahl bei Zuwanderern aus Algerien, Marokko, Tunesien, der Türkei und Migranten aus Schwarzafrika mehr als doppelt so hoch. Eine Untersuchung der Caritas France geht bei diesen Bevölkerungsgruppen von einer durchschnittlichen Arbeitslosenquote von mindestens 30 Prozent aus. Genaue Zahlen dazu veröffentlicht der Staat nicht, weil Frankreich kein Meldegesetz kennt. Menschen aus diesen Schichten werden automatisch in den Billiglohnsektor gedrängt, in Teilzeit- oder Leiharbeitsverhältnisse, wo sie oft aufgrund fehlender Aufenthalts- und Arbeitsgenehmigungen der Willkür ihrer Arbeitgeber ausgeliefert sind. Spiegelbildlich erleben sie auf dem Wohnungsmarkt Ähnliches. Da es in Frankreich einen extremen Mangel an bezahlbaren Sozialwohnungen gibt, verlangen Vermieter für heruntergekommene Absteigen, oft ohne Wasser, Strom und Sanitäranlagen, Wucherpreise.

Für die Franzosen selber wird es meist erst im Alter kritisch. Wer sich nicht rechtzeitig um eine private Altersversorgung gekümmert hat, steht mit der gesetzlichen Rente nah am sozialen Abgrund. Am Ende reicht es nur zum Sterben, denn die staatliche Altersversorgung auf der Basis eines Generationenvertrages hat sich durch die demographische Entwicklung in Frankreich genauso überlebt wie in Deutschland.

Armes, reiches Land

Franzosen sind arrogant – ein Vorurteil

Ja und nein. Vor allem aber sind sie unsicher, wenn ihnen Fremdes begegnet. Darauf reagieren sie mit schroffer Ablehnung, was Nicht-Franzosen häufig fälschlich als Arroganz auslegen. Die Franzosen wirken manchmal eingebildet, was daran liegt, dass ihr Anspruch selten mit der Wirklichkeit übereinstimmt. Wer aber offen auf sie zugeht, der erlebt meist positive Überraschungen. Als irgendwann der Anlasser meines Wagens streikte, als ich mit Tüten bepackt vom Einkaufen kam, natürlich an einem Sonntagvormittag, an dem auch weit und breit kein Taxi zu finden war, sprach ich einfach auf dem Parkplatz einen anderen Familienvater an, ob er denn zufällig in meine Richtung fahre und mich ein Stück mitnehmen könne. »Kein Problem«, antwortete der Mann, obwohl er seinen Kleinwagen bis unters Dach mit Einkäufen voll hatte und hinten auf den Sitzen zwei Kleinkinder plärrten. Er musste dann doch in eine völlig andere Richtung, ließ es sich aber nicht nehmen, mich bis vor meine Haustür zu bringen. Dabei entspann sich schnell ein Gespräch über Deutsche und Franzosen, über die große und die kleine Politik und wie schön es doch sei, dass wir jetzt ein geeintes Europa hätten. Nach wenigen Minuten wurde deutlich, dass er damit in erster Linie Deutsche und Franzosen meinte, während er es lieber gesehen hätte, wären die neuen Beitrittsländer, vor allem die im Osten, draußen geblieben. Es ist noch gar nicht so lange her, da konnte man als Deutscher schon einmal den Ausdruck »*sale boche* – dreckiger Deutscher« hören. Aber die Zeiten sind vorbei, die Ressentiments der älteren Generation, die den Krieg noch erlebt hat, scheinen langsam vergessen.

Französische Arroganz sollte auch niemand mit dem ausgeprägten Nationalstolz der Franzosen verwechseln. Ein gewisses Überlegenheitsgefühl in kulturellen Dingen oder wenn es um Kochkunst und Käse, Mode, Militär oder Wein geht. Dieses Gefühl ist keineswegs Überheblichkeit, sondern das gesunde Selbstbewusstsein, auf vielen Gebieten mehr geleistet zu haben als andere Länder. Vielleicht hängt der Eindruck einer gewissen Hochnäsigkeit auch mit Paris zusammen. Das zentralistische System, das vollständig auf die Hauptstadt ausgerichtet ist, führt zwangsläufig zu einer Übermacht der Metropole gegenüber der Provinz. Besonders für einen Deutschen, der mit dem Prinzip des Föderalismus groß geworden ist, sind deshalb manche französischen Verhaltensweisen befremdlich. Städte wie München oder Hamburg sind eindeutig schöner und haben mehr Lebensqualität als Berlin. Stuttgart oder Frankfurt können es mit der deutschen Hauptstadt locker aufnehmen, wenn es um die Wirtschaftskraft geht. Kein Kölner oder Düsseldorfer würde freiwillig vom Rhein an die Spree ziehen. Selbst Bremer oder Dresdner besitzen mehr Lokalpatriotismus als jeder Berliner, der über seine Stadt fast immer etwas zu meckern hat.

Frankreich ist da ganz anders. Zuerst kommt immer Paris und dann lange gar nichts. Wirtschaft, Kultur, Politik, Medien, einfach alles, was das Leben der Franzosen bestimmt, stammt aus der Hauptstadt. Kein Wunder also, dass die Menschen, die dort leben und arbeiten, sich für etwas Besseres halten als die, die in der Provinz ihr Dasein fristen.

Wo die freundlichen Franzosen wohnen

»Wenn du nette Franzosen kennenlernen möchtest, dann musst du in die Provinz, auf alle Fälle aber raus aus Paris.« Diesen Ratschlag hatte mir ein Kollege gegeben, der vor vielen Jahren

Korrespondent für einen großen deutschen TV-Sender gewesen war. »Paris ist nicht Frankreich, und mit jeden Kilometer, den du weiter vom Eiffelturm weg bist, desto sympathischer werden die Franzosen.« Der Mann sollte recht behalten.

Frankreich ist ein Vielvölkerstaat, den erst die Revolution von 1789 zu einem zentralen staatlichen Gebilde mit einer gemeinsamen nationalen Identität zusammengeschweißt hat. Bretonen haben nichts mit den Menschen aus der Provence zu tun, Basken und Elsässer trennt mehr als nur die gemeinsame Hauptstadt Paris, Korsen sind Separatisten geblieben, und die Savoyards wären im Zweifel in der Schweiz besser aufgehoben als in Frankreich. Viele Stämme kultivieren noch heute ihre regionalen Eigenheiten, sprechen ihre eigene Sprache – Bretonisch, Baskisch, Deutsch, Flämisch, *Langue d'oc*, Provenzalisch, Katalan, Korsisch und Kreolisch in den Überseegebieten. Sie pflegen ihr Brauchtum.

Paris und seine Zentralregierung sind für die Menschen in der Provinz oft so weit weg wie der berühmte Sack Reis, der in China umfällt. »Franzosen sind eigentlich Italiener, die nicht lachen können«, bemerkte einmal ein älterer Herr zu meiner Frau vor unserer kleinen Sparkasse, weil sich beide darüber aufregten, dass diese jeden Tag willkürlich die Öffnungszeiten verlegte und ohnehin nur noch ein Angestellter für den Kundenverkehr zur Verfügung stand. Alles andere regeln inzwischen herzlose Automaten, die auf ihren kleinen Bildschirmen gerne den Schriftzug »*Patientez, hors service* – Gedulden Sie sich, außer Betrieb« zeigen. Der Herr meinte damit nur die Bewohner des Großraums Paris. Aber auf die passt die Beschreibung.

Verlässt man die Bannmeile und fährt aufs flache Land, verändert sich das Bild von den Franzosen schlagartig. Die Arroganz der Großstadt bleibt hinter einem. Frankreich beginnt seinen Charme zu entfalten, der gelegentlich ziemlich herb sein kann. Selten sind mir freundlichere Zeitgenossen begegnet als bei einem Gipfeltreffen von Chirac, Schröder und dem polnischen Präsidenten Kwaśniewski in Nancy. Alle paar Minuten fragte ein anderer dienstbarer Geist des Rathauses, ob er noch etwas für uns tun könnte, brachte Getränke und belegte Brote. In Reims überschlugen sich die Kollegen des kleinen Regionalbüros von France 3, bei denen wir am 8. Mai 2005 zum Arbeiten Unterschlupf gefunden hatten, vor lauter Hilfsbereitschaft. Die Gastfreundschaft, mit der wir bei Familien in der Normandie aufgenommen wurden, war nicht zu übertreffen. Sie räumten sogar die Ehebetten, um uns Quartier zu bieten. Selbst der übellaunigste südfranzösische Bauer lässt alles stehen und liegen, wenn man ihn höflich um Hilfe bittet.

Frankreich ist verdammt groß und verglichen mit Deutschland in vielen Gegenden menschenleer. Wer mit einem Zug mit fast 300 Stundenkilometern durch das Land braust, der wird bald feststellen, dass es viele Regionen gibt, in denen es einfach nichts gibt. Deutlicher wird das noch bei einer Autofahrt durch die weiten Felder Flanderns, die Leere Lothringens oder die riesigen Agrarbetriebe, wenn man sich von Chartres aus der Hauptstadt nähert.

Auf der anderen Seite gibt es bedeutende, selbstbewusste Regionalzentren, die nicht nur ein Problem mit der Hauptstadt haben, sondern deren Bewohner einen ganz eigenen Menschenschlag bilden: Lyon, das heimliche kulinarische Herz Frankreichs; Dijon, die Metropole von Senf und Wein, das Zentrum von Burgund, einer der ältesten Kulturlandschaften Europas; Avignon, die einzige Stadt, die jemals Rom die Stirn geboten hat, als Sitz eines Papstes; Bordeaux, der Name, der ein Synonym für französischen Wein ist; Toulouse, das Zentrum der Luft- und Raumfahrtindustrie; oder Marseille, das römische Massalia, die Hafenstadt, deren Ursprünge älter sind als alles andere in Frankreich.

Nicht umsonst haben Autoren wie Peter Mayle die Provence mit all ihren Fehlern kennen und lieben gelernt. Ein Wochenende in einem kleinen Dorf in der Bretagne, ein paar Tage im Luberon, ein langer Spaziergang an einem einsamen Atlantikstrand in der Normandie versöhnt mit allem, was man an Frankreichs Hauptstadt hasst.

Das Kreuz mit Paris

Kennen Sie den modernen Siebenkampf der Bewohner der französischen Hauptstadt? Er beginnt mit dem morgendlichen 100-Meter-Sprint, um die Metro noch in letzter Sekunde zu erreichen. Hat man das geschafft, folgt der Stabhochsprung. Dabei muss der Metrobenutzer versuchen, sich mit Hilfe einer der fest eingebauten Haltestangen in einen kleinen Zwischenraum zu schwingen, den die anderen Passagiere frei gelassen haben. Alternativ bleibt die dritte Übung, die sich besonders in völlig überfüllten Zügen anbietet: Gymnastik! Mit rhythmischen Beuge- und Streckbewegungen nach vorne, zur Seite und nach hinten sich einen Weg durch die Menschenmassen bahnen. Dabei muss vor allem auf die Mitbewerber geachtet werden, die mit einem ähnlichen Bewegungsmuster in die gleiche Richtung streben oder frontal auf einen zukommen. Sollte eine Konfrontation unmittelbar bevorstehen, empfiehlt sich das Ausweichen in die nächste noch so kleine Lücke. Eine Gefahr stellen dabei auch die Anhänger der vierten Disziplin dar, die weiblichen Triathletinnen. Diese Hochleistungssportlerinnen balancieren gleichzeitig ein Kind auf dem Arm, halten mehrere Einkaufstüten in der Hand und tippen dabei noch eine SMS in die winzige Tastatur ihres Mobiltelefons. Logischerweise sind sie dabei in ihrer Bewegungsfähigkeit deutlich eingeschränkt und erweisen sich deshalb gern als Hindernisse für die Anhänger der U-Bahn-Gymnastik.

Der gemeine Pariser Siebenkämpfer überlässt eine Disziplin den Profis: den Hochsprung! Besonders für ungeübte Touristen, die den modernen Siebenkampf nur amateurhaft betreiben, ist diese Sportart hochgefährlich. Gemeint ist der kühne Sprung über die Absperrkreuze in den Metrostationen, die sich normalerweise nur mittels einer gültigen Fahrkarte öffnen lassen. Die Leistungssportler dieser Disziplin kommen aus den Pariser Vorstädten, tragen fast uniform Kapuzen-Sweatshirts, Baggy-Jeans und umgedrehte Baseball-Kappen. Schwarzfahren ist für sie anarchisches Bekenntnis und Ausdruck einer Lebensform. Gerne haben sie auch die eine oder andere Farbspraydose dabei, mit der sie Metrozüge und Stationen ganz nach ihrem Geschmack dekorieren. Eine direkte sportliche Konfrontation mit diesen durchtrainierten Straßenkämpfern sollte der Durchschnittssportler vermeiden, da er dabei in der Regel den Kürzeren zieht.

Die Disziplin »Freistilschwimmen« ist dagegen Grundvoraussetzung für jede Benutzung eines öffentlichen Verkehrsmittels. Denn anders ist es während der Hauptverkehrszeiten so gut wie unmöglich, an einer gewünschten Haltestelle Bus, Zug, den RER oder die Metro zu verlassen. Nur durch kräftige Schwimmbewegungen, mit denen man die anderen zur Seite drängt, hat man eine Chance, den rettenden Ausgang zu erreichen. Wer dann aber feststellt, dass er die falsche Station erwischt hat, dem bleibt nichts anderes übrig, als sich im Nahkampf zu messen. Besonders bei Regenwetter sind hier die wahren Fähigkeiten gefragt, denn wenn Taxis Mangelware sind, weil alle gleichzeitig danach Ausschau halten, dann entwickelt sich der Pariser zum Tier. Unter Einsatz körperlicher Gewalt und wüster Beschimpfungen beharrt er auf dem Recht des Stärkeren.

Wer dabei unterliegt, dem bleibt für den restlichen Weg ins Büro nur noch die letzte Disziplin des modernen Siebenkampfes. Der Hürdenlauf! Denn der echte Pariser weiß natürlich, dass die Trottoirs seiner Stadt mit Hundehaufen gepflastert sind. Diesen stinkenden Tretminen bei hoher Geschwindigkeit auszuweichen erfordert höchstes Geschick und volle Konzentration. Wer hier versagt, dem ist der ganze Tag versaut, im wahrsten Sinne des Wortes. Verlierern bleibt wenigstens ein Trost: Der moderne Siebenkampf wiederholt sich an jedem Werktag in ganz Paris, sodass jeder eine zweite, dritte und vierte Chance bekommt.

Paris ist und bleibt eine Herausforderung, täglich aufs Neue. Der Kampf um den Sitz in der U-Bahn, das entnervende Kreisen um den Block auf der Suche nach einem Parkplatz, die Touristenschlangen, die den Einheimischen mit ihren ständigen dämlichen Fragen nach irgendwelchen Sehenswürdigkeiten auf den Nerv gehen. Dreck, Smog, Hundescheiße, brüllende Hitze im Sommer, feuchtes, schmuddeliges Grau in Grau in den Wintermonaten, all das schlägt den Parisern aufs Gemüt. Dazu die astronomischen Wohnungsmieten und die völlig überzogenen Preise für die Dinge des Alltags. Außerdem die verbissene, schlechte Laune der Mitmenschen, wenn nicht gerade an einem Frühlingstag der erste warme Sonnenstrahl durch die Wolken kommt. Dann allerdings reißen sich die Hauptstadtbewohner Mäntel, Jacken und Pullover vom Leib. In den Bistros und Straßencafés werden rasch Tische und Stühle nach draußen geschoben. Ein kollektives Lächeln huscht über die Gesichter. Nur kurz, nur so lange, bis die nächste dicke Regenwolke am Himmel erscheint.

Eine Stadt, in der knapp 12 Millionen Menschen leben, muss einfach anstrengend sein. Frankreichs Metropole erscheint also alles andere als erstrebenswert. Und dennoch würde ein echter Pariser diesen Platz gegen keinen andern auf der Welt tauschen. Selbst wenn er in den Sommermonaten die Stadt verlassen muss, um Ferien zu machen, dann vermisst er spätestens nach vierzehn Tagen Krach, Lärm, Gehupe, Stress, Hektik und Gestank. In der dritten Woche verfällt er in tiefe Depressionen oder fährt einfach wieder zurück nach Paris. Und erst wenn er auf dem Boulevard Péripherique in seinem gewohnten Stau steht, wenn er den ersten Beinahe-Unfall mit einem verbeulten Kleinlaster überstanden hat, dann fühlt er sich wieder so richtig zu Hause.

Das liegt auch daran, dass Paris wesentlich beschaulicher ist als andere Städte dieser Größenordnung. New York, London, die Megacities Asiens sind viel aufreibender. Das eigentliche Stadtgebiet, *intra muros*, ist verhältnismäßig klein und überschaubar geblieben. Außerdem haben sich die verschiedenen Viertel zum Teil einen fast dörflichen Charakter bewahrt. Man lebt in seinem Arrondissement, in seinem Stadtteil. Eine Identifizierung findet nur mit der unmittelbaren Nachbarschaft statt. Das hat auch mit der wirtschaftlichen Infrastruktur zu tun. Hier kennt man noch seinen Bäcker, Metzger oder Gemüsehändler. Natürlich gibt es auch die großen Supermarktketten, die Einkaufszentren an der Peripherie. Aber der Pariser hat sich bestimmte landestypische Eigenheiten bewahrt. Jedenfalls wenn es um das Essen geht. Da schätzt er Attribute wie Qualität, persönliche Beratung und Kontaktpflege. Während in Deutschland der Tante-Emma-Laden an der Ecke längst ausgestorben ist, hat er sich selbst in Paris irgendwie halten können. Das Angebot der *livraison à domicile*, der Lieferung der Einkaufstüten bis zur Wohnungstür, die auch Supermärkte anbieten, ist gerade für ältere Menschen eine Hilfe, die es ihnen ermöglicht, sehr viel länger selbständig in den eigenen vier Wänden zu bleiben.

Die Anonymität der Großstadt wird dadurch etwas aufgebrochen, dass man die Gewohnheiten seiner Nachbarn kennt. In Paris gibt es dafür sogar eine Institution, die Concierge. Diese Berufsbezeichnung einfach mit Hausmeisterin zu übersetzen würde viel zu kurz greifen. Denn sie ist längst nicht nur dafür da, im Haus nach dem Rechten zu sehen und für Sauberkeit zu sorgen. Nein, sie ist auch gleichzeitig Nachrichtenbörse, Wachdienst und Geheimagent. Sie weiß einfach alles und redet natürlich darüber, aber nur unter dem Siegel der Verschwiegenheit. Ihr ein Geheimnis anzuvertrauen garantiert eine schnellere Verbreitung als eine Zeitungsannonce. In Paris hätten arabische Terroristen, anders als in Hamburg, kaum eine Chance, in einer gut bürgerlichen Nachbarschaft nicht aufzufallen. Nicht wegen einer gut funktionierenden Videoüberwachung, wie sie Scharfmacher vom Kaliber eines Nicolas Sarkozy fordern, nicht wegen den allgegenwärtigen CRS, der martialischen Bereitschaftspolizei, sondern wegen der hunderttausend Augen am Fenster zum Hof. Hinter jedem Paar steckt eine aufmerksame Concierge.

Bonjour tristesse

Es gibt viele Plätze, von denen man einen wunderbaren Blick auf Paris hat: vom Eiffelturm oder der Kuppel von Sacré Cœur, oben vom Triumphbogen am Étoile oder vom Turm von Notre Dame. Das sind die Postkartenperspektiven, die jeder Tourist schon einmal fotografiert hat. Wenn man nur einen Abend in

Paris hat, gut gelaunt, vielleicht sogar verliebt ist, dann sollte man ihn von der Terrasse des »Georges«, des Restaurants auf dem Dach des Centre Pompidou, genießen. Das Essen ist köstlich, das Publikum hip, die Musik cool, und die Bedienungen machen jedem Model auf dem Laufsteg Konkurrenz. Nur wenn man Pech hat, richtet sich deren komplette Aufmerksamkeit auf den Nachbartisch, an dem gerade Modeschöpfer Galliano mit seinem hermaphroditischen Gefolge Platz genommen hat. Ein absoluter Geheimtipp ist es, das Feuerwerk am Abend des Nationalfeiertages von dort zu erleben.

Aber es gibt nur einen Platz, von dem aus die Stadt als Ganzes zu sehen ist und von dem aus sie ihr wahres Gesicht zeigt. Es ist der gleiche Ort, an dem die Panzerspitzen des US-Generals Patton im August 1944 haltmachten, um dem französischen General Leclerc den Vortritt bei der Befreiung der Hauptstadt von den Deutschen zu lassen. Es ist der höchste Berg von Paris, der Mont Valérien oberhalb von Suresnes. Die Deutschen hatten ihn während des Krieges als Hinrichtungsstätte missbraucht. Noch heute beherbergt er in seinen Eingeweiden eine militärische Festungsanlage mit einer Unzahl von Antennen. Über den Zweck dieser Einrichtung schweigt sich selbst das Verteidigungsministerium aus. Aber die Parabolspiegel und stählernen Zeigefinger, die sich gen Himmel recken, lassen den Schluss zu, dass sich von hier aus die diversen Nachrichtendienste der Republik in jedes Telefonat, das in der Hauptstadt geführt wird, einklinken können.

Wie auch immer, der Mont Valérien bietet eine besondere Perspektive auf Paris. Je nach Jahreszeit ist sie völlig unterschiedlich. Im Frühjahr, wenn die ersten warmen Sonnenstrahlen die Stadt streifen, jubiliert die wintergeplagte Seele. Auf dem Weg ins Büro erwischt man sich dabei, dass man alte Schnulzen wie »Ganz Paris träumt von der Liebe« in drei Sprachen trällert. Was für eine Freude, in dieser Stadt arbeiten zu dürfen. »Und in diesem Jahr werde ich all das nachholen, was ich im vergangenen versäumt habe«. Spätestens ab November verkehrt sich dieser gute Vorsatz ins Gegenteil, wenn man vom Berg aus die grau-ockerfarbene Dunstglocke wahrnimmt, die die Stadt überwölbt. Denn dann beginnt die Zeit, in der Frankreichs Hauptstadt für Monate in einem ewig kalten, nassen Grau in Grau versinkt. Nur London oder Wien können mehr auf das Gemüt schlagen.

Paris lebt von seinen Illusionen. Rund 25 Millionen Touristen rennen diesen Chimären Jahr für Jahr hinterher. Sie träumen von einem »Amerikaner in Paris«, suchen die Spuren des »Da Vinci Code – Sakrileg«, verlieren sich in der »Wunderbaren Welt der Amélie«, schnüffeln am »Parfüm« oder bedauern das Schicksal einer »Marie-Antoinette«. Die Realität ist viel herzloser und brutaler. Busreisen für drei Tage, fünf Minuten Foto-Stopp an den großen Sehenswürdigkeiten, abgefüttert werden in einer Absteige zu völlig überzogenen Preisen. Paris ist nichts für Träumer, und Paris ist nichts für Anfänger.

Es sind vor allem Japaner, die hier der Kulturschock ereilt. Die überzogene Erwartung eines romantischen Disneylands ist spätestens dann vorbei, wenn der Taxifahrer sie nochmals auf die Hälfte ihrer Größe zusammengefaltet hat, weil sie sprachlich nicht in der Lage waren, ihr Fahrziel zu artikulieren. Die nächste Enttäuschung kommt, wenn sie Einlass in ein edles Zwei- bis Drei-Sterne-Restaurant oder einen »In-Club« begehren und sie ein Zweimetermann aus der Vorstadt brüsk zurückweist. Einmal gemustert, keine Reservierung und auch noch krumme Beine. Schwarze Franzosen können brutal rassistisch sein! Asiaten reagieren darauf bestenfalls mit Hilflosigkeit und völligem Unverständnis. Im schlimmsten Fall werden sie ein Fall für den Psychiater. Jedes Jahr erwischt es mehr als 100 Japaner, und zwar Frauen viermal so häufig wie Männer. Die Symptome: Weinkrämpfe, Verfolgungswahn, Halluzinationen, am Ende schließlich Selbstmordgedanken. Der Chef des japanischen Konsulats in Paris hat einen 24-Stunden-Notdienst eingerichtet, um verstörten Landsleuten aus der Psychokrise zu helfen, die inzwischen sogar einen Namen hat: »Paris-Syndrom«.

Wäre ich aus der behüteten Welt der Bundesrepublik

Deutschland gekommen, hätte ich solcherlei Geschichten in den Bereich von Märchen und Fabeln einsortiert. Aber drei Jahre als Korrespondent im Nahen Osten, mit einem Büro in Tel Aviv und einem zweiten in Jerusalem, haben mich gelehrt, dass einem nichts unmöglich erscheinen sollte, was man nicht auf Anhieb kapiert. Denn während meiner Zeit in Israel war mir ein vergleichbares Phänomen begegnet. Es hieß »Jerusalem-Syndrom«, tauchte meist an hohen Feiertagen wie Weihnachten, Ostern oder Pfingsten auf und traf in erster Linie christliche Amerikaner aus dem sogenannten Bible belt. Die Symptome zeigten sich nach drei bis vier Tagen unter dem Eindruck der heiligen Stätten dreier Religionen. Da hielt sich manch einer für die Wiedergeburt eines Propheten, eines Heiligen oder des Messias. Die Psychiatrie des größten Jerusalemer Krankenhauses beherbergte in Spitzenzeiten 40 und mehr solcher Patienten, darunter siebzehnmal Jesus, fünf Marien, zwei, die sich für Johannes den Täufer hielten, wenigstens einen König David und einen Propheten Mohammed.

Diese Verhaltensauffälligkeit machte sich dadurch bemerkbar, dass sich Menschen, die als ganz normale Pauschaltouristen gekommen waren, plötzlich, nur mit dem Leintuch ihres Hotelbettes bekleidet, auf die Mauern der Altstadt oder vor die Grabeskirche stellten und anfingen zu predigen. Bevorzugt übrigens über das Jüngste Gericht, Hölle und Fegefeuer und den Untergang der Welt. Die Symptome ließen bei den meisten auch sehr schnell wieder nach, sobald sie der Aura der Heiligen Stadt entzogen waren.

Also warum nicht ein »Paris-Syndrom« bei asiatischen Touristen, denen plötzlich klar wird, dass die Stadt an der Seine nicht voll ist von Chansonklängen, sondern von Hupkonzerten und dröhnenden Zweirädern? Die Konfrontation mit der Realität ist für einige ein richtiger Schock, denn in den wunderbaren Filmen, die sie vor ihrer Reise gesehen haben, gibt es weder rumänische Bettelkinder noch unfreundliche Schwarze und erst recht keine ruppigen Franzosen. In dem Buch *Le Syndrome de Paris* beschreibt Philippe Adam die Einsamkeit einer jungen

Japanerin, die an der Botschaft ein Praktikum absolviert. Sie kennt keine Menschenseele in der Stadt, außer ein paar jungen Franzosen, die sie für kurze Affären missbrauchen. Sie bekommt Phobien und Depressionen, gegen die sie anfängt, Antidepressiva zu schlucken. Am Ende bleibt ihr nur die Wahl zwischen Suizid und der Rückkehr nach Japan.

Was Besucher als romantische Kulisse ihrer Wunschvorstellungen sehen wollen, ist in Wirklichkeit eine schmutzige, herzlose, anonyme, ja feindselige Großstadt. Richtig anfreunden wird man sich als Fremder mit Paris erst, wenn man auch diese Seite akzeptiert.

Von Hundefressern und Russenschlampen

Avenue Montaigne, Schlussverkauf. Der Tag, auf den alle Schnäppchenjäger monatelang warten. Die Luxusboutiquen der großen Modemarken haben für den Ansturm zusätzliches Personal eingestellt und Sicherheitskontrolleure. Geduldig harren die Kunden in zwei- bis dreihundert Meter langen Schlangen auf den Einlass. Auf den Tüten, die sie bereits schleppen, stehen die berühmten Namen: Chanel, Louis Vuitton, Gucci, Givenchy, Gaultier, Dior, Yves Saint Laurent und wie sie alle heißen. Betrachtet man die Menschentrauben aus der Nähe, macht man eine seltsame Feststellung. Die vorherrschenden Sprachen der Kunden sind Russisch und Chinesisch. Franzosen oder Westeuropäer sucht man unter den Wartenden vergeblich. Für die sind die Preise schon längst zu teuer. Waren es früher vor allem die Amerikaner, die auf ihrer vierzehntägigen Tour durch Europa den Eiffelturm erklommen und im Laufschritt durch den Louvre hetzten, so sind es jetzt die neuen Reichen aus dem Reich der Mitte und die Oligarchen aus den Hinterlassenschaften der ehemaligen Sowjetunion. Die Franzosen sind von diesen Gästen wenig begeistert. Aber sie bringen Umsatz und Kaufkraft.

Chinesen geben laut einem Bericht der französischen Tourismusverwaltung auf ihren Reisen durch Europa im Durchschnitt

3000 Euro aus, 18 Prozent für Unterkunft und 34 Prozent für Einkäufe. Sie kommen mittlerweile in Paris auf 50 000 Hotelübernachtungen monatlich.

Auf dem Paris-Programm für chinesische Gruppen steht der Louvre-Besuch an erster Stelle, der sich meist auf ein Digitalfoto vom geheimnisvollen Lächeln der »Mona Lisa« von Leonardo da Vinci beschränkt. Außerdem sind das traditionelle Gruppenbild vor dem Eiffelturm und der Besuch in den »Galéries Lafayette«, dem Konsumtempel, Pflicht, wo es einen eigens für chinesische Touristengruppen reservierten Eingang gibt.

Auch die Konkurrenz »Le Printemps« gleich nebenan buhlt um die Finanzkraft der Reisenden aus Fernost. Die Chinesen seien fast ebenso verschwenderisch wie die Japaner, meint eine Sprecherin des Kaufhauses: »Die Chinesen stellen fünfundzwanzig Prozent der ausländischen Kundschaft und kaufen durchschnittlich für fünfhundert Euro ein.«

Noch großzügigere Touristen sollen die Inder sein. Statt 3000 Euro geben sie laut einer Mitte 2006 veröffentlichten Studie fast 4000 Euro für einen Aufenthalt in Europa aus – davon 700 allein für Shopping. Weiterer Vorteil: Sie verweilen länger an einem Ort als die Chinesen, die in Paris nur knapp anderthalb Tage auf Einkaufsbummel und Sightseeing-Tour sind.

Während Chinesen und Japaner sich überwiegend in der Hauptstadt aufhalten, zieht es eine ständig größer werdende Zahl russischer Reiselustiger auch an die Côte d'Azur: rund 100 000 pro Jahr. Durch die wachsende Elite und eine zahlungskräftige Mittelklasse sind die Besucher aus den »emerging markets« ein bedeutender Wirtschaftsfaktor geworden. Der französische Fremdenverkehrsdirektor hofft, bis 2010 eine Million konsumfreudiger Chinesen pro Jahr in Paris empfangen zu können.

Die großen Luxuskonzerne wie LVMH oder PPR, die sich mit wenigen kleineren Unabhängigen wie Chanel und Hermès den Kuchen teilen, haben sich längst auf die neue Klientel eingestellt. Ganze Modekollektionen werden inzwischen ausschließlich für diese Märkte produziert. Schrille Farben, geschmackloses Design sind der Preis für gute Geschäfte. Mithin verzeichnet die Modebranche mit Accessoires und Luxusartikeln seit Jahren die stabilsten Zuwachsraten der gesamten Industrie.

Sieben bis acht Prozent pro Jahr, das ist die Steigerung, mit der François-Henri Pinault rechnet. Er hat die Herrschaft über ein Imperium übernommen, das einen Jahresumsatz von 5 Milliarden Euro anpeilt. Marken wie Gucci, Yves Saint Laurent, Balenciaga, Boucheron, Bottega Veneta gehören zu dem Konzern, aber auch die Kaufhäuser von Printemps, die für über eine Milliarde Euro kurz vor dem Verkauf stehen, die Unterhaltungselektronikkette FNAC, Surcouf, der größte Computer- und Zubehörhändler Frankreichs, CFAO, der bedeutendste Auto- und Pharmavertrieb in Afrika und den französischen Überseegebieten, La Redoute, Frankreichs größtes Modeversandhaus, und die Möbelhäuser von Conforama. Der Vierundvierzigjährige setzt inzwischen hauptsächlich auf Osteuropa, China, Korea, Taiwan und Singapur. »Europa, Frankreich, das ist zu langsam«, urteilt er, »zu schwerfällig, selbstgefällig und bürokratisch.«

Der Mann weiß, wovon er spricht. Sein Vater besitzt eine der bedeutendsten Sammlungen zeitgenössischer Kunst. Er wollte sie auf einer Seine-Insel bei Boulogne-Billancourt der Öffentlichkeit zugänglich machen. In den alten Produktionshallen des Autoherstellers Renault sollte ein Kunsttempel entstehen, der es mit dem MoMA oder dem Guggenheim in New York hätte aufnehmen können. Jahrelang stellte ihm die Stadt Paris eine Genehmigungshürde nach der anderen in den Weg. Schließlich gab der Mäzen entnervt auf, kaufte kurzerhand einen Palazzo am Canal Grande in Venedig und verfrachtete seine Kunstwerke dorthin. Paris hatte das Nachsehen und eine unwiederbringliche Sammlung für immer verloren.

Für den Sohn und neuen CEO von PPR ist Luxus in erster Linie Zeit – für sich und seine beiden Kinder. Er nimmt sich schon einmal zwei Tage frei und zeigt ihnen die Welt. Aber ihn, wie viele andere Industrielle, plagen ganz andere Zukunftsvisionen. Eines Tages, so sagen sie, wird es in Europa keine industrielle Produktion mehr geben. Die erledigen dann Chinesen, Südostasiaten oder Inder. Billiger, besser, produktiver und innovativer. Und aus Europa wird eine Art Disneyland für Touristen. Die Europäer werden Arbeit nur noch im Dienstleistungsbereich finden. Als Fremdenführer durch Städte wie Paris, London, Berlin oder Rom. Europa als großes Freilichtmuseum alter Kultur, als überdimensionaler Freizeitpark, in dem Europäer noch als Greenkeeper auf Golfplätzen beschäftigt werden, auf denen reiche Asiaten dann 500 Euro und mehr pro Runde zahlen.

Noch ist es nicht so weit, aber an den Schlussverkaufstagen in Paris kann man schon einen kleinen Vorgeschmack darauf bekommen, was passieren wird, wenn die Europäer nicht langsam aufwachen. Der Dienstleistungssektor in Frankreichs Hauptstadt ist fest in osteuropäischer Hand. Jedenfalls wenn es um das älteste Gewerbe geht. Wer sich auf der Avenue Montaigne nach einer langbeinigen, gut aussehenden und gut gepolsterten Blondine umdreht, kann mit neunundneunzigprozentiger Wahrscheinlichkeit davon ausgehen, dass dieses Geschöpf nicht an der Seine das Licht der Welt erblickt hat, sondern irgendwo zwischen Moskwa, Wolga und Don. 2900 Gebäude wurden in den ersten neun Monaten des Jahres 2006 in Paris von Ausländern gekauft, hauptsächlich von Investoren aus Russland, China und den Golfstaaten. Die Zahl allein ist nicht besonders beeindruckend. Aber wenn man sich die Objekte genauer betrachtet, handelt es sich um die Filetstücke der Metropole, viele davon in besten Lagen mit einem Immobilienwert im mehrstelligen Millionenbereich.

Die Neureichen zieht es dahin, wo sich einst der russische Adel ein Stelldichein gab. Zaren, Großfürsten, Prinzen und Grafen tummelten sich Ende des 19. Jahrhunderts mit Vorliebe an der Côte d'Azur. Nizza, Cannes und Monte Carlo waren beliebte Ferienadressen. Heute ist es die neue Moskowiter Oberschicht, die sich ihr Plätzchen an der Sonne sucht. Die Briten, die lange tonangebend waren, haben sich längst ins Hinterland verzogen, in den Luberon, die Gegend um Aix-en-Provence oder Avignon. Wer in einem der größeren Häfen an der Mittelmeerküste glaubt, ein Kreuzfahrtschiff zu sehen, der sollte zweimal hinschauen. Es könnte auch die Privatyacht eines reichen Russen sein. Die 115 Meter lange »Pelorus« gehört Ölmilliardär Roman Abramowitsch, der auch den Londoner Fußballclub FC Chelsea sein Eigen nennt. 2005 wurde das Schiff aus Versehen mit Benzin statt Diesel betankt. Das Resultat: 10 Millionen Euro Motorschaden. Aber keine Angst, es traf ja keinen Armen. Abramowitsch besaß damals noch zwei Yachten als Ersatz: die 107 Meter lange »Grand Bleu«, die er allerdings im Juni 2006 an einen Freund verkauft hat, und die 85 Meter lange »Ecstasea«. Neuerdings scheint dem russischen Krösus die Côte d'Azur aber etwas zu laut zu sein – wohl wegen seiner vielen Landsleute, die die Gegend unsicher machen. Deshalb interessiert er sich für ein Schloss am österreichischen Attersee. Kaufpreis so um die 15 Millionen Euro. Das zahlt der Mann aus der Portokasse.

Pampelonne, der Strand von Paris

Der Nationalfeiertag ist vorbei. Die Schulferien sind ausgebrochen. Die Hauptstadt leert sich über Nacht wie ein riesiger Bottich, dem man den Boden ausgeschlagen hat. Jetzt könnten in Paris die schönsten Wochen des Jahres beginnen, wären da nicht die Touristen. Invasionsartig überfallen sie die Stadt, fotografieren die immer gleichen Monumente und lassen sich mit völlig überhöhten Preisen von Taxifahrern und Bistrokellnern über den Tisch ziehen.

Der Einheimische steht plötzlich vor verschlossenen Türen. Der Bäcker an der Ecke hat zu, der Friseur Betriebsferien. An der Stammkneipe hängt ein Schild: *»fermé«* – bis Ende August. Selbst die kleine Sparkasse, geschlossen wegen Umbau bis zur *rentrée*. Wie von einem Magneten gezogen, hat der überwiegende Teil der Pariser die Stadt Hals über Kopf verlassen, vorzugsweise ans Meer und am liebsten in Richtung Süden. An diesem letzten Juli-Wochenende kann man dann im Radio Orte in der französischen Provinz namentlich kennenlernen, deren Existenz einem bislang völlig unbekannt war. Alarmstufe Orange für den Abschnitt der Rhône-Autobahn von Dijon bis hinter Avignon, Alarmstufe Rot für den Küstenabschnitt am Mittelmeer von Italiens Grenze bis nach Spanien.

Was ist die Ursache dieses Phänomens, das die Pariser reagieren lässt wie Lemminge? Menschen, die von sich behaupten würden, sie seien die größten Individualisten unter der Sonne, unterliegen schlagartig einer unkontrollierten Massenflucht, und das alle Jahre wieder. Nur die hartgesottenen Urlaubsverweigerer oder die, die es sich finanziell partout nicht leisten können, entziehen sich diesem kollektiven Exodus. Doch selbst für die gibt es seit einigen Jahren einen Hauch von Mittelmeer, mitten in der Stadt. Pünktlich zum Ferienbeginn sperrt die Stadtverwaltung die Seine-Uferstraßen auf mehreren Kilometern. Dann wird dort Sand aufgeschüttet, und Palmen werden in Riesenkübeln aufgestellt. Zum Strandleben in der Großstadt gehören natürlich auch Beach-Volleyball-Felder, Schwimmbecken mit einem Meter Wassertiefe, damit auch ja niemand ertrinkt und sich das Kinderpipi schön gleichmäßig verteilen kann, sowie allerlei Buden, die Cocktails, Kaffee und anderes ausschenken, um den Daheimgebliebenen ein wenig Südsee-Zauber und Karibik-Feeling zu vermitteln. Eine Beregnungsanlage für den Tropenschauer darf da genauso wenig fehlen wie die dauerhafte Musikberieselung mit Calypso-Rhythmen.

Dieses Urmodell des innerstädtischen Badevergnügens hat inzwischen europaweit Nachahmer gefunden. Von München bis Hamburg und selbst im Berliner Spreebogen hinter dem Reichstag holen sich dort bleiche Großstädter ihren Sonnenbrand. Ganz nebenbei dienen diese künstlichen Oasen als »meat market«. Denn wie lässt es sich besser anbaggern als in Bikini und Badehose, mit einer Piña Colada in der Hand. Wenigstens bleiben so beim anders- und/oder gleichgeschlechtlichen Objekt der Begierde kaum Fragen nach den körperlichen Reizen offen. Der Pariser Bürgermeister Bertrand Delanoë, wie Berlins Regierender bekennender Schwuler – »und das ist gut so« –, stört sich denn auch weniger an dem promiskuitiven zwischenmenschlichen Austausch von Zärtlichkeiten in aller Öffentlichkeit, sondern nur an den Kindern seiner Stadt, die das fröhliche Sommerbild stören.

Unter den Brücken über die Seine ist ein kleiner Teil der Bevölkerung beheimatet, der früher liebevoll als »Clochards« bezeichnet wurde. Die Obdachlosen mit Rotweinflasche und Zigarettenstummel im Mundwinkel durften in keinem Klischee über die Stadt der Liebe fehlen. Heute werden sie nicht mehr verständnisvoll »Clochards« genannt, sondern tragen das fast unmenschliche Bürokratenkürzel »SDF«. Das heißt *»sans domicile fixe* – ohne festen Wohnsitz«. Natürlich werden sie in der rot-grün regierten Stadt nicht einfach von der Polizei vertrieben. Aber die Ordnungshüter machen ihnen durch ständige Kontrollen und Schikanen unmissverständlich klar, dass sie an den Ufern des Flusses, der den Zauber von Paris ausmacht, einfach unerwünscht sind. Seit in dem harten Winter 2005/2006 mehrere unter freiem Himmel erfroren sind, hatten Hilfsorganisationen isolierte Zelte ausgegeben. Auch die sollten wieder verschwinden, weil sie das Stadtbild störten. Und wenn die Betroffenen den gut gemeinten Aufforderungen der Obrigkeit nicht Folge leisteten, dann ging so ein Zelt auch schon einmal in Flammen auf.

Die Einwohner von Paris, die zum Ferienbeginn aus der Stadt Richtung Mittelmeer oder Atlantikküste fliehen, kennen solche Sorgen nicht. Nachdem sie die tagtäglichen Staus des Pariser Stadtverkehrs hinter sich gelassen haben, stürzen sie sich nun mit abertausend anderen in geradezu masochistischer Lust in den tausend Kilometer langen Stau zu den Küsten im Süden Frankreichs. Dort quälen sie sich dann in den schönsten Wochen des Jahres über die völlig verstopften Uferstraßen, um gemeinsam an restlos überfüllten Stränden in der Sonne zu braten. Für dieses Erscheinungsbild kollektiven Wahnsinns reicht der französische Zentralismus als Erklärung allein nicht aus. Natürlich beginnen überall im Land gleichzeitig die großen Ferien. Eine Entzerrung mit unterschiedlichen Startterminen in den Regionen, wie in den verschiedenen deutschen Bundesländern, wurde zwar häufig diskutiert, konnte sich aber nie durchsetzen. Natürlich ist die Tradition des *mois d'août*, des Ferienmonats August, in Frankreich gewachsen. Aber der vollkommene Stillstand von Politik, öffentlichem Leben, ja sogar weiten Teilen der Volkswirtschaft ist ein Luxus, den sich eigentlich nur extrem reiche oder vollkommen verrückte Länder leisten sollten. Frankreich ist beides nicht, aber seine Bewohner tun so als ob.

Der Süden Frankreichs ist traumhaft, auch wenn man dort beklaut wird, übervorteilt und beschissen. In den Ferien sind die Franzosen bereit, sich ausnehmen zu lassen wie die Suppenhühner. Denn die Hoteliers, Restaurantbesitzer, Pizzabäcker, Bootsverleiher und Eisverkäufer im Süden müssen in diesen wenigen Wochen des Jahres das einnehmen, wofür die anderen zehneinhalb Monate Zeit haben.

Aber wenn man kein Franzose mit schulpflichtigen Kindern ist und die Chance hat, die Schulferien zu umgehen, sollte man das unbedingt tun. Im Mai und Juni oder im Herbst kann man Südfrankreich von seiner schönsten Seite erleben. Ohne Stau, ohne Waldbrände und ohne durchgeknallte, aggressive Pariser, die bereit sind, sich für einen Parkplatz oder zwei Quadratmeter Sand in der dritten Reihe am Strand zu prügeln. Natürlich haben die geschäftstüchtigen Küstenbewohner, deren Vorfahren sich ihren Lebensunterhalt noch als Schmuggler und Piraten verdienten, hier eine Marktlücke erkannt. Wer im Urlaub auf sozialdarwinistische Auseinandersetzungen keine Lust hat, kann dem entgehen. Das hat allerdings seinen Preis. Ein Logenplatz auf Frankreichs längstem und mondänstem Grill kann gut und gerne 60 Euro pro Tag kosten. Dafür bekommt man dann auch den Liegestuhl mit Auflage, Sonnenschirm und Badetuch.

Die gefragteste Adresse dafür ist der Pampelonne-Strand zwischen Saint-Tropez und Ramatuelle, ein Tummelplatz der Reichen und Schönen. 31 private Beachclubs, einige mit eigenem Restaurant, Bar und Beauty Parlor, reihen sich hier aneinander. Für jeden Geschmack gibt es die richtige Anlaufadresse. Jedes Jahr gilt ein anderer Club beim jugendlichen Publikum, das gerne das Geld der Eltern in den Wirtschaftskreislauf einspeist, als hip. Einige halten sich seit Jahren in der Gunst von Chic und Wichtig oder sind eher etwas für die Gesetzteren, die mit dem Beiboot der eigenen Yacht zum Mittagessen kommen. »Les Palmiers« ist so ein Platz oder die Jet-Set-Tränke »Nioulargo-Beach«, mit »Kaï Largo«, seinem indo-chinesischen Restaurant.

Dort speist man köstlich, und es kann schon mal passieren, dass am Nebentisch Elton John mit seiner Entourage auftaucht und man sich als Fan seiner Musik wünscht, er wäre einem nie in der Badehose begegnet. Charlotte Rampling schwört auf die gegrillte Dorade im »Club 55«. Wer mehr auf die Rundherum-Polsterung von Pamela Anderson steht, kommt am Nikki Beach auf seine Kosten. Sie hat dort sogar auf einer Yacht vor dem Strand zum zweiten Mal geheiratet – den Musiker Kid Rock. Statt Brautkleid ein weißer Stringbikini, kaum dafür geschaffen, kiloweise *Silikon* im Zaum zu halten. Überhaupt, wer gerne empirische Fallstudien über das Thema betreibt, was Schönheitschirurgen mit welkem Fleisch so alles anrichten können, wird in Europa kaum einen attraktiveren Platz finden. Am Pampelonne-Beach kann es in der Nachbarschaft von Fußballerpaaren wie David und Victoria Beckham mitunter recht laut werden, und besonders, wenn Naomi Campbell über den schlechten Service ausrastet. Aber wer von dort aus den Ferien zurückkommt, hat wenigstens was zu erzählen, was erst ein paar Tage später in der Zeitung steht.

Kathedralen weinen nicht

Die berühmte Fensterrosette der Kathedrale von Saint-Denis droht auseinanderzufallen. Tauben nisten in einem Netz, das über die Fassade des Straßburger Münsters gespannt ist. Die Arbeiten an dem gotischen Gemäuer sind eingestellt. Die Kirche von Saint-Merri im 4. Pariser Arrondissement, mit der ältesten Glocke der Stadt, wartet seit Jahren auf eine Renovierung. Das ursprüngliche Gebäude der Nationalbibliothek verrottet, im Innenhof sprießt Unkraut, das Mauerwerk ist in einem katastrophalen Zustand. Noch immer beherbergt der 58 000 Quadratmeter große Bau 300 000 äußerst wertvolle und seltene Dokumente, darunter Originalmanuskripte von Marcel Proust und Victor Hugo, Bibeln aus dem Mittelalter und ägyptische Papyri, die 4000 Jahre vor Christi Geburt beschrieben wurden. Sie müssten bei konstanter Temperatur und Luftfeuchtigkeit aufbewahrt werden. Aber seit dem Umzug der Hauptsammlung in die François-Mitterrand-Bibliothek nach Bercy ist das Ensemble aus dem 17. Jahrhundert dem Verfall preisgegeben. Stromleitungen liegen offen, die Wasserinstallationen sind undicht und somit eine ständige Gefahr für die hier gelagerten Schätze. Seit 2002 gibt es eine detaillierte Planung für die Sanierung, aber das Kultusministerium blockiert die vorgesehenen Mittel.

Der Staat versucht seine Anstrengungen auf die Gemäuer zu konzentrieren, die richtig Geld bringen. Das sind landesweit rund zwanzig Museen, Kathedralen und Schlossanlagen. Allen voran der Louvre mit »La Joconde – der Heiteren«, auf Deutsch besser bekannt als Mona Lisa. Das Bild Leonardo da Vincis von der Unbekannten, deren geheimnisvoller Silberblick Generationen von Betrachtern faszinierte und alljährlich millionenfach auf Fotos festgehalten wird. Angeblich hatte Napoleon das Bild sogar eine Zeit lang in seinem Schlafzimmer aufgehängt. Während wenige Vorzeigemonumente in Schuss gehalten werden, ist Frankreich auf dem besten Weg, sein anderes nationales Erbe zu verspielen. Denn das Geld reicht hinten und vorne nicht. Wenn nicht private Eigentümer oder großzügige Sponsoren dafür sorgen, dass die Bauten gepflegt und instand gehalten werden, der Staat als Eigentümer ist damit hoffnungslos überfordert und oft auch vollkommen desinteressiert.

Selbst weltberühmte Monumente wie der Spiegelsaal und die Gärten von Versailles, die eigentlich zu den Vorzeigeobjekten zählen, können nur mit Hilfe von Mäzenen erhalten werden. Die wunderbaren Skulpturen in der riesigen Parkanlage, die einst von André Le Nôtre, dem größten Gartenbaumeister aller

Zeiten, aufgestellt worden waren, drohten zu zerbröseln. Doch dann erfand ein cleverer Denkmalschützer vor einigen Jahren eine moderne Patenschaft für alte Plastiken. Auf dem Hinterteil von Bacchus und dem Sockel von Diana kleben jetzt kleine Tafeln, die bezeugen, dass das Champagnerhaus Soundso und die Witwe XY das Facelifting für die steinernen Schönheiten übernommen haben.

Noch schlimmer sieht es in der Provinz aus. Dort verfallen Schlösser, Kirchen und Museen. Jeder, der sich für die Geschichte Frankreichs interessiert, sollte sich ein paar Tage Zeit nehmen und die Schlösser an der Loire besuchen. Leider ist dort die Malaise, wie sträflich Kulturgüter vernachlässigt werden, besonders augenfällig. Chambord, das Prunk- und Jagdschloss von François 1er, vielleicht das imposanteste Bauzeugnis aus der Zeit der Renaissance, fristet ein trauriges Dasein. Die Gärten verwildert, die Räume verwahrlost. Überall blättert die Farbe ab, bröckelt der Putz. Die unzähligen Räume, in denen sich kein einziges Möbelstück befindet, machen schon so einen tristen Eindruck, der aber wird durch den bejammernswerten Erhaltungszustand noch potenziert.

Schon der Dichter Gustave Flaubert, der im 19. Jahrhundert durch die verwaisten Räume des riesigen Schlosses schlenderte, sinnierte über dessen seltsames Geschick: »Es ist alles gegeben worden, so als ob niemand es haben oder behalten wollte. Es sieht aus, als ob es so gut wie nie benutzt worden und immer zu groß gewesen sei. Es ist wie ein verlassenes Hotel, in dem die Reisenden nicht einmal ihre Namen an den Wänden hinterließen.« Seit 1981 steht Chambord auf der Kulturdenkmalliste der UNESCO. Nur wenig besser steht es ein paar Kilometer weiter um Chaumont-sur-Loire, das eindrucksvolle Schloss am Hochufer des Flusses, das die Grafen von Blois einst als Festung bauen ließen, um das Tal zu kontrollieren.

Der schlechte Zustand dieser staatlichen Denkmäler wäre nicht so auffällig, gäbe es nicht in unmittelbarer Nachbarschaft das exakte Kontrastprogramm. Zum Beispiel das Château de Chenonceau, das Schloss der Damen, wie es auch genannt wird, das wie eine Brücke über dem Fluss Cher errichtet wurde. Diane von Poitiers und Katharina von Medici waren hier Hausherrinnen. Die Anlage ist ein Kleinod. Gepflegte Parkanlagen im Stil der Renaissance, liebevoll restaurierte Innenräume und ein Musik- und Ausstellungsprogramm, das dem alten Gemäuer täglich neues Leben einhaucht. Die Familie Menier, eine Dynastie von Schokoladenfabrikanten, hat sich den Erhalt dieser außergewöhnlichen Residenz viel Geld kosten lassen. Auch die schönste Gartenanlage im Loiretal ist in Privatbesitz. Das Château Villandry lohnt eine Reise, genauso wie Cheverny, das dem berühmten Comic-Zeichner Hergé als Vorlage für das Schloss in »Tim und Struppi« diente.

Gäbe es die privaten Initiativen in Frankreich nicht, wären viele Kulturdenkmäler wahrscheinlich längst verloren oder zerstört. 120 Baustellen wurden im Jahr 2006 in ganz Frankreich eingestellt, weil das Geld fehlt. Und der Verfall einiger Bauten ist wirklich tragisch, besonders, wenn man sie vor zehn, zwölf Jahren noch in gutem Zustand erlebt hat. So erging es mir mit der Abtei von Thoronet, einem Zisterzienserkloster im Département Var. Ein Ort mit einer fast magischen Atmosphäre, mit Brunnen, Wasserläufen und blühenden Gärten. Mit kleinen Fischbecken und einem verwunschenen Kreuzgang war die Abtei in meiner Erinnerung, bis zu einem Wiedersehen im Sommer 2005.

Die Anlage glich einer Steppenlandschaft, war ungepflegt und verkommen. Kaum ein Tourist verlief sich mehr hierher. Der Kreuzgang war überwuchert, der Müll lag auf den Wegen. Als ich mich bei einem Parkwächter erkundigte, was hier geschehen sei, erklärte er: »Vor drei Jahren ist die uralte Wasserleitung, die noch aus romanischer Zeit stammte, kaputtgegangen. Sie hat das Kloster und die Gärten versorgt. Jetzt ist kein Geld da, um sie zu reparieren. Deshalb verfällt hier alles.« Ich wollte kaum glauben, dass der französische Staat so sträflich mit seinem Vermächtnis umgeht.

Auf der Rückfahrt nach Paris machten wir in dem Pendant von Thoronet Station, der Abbaye de Fontenay, die vom heiligen Bernhard 1118 gegründet worden war. Sie sah so aus, wie ich Thoronet in Erinnerung hatte. Ein Ort voller Zauber und Magie, in dem man das frühmittelalterliche Klosterleben überall spüren konnte. Es ist der Familie Montgolfier und ihren Nachfahren aus der Lyoner Bankiersfamilie Aynard zu verdanken, dass die Abtei, die zwischenzeitlich als Papiermühle missbraucht worden war, 1906 wieder in ihrem ursprünglichen Zustand renoviert wurde und bis heute mit Hingabe gepflegt wird. Die berühmte Designerin und Innenarchitektin Andrée Putman hat hier als Kind ihre Sommerferien auf dem Besitz der Großeltern verbracht.

Dramatisch ist das Gefälle zwischen der Hauptstadt und der Provinz bei der Verteilung der Mittel. Während für die berühmten Touristenmagneten in Paris noch immer Geld für Renovierungen locker gemacht und selbst der »Grille Royale«, die prachtvolle Umzäunung in Versailles jetzt instand gesetzt wird, vernachlässigt der Staat, was abseits der berühmten Touristenziele liegt. Zwar werden in den nächsten Jahren 180 Millionen Euro dafür aufgewendet, aus dem Mont Saint-Michel, der vor der Küste der Normandie langsam zu versanden droht, wieder eine Insel zu machen, weil dort jedes Jahr Millionen von Touristen hinkommen. Die dringenden Arbeiten an der Kathedrale von Albi wurden allerdings auf den Sankt-Nimmerleins-Tag verschoben. Wie sagte ein Journalist zu Philippe Douste-Blazy, als dieser noch Kulturminister war: »Schlafen Sie wohl, Herr Minister, die alten Steine werden schon nicht unter Ihren Fenstern aufmarschieren.«

In Frankreich gibt es den besten Wein – ein Mythos

In Frankreich gibt es gute Weine, sogar hervorragende. Pétrus, Château Latour, Guigal oder Romanée-Conti gehören zu dem Besten, was auf der Welt zu finden ist. Aber wenn französische Weine eine besondere Qualität aufweisen, dann sind sie teuer, sogar unverschämt teuer. Was heute für die Spitzengewächse aus Bordeaux verlangt wird, steht in keiner Relation zu dem, was dafür geboten wird. Auch die Preise für Champagner sind in den letzten Jahren davongelaufen, während im gleichen Zeitraum das prickelnde Vergnügen qualitativ deutlich nachgelassen hat. Wer sich über die überzogenen Preise der großen Champagnerhäuser ärgert, der sollte nach den kleinen Erzeugern Ausschau halten. Die müssen nämlich keine Unsummen für Werbung und Marketing ausgeben, um uniforme Massenware zu vertreiben. Statt 40 Euro kostet eine Flasche dann nur 12 oder 14, und der Inhalt hat sogar noch einen eigenen Charakter. Welcher Verbraucher in Deutschland weiß schon, dass die »Veuves de Soundso«, die bei Aldi im Regal stehen, nichts anderes sind als die Restbestände der bekannten Champagnermarken, die unter eigenem Namen nicht abgesetzt werden konnten?

Beaujolais war bei echten Weinkennern schon immer für die Füße. Den Kult, der alljährlich in der dritten Novemberwoche, vor allem in Deutschland, um den Primeur veranstaltet wird, versteht in Frankreich kein Mensch, weil hierzulande jeder weiß, dass man von dieser Plörre allenfalls Kopfschmerzen bekommt. Die Hälfte der Produktion geht nach Japan, wo die Konsumenten ja gerne auch Pflaumenwein trinken. Dann folgen die USA und Deutschland, wahrlich kein Ausweis für die Kennerschaft unserer Landsleute.

Guter Wein, bei dem das Preis-Leistungs-Verhältnis stimmt, kommt aus Burgund, von der Côte du Rhône und, wenn man sehr genau sucht und sich auskennt, vereinzelt auch von der Loire. Allerdings kann man damit übel reinfallen. Wer dort mit einem fremden Kennzeichen bei einem Winzer haltmacht, muss damit rechnen, dass ihm für viel Geld korkende Flaschen oder Essig verkauft werden. Denn die Gefahr einer Reklamation ist für den Verkäufer relativ gering, wenn der Kunde erst einmal Hunderte Kilometer entfernt merkt, was ihm da angedreht wurde.

Unterschätzt wird manche Lage in der Provence und im Languedoc-Roussillon. Fantasiepreise werden auch für Chablis gezahlt, der ohnehin nur etwas für hartgesottene Säureliebhaber ist. Ausnahmen bestätigen die Regel. Wer allerdings weiter Richtung Süden fährt, wo die Reben auch mal Sonne bekommen, beispielsweise an die Côte de Beaune, oder dorthin, wo der Pouilly-Montrachet wächst, der kann sich bei kleinen Winzern und Genossenschaften schon fühlen wie im siebten Weinhimmel. Neuerdings füllt ein Winzer in der Nähe von Bordeaux Rotwein in Aludosen ab. Glücklicherweise hauptsächlich für den Export nach Japan. Denn die Franzosen würden das kalte Grausen kriegen.

Alle Franzosen essen Froschschenkel – noch ein Klischee

Franzosen verzehren gern merkwürdige Dinge. Zwar nicht ganz so gewöhnungsbedürftige Leckerbissen, wie sie die chinesische Küche bietet, also kein Affenhirn, keine Schlangen, keinen knusprig gebratenen Hund. Aber Seeigel, Bulots (kleine Meeresschnecken), Geflügel, an dem noch Kopf und Beine mit Krallen hängen, Austern oder bestimmte Käsesorten, deren Ausdünstungen stark an Schweinedung erinnern, benötigen einen trainierten Gaumen, sind somit nichts für kulinarische Anfänger. Bei Wildgerichten bevorzugen die Franzosen abgehangenes Fleisch, das den berühmten *haut goût* besitzt. Dieser »hohe Geschmack« bedeutet nichts anderes, als dass der Rehrücken, das Hirschragout, die Wildschweinkeule oder der Entenbraten bereits in den Zustand leichter Verwesung übergegangen ist.

»Wie kannst du nur Foie gras essen?« Diesen Satz habe ich mir schon oft von deutschen Freunden anhören müssen, und nicht nur von den militanten Tierschützern unter ihnen. Zugegeben, die Herstellungsmethode ist pure Tierquälerei. Enten oder Gänsen werden täglich mehrere Kilogramm Futterbrei aus Gerstennudeln, eingeweichtem Weißbrot, manchmal auch Datteln und Feigen, in den Hals gestopft, bis die Vögel eine Fettleber entwickeln. Diese Vorstufe einer Zirrhose, denn nichts anderes ist diese Organkrankheit, führt dazu, dass die gestopfte Gänse- oder Entenleber auf das drei- bis vierfache Volumen anwächst. Das Fleisch wird weich, hell und sämig, so wie es Gourmets seit Jahrhunderten lieben. Diese Art von Geflügelaufzucht kennen sonst nur Länder des ehemaligen Ostblocks, wie Ungarn, Polen und Rumänien und – wen wundert's? – Israel! Die meisten anderen, auch Deutschland, haben solche Mastmethoden als Tierquälerei unter Strafe gestellt.

Nur die Franzosen haben es im Jahr 2005 fertiggebracht, die Stopfleber von der Nationalversammlung zum »nationalen und gastronomischen Kulturerbe« erklären zu lassen.

Froschschenkel, die den Franzosen bei den Briten den schönen Spitznamen »frog eaters« oder kurz »frogs« eingebracht haben, findet man inzwischen auf den Speisekarten eher selten. Mit der Konsistenz von gekochtem Hühnchen und dem Geschmack von zu lange gegartem Kalbfleisch sind diese Amphibienteile ohnehin nicht jedermanns Sache. Dann lieber *les escargots*, die Weinbergschnecken, deren schleimiges Eigenleben mit stark knoblauchhaltiger Kräuterbutter bestens getarnt wird.

Eines der perversesten Gerichte der französischen Küche ist im Südwesten des Landes beheimatet und ausschließlich Männern vorbehalten. Im Herbst werden in großen Netzen junge *ortolans* – Fettammern – gefangen. Anschließend sperren die Jäger ihre Beute lebend in Schuhkartons, die auf der Stirnseite ein kleines Loch haben, gerade groß genug, damit der Vogel seinen Kopf herausstrecken kann. Über achtzehn Tage werden die Piepmätze mit weißer Hirse gemästet. Wenn sie »reif« sind, ertränkt man sie in Armagnac, um dann in einer Kasserolle ihr kurzes Leben zu beenden, besoffen auf dem Rücken liegend, mit gespreizten Schenkeln.

Wenn die Vögel gar sind, findet ein rituelles Mahl statt. Die Männer legen sich dabei eine große Serviette über den Kopf, die auch die Cocotte, den Topf mit der Ammer, bedeckt. Mit lautem Schlürfen und Schmatzen werden die Vögel samt ihren Innereien zunächst ausgesaugt und anschließend abgenagt. Die, die einmal daran teilgenommen haben, halten das Festmahl für den kulinarischen Höhepunkt des Jahres. Tierschützern dreht es eher den Magen um.

Noch ein kleiner, durchaus ernst gemeinter Hinweis für Austernliebhaber: Bei Austern handelt es sich um lebende Tiere, die sich im Meerwasser am wohlsten fühlen. Dort haben sie eine überaus sinnvolle Funktion. Sie filtern ihre Nahrung aus den Schwebstoffen, die im Wasser umherschwimmen. Mit zunehmender Umweltverschmutzung sind darunter auch Substanzen, von denen der menschliche Organismus nicht begeistert ist. Kolibakterien, die für Durchfallerkrankungen sorgen, Viren, die eine ordentliche Hepatitis hervorrufen, Schwermetalle, die zu Vergiftungen und Leberschäden führen können, Jod, das in erhöhter Konzentration bei manchen Zeitgenossen schwere Allergien hervorruft.

Also Finger weg von Schalentieren, von denen man nicht genau weiß, wo sie herkommen und wie lange sie unterwegs waren. Eine Austernvergiftung kann tödlich sein, und neuerdings werden ganze Bestände von einer gefährlichen Killeralge befallen, die Austern für den Menschen toxisch macht. Wie gesagt, die Auster ist ein lebendes Tier und wird lebend verspeist. Sie kann bei entsprechender Temperierung im geschlossenen Zustand wunderbar eine Woche und mehr unbeschadet außerhalb des Meerwassers überleben. Wenn sie aber geöffnet wurde, muss sie schnell verzehrt werden, denn sonst setzt der Verwesungsprozess ein. Und noch etwas: Wenn Austern, wie so häufig in Restaurants, auf Eis serviert werden, ist das eine glatte Täuschung des Gastes. Denn das sagt nichts über ihre Frische aus und verdirbt nur das Aroma.

Für die, die einmal wirklich politisch unkorrekt genießen wollen, sei hier mein bestes Rezept für eine Foie gras verraten. Voraussetzung dafür ist natürlich ein hervorragender und sündhaft teurer Delikatessenladen oder ein kleiner Ausflug in das Elsass oder Périgord, nach Polen oder Ungarn.

Neuerdings bietet sich sogar die Nordprovinz Chinas an. Dort gibt es seit Herbst 2006 ein sino-französisches Gemeinschaftsprojekt zur Herstellung von Stopfleber. Denn die reichen und reiselustigen Chinesen sind inzwischen auch auf den Geschmack von Foie gras gekommen. 5 Millionen Enten werden im Reich der Mitte nach der gleichen Technik gemästet wie im Périgord. Eine Jahresproduktion soll 10 Millionen Kilo Fleisch und 2 Millionen Leber bringen.

Foie gras de canard truffée – ein Rezept

Ohne Gänse- oder Entenleberpastete als Vorspeise wäre Weihnachten für den Franzosen nicht Weihnachten. Wer diese Köstlichkeit verspeist, sollte allerdings über einige Dinge besser nicht nachdenken oder sich als guten Vorsatz für das neue Jahr ein paar Tage Diät verordnen. Die Delikatesse ist Gift für den Cholesterinspiegel.

In Frankreich wird sie ab Anfang November mit Sonderangeboten in jedem Supermarkt verkauft. Dafür werden dann schon mal die Gemüseregale freigeräumt, um genügend Platz für die Leber zu haben. Der Kauf der richtigen Foie gras ist nicht nur eine Glaubensfrage, ob Gans oder Ente besser ist, sondern ein Ritual, das schon Wochen vorher in der Familie durchdiskutiert wird. Frische Ware kommt aus heimischer Produktion, zum Teil auch aus Ungarn oder Polen. Entenleber ist übrigens wesentlich billiger als Gänseleber und feiner im Geschmack. Der wahre Kenner pilgert vor Weihnachten nach Ribérac, wo es auf dem Stopfleber- und Trüffelmarkt die beste Ware in ganz Frankreich gibt. Und das zu bezahlbaren Preisen.

Zutaten:
- 1 frische Entenstopfleber, ca. 600 Gramm
- 1 schwarzer Trüffel
- 10 Scheiben weißer Speck
- Portwein
- Salz, Pfeffer, Pastetengewürzmischung
- 1 Packung Aspikpulver, ausreichend für ½ Liter
  Mehl und Wasser

Vorbereitung:
Waschen Sie die Entenleber mit einem Stück feuchtem Küchenkrepp vorsichtig ab. Klappen Sie die beiden Leberlappen auseinander und schneiden Sie die Leber mit einem scharfen Messer der Länge nach leicht ein, bis die Gefäße sichtbar werden. Ziehen Sie diese vorsichtig heraus und entfernen Sie die dünne Außenhaut der Leber. Zerteilen Sie das Fleisch in mehrere große Stücke. Diese werden in eine Steingut- oder Glasschale gelegt, mit Salz, Pfeffer und Pastetengewürzmischung bestreut und mit reichlich Portwein übergossen. Anschließend das Ganze mit Frischhaltefolie abdecken und über Nacht im Kühlschrank marinieren lassen.

Kochen Sie ¼l Wasser und ¼l Portwein kurz auf und rühren Sie die Packung Aspikpulver ein. Gießen Sie die Flüssigkeit ca. 1,5 cm hoch in eine flache Schale. Auch über Nacht in den Kühlschrank, damit das Aspik fest wird.

Zubereitung:
Legen Sie eine Pastetenform aus Porzellan oder Steingut mit dem Speck aus. Der Deckel der Form muss ein kleines Loch haben. Legen Sie die Leberstücke bis zur Hälfte in die Pastetenform. Drücken Sie sie leicht an. Schneiden Sie den Trüffel in gleichmäßige Stäbchen und legen Sie die Trüffelstücke der Länge nach in die Mitte. Schichten Sie die zweite Hälfte der Leberstücke bis zum oberen Rand der Terrine, gießen Sie ein wenig der restlichen Marinade darüber und drücken Sie wieder die Leberstücke leicht an. Decken Sie mit dem verbliebenen Speck die Leber ab. Mit einem Esslöffel Mehl und einigen Tropfen Wasser wird ein Leim angerührt und der Rand der Terrine eingestrichen. Zum Schluss den Deckel in den Leim drücken, um die Form zu verschließen.

Die Terrine kommt dann für 12–15 Minuten, je nach Wandstärke der Terrinenform, in ein *bain marie*, ein Wasserbad mit knapp unter 100 Grad Celsius – köchelnd heißt das Zauberwort. Anschließend abkühlen lassen und über Nacht in den Kühlschrank. Zum Servieren das Aspik in kleine Würfel schneiden und um den Block Foie gras auf einer Silberplatte garnieren. Dazu Toast oder noch besser Brioche reichen. Mit einem Glas Champagner oder einem Sauternes eine wahrlich festliche Vorspeise.

Von Enten und Gänsen oder mit der Trikolore gegen Vogelgrippe

»*Grippe aviaire* – Vogelgrippe«. Das Panikwort des Jahres 2005. Die Bedrohung aus dem Osten, aus der gleichen Richtung wie die weiche Flanke der erweiterten europäischen Gemeinschaft. Die ersten Fälle in Ostanatolien bestätigten Frankreichs Vorbehalte gegen die Aufnahme der Türkei in die EU. Dieses Land sei einfach noch nicht so weit, wenn dort solche Krankheiten ausbrechen, so das einhellige Urteil.

Lange blieb Frankreich von den Auswirkungen der Vogelgrippe verschont. So lange, dass die Franzosen davon überzeugt waren, dass die Viren am Rhein haltgemacht hätten. Mit dem Brustton der Überzeugung erklärten Gesundheitspolitiker, die Vorkehrungen seien so gut, dass es für die Verbraucher keinerlei Gefahr gäbe. Vielleicht waren sich die Franzosen ihrer Sache deshalb so sicher, weil sie, im Gegensatz zu den paranoiden deutschen Zeitungslesern, wussten, dass die Vogelgrippe eigentlich nichts anderes ist als Geflügelpest, die die Bestände in regelmäßigen Abständen heimsucht.

Die Veterinäre, Hygieniker und Pandemie-Experten, die sich in deutschen TV-Studios die Klinke in die Hand gaben, machten sich in Frankreich ziemlich rar. Während in Deutschland ein heftiger Streit darüber in Gang kam, ob die Bestände durch Impfungen immunisiert werden sollten, mit der Gefahr, dann das Fortschreiten der Viren nicht mehr nachvollziehen zu können, oder ob man lieber Hunderttausende von Hühnern, Enten und Gänsen keulen sollte, gab es darüber in Frankreich fast keine Auseinandersetzung. Hier war von Anfang an klar, dass die wertvollen Bresse-Hühner und Barbarie-Enten geimpft werden müssten. Geflügel aus Frankreich ist schließlich ein Markenartikel und ein Exportschlager. Was hätte die Grande Nation also davon, wenn sie mit Impfungen ihre Tiere retten würde, diese aber an niemanden mehr verkaufen könnte?

Ein begnadeter PR-Mann kam auf die glorreiche Idee, französisches Geflügel mit der Trikolore auszuzeichnen. Die Farben *»bleu-blanc-rouge«* auf den Verpackungen sollten dem Verbraucher signalisieren: »Geflügel aus Frankreich ist garantiert sicher!« So sicher, wie der Gebrauch von Küchenkräutern gegen Schwangerschaften oder einer Voodoo-Puppe gegen den bösen Blick. Der PR-Gag funktionierte. Zwar ging auch in Frankreich der Verzehr von Geflügel auf dem Höhepunkt der Diskussion um die Vogelgrippe um 15 bis 20 Prozent zurück, aber deutlich geringer und für einen viel kürzeren Zeitraum als in Deutschland.

Die Angstkampagne erreichte ausgerechnet zum Beginn der größten Landwirtschaftsausstellung, des »Salon international de l'agriculture«, ihren Gipfelpunkt. Für Ausländer, insbesondere für Amerikaner, hatte diese Messe schon immer etwas Befremdliches. Dort werden nämlich lebende Tiere direkt neben dem daraus hergestellten Produkt gezeigt. Also Charolais-Rinder neben der frisch geschlachteten *Côte de bœuf*, Kuh neben Steak, Stier neben Roastbeef, die Mastenten neben der Entenleberpastete, das fröhliche Schwein neben diversen Schinkensorten und Pasteten. Für sensible Ausländer gewöhnungsbedürftig, für Franzosen völlig normal. Also war es auch selbstverständlich, dass der Staatspräsident und sein Premierminister bei einem Messerundgang beherzt in jede dargebotene Hühnerkeule bissen und kauenderweise den begleitenden Reportern versicherten, dass keinerlei Anlass zur Besorgnis bestünde. Das ging sogar einige Tage gut, bis in einem Putenmastbetrieb, ausgerechnet in der Geflügelregion Bresse, ein Fall von Vogelgrippe erkannt wurde. Und wie zum Spott über alle Beschwichtigungsversuche der Politiker sollten in der ganzen Region Bresse vorsorglich fast eine Million Tiere getötet werden, nachdem mehrere hundert auf dem betroffenen Geflügelhof eingegangen waren.

Vogelgrippe war über Nacht zu einer französischen Tragödie geworden, und der Staat reagierte mit allen zur Verfügung stehenden Mitteln. Großeinsätze von Polizei, Gendarmerie und Militär verwandelten ganze Regionen in Quarantänezonen im Ausnahmezustand. Auf dem Flughafen von Lyon wurde ein Szenario durchgespielt, bei dem ein vollbesetztes Touristenflugzeug aus Asien mit angeblich infizierten Passagieren gelandet war. Die Übung war dazu gedacht, herauszufinden, ob die Kliniken einem solchen Horrorszenario mit Dutzenden von Erkrankten gewachsen seien. Es versteht sich von selbst, dass die verantwortlichen Stellen diese Frage uneingeschränkt mit Ja beantworteten. Ein wenig lächerlich wirkte es freilich, dass ausgerechnet Premierminister de Villepin im dunklen Nadelstreifenanzug durch die Isolierstationen stapfte, um mit Mundschutz, Haube und Handschuhen tief vermummten Ärzten und Patienten auf die Schulter zu klopfen und sie in sinnlose Gespräche zu verwickeln.

Die Geflügelzüchter waren ohnehin schon stinksauer, weil ihnen der amerikanische Markt für Stopfleber weggebrochen war. Die USA hatten die Einfuhr dieser Delikatesse mit dem Hinweis verboten, dass sie nicht den Hygienebestimmungen des amerikanischen Marktes genüge. Für einen Moment dachten viele französische Lebensmittelerzeuger an einen flächendeckenden Boykott von McDonald's, bis ihnen klar wurde, dass alle dort vertriebenen Lebensmittel aus heimischer Produktion stammten, außer dem Geheimrezept von Coca-Cola.

Während in Europa Panik wegen der Vogelgrippe grassierte, gab es statt einiger tausend getöteter Vögel und einer gefühlten Pandemie in Frankreich tatsächlich das Problem einer Masseninfektion. Nur ganz woanders: Ein Fieber namens Chikungunya, das von der sogenannten Tigermücke übertragen wird, hatte plötzlich französisches Territorium im Indischen Ozean fest im Griff, das Urlaubsparadies La Réunion. Dort war Furcht berechtigt. Denn der »Gebeugte Mann«, wie die Einheimischen das Fieber so treffend nennen, ging um. Die Infizierten krümmten sich vor Schmerzen, konnten nicht mehr aufrecht gehen.

Über 200 Menschen raffte die Seuche dahin. 170 000 Erkrankte meldeten die Gesundheitsbehörden. Und die Krankheit breitete sich aus. Auf die Ferieninsel Mauritius, nach Madagaskar, auf die Komoren und die Seychellen.

Natürlich war auch hier der Premier zur Stelle. Er reiste auf die Insel, um sich selbst ein Bild zu machen. Aber sein Auftritt für die Kameras wirkte genauso gestellt wie bei der Katastrophenübung auf dem Flughafen von Lyon. Einziger Unterschied, im Indischen Ozean war die Bedrohung real, der Politiker aber noch weiter entfernt von der Realität. Gäbe es in Frankreich die *Bild*-Zeitung, die der Springer-Verlag jetzt einführen will, dann wären die Franzosen in diesen Wochen der Verseuchung in den kollektiven Selbstmord getrieben worden. So aber gingen sie recht entspannt damit um. Die echte Seuche war weit weg und die Vogelgrippe blieb ein Einzelfall. Panikmache ist dann doch eher etwas für die Deutschen.

Nichts geht über die französische Küche – ein Ammenmärchen

Zugegeben, es gibt schlechteres Essen als in Frankreich. In England, in weiten Teilen des Mittleren Westens der Vereinigten Staaten oder in der Mongolei. Aber wem haben die Franzosen ihre Küche zu verdanken? Es war Katharina von Medici, die die Köstlichkeiten italienischer Kochkunst nach Frankreich brachte. Vorher saßen die Vorfahren der Franzosen, die Gallier, noch mit ihren Keulen auf den Bäumen und warteten darauf, dass ein römischer Legionär oder ein Wildschwein vorbeikäme.

Heute wird um Spitzenköche ein Kult betrieben wie um Popstars. Auguste Escoffier, Paul Bocuse, Marc Haeberlin, Alain Ducasse, Joël Robuchon, Guy Savoy, diese Namen kennt in Frankreich jedes Kind und ein Dutzend andere dazu. Wer behauptet, irgendwo auf der Welt würde besser gekocht und gegessen als im Land der Sterne, der trifft den Nationalstolz unter der Gürtellinie. Der *Guide Michelin* und der *Gault & Millaut* sowie eine Reihe weiterer Gourmetbibeln übertreffen sich Jahr für Jahr bei der Suche nach dem »Wer ist der beste Koch im ganzen Land?«.

Es erschütterte die Franzosen ins Mark, dass mit Ferran Adrià ein Katalane zum Spitzenkoch in Europa gekürt wurde. Sein Restaurant »El Bulli« bei Roses an der Costa Brava war dem *New York Times Magazine* sogar einen Titel wert. Das hat gesessen. Mit einer spanischen Ausnahmeerscheinung am Herd hätten die Franzosen irgendwie noch leben können, aber als ihnen bescheinigt wurde, dass man selbst in New York besser speise als in Paris, da waren sie fertig, völlig am Boden zerstört. In »Bush's own country«, im Land des Bösen, besser kochen? In diesem Staat jenseits des Teiches, den es ohne die Hilfe großer Franzosen bei der Gründung gar nicht geben würde und der jetzt leider von einem *imbécile*, einem Volltrottel, regiert wird, das tat richtig weh! Da hilft nicht einmal der Bocuse d'Or, der Kampf um die inoffizielle Kochweltmeisterschaft. Dieser Wettbewerb wird seit zwanzig Jahren ausgetragen. Anfang 2007 lieferten sich Spitzenköche aus 24 Nationen unter Zeitdruck einen Wettlauf um die phantasievollsten Kreationen. Zwei Gerichte zu je zwölf Portionen in einer 18 Quadratmeter großen Box vor einer Tribüne mit tausend Zuschauern. Gewonnen hatte nach fünfeinhalb Stunden ein Franzose. Wie hätte es auch anders sein können. Fabrice Desvignes aus Paris, der im Alltag den Senatspräsidenten bekocht, gewann mit Königskrabbenteilen, die er zu einem Walfischskelett arrangiert hatte. Seine Mitbewerber glauben, dass die Skulptur bereits vorgefertigt war, und witterten somit Schummelei. Tatsächlich Betrug oder nur schlechte Verlierer? Jedenfalls sind die Franzosen mittlerweile in der Defensive, wenn es um die Vormachtstellung am Herd geht.

Aber auch daran sind sie selbst schuld. Der Kult, der um die Starköche betrieben wird, ist schon lange krank. In Paris gibt es acht Drei-Sterne-Tempel. 26 sind es in ganz Frankreich. Rechnet man die Restaurants mit zwei Sternen dazu, dann wird deutlich, dass die Spitzenküche längst nicht gleichmäßig über das Land verteilt ist. Ganze Regionen gelten als kulinarische

Diaspora. Auch wenn das Niveau der gutbürgerlichen Küche insgesamt in Frankreich deutlich besser ist als in Deutschland, sieht man einmal von den badischen Landstrichen ab, hält die Provinz kaum den Vergleich mit den ländlichen Gegenden Italiens stand, und selbst in Österreich und der Schweiz kann man besser essen. Eine hohe Konzentration hervorragender Lokale findet sich in der Hauptstadt, an der französischen Riviera, in Burgund, vor allem rund um Lyon und nach wie vor im Elsass.

Auch einer der innovativsten Spitzenköche entstammt einer elsässischen Familie. Leben und kochen tut Olivier Roellinger allerdings in der Bretagne, in dem kleinen Austernstädtchen Cancale. Der ehemalige Mathematikstudent war 1976 überfallen worden. Dabei hatten ihn die Täter mit einer Eisenstange so traktiert, dass er danach lange an den Rollstuhl gefesselt war. Ein Genie, dass es aus eigener Kraft geschafft hat, wieder auf die Beine zu kommen und eine neue Karriere als Ausnahmekoch zu beginnen. Sein kleines Restaurant ist auf Monate ausgebucht. Aber wem es gelingt, dort einen Platz zu ergattern, erlebt eine Offenbarung. Allerdings gilt dort, wie in ganz Frankreich, wer hervorragend essen möchte, muss tief in die Tasche greifen, sehr tief. Trotzdem ist er dann aber nicht vor Enttäuschungen gefeit.

Manches entpuppt sich sehr schnell als völlig überzogener Nepp. Dafür kann ein Restaurant Sterne haben, wie das »La Cinq« im Pariser Hotel George V, wo zum Teil enttäuschende Vorspeisen 60 Euro und mehr kosten. Oder auch keine Sterne, aber Erwähnungen in jedem Reiseführer, wie »La Mère Poullard« auf dem Mont Saint-Michel, dem Klosterberg im Meer vor der normannischen Küste. Dort werden die Besucher mit 49 Euro für ein luftiges Omelette abgezockt, das auf einem streichholzlangen Hummer- oder Gänseleberstück liegt. Also Augen auf beim Lesen der Speisekarte, damit man beim Lesen der Rechnung nicht in Ohnmacht fällt.

Der Motor stottert

Sind Franzosen gute Europäer?

Frankreich hat sich unendliche Verdienste um das gemeinsame Europa erworben. Ohne General de Gaulle, Jean Monnet und Robert Schuman würde es die Gemeinschaft heute nicht geben. Aber Franzosen sind in erster Linie eingefleischte Nationalisten. Zuerst kommt »La Grande Nation« und dann lange gar nichts. Im Schloss von Versailles gibt es eine Galerie, in der die Büsten aller großen Franzosen aufgestellt sind. Dichter und Denker reihen sich da an Staatsmänner und Entdecker. Voltaire, Racine, Molière dürfen ebenso wenig fehlen wie Richelieu, Mazarin und Montesquieu, die sich alle Verdienste um die französische Sache erworben haben.

Interessant ist, wen die Franzosen noch so alles vereinnahmt haben. Natürlich sind Henri Heine (Heinrich Heine), Alexandre de Humboldt und Amadëus Mozart hier mit einer Selbstverständlichkeit zu finden, die nicht den geringsten Zweifel daran lässt, dass es sich bei diesen achtbaren Männern um typische Franzosen gehandelt hat. Überhaupt hat »La Grande Nation« keinerlei Hemmungen, wenn es darum geht, die Guten einzubürgern und die Schlechten lieber anderen Nationen zu überlassen. So tun sich die Franzosen auch besonders schwer, wenn es gilt, Neumitglieder in der Gemeinschaft willkommen zu heißen. Schon jetzt ist sie ihnen viel zu unübersichtlich. Außerdem nagt es am Selbstbewusstsein einer Führungsmacht mit Atomwaffen und Sitz im UN-Sicherheitsrat, dass sie in

Brüssel genauso wenig zu sagen hat wie Malta oder Zypern. Seit 1. Januar 2007 sind es mit Rumänien und Bulgarien 27 Mitglieder. Für die meisten Bürger Frankreichs eine unerträgliche Vorstellung. Ein Gemüsehändler auf dem Wochenmarkt in der Avenue Wilson in Paris brachte die Vorbehalte ganz simpel auf den Punkt: »Wenn jetzt auch noch die Rumänen kommen, dann kann ich meinen Stand dichtmachen. Die arbeiten für 100 Euro im Monat, hausen in Erdlöchern und klauen sich zusammen, was sie sonst noch brauchen. Wo bleibe ich dann?«

Tatsächlich war die breite Ablehnung der neuen EU-Verfassung am 29. Mai 2005 nicht nur eine innenpolitische Ohrfeige für die amtierende Regierung, sondern da kam vieles zusammen. Die Diskussion über die Entsenderichtlinie, der Streit, vor allem mit London, über die Finanzierung der Gemeinschaft, die Angst vor immer neuem Zuzug, vor Billigkonkurrenz auf dem Arbeitsmarkt, vor Kriminalität, Lohndumping und offenen Grenzen. Die Pariser nehmen Rumänen ausschließlich als bettelnde Zigeunerkinder am Straßenrand wahr, die versuchen, mit Taschenspielertricks Brieftaschen zu klauen oder mit enormer Aggressivität an Straßenkreuzungen gegen den Willen der Autofahrer Windschutzscheiben zu putzen. Oder sie sehen sie im Bois de Boulogne, wo sie sich auf dem Straßenstrich prostituieren. Hin und wieder ist in der Zeitung nachzulesen, dass eine rumänische Räuberbande in einem ganzen Stadtviertel ein Haus nach dem anderen ausgeplündert hat. Das alles schürt in Frankreich die Ängste vor einem Europa, das unkontrolliert weiter in Richtung Osten wächst.

So darf es niemand wundern, dass ein Beitritt der Türkei auf völlige Ablehnung in der Bevölkerung stößt, auch wenn die Türken, anders als in Deutschland, in Frankreich keine nennenswerte Rolle spielen. Außenminister Philippe Douste-Blazy hat Ende Oktober 2006 der Türkei offen mit dem Abbruch der Beitrittsverhandlungen gedroht, wenn die Regierung in Ankara sich nicht an ihre Verpflichtungen halte und insbesondere ihre Einstellung gegenüber der Republik Zypern revidiere. Brüssel fordert, dass die Türken endlich Häfen und Flugplätze für

Schiffe und Maschinen aus der Inselrepublik öffnen. Doch Drohungen haben Ankara selten beeindruckt. Das musste vorher schon UN-Generalsekretär Kofi Annan erfahren, als er nach jahrelangen zähen Verhandlungen zwischen Nord- und Südzypern scheiterte.

Der Beitritt der Türkei in die EU ist für die Franzosen mehr als eine Glaubens- oder Prinzipienfrage. Es ist auch ein Machtkampf mit Washington. Denn je mehr das Weiße Haus Druck auf die Europäer ausübt, dem NATO-Partner und Irak-Anrainer endlich einen Platz im gemeinsamen Haus Europa einzuräumen, desto mehr sperrt sich Paris gegen Ankara. Egal, wer im Jahr 2007 neuer Präsident in Frankreich wird, er oder sie wird sich so lange gegen eine Mitgliedschaft der Türken wehren, wie das Verhältnis zwischen Paris und Washington nicht wieder in normale Bahnen gefunden hat.

Die deutsche Präsidentschaft der EU, die Berlin Anfang 2007 übernommen hat, ist also keine leichte Aufgabe, eine dankbare schon gar nicht. Angela Merkel weiß, wie schwierig es ist, und sie weiß auch, dass der Kalender ihr keine großen Sprünge erlaubt. In sechs europäischen Ländern wird im Jahr 2007 gewählt, und die französische Präsidentschaftswahl im Frühjahr wirkt wie ein Bremsklotz für allzu große europäische Ambitionen. Deshalb ist Merkels Ehrgeiz, das Verfassungsprojekt wieder anzuschieben, ehrenwert, aber zwangsläufig begrenzt. Die Weichen können nur mit einem neuen Präsidenten oder einer Präsidentin in Paris gestellt werden, und nach dem zweiten Wahlgang am 6. Mai bleiben gerade noch acht Wochen, bis die deutsche Präsidentschaft schon wieder zu Ende geht. Berücksichtigt man eine mögliche Parlamentswahl am 17. Juni, schrumpft das Zeitfenster auf wenige Tage. In einer Grundsatzrede von Angela Merkel vor der deutschen Gesellschaft für Auswärtige Politik kam deshalb das Stichwort »Verfassung« gar nicht mehr vor.

Der Bedeutungsverlust der EU führt dazu, dass sich Europa, speziell in Deutschland und Frankreich, nicht nur neu rechtfertigen, sondern für die Bürger neu begründen muss. Wenn die Kanzlerin verlangt, dass »Europa mit einer Stimme spricht«, so ist das angesichts widerstrebender außenpolitischer und wirtschaftlicher Interessen nicht nur ein hoher Anspruch, sondern eigentlich bereits im Ansatz zum Scheitern verurteilt. Denn das Modell »Europa« hat im Bewusstsein der Bürger in den alten Mitgliedstaaten fast alles vom Glanz vergangener Tage verloren. Große Projekte mit Integrationskraft sind wegen der widerstrebenden Interessen der Nationalstaaten nicht mehr durchsetzbar. Andere Vorhaben, wie die Stärkung der gemeinsamen Außen- und Sicherheitspolitik, der Handels- und Energiepolitik, haben für den Einzelnen wenig Prickelndes.

Nur die Klimapolitik verspricht Aufmerksamkeit über die Grenzen der Generationen hinweg. Wenn Merkel eine »gesamteuropäische Anstrengung gegen den Klimawandel« einfordert, dann liegt sie damit auf der Höhe der Zeit und in einem weltweiten »mainstream«. Denn spätestens seit dem bedrückenden Film von Al Gore weiß auch Lieschen Müller, dass es sich dabei um eine Aufgabe handelt, die kein Staat mehr allein schultern kann, sondern die eine Anstrengung aller Länder auf diesem Planeten verlangt. Die Franzosen hat Angela Merkel dabei mit im Boot. Ihnen fällt es nicht schwer, sie bei diesem Thema zu unterstützen, weil Frankreich in der komfortablen Lage ist, mit seiner Bilanz des Ausstoßes von Treibhausgasen eine Vorreiterrolle einzunehmen. Das liegt vor allem daran, dass der größte Teil des Energiebedarfes mit Atomkraft gedeckt wird. Solange alternative Energien, wie Wind- und Wasserkraft, Sonnenenergie und Brennstoff aus nachwachsenden Rohstoffen, den Verbrauch an fossilen Rohstoffen noch nicht ersetzen können, bleiben Atomreaktoren, jedenfalls für das globale Klima, immer noch die umweltschonendste Alternative. Merkel sieht hier die Chance, im europäischen Verbund Punkte zu sammeln. Gerne erinnert sie daran, dass sie 1995 das »Berliner Mandat« verhandelt hat, ein erstes Abkommen zwischen Industrie- und Entwicklungsländern zum Thema Treibhausgase. Deshalb will sie das zu einem Kernthema ihrer Präsidentschaft, ihres internationalen Auftritts machen.

Das Ergebnis der »mid-terms« spielt ihr dabei in die Hände. Ein US-Präsident, der jetzt zur Zusammenarbeit mit der demokratischen Mehrheit im Kongress gezwungen ist, könnte sich gerade auf dem Feld der Klimapolitik bewegen und sich zum Beispiel auf dem G8-Gipfel in Heiligendamm als neuer Partner präsentieren. Chirac und Blair sind angeschlagen, Putin am Ende seiner Amtszeit, Bush zu Kooperation gezwungen – alles keine schlechten Voraussetzungen dafür, dass auf Angela Merkel fast automatisch eine internationale Führungsrolle zukommt. Sie scheint entschlossen, diese Chance zu nutzen. Und vielleicht bringt ein Erfolg nach den vielen Enttäuschungen und Niederlagen endlich auch den gemeinsamen europäischen Gedanken wieder nach vorn. In Frankreich sind derzeit mit dem Thema »Europa« keine Wählerstimmen zu gewinnen. Aber die aussichtsreichen Kandidaten, die sich um die Präsidentschaft bewerben, wissen, dass sie mithelfen müssen, den europäischen Karren wieder aus dem Dreck zu ziehen.

Sylvie Goulard, Jahrgang 1964, ENA-Absolventin und seit 1989 im diplomatischen Dienst ihres Landes, beschäftigte sich intensiv mit der Europäischen Integration als Deutschland-Beauftragte im Planungsstab des Quai d'Orsay. Sie glaubt in Frankreich drei Strömungen quer durch alle politischen Parteien ausgemacht zu haben: die begeisterten Befürworter Europas, die radikalen Gegner und die zahlenmäßig größte Gruppe, die sich zwar die weitere Vertiefung der EU wünscht, aber keine weiteren Beitritte.

Die Befürworter einer wirklich integrierten Union in der Form eines Bundesstaates bezeichnen sich als »*les Européens de cœur* – die Europäer des Herzens« und sind vor allen Dingen bei der UDF von François Bayrou zu finden, der auch als Präsidentschaftskandidat antritt. Für Jean-Louis Bourlanges, Mitglied des Europäischen Parlaments, ist die UDF sogar das »Über-Ich« Europas in Frankreich. Was schwebt der UDF vor? Eine politische und nicht nur wirtschaftliche Integration, mit einem Präsidenten, der in direkter Wahl gewählt werden sollte, mit einer Verfassung, die die Rechte und Pflichten der europäischen Bürger verständlich machen würde, mit einem

Rat, der nur Mehrheitsentscheidungen treffen sollte, und mit einer starken Kommission, die dem Europäischen Parlament gegenüber verantwortlich wäre. Auch Daniel Cohn-Bendit, der die Grüne Liste bei der letzten Europawahl in Richtung eines föderalistischen und liberalen Europa angeführt hat, gehört dieser Gruppe an. Er hat aber Schwierigkeiten gehabt, seine Ideen bei den Grünen, die schon gegen die Währungsunion gestimmt und den Amsterdamer Vertrag kritisiert hatten, durchzusetzen. Seine Vorschläge sind ein eigenartiger Cocktail von deutschen und französischen Lieblingsideen, ehrgeizig, aber weit davon entfernt, mehrheitsfähig zu sein.

Die Gegner jeder Art von Integration, *les nationalistes irréductibles*, streben sogar den Abbau europäischer Strukturen und Institutionen an. Beispielsweise durch die Abschaffung der Kommission und der Mehrheitsentscheidungen. Sie plädieren für eine reine Zusammenarbeit unabhängiger Staaten. Sie sind vor allem im *Rassemblement pour la France et l'Indépendance de l'Europe*, geführt von Charles Pasqua und Philippe de Villiers, und in der rechtsradikalen *Front National* von Jean-Marie Le Pen zu finden.

Die dritte Gruppe schließlich, die »*Européens de raison* – Vernunft-Europäer« oder »*Euroréalistes*«, wie sie sich selbst nennen, ist diffus und über alle Parteien verteilt, die sich oft politisch bekämpfen. Zu den verschiedenen Aspekten der europäischen Integration haben sie sehr unterschiedliche Meinungen. In ihrer Grundeinstellung sind sie sich aber sonderbarerweise ziemlich nah. Außerdem können sie alle mit internen Konflikten leben, weil die europäischen Themen für die Identität dieser Parteien nicht wesentlich sind. Darunter sind sowohl engagierte Europäer als auch Gegner eines wirklich integrierten Europa. Nur eines verbindet diese Realisten: die Erkenntnis, dass derzeit bei den Franzosen mit dem Thema Europa kein Blumentopf zu gewinnen ist.

Der Tag, an dem Europa starb

Wenn eines Tages die Geschichte der Europäischen Gemeinschaft geschrieben wird, dann werden sich die Historiker an viele Ereignisse erinnern, die Europa weitergebracht haben. Die Gründung der Montanunion, die deutsch-französische Aussöhnung, die Begegnungen von Charles de Gaulle und Konrad Adenauer, Jean Monnet und Robert Schuman, der Händedruck von Mitterrand und Kohl über den Gräbern von Verdun, die Einführung des Euro, die Teilnahme von Gerhard Schröder an den Feierlichkeiten zum 60. Jahrestag der alliierten Landung in der Normandie. Einiges war symbolisch, anderes atmosphärisch, das wenigste handfester, politischer Inhalt. Der wurde auf langweiligen Gipfeln vorbereitet, formuliert, festgelegt und bis ins letzte Komma ausgehandelt von ganzen Generationen emsiger Ministerialbeamter. Europa hat immer von dem Glauben gelebt, dass es dazu keine Alternative gebe. Nur die gemeinsame grenzenlose Idee konnte Kriege und in Jahrhunderten gewachsene Erbfeindschaften langsam auslöschen.

Der Schlüssel für diese Überwindung alter Feindbilder war, ist und bleibt das deutsch-französische Verhältnis. Deutschland und Frankreich, das ist der Motor Europas. Aber das Bild stimmt nur noch mit Einschränkungen. Für eine jüngere Generation hat Europa den Zauber verloren, der jedem Anfang innewohnt. Längst ist er der Erkenntnis gewichen, dass ein anonymer Wasserkopf Brüsseler Bürokratie über das Schicksal der Bürger entscheidet. Die Menschen verstehen nicht mehr, was von dort kommt, und haben das Gefühl, dass es viel zu viel Geld kostet. Vorteile wie Freizügigkeit, gemeinsame Währung, fehlende Grenzkontrollen und Zölle werden inzwischen als selbstverständlich hingenommen, ohne dass Europa dafür als Institution Sympathiepunkte sammelt. Anders ausgedrückt: Europa wird konsumiert, aber nicht geliebt.

Sonntagabend, den 29. Mai 2005
Punkt 22 Uhr flimmert das vorläufige Ergebnis über die Fern-

sehschirme: Über 55 Prozent für das »Non«. Sofort brechen die oft jugendlichen Neinsager in Sprechchöre aus: »*Et maintenant, l'Europe sociale!* – Und jetzt das sozialpolitische Europa!«

Wenig später strömt auf der Place de la Bastille die radikalere Linke zusammen. Wegen des nasskalten Wetters und der späten Bekanntgabe der Ergebnisse bleibt die Menge mit rund 2000 Menschen überschaubar. Zahlreiche Fahnen sind zu sehen. Die dominierende Farbe ist Rot. Hier jubeln die Kommunisten. Aber das Ergebnis ist weder ihr Verdienst noch das der rechten *Front National.* Die Franzosen sind nicht über Nacht zu Anti-Europäern geworden, sondern ihr Abstimmungsverhalten zeigt, wie sehr sie von ihrem Staatspräsidenten und seinen Fehlleistungen die Nase voll haben. Besonders übel genommen hatten sie ihm einen Auftritt im Fernsehen bei einer Diskussion mit Jugendlichen. Die hatten sich mit guten Fragen zu Europa und zur französischen Politik präpariert, von denen Jacques Chirac nicht eine einzige konkret beantwortete. Zwei Stunden lang salbaderte er an allen wesentlichen Punkten vorbei, einfach deshalb, weil er zu eitel gewesen war, während der Sendung sein Hörgerät ins Ohr zu stecken. Vielleicht werden die Historiker eines Tages feststellen, dass Europa an einem einzigen Fall von Schwerhörigkeit gestrauchelt ist.

Aber nicht die EU-Verfassung ist es, die die europäische Realität künftig prägen wird, sondern die Erweiterung. Kanzler Schröder hat nach dem gescheiterten Referendum in Frankreich im Bundestag eine staatstragende Rede gehalten. Man müsse die EU-Verfassung unterstützen, weil sie Westeuropa nach dem Zweiten Weltkrieg den Frieden gebracht habe. Dagegen ist im Prinzip nichts zu sagen. Als Antwort auf die dringlichsten Fragen reicht das nicht. Wie soll mit den Folgen der Erweiterung künftig in Europa umgegangen werden? Und wie viele weitere Mitglieder sollen noch kommen dürfen? Auch die Verfassung hätte das nicht geregelt und wird deshalb nie halten können, was sie zu versprechen schien. Der Vertrag schafft keinen Staat.

Der mühsam ausgearbeitete und viel zu komplizierte Text bringt zwar in vielen Punkten Verbesserungen der Brüsseler

Institutionen, aber er formt kein Europa, mit dem sich seine Bürger identifizieren können. Der hochtrabende Begriff »Verfassung« ist schon deshalb eine Mogelpackung. Ausgerechnet Edmund Stoiber, der sich vom Europa-Saulus zum Europa-Paulus entwickelt hat, hat diese Einsicht im Bundestag mit klaren Worten formuliert: »Der Verfassungsvertrag ist nicht die Verfassung eines neu entstandenen Staates. Die Europäische Union ist kein Staat und soll es nach dem Willen der europäischen Bürger auch nicht werden. Die Mitgliedstaaten bleiben die Herren der Verträge.« Zumindest in dieser Analyse hat der Bayer den klarsten Blick, weil er zugibt, dass die Grenzen der Machbarkeit längst überschritten sind.

Die These stimmt deshalb, weil ein Europa mit 27 oder 57 Mitgliedern einfach nicht mehr so regiert werden kann, dass politische Entscheidungen effizient getroffen und ausgeführt werden können. Was mit 15 Mitgliedern schon schwer war, ist mit 27 Mitgliedern unmöglich. Daran können auch die Bestimmungen des Verfassungsvertrages nichts ändern. Es ist eher gefährlich, dass die Verfassungsrhetorik den Bürgern vorgaukelt, die Ratifizierung des Textes läute eine Zeitenwende in Europa ein. Das Gegenteil ist der Fall. Weil Brüssel künftig noch weniger in der Lage sein wird, effizient zu entscheiden, werden die einzelnen Mitgliedstaaten wieder mehr Macht gewinnen, die Hauptstädte wieder einflussreicher werden. Das ist der wahre Zustand Europas.

Spätestens mit der letzten Erweiterungsrunde haben sich die EU-Staats- und Regierungschefs de facto für ein Europa entschieden, das nicht mehr zum Ziel hat, einen gemeinsamen Staat zu bilden. Stattdessen beschränkt sich Europa darauf, den Staaten die noch nicht demokratisch sind, einen Anreiz zu geben, sich wenigstens ein Minimum an Demokratie, Rechtsstaatlichkeit und Marktwirtschaft zu verpassen. Das entspricht den liberalen Wünschen der Briten, die immer ein »Europa light« vorgezogen haben. Die ehrgeizigere Version war das Projekt von Deutschen und Franzosen. Weil dieses aber mit der Aufnahme weiterer Mitglieder gescheitert ist, geht es nun darum, sich aufzuraffen und sich mit den Folgen und der Zukunft der Erweiterung zu befassen.

Es ist eine klassische Strategie der Konservativen in Deutschland und Frankreich, mit den Ängsten in der Bevölkerung zu spielen – vor Überfremdung, vor Billiglohn-Arbeitern aus Bulgarien und Rumänien, vor den bösen Türken. »Wir müssen redlich darüber diskutieren, welche Erweiterungskapazitäten Europa hat«, sagte Angela Merkel, als sie noch nicht Bundeskanzlerin war. Nach einem Jahr im Amt ist diese Diskussion verstummt.

Die, die Europa immer noch wollen, müssen mit den Bürgern reden. Denn die Erweiterung ist an den Menschen vorbeigerauscht, ohne dass sie an diesem Prozess beteiligt gewesen wären. In Frankreich und den Niederlanden wurden die Menschen befragt und haben lauthals Nein gesagt. Machen wir uns nichts vor: Hätte es in Deutschland einen Volksentscheid gegeben, wäre die Ablehnung wahrscheinlich deutlich gewesen. Nun sind aber alle EU-Bürger, die alten wie die neuen, mit den Folgen dieser epochalen Entscheidung konfrontiert. Ihnen muss man erklären, wie Europa in Zukunft aussehen soll – mit der Erweiterung und der klaren Maßgabe, dass ein europäischer Staat nicht entstehen wird. Jammern über gescheiterte Referenden hilft da wenig. Von Robert Bosch ist der Satz überliefert: »Michel und Marianne müssen heiraten. Nur dann geht es den Deutschen gut!« Eine deutsch-französische Ehe als europäische Zweckgemeinschaft, von dieser Idee sind beide Staaten heute weiter entfernt denn je.

Der Vater der Verfassung

Es gibt einen überzeugten Europäer in Frankreich, der sein Lebenswerk mit dem europäischen Gedanken krönen wollte, der genauso engagiert dafür kämpfte wie die Generationen vor ihm, seit dem Ende des Zweiten Weltkriegs. Als politischer Rentner hat er sich sogar noch einmal hingesetzt, um sein Vermächtnis zu schreiben, eine Verfassung für das gemeinsame Europa. Ein Interview mit Valéry Giscard d'Estaing:

AvS: *Monsieur le Président, bleibt die deutsch-französische Union ein politischer Traum oder wird sie eines Tages Wirklichkeit werden?*

VGE: Ich glaube, dass es eines Tages eine sehr enge Union zwischen Frankreich und Deutschland geben wird. Persönlich ist dies auch mein Wunsch, und es gibt bereits Zeichen, die in diese Richtung weisen. Wir machen bereits vieles gemeinsam, und ich wünsche mir, dass es noch mehr wird. Zum Beispiel im wirtschaftlichen Bereich, bei der Abstimmung der gesetzlichen Rahmen auf dem Gebiet des Steuerrechts, bei der zukünftigen Harmonisierung unserer Sozialpolitik hat man wirklich das Gefühl, dass zwischen Frankreich und Deutschland bereits eine richtige Union besteht. Als Kanzler Schröder Präsident Chirac damit betraute, Frankreich solle im Europarat im Namen Deutschlands sprechen, hat er ein Zeichen gesetzt, das von den Franzosen als sehr stark empfunden wurde.

AvS: *Europa wird wachsen. Haben die kleineren Staaten, vor allem im Osten, nicht Angst davor?*

VGE: Nein, meine Kollegen, die die EU-Verfassung geschrieben haben, und ich, wir haben uns dazu ausreichend geäußert. Dies ist ein konstruiertes Problem. Das Problem wurde erfunden, heraufbeschworen und ist falsch. Schauen Sie sich die Gründungsstaaten der Europäischen Gemeinschaft an. Anfangs waren wir zu sechst. Deutschland war der größte, Luxemburg der kleinste. Es hat nie Schwierigkeiten gegeben. Die Vorstellung, dass es einen Gegensatz zwischen Kleinen und Großen gäbe, wurde erst vor Kurzem erfunden. Bis in die Achtzigerjahre hinein war nie die Rede gewesen von einem Gegensatz zwischen den großen und kleinen Staaten Europas. Nehmen Sie das Beispiel Luxemburgs. Luxemburg hat bereits zweimal den Präsidenten der Europäischen Kommission stellen können, Deutschland nur einmal.

AvS: *Sie gelten als Gründungsvater der Europäischen Verfassung. Kann die Europäische Verfassung die nationalen Verfassungen ersetzen?*

VGE: Nein, wie Sie wissen, besitzen wir ein dreistufiges europäisches System. Wir haben die europäische Ebene, die einer Verfassung bedarf, also das benötigt, was Sie in Deutschland Grundgesetz nennen, einen grundlegenden Text. Wir haben die nationale Ebene und wir haben die regionale Ebene. In den Sitzungen des Verfassungskonvents haben die deutschen Bundesländer stets Wert darauf gelegt, dass in der europäischen Verfassung die Rechte der Einzelstaaten und somit auch der Bundesländer respektiert werden. Wir haben die Rechte der Bundesländer erweitert, indem wir dem Bundesrat erlaubt haben, vor den Europäischen Gerichtshof zu ziehen, sobald der Bundesrat den Eindruck hat, ein europäischer Gesetzestext übersteige die Kompetenzen der Europäischen Union.

AvS: *Andere Länder wollen der EU beitreten, doch Europa hat auch seine geografischen Grenzen. Ich denke an die Türkei oder Länder wie Russland und Israel, die möglicherweise eines Tages Mitglieder werden möchten. Hat die Europäische Verfassung solche Fälle vorgesehen?*

VGE: Zunächst, wir haben den europäischen Kontinent noch nicht organisiert. Im Moment besitzen wir noch keine Europäische Verfassung. Noch sind nicht alle Staaten des Kontinents Mitglieder der Europäischen Union. Die Aufgabe der heutigen und der künftigen Generationen wird es sein, erst einmal den europäischen Kontinent zu organisieren. Dann werden wir weitersehen. In der Tat haben wir große Nachbarn, im Osten, im Südosten und im Süden. In der europäischen Verfassung ist die Möglichkeit vorgesehen, besondere Abkommen zwischen der Europäischen Union und ihren großen Nachbarn zu vereinbaren, ähnlich wie die USA bereits verfahren. Die USA unterstützen den EU-Beitritt der Türkei, doch die USA ziehen nicht in Betracht, dass Mexiko Teil der Vereinigten Staaten von Amerika werden könnte. Sie bauen ein System von Beziehungen auf. Ich bin der Meinung, dass die Europäische Union sich erst organisieren muss. Ich glaube, das wird die Aufgabe mindestens einer Generation sein, bis alles optimal funktionieren kann. Anschließend muss sich die EU entscheiden, welche Art von Beziehungen sie zu ihren Nachbarn unterhalten wird.

AvS: *Auf der anderen Seite des Atlantiks ist bisweilen von einem alten und einem neuen Europa die Rede, sowie einem Konflikt zwischen beiden. Sehen Sie diesen Konflikt ebenfalls?*

VGE: Nicht im Geringsten. Auch hier handelt es sich um eine Erfindung. Präsident Kennedy hat einst gesagt, Europa sei die neue, Amerika dagegen die alte Macht. Ich glaube, diese Einteilung entbehrt jeder realistischen Grundlage. Es gibt einerseits die Europäer, die ein gemeinsames Europa aufbauen wollen, andererseits gibt es jene, die die europäische Idee nicht unterstützen und somit nicht Teil der Europäischen Union seien wollen. Für mich lautet das Unterscheidungsmerkmal: Wollen die Länder den Fortschritt der Europäischen Union fördern? Deutschland will es, Frankreich will es, sämtliche Gründungsstaaten wollen es und viele mehr. Viele Länder Mittel- und Nordeuropas sind bereit, ihren Beitrag zur Europäischen Union zu leisten, gleich ob neu oder alt.

Dieses Interview fand am 19. November 2003 statt, also zu einem Zeitpunkt, als die französische Politik noch reichlich Gelegenheit gehabt hätte, ihren Bürgern Sinn und Inhalt der neuen Verfassung zu erklären. Sie hat es versäumt. Diese Unterlassung stürzte Europa in die vielleicht tiefste Krise seit seinen Anfängen. Nach wie vor versucht der Vater der neuen EU-Verfassung, die immerhin 16 Länder ratifiziert haben, von seinem Lebenswerk zu retten, was noch zu retten ist. Doch in Frankreich findet er dafür keine Mitstreiter mehr.

Handküsse und Umarmungen

Interessiert sich kaum noch jemand für die deutsch-französischen Beziehungen, weil sie selbstverständlich geworden sind? Weil die politischen Hauptdarsteller nur noch Amtswalter der Mittelmäßigkeit sind? Weil ihre Sozialisierung in der DDR der Kanzlerin das Gefühl für das Deutsch-Französische verstellt? Weil Angela Merkel Russisch leichter von den Lippen geht als Französisch? Weil Städtepartnerschaften diesseits und jenseits des Rheins den Reiz des Exotischen verloren haben? Oder weil mangelndes Geschichtsbewusstsein einer jüngeren Generation verdrängt hat, dass diese beiden Völker drei blutige Kriege gegeneinander geführt haben?

Anfangs waren es kleine Gesten. Die großen Umarmungen kamen später. Und sicher war es keine Liebe auf den ersten Blick. Nachdem sich die Franzosen sechzehn Jahre lang an Bundeskanzler Helmut Kohl gewöhnt hatten und kaum noch damit rechneten, dass in Deutschland noch mal irgendein anderer regieren könnte, waren sie zunächst sichtlich irritiert, dass plötzlich der Mann aus Hannover mit auf dem Gruppenfoto bei Gipfeltreffen stand.

Chirac konnte anfangs mit der hemdsärmeligen Art Schröders wenig anfangen. Das Kumpelhafte war ihm fremd, und entsprechend abweisend verhielt er sich. Mit Kohl wusste man, woran man war. Der Dicke aus Oggersheim entsprach ziemlich genau den Vorstellungen eines gutmütigen, ein wenig sentimentalen Obelix, der seinem französischen, cleveren Asterix, verkörpert von François Mitterrand, ein treuer und zuverlässiger Weggefährte war. Die große Geste der beiden, die Versöhnung über den Gräbern von Verdun, hatte in Frankreich einen tiefen Eindruck hinterlassen. Erst damit war die deutsch-französische Freundschaft wirklich besiegelt worden.

Die Gegeneinladung ging zwar prompt schief, weil die deutsche Protokollabteilung ihre Hausaufgaben nicht ordentlich erledigt hatte. Auf dem Soldatenfriedhof von Bitburg in der Eifel, den sich Kohls Berater für das Treffen zum gemeinsamen

Händchenhalten ausgesucht hatten, war leider auch eine ganze Reihe von Angehörigen der Waffen-SS verscharrt. Das trübte natürlich etwas das mediale Bild von der herzlichen Männerfreundschaft, fiel aber in Frankreich nicht weiter ins Gewicht. Denn für die Franzosen hatten die Schlachtfelder von Verdun viel größere Bedeutung, weil hier eine ganze Generation verblutet war. Mitterrand und Kohl, das war das Gespann, das die deutsche Einheit geschafft, den Warschauer Pakt zu Fall gebracht und den Ostblock gesprengt hatte. So sahen es die Franzosen. Helmut Kohl, daran gab es in Paris nie Zweifel, war ein überzeugter Europäer, ein großer Freund Frankreichs und einer, der geschichtsbewusst das wahre Erbe Adenauers nicht nur verwaltete, sondern bereit war, es gemeinsam mit Frankreich auch weiter zu mehren. Wenn dafür eine Männerfreundschaft notwendig war, dann war das für die Franzosen ein vergleichsweise geringer Preis.

Denn solche Freundschaften können manchmal etwas Grundpeinliches haben. Die Vorstellung von Kohl und Jelzins Saunabesuchen beispielsweise fällt in diese Kategorie. Zwei übergewichtige, ältere Männer schwitzen um die Wette und schlagen sich anschließend mit Birkenreisig auf den entblößten Rücken. Wie unappetitlich! Dem Verhältnis zwischen Deutschen und Russen war diese persönliche Form der Annäherung nicht abträglich. Schröder fuhr später mit Doris, Ehefrau Nummer vier, lieber mit der Troika, dem russischen Pferdeschlitten, gemeinsam mit Wladimir Putin durch verschneite Winterlandschaften. Auch das diente der Freundschaft, war gut für die Fernsehkameras und brachte letztendlich einen Beratervertrag bei Gazprom.

Gerhard Schröder war anfangs nicht der Typ für Männerfreundschaften. Er besaß eher das tief verwurzelte und für Politiker so typische Misstrauen gegen jede Form von Freundschaft. Wahrscheinlich wiederholte er jeden Morgen vor dem Spiegel die Steigerungsform: »Freund-Feind-Parteifreund« wie ein Mantra. Nur so konnte er sich den plumpen Annäherungsversuchen eines Otto Schily oder der Ruhrgebietskumpanei eines

Franz Müntefering entziehen. Joschka Fischer blieb ihm in seinen verschiedenen Häutungsstadien ohnehin suspekt, und das gemeinsame Schicksal mehrerer gescheiterter Ehen besaß für die beiden nichts Verbindendes. Schröder war auch von Haus aus eher der unverbindliche Plauderer beim Bier als einer, der tiefe Beziehungen einging und pflegte. Außerdem blieb seine Fähigkeit, Menschen richtig einzuschätzen, nur rudimentär ausgeprägt, weshalb er sie lieber auf Distanz hielt. Dieses Abstandhalten zu Menschen, die einem emotional zu nahe kommen könnten, und die damit verbundene Furcht vor Enttäuschungen teilt Schröder übrigens mit seiner Nachfolgerin Angela Merkel. Bundeskanzler haben eben keine echten Freunde, sonst hätten sie es nicht so weit gebracht.

War es bei Helmut Kohl noch die Pfälzer Gastfreundschaft, die einen Brückenschlag bei Speis und Trank erlaubte, entfiel diese Möglichkeit bei einem Bundeskanzler Gerhard Schröder vollkommen. Auch wenn es sein Verdienst ist, die Berliner Currywurst gesellschaftsfähig gemacht zu haben, handelt es sich bei dem Geschnippel in ockerfarbener Soße auf einem Pappteller doch eher um kulinarisches Fastfood-Vergnügen. Geeignet, schnell im Stehen beim Imbiss an der Ecke verschlungen zu werden, weniger geeignet zum Servieren an langen Tafeln oder runden Tischen. Man stelle sich nur einmal vor, der Prozess der deutschen Einheit wäre bei Currywurst vorangetrieben worden statt beim gemütlichen Verspeisen von Pfälzer Saumagen. Gorbatschow, Maggie Thatcher, Mitterrand und US-Präsident George Bush senior hätten eigenhändig dafür gesorgt, dass die Mauer stehen bleibt, und zwar um ganz Deutschland.

Überhaupt, betrachtet man die letzten drei Kanzlerschaften kulinarisch, kann man einen gewissen Niedergang der Tischkultur konstatieren, verbunden mit einer rasant voranschreitenden Regionalisierung der Küche. Die Leibspeise von Bundespräsident Horst Köhler ist Gaisburger Marsch. Wer nicht weiß, was in diesem Eintopf so alles zusammengemanscht wird, der möge ein schwäbisches Kochbuch bemühen. Die Kanzlerin bewirtet ihren Gast Bush junior neuerdings mit (fast) selbst geschossenem Wildschwein vom Grill aus den weiten Wäldern von Meck-Pomm. Obelix lässt grüßen!

Der Trend zur Einladung auf die heimische Scholle, sprich in den Wahlkreis, ist bei deutschen Spitzenpolitikern zunehmend erkennbar. Ausländischen Gästen bleibt dann meist nichts anderes übrig als die entsprechende Gegeneinladung. Gemeinsame Schlittenfahrten mit Putin, Besuch bei Tony Blair auf dem Land mit ausgedehnten Spaziergängen im Regen und, wenn es sein muss, sogar in der Badehose mit dem indonesischen Staatschef auf dessen privater Badeinsel. Was für ein Glück, dass Angela Merkel nicht Golf spielt. Sie könnte sich einer entsprechenden Einladung von George W. Bush kaum entziehen. So wird die Kanzlerin wohl irgendwann auf seiner Ranch mit ihm Holz hacken oder gemeinsam Forellen angeln, als vertrauensbildende Maßnahmen. Als Gegeneinladung dieser Gegeneinladung müsste sich das Protokoll dann schon etwas ganz Besonderes ausdenken. Da würde sich ein Ausflug zum Beobachten von Kranichen oder das fernsehwirksame Aufstellen von Aalreusen an der Müritz anbieten.

Mit den französischen Präsidenten waren solche Kontakte grundsätzlich schwieriger und bedurften viel längerer Anlaufphasen. Wie lange hatte es gedauert, bis sich Kohl und Mitterrand zum historischen Händehalten fanden. Aber im deutsch-französischen Verhältnis konnten die beiden auf eine lange, gute Tradition der herzlichen und harmonischen Tuchfühlung zwischen Staatsmännern zurückblicken. De Gaulle und Adenauer, Georges Pompidou und Willy Brandt – obwohl der sich mehr für die Ostpolitik und die Aussöhnung mit Polen interessierte als für das Deutsch-Französische –, Valéry Giscard d'Estaing und Helmut Schmidt; meist klappte das Verhältnis besser, wenn die Regierungschefs aus unterschiedlichen ideologischen Lagern kamen. Nur Ludwig Erhards Kanzlerschaft fällt da etwas aus der Reihe, weil er als Transatlantiker mehr den Schulterschluss mit Washington suchte und dabei das deutsch-französische Verhältnis bewusst vernachlässigte.

Staatsmänner haben übrigens, im Gegensatz zu normalen Menschen, nicht die Möglichkeit, sich ihre Partner und Freunde selbst auszusuchen. Das tun die Bürger des jeweils anderen Landes. So muss sich auch keiner wundern, dass Jacques Chirac anfangs für Gerhard Schröder eine Abneigung, vielleicht sogar eine Verachtung empfand, weil er den Kanzler Helmut Kohl nach sechzehn Regierungsjahren vom Sockel gestürzt hatte. Regierungschefs sehen Machtwechsel in anderen Ländern immer mit mulmigen Gefühlen, weil es ihnen das künftige eigene Schicksal vor Augen führt.

Schröder und Chirac hatten einen schlechten gemeinsamen Start. Das lag daran, dass der Franzose wie selbstverständlich davon ausging, der neue deutsche Regierungschef werde in europäischen Fragen die französische Position unterstützen. Daran dachte Schröder aber nicht, und erschwerend kam hinzu, dass weder der deutsche Bundeskanzler noch sein Außenminister Fischer kurz nach dem Regierungswechsel 1998 einen Schimmer von der europäischen Materie hatten. Ein EU-Botschafter, der bei einem der ersten europäischen Treffen, an dem die beiden in Klagenfurt teilnahmen, dabei war, versichert bis heute glaubwürdig, dass sie damals den Unterschied zwischen Europarat und Europäischem Rat nicht kannten. Die französischen Konferenzteilnehmer waren ob dieser Ahnungslosigkeit vollkommen entsetzt, Deutschlands neue Führungsriege damit erst einmal unten durch.

Aber das Gespann Schröder/Fischer zeigte sich mit hoher Geschwindigkeit lernwillig und aufnahmebereit. Größere Sprechzettel wurden nach einer gewissen Eingewöhnungsphase von ihnen tatsächlich gelesen. Die Wasserträger im Außenministerium und im Kanzleramt arbeiteten nicht mehr nur für den Papierkorb. Fischer war clever genug, die Vertrauten aus der Ära Genscher/Kinkel erst einmal in ihren Positionen zu belassen, um von ihnen zu lernen. Manch einer, der aus karrieretechnischen Überlegungen lange die Fahne der Liberalen hochgehalten hatte, wechselte mit Anlauf ins rot-grüne Lager. Nach den Jahren unter Klaus Kinkel empfanden es viele jüngere deutsche Diplomaten als Befreiung, dass ein frischer Wind durch die muffigen Gänge des Auswärtigen Amtes blies. Aber dieser »Wind of Change« entpuppte sich verhältnismäßig schnell als laues Lüftchen. Außenpolitik wurde zur Chefsache. Der Kanzler zog die wichtigen Bereiche an sich und überließ Fischer die Felder, auf denen es keinen Blumentopf zu gewinnen gab: den Nahen Osten, das gestörte Verhältnis zu den USA, den Hungertourismus durch Afrika. Während Schröder den Türöffner für die deutsche Industrie in China spielte, mit Putin über die Visionen künftiger gemeinsamer Energiepolitik sprach, blieb für die Diplomaten des Auswärtigen Amtes nur das tägliche Brot-und-Butter-Geschäft.

In Frankreich hatte Fischers Truppe sehr bald nichts mehr zu melden. Nach dem EU-Gipfel von Nizza, bei dem die Franzosen den Vorsitz innehatten und der so rauschend in den Teich ging, war das deutsch-französische Verhältnis quasi auf dem Nullpunkt angelangt. Vor dem Beitritt neuer Mitglieder hatten sich die Verantwortlichen vorgenommen, das Konstrukt Europa mit neuen Spielregeln auszustatten. Doppelte Mehrheiten, die die wahre Bedeutung der Mitgliedsländer widerspiegeln sollten, eine gemeinsame Außen- und Sicherheitspolitik (GASP), repräsentiert von einem Außenminister der Union, all das scheiterte in Nizza. Der Gipfel war von den Franzosen schlecht vorbereitet worden. Schröder & Co waren zu unerfahren im Amt, um die notwendigen Strippen vorher zu ziehen. Tony Blair war ohnehin auf dem britischen EU-Ego-Trip, Berlusconi in einer Spielform italienischen Größenwahns verhaftet und José María Aznar, der Spanier, abgetaucht in einem autistischen Gefühl krampfhafter Selbstbestätigung. Das konnte zu nichts führen, schon gar nicht zu irgendeinem sinnvollen Ergebnis. Nach Nizza waren die Beziehungen zwischen Schröder und Chirac so nachhaltig gestört, dass sie kaum noch miteinander redeten. Gleichzeitig aber war die Erkenntnis gereift, dass es so nicht mehr weitergehen konnte. Genau in diesem Moment erfand ein schlauer Diplomat »Blaesheim«.

In diesem kleinen Ort im Elsass bei Straßburg setzten sich

Schröder und Chirac erstmals gemeinsam zu einem privaten Abendessen zusammen. Ohne Kofferträger, ohne Botschafter, ohne »note-taker«, ohne Berater und Einflüsterer. Nur mit einem Dolmetscher. Das Ergebnis überraschte alle, die dabei waren. Die beiden hatten sich etwas zu sagen, sie verstanden und vertrugen sich. Und sie einigten sich darauf, diese Treffen in Abständen von sechs Wochen zu wiederholen, um auf keinen Fall wieder in eine Situation wie vor Nizza zu geraten. Der Blaesheim-Prozess war geboren, eine neue Männerfreundschaft entstanden. Nach diesem ersten Treffen umarmte man sich bei jeder passenden und unpassenden Gelegenheit. Die Ehefrauen nahmen manchmal daran teil, und es folgten Einladungen und Gegeneinladungen in die Heimat des jeweils anderen. Die Schröders kamen in die Corrèze, ins Schloss der Chiracs in den Vogesen, die Chiracs besuchten Familie Bundeskanzler im Reihenendhaus in Hannover. Nie zuvor war das deutsch-französische Verhältnis so herzlich, so normal, so entspannt wie in diesen Tagen. Ein französischer Diplomat brachte es auf den Punkt: »Die Beziehungen zwischen Deutschland und Frankreich sind so normal, dass sie schon fast banal sind.«

Diese Entwicklung fiel in eine Zeit, in der das transatlantische Klima hochgradig gestört war. Weil Schröder und Chirac ihre Antipathie für George W. Bush und seine Administration teilten, rückten sie immer enger zusammen. Frankreich lernte, Schröder zu lieben. Am Ende wurde fast eine Art »positiver Diskriminierung« daraus, weil Frankreich nach dem Irakkrieg ziemlich isoliert auf der Weltbühne stand und außer den Deutschen kaum noch Freunde hatte. Zunächst nur medienwirksam, später aus echter Sympathie lagen sich die beiden Regierungschefs immer öfter in den Armen. Kommentatoren strapazierten das Bild vom deutsch-französischen Tango, und den kleineren Mitgliedsländern der EU wurde regelrecht schwindelig angesichts der Nähe und der immer schnelleren Umdrehungen der beiden Großen.

Natürlich ließ sich diese Herzlichkeit nicht ohne weiteres auf Schröders Nachfolgerin Angela Merkel übertragen. Jacques

Chirac war anfangs erkennbar verunsichert, wie er der Neuen aus Berlin begegnen sollte. Außerdem hatte er ihr übel genommen, dass sie sich bei ihren ersten Besuchen in Paris gleich mit Nicolas Sarkozy auf der Ebene der Parteivorsitzenden getroffen und sichtlich gut verstanden hatte. Sarkozy schwärmte in den höchsten Tönen über *»mon amie Angelaaa«*.

Aber der Schauspieler im Élysée-Palast überwand schnell seine Vorurteile gegen die Frau aus dem Osten. Sie entsprach zwar nicht gerade seinem Schönheitsideal, doch als Charmeur alter Schule riss er sich zusammen und applizierte schon bei ihrem ersten Besuch im Élysée-Palast einen Handkuss.

Die Pfarrerstochter war von dieser Charme-Offensive so beeindruckt, dass ihr zwei Fehler des Gastgebers gar nicht auffielen. Und selbst der begleitende Protokollchef des Auswärtigen Amtes, Bernhard von Planitz, der schon Hans-Dietrich Genscher Manieren beigebracht hatte und an Joschka Fischers Umgangsformen gescheitert war, sah milde über den Fauxpas des Präsidenten hinweg. Denn Handküsse verteilt man nicht unter freiem Himmel, und, was noch viel schlimmer war, niemals zieht man die Hand der Dame zum Mund, sondern man beugt sich darüber und deutet an. Aber für solche Feinheiten ist heutzutage nicht einmal mehr Paris der richtige Platz. Jedenfalls war Angie ob so viel Courtoisie doch sichtlich beeindruckt. Für einen Handkuss musste man tatsächlich erst fünfzig Jahre alt und Bundeskanzlerin werden.

Die Bundeskanzlerin. Madame la Chancelière fédérale. Mit dieser Übersetzung taten sich die Franzosen sichtlich schwer. Denn dort heißt es, um jede Form der Geschlechterdiskriminierung zu vermeiden, noch immer »Madame *le* Ministre«. Sollte man beispielsweise Michèle Alliot-Marie, die über das Verteidigungsministerium herrscht, als »Madame *la* Ministre« ansprechen, kann man davon ausgehen, dass man dort nie wieder ein Bein auf den Boden bekommt. Frankreich gewöhnte sich an die deutsche Kanzlerin. Der Staatspräsident küsste ihre Hand vor laufenden Kameras im Sechswochenabstand, und Schröder war schnell vergessen. Bis zu jenem Tag, als sich Madame la Chancelière von ihrem französischen Counterpart über den Tisch gezogen fühlte.

Das war im September 2006. Merkel stand in Berlin wegen der Diskussion über die Gesundheitsreform das Wasser bis zum Hals, die große Koalition war am Rande der Zerreißprobe. Die Kanzlerin versuchte im Vorfeld der deutschen EU-Präsidentschaft bei den kleinen Staaten in Osteuropa für günstiges Klima zu sorgen. Das Verhältnis zur polnischen Führung war ohnehin heftig gestört. Da lud der französische Präsident zu einem Dreiergipfel mit Merkel und Putin nach Compiègne, einem Kaff im Norden von Paris, das nachweislich viermal Geschichte gemacht hat.

An einem Novembertag des Jahres 1783 begann die erste bemannte Ballonfahrt bei Versailles und führte weit über Paris bis nach Compiègne, wo der wagemutige Marquis d'Alendes mit seinem Begleiter Pilatre de Rozier als erste menschliche Passagiere in einem Ballon der Gebrüder Montgolfier gut gelandet waren. Darauf erließ der König ein Gesetz, das besagte, dass ab sofort Ballonfahren dem Adel vorbehalten sei. 1810 empfing Kaiser Napoleon hier seine zweite Gemahlin, Marie-Louise, die Erzherzogin von Österreich. Ab 7. November 1918 verhandelten der französische Marschall Foch und vier deutsche Politiker unter Führung von Matthias Erzberger, dem Vorsitzenden der katholischen Zentrumspartei, in einem Salonwagen im Wald von Compiègne über den Waffenstillstand zwischen den Alliierten und dem Deutschen Reich. Am 11. November unterzeichneten die beiden Parteien den Waffenstillstandsvertrag. Dieser sah unter anderem die Bedingungen für die Räumung der von der deutschen Armee besetzten Gebiete und des linken Rheinufers vor. Die Versailler Verträge, die die Zerschlagung des Deutschen Reiches besiegelten und die Neuordnung Europas einläuten sollten, folgten erst später.

Am 22. Juni 1940 revanchierte sich Adolf Hitler dafür, indem er wieder einen Waffenstillstand in dem alten Eisenbahnwaggon unterschreiben ließ, nach dem Feldzug gegen Frankreich. Der Salonwagen, der sich heute im Wald von Compiègne versteckt, ist eine Kopie. Das Original wurde auf Hitlers Befehl nach Berlin geschafft und dort ausgestellt. Später wurde er vor den Bombenangriffen auf Berlin und Thüringen in Sicherheit gebracht, wo er 1945 zerstört wurde. Bei Kriegsende fanden die Franzosen einen ähnlichen Waggon und bauten ihn originalgetreu um. Bis zum letzten Stück Papier und zum Tintenfass ist jedes Detail perfekt. Zwei Denkmäler bewachen den Ort: eine Statue von Marschall Foch und eine Statue, die den gefallenen deutschen Adler darstellt. Auch sie waren von Hitler nach Berlin entführt, bei Kriegsende aber von den Franzosen entdeckt und wieder heimgeholt worden. Sie pflegen die Stätte samt Kopie des Waggons wie ein Nationalheiligtum.

Die Kanzlerin war von dem Dreiergipfel alles andere als begeistert. Für sie war er erstens das falsche Signal an die osteuropäischen Länder. Wieder würden die drei Großen über deren Schicksal entscheiden. Zweitens: Chirac hatte das Treffen mit Putin von langer Hand vorbereitet. Energielieferungen und eine Beteiligung russischer Banken an dem europäischen Airbus-Konzern sollten besprochen werden. Drittens: Die Einladung zu dem Treffen kam so überraschend in Berlin an, dass Angela Merkel keine Chance hatte abzusagen, ohne die beiden anderen zu brüskieren. Selten haben Journalisten die Kanzlerin so wütend erlebt wie an diesem Tag im Schloss von Compiègne. Jacques Chirac sollte aufpassen, dass er beim nächsten Handkuss nicht die Faust der Kanzlerin in den dritten Zähnen hat.

Von einem, der auszog, Geschichte zu lehren

6. Juni 2004, D-Day, 60 Jahre danach. Arromanches, ein kleines Küstenstädtchen in der Normandie. Willys-Jeeps, Dodge-Transporter, hin und wieder eine alte BMW mit Beiwagen, sandfarben, als ob sie schon in Rommels Afrikakorps bei El Alamein mitgefahren sei. Die Fahrt in die Normandie ist wie eine Hollywood-Kulisse für einen Kriegsfilm. Von den Wagen winken Menschen in Uniform, mit Stahlhelmen, aber alles andere als kriegerisch.

Eher wie auf einem fröhlichen Volksfest. Die Straßen sind beflaggt, in den Farben der Alliierten. Der Union Jack neben dem Sternenbanner, die Trikolore neben dem »Maple leaf« Kanadas. Und zwischendrin immer wieder Schwarz-Rot-Gold. Tatsächlich die deutsche Flagge, nicht die belgische. Vor wenigen Jahren noch wäre das einfach unvorstellbar gewesen. »Schön, dass ihr auch endlich dabei seid«, begrüßen uns viele Franzosen mit Schulterklopfen, »es wurde ja auch langsam Zeit.« Damit waren allerdings weniger wir Vertreter des deutschen Fernsehens gemeint, sondern der deutsche Bundeskanzler.

Zum ersten Mal dabei, nach sechzig Jahren. Mitterrand wollte schon zum 50. Jahrestag Helmut Kohl einladen. Der aber winkte ab, hielt die Zeit dafür noch nicht reif, sich bei einer Siegesfeier als Vertreter des besiegten Volkes danebenzustellen. Die Landung der Alliierten in der Normandie leitete die deutsche Niederlage im Zweiten Weltkrieg ein. Am 6. Juni 1944 stürmten im Rahmen der »Operation Overlord« 133 000 alliierte Soldaten an den fünf Landungsabschnitten »Utah«, »Omaha«, »Gold«, »Juno« und »Sword« die Befestigungen des »Atlantikwalls«.

Der Jahrestag steht im Zeichen des Irakkriegs. US-Präsident George W. Bush bemüht Analogien, die nur einen Schluss zulassen: Das Böse hat heute zwar einen anderen Namen, das Gute aber ist 1944 wie 2004 die Freie Welt, angeführt von den USA im Kampf für die Freiheit.

Aus dem Krieg seien die Vereinten Nationen als Garant der neuen internationalen Ordnung hervorgegangen, die auf Respekt für Menschenrechte, Freiheit, Gerechtigkeit und Demokratie aufbaue, sagt Chirac. Er habe gewünscht, dass Deutschland an der Feierstunde teilnehme. Die einst unerbittlichen Gegner arbeiteten seit Jahrzehnten an einer gemeinsamen Gegenwart. Die deutsch-französische Aussöhnung sei beispielhaft dafür, dass »der Hass keine Zukunft hat« und es »immer einen Weg zum Frieden gibt«.

Sechzig Jahre nach der Befreiung von der deutschen Besatzung halten die Franzosen die Deutschen für ihre besten Verbündeten. Entsprechend freundlich wird Bundeskanzler Gerhard Schröder in der Normandie empfangen. Weitaus geringer ist nach einer Umfrage des Forschungsinstituts IFOP im Auftrag der Zeitung *Le Figaro* das Vertrauen in die damaligen Befreier Großbritannien und USA. 82 Prozent der Franzosen sehen in den Deutschen verlässliche oder sogar sehr verlässliche Partner. Nur 63 Prozent haben eine so hohe Meinung von den Briten und nur 55 Prozent von den USA. Vor zehn Jahren hatten die Deutschen mit 65 Prozent noch gleichauf mit den Briten und knapp hinter den USA gelegen. Eine überwältigende Mehrheit von 88 Prozent der Franzosen begrüßt der Umfrage zufolge die Beteiligung der Deutschen an den Feiern zum 60. Jahrestag des D-Day. So ändern sich die Zeiten.

Im Dunst vor der Küste ist eine Armada von Kriegschiffen aufgefahren. Britische Fregatten, amerikanische Zerstörer, Minensucher und Schnellboote. Drei Landungsboote laufen auf den Strand zu. Für einen Moment glaubt der Betrachter ein ähnliches Bild zu sehen wie vor sechzig Jahren. Nur mit dem Unterschied, dass sich im Morgengrauen des 6. Juni 1944 der Küstenstreifen der Normandie in eine Hölle aus Feuer und Rauch verwandelte. Schwere alliierte Schiffsgeschütze nahmen die deutschen Befestigungen unter Feuer, um den Landungssektor sturmreif zu schießen. Um 6.30 Uhr erreichten die ersten Landungsboote den Strand. Doch viele deutsche Soldaten hatten den Bombenhagel überlebt. Aus ihren Schützengräben und Bunkern feuerten sie nun Granaten und Maschinengewehrsalven in die Soldaten, die von den Landungsbooten ausgespuckt wurden. Am Strand waren sie dem Beschuss schutzlos ausgeliefert.

Am 60. Jahrestag stehen wir zu zweit auf den Klippen oberhalb von Arromanches vor der Kamera. Ruprecht Eser, mein Londoner Kollege, und ich, mit der Aufgabe, diese Feier live zu kommentieren. Politischer, geschichtlicher Anschauungsunterricht als Medienspektakel. Selten sind Korrespondenten so verwöhnt. Bewaffnet nur mit einem Mikrofon an diesem ehemaligen Kriegsschauplatz. Für einen Deutschen ein seltsames Gefühl, das einem spätestens dann den Hals zuschnürt und an die Nieren geht, als Patricia Kaas das Lied der Moorsoldaten anstimmt. Es beschreibt die Leiden der Lagerhäftlinge, die von den Nazis zur Zwangsarbeit und in den Tod geschickt wurden.

Bewusst hatten sich die Gastgeber Arromanches als Schauplatz der Erinnerungsfeier ausgesucht. Anders als bei dem furchtbaren Massaker am Landungssektor »Omaha-Beach«, wo in kürzester Zeit rund tausend Amerikaner gefallen waren, hatte dieser Abschnitt am »längsten Tag« vergleichsweise harmlose Kampfhandlungen erlebt. Erst im späteren Verlauf der Invasion erlangte dieser Strand einige Berühmtheit, weil die Alliierten hier einen künstlichen Hafen aus Pontonteilen bauten, um ihr schweres Gerät, Panzer, Artillerie und Lastwagen, anzulanden.

Die Inszenierung selbst hielt geschickt die Balance zwischen Erinnerungspathos und protokollarischen Rücksichten, Massenszenen und individuellen Gesichtern, Leid und Freiheitsappell. So etwas kann leicht in eine Propagandashow ausarten. Dass dem nicht so war, lag an einer perfekten Regie und dem Respekt vor den Gefühlen der Gäste, auch der Deutschen. Also keine jubelnde Siegesfeier zum höheren Ruhm der Alliierten, sondern eine nachdenkliche, ans Herz gehende Darstellung der Ereignisse. Ohne Schwarzweißmalerei der guten Verbündeten und der bösen Deutschen.

Der dramatischste Moment war der Einzug der über achtzigjährigen Veteranen. Chirac ernannte vierzehn Teilnehmer der Schlacht, einen Soldaten jeder Nation, zu Rittern der Ehrenlegion. Viele von ihnen kamen in Uniform und mit Orden behängt, einige wurden im Rollstuhl geschoben. Es war ein ergreifendes Bild der Helden von damals. Schon nicht mehr ganz von dieser Welt und trotzdem noch selbstbewusst und aufrecht, paradierten sie mit schleppendem Schritt vor den versammelten Staatsoberhäuptern, Monarchen, Generälen und Diplomaten, die applaudierten. Die Einzige, die sich der Inszenierung verweigerte und nicht klatschte, war Königin Elizabeth. Als Königin weiß man einfach, was sich gehört.

Die Kameras beobachten die versammelten Weltherrscher, die zwei Stunden lang stillsitzen, zuschauen und zuhören mussten. Nachhilfeunterricht für George W. Es muss für Jacques Chirac und Gerhard Schröder die größte Genugtuung gewesen sein, dem amerikanischen Präsidenten diese Lektion zu verpassen.

»Per aspera ad astra«, so die Dramaturgie der D-Day-Feier. »Durch Nacht zum Licht«. Folgerichtig endete das Spektakel dann auch mit der Idee vom neuen Europa und, als Verbeugung an die Deutschen, mit Beethovens Ode an die Freude. Ein deutscher Komponist als letzter Eindruck, das hatte etwas wahrhaft Versöhnliches. Beethoven wird allerdings schon seit der Amtseinführung von Mitterrand 1981 gerne genommen. Damals wurde die »Europahymne« vor dem Pariser Panthéon gesungen, sogar auf Deutsch.

Am Abend betonte Bundeskanzler Schröder bei einer deutsch-französischen Feierstunde im Friedensmuseum von Caen die Schuld Deutschlands: »Wir in Deutschland wissen, wer den Krieg verbrochen hat«, sagte er und bekräftigte die Bereitschaft Deutschlands, mit militärischen Mitteln seiner »Verantwortung für Frieden und Menschenrechte« gerecht zu werden.

Am Vorabend hatten Staatspräsident Chirac und US-Präsident Bush in Paris versucht, ihre seit dem Irakkrieg bestehenden Differenzen auszuräumen. Bush bemühte sich bei der Begegnung im Élysée-Palast um die Zustimmung Chiracs zu einem neuen UN-Resolutionsentwurf und eine gemeinsame Linie im israelisch-palästinensischen Konflikt. Vergeblich! Versöhnungen dauern eben manchmal Jahrzehnte.

Das deutsch-französische Verhältnis ist normal – eine Wunschvorstellung

Wer einmal auf den Schlachtfeldern von Verdun war, wer den Graben der Bajonette gesehen hat, die Gebeine von Hunderttausenden Gefallenen im Ossuarium von Douaumont, der muss sich immer und immer wieder fragen, wie zwei Völker, die hier im vielleicht sinnlosesten aller Kriege ihre Jugend verheizt haben, jetzt miteinander leben können. Leider verlaufen sich die wenigsten Deutschen heute auf die Blutäcker von Verdun. Engländer und Amerikaner trifft man hier viel häufiger, und für jeden Franzosen gehört ein Besuch zum Pflichtprogramm.

Die Franzosen haben noch immer zwei Feiertage, die mit den Kriegen gegen Deutschland zu tun haben. Der wichtigere der beiden ist der 11. November, »Armistice«, der Tag des Waffenstillstands von 1918. Das ganze Land trägt zu diesem Anlass Nationalfarben. Im Arc de Triomphe hängt eine riesige Trikolore über dem Grabmal des Unbekannten Soldaten. Der Präsident verneigt sich vor der ewigen Flamme, und die geladenen Vertreter der Veteranenverbände nehmen Haltung an und versinken für einen Moment in andächtige Stille. Erinnerung an den Großen Krieg, der Frankreich bis heute prägt.

Natürlich wird auch der 8. Mai entsprechend begangen, als die deutsche Wehrmacht in der Person von Großadmiral Dönitz 1945 die bedingungslose Kapitulation erklärte. Erstaunlicherweise begehen die Franzosen, gemeinsam mit den anderen Alliierten, dieses Datum und nicht den 7. Mai, als Generaloberst Alfred Jodl in Reims die Kapitulation an der Westfront unterzeichnete. Da war aber keiner der französischen Führung dabei, sondern nur die Untergebenen von General Dwight D. Eisenhower, dem Obersten Befehlshaber der alliierten Streitkräfte an der Westfront seit der Landung in der Normandie und späteren Präsidenten der USA. Für die Franzosen also kaum ein rechtsgültiger Vorgang. Nie wirklich verziehen haben die Franzosen den Deutschen auch noch ein anderes Ereignis: die Gründung des Deutschen Reiches am 18. Januar 1871 ausgerechnet im Spiegelsaal von Versailles. Es war der Eiserne Kanzler Otto von Bismarck, der am Ende des Deutsch-Französischen Krieges dieses Allerheiligste der Franzosen für die Proklamation des Kaiserreiches unter preußischer Vorherrschaft gewählt hatte. Nach dem Ersten Weltkrieg haben sich unsere Nachbarn dafür revanchiert. Die Bedingungen der Kapitulation wurden den deutschen Verlierern wiederum in Versailles diktiert. Zwar nicht im Spiegelsaal des großen Schlosses, sondern im Grand

Trianon, aber wenn man an Kontinuität von Geschichte glaubt, dann gibt es eine direkte Linie von der Versailler Reichsgründung bis in den Zweiten Weltkrieg.

Eine Fußnote der Geschichte

Den 60. Jahrestag der Kapitulation an der Westfront feierte Frankreich in Reims. Am 7. Mai 1945 war für die meisten Franzosen der Krieg längst zu Ende. Langsam erholte sich das Land von den Jahren der Besatzung und den Schrecken des Nazi-Regimes. Die Franzosen fingen an, sich Gedanken zu machen, ob Jean und Marie von nebenan tatsächlich die heldenhaften Kämpfer der Résistance waren oder doch nur kleine, feige Kollaborateure, die sich und ihre Familie über die Runden bringen wollten. Verständlicherweise war gegen Kriegsende die erste Gruppe deutlich größer als die zweite. Das hat bis heute zu einem partiellen Verdrängen bestimmter Ereignisse geführt oder im Extremfall zur Komplettrevision der eigenen Biographie. Darin können es die Franzosen locker mit den Österreichern aufnehmen.

Die Zerstörungen hielten sich in Grenzen, auch weil einige anständige deutsche Offiziere wie der Stadtkommandant von Paris, General Dietrich von Choltitz, den Befehl, verbrannte Erde zu hinterlassen, einfach ignoriert hatten. Paris ist noch heute eine der schönsten Städte der Welt, weil sich dieser Mann über einen direkten Befehl Adolf Hitlers hinweggesetzt hat. Unter dem Jubel der Bevölkerung waren bereits am 25. August 1944 die GIs in Paris eingezogen. Die Menschen tanzten auf den Straßen, junge Frauen empfingen die Soldaten mit Blumen. Die revanchierten sich bei den Kindern mit Bonbons, Orangen und Kaugummi.

Die Befreiung von Paris war das emotionale Durchatmen nach all den Jahren unter Hakenkreuz und Knobelbecher. Im Jahr 2005 wollten die Franzosen daran anknüpfen und begingen den Jahrestag, an dem Generaloberst Alfred Jodl in der Stadt in der Champagne die Kapitulationsurkunde unterzeichnen musste:

»Wir, die hier Unterzeichnenden, die im Auftrag des Oberkommandos der deutschen Wehrmacht handeln, übergeben hiermit bedingungslos dem Obersten Befehlshaber der alliierten Expeditionsstreitkräfte und der Roten Armee alle gegenwärtig unter deutschem Befehl stehenden Streitkräfte zu Land, zu Wasser und in der Luft.«

General Eisenhower war zu diesem Kapitulationsakt erst gar nicht erschienen und ließ die Urkunde von einem subalternen Offizier entgegennehmen. Auch für die Franzosen war es kein besonders ruhmreicher Tag. General Severez durfte seinen Namen auf das Papier setzen, aber nur als Zeuge. Erst zwei Tage später, bei der Wiederholung der Kapitulation am 9. Mai in Berlin, setzte de Gaulle durch, dass die Franzosen ihre Fahne als gleichberechtigte Siegermacht hissen konnten.

Nichtsdestotrotz wollten die Repräsentanten der Grande Nation das Ereignis sechzig Jahre danach gebührend feiern. Premierminister Jean-Pierre Raffarin sollte nach Reims kommen, um dort hochrangige Delegationen der ehemaligen Alliierten zu begrüßen. Auch der deutsche Botschafter war dabei und nahm an einer öffentlichen Diskussion teil. Und um auch etwas fürs Auge zu haben, durften, neben den üblichen Kranzniederlegungen und Gedenkminuten, auch alte Militärfahrzeuge die Champagnerstadt unsicher machen. Mit Absicht gab der Staatspräsident diesmal seinem Premier den Vortritt. Doch auch er ließ sich entschuldigen. Angeblich musste er mit einem Schnupfen das Bett hüten. Aber wahrscheinlich wollte Raffarin, der so gerne am Bodensee Urlaub macht, nicht den Triumph über die Deutschen zelebrieren. Auch Chirac hatte darauf wenig Lust, war ihm doch seine Inszenierung am 60. Jahrestag der Landung in der Normandie ein Jahr zuvor so perfekt geglückt.

Also schickten die beiden MAM nach Reims. Der Verteidigungsministerin Michèle Alliot-Marie gelang dort ein Drahtseilakt, den ihr kaum einer zugetraut hätte. Sie hielt eine Rede, die ursprünglich für den Premier geschrieben worden war. Aber sie wandelte sie so ab, dass sie vor französischem Pathos und Nationalstolz nur so troff, ohne dass eine einzige böse Silbe über Deutschland fiel. Wahrlich ein Kunststück! Die Franzosen haben inzwischen einen Sprachgebrauch gefunden, der fein zwischen Deutschland und den Deutschen auf der einen und den Nazis und Hitlerdeutschland auf der anderen Seite differenziert. Seitdem ist das deutsch-französische Verhältnis aus dem Schatten der Vergangenheit getreten und ein normaler, unbelasteter Umgang miteinander möglich.

Europa, eine deutsch-französische Affäre?

Manchmal hat man in Frankreich das Gefühl, dass die Zeit stehen geblieben ist. So wie in dem Film »Und ewig grüßt das Murmeltier«. Politiker, die jeder längst totgesagt hat, stehen plötzlich wieder auf der Matte. Diskussionen, von denen man glaubte, sie wären abgeschlossen, beginnen von vorne. Vorschläge, die lange schon zu den Akten gelegt waren, sind mit einem Mal wieder auf dem Tisch. Das Beharrungsvermögen der Franzosen ist hin und wieder enorm. Nichts ist so alt, als dass es nicht noch einmal versucht werden könnte. Oft haben die Franzosen sogar damit Erfolg, wenn sie einfach wieder von vorne anfangen. Es gab nicht wenige, die überzeugt waren, man könne nach dem gescheiterten Referendum über die EU-Verfassung genauso verfahren. Zurück zu Plan B. Einfach den Entwurf in kleinere Portionen zerlegen und ihn dann dem Bürger portionsweise schmackhaft machen, einige Monate verstreichen lassen, um einen neuen Anlauf zu nehmen. Aber da haben die Politiker die Rechnung ohne den Wirt – und das sind in diesem Fall die französischen Wähler – gemacht.

Denn die wollen weder mehr Europa noch eine größere Gemeinschaft. Also keine Vertiefung und schon gar keine Erweiterung. Spätestens mit dem Beitritt von Bulgarien und Rumänien Anfang 2007 war die Schmerzgrenze überschritten. Die Nationalstaatlichkeit auf dem Altar der Öffnung in Richtung Osten zu opfern, das ist für die Franzosen längst ein rotes Tuch. Vehement hatten sie sich gegen die Entsendungsrichtlinien gewehrt. Massiv wurde der EU-Finanzausgleich von Paris bekämpft. Gemeint waren damit nicht die Hilfen für die kleinen Bauern, sondern für die großen Agrarfabriken in der Picardie und im Süden der Île-de-France. Die verhassten B's haben in Frankreich Namen: Brüssel, Blair und Bürokratie. Auf diese kurze Formel kann man leicht alles reduzieren, was an Europa in Frankreich auf Ablehnung stößt. Eine Zukunft Europas ohne Frankreich scheint undenkbar – überall in Europa, außer in Frankreich.

Also muss ein neuer Impuls her, um der Idee »Europa« wieder einen Reiz zu geben, den auch die Bürger spüren. Manche sind noch immer der Auffassung, dieser zündende Funke müsse von dem »Motor Europas« ausgehen, dem deutsch-französischen Zusammenwirken.

Aber der langjährige Beobachter und Kenner dieser Beziehung Alfred Grosser sagt nicht zu Unrecht: »Frankreich und Deutschland sind nicht mehr der Motor in Europa. Der Motor hat keinen Treibstoff mehr. Frankreich und Deutschland sind inzwischen die bösen Buben. Denn sie verletzten die Regeln, die sie den anderen auferlegt hatten. Das ist nicht seriös. Es ist ein Trugschluss, zu glauben, dass Europa dazu da sei, französische Interessen zu vertreten. Europa ist mehr als die Summe aller Opfer, die jeder bringt.«

Noch pessimistischer beurteilt Luxemburgs Premier Jean-Claude Juncker, ein überzeugter Kämpfer für Europa, die Zukunft der Gemeinschaft. Am 15. Juni 2006 sagte er in einem Interview mit der *Welt*: »In zwanzig Jahren werden der EU 27 bis 33 Mitglieder angehören. Irgendwann wird diese Gruppe dann feststellen, dass sie nicht in allen Punkten gemeinsam die Zukunft gestalten kann. Dann wird sich eine Kerngruppe formieren, die nicht identisch sein wird mit der Euro-Gruppe – aber fast. Um diese Kerngruppe herum wird es normale Mitglieder geben. Ich möchte dieses Kerneuropa nicht. Aber es wird sich eines Tages herausbilden als der einzige Weg aus der kollektiven

Ausweglosigkeit, die eine Verständigung auf gemeinsame Ziele unmöglich macht.«

Also ein »Europa der zwei Geschwindigkeiten«? Wahrscheinlich gibt dazu schon keine Alternative mehr. Einzig eine kollektive Bedrohung der Gemeinschaft von außen, sei es durch massive Zuwanderung, ein Kappen der Energiezufuhr oder Naturkatastrophen durch klimatische Veränderungen, könnte die EU in absehbarer Zeit enger zusammenschmieden. Deutschland und Frankreich haben den Vorbildcharakter verloren, weil sie aufgehört haben, den alten Rat von Helmut Kohl zu befolgen: »Die Großen sind dafür da, auf die Kleinen aufzupassen.«

Die Bürger in Deutschland und Frankreich werden künftig ein paar Antworten haben wollen:

Was ist eigentlich Europa? Was sind seine Grenzen? Was hält es zusammen? Welche Werte, welche Vorstellungen? Gibt es ein gemeinsames Wirtschafts- und Sozialmodell? Und wo bleibt die Demokratie in der Union?

Antworten darauf, die alle akzeptieren, werden nur unter großen Qualen zu finden sein, bis hin zu dem Eingeständnis, dass Franzosen eben nichts mit Bulgaren verbindet, Deutsche nichts mit Maltesern, Portugiesen nichts mit Polen und alle zusammen schon gar nichts mit der Türkei. Dieser Prozess wird schmerzhaft für alle Beteiligten. Und er muss von Frankreich und Deutschland ausgehen, weil diese Länder am wenigsten mit Lebenslügen über Europa leben können.

»Europa steckt fest, das sehen wir alle. Frankreich steht isoliert da. Ich will die europäische Blockade lösen und Frankreich aus der Isolation holen«, vertrat die sozialistische Präsidentschaftskandidatin Ségolène Royal am 11. Oktober 2006 ihre Vorstellungen zur EU vor der Presse in Paris, bevor sie einige Wochen später bei ihrem Antrittsbesuch in Brüssel durch den unterirdischen Eingang des Parkhauses schlich, um Journalistenfragen zu vermeiden. »Europa braucht Frankreich, und die Welt braucht Europa. Von wenigen Ausnahmen abgesehen, sind die Bürger Europa gegenüber gleichgültig, wenn nicht gar misstrauisch. Die Errungenschaften, die wir der EU verdanken, werden kaum wahrgenommen, die Tatsachen oft verdreht. Den Regierungen dient die EU als willkommener Sündenbock für die Politik, die sie nicht selbst ausführen wollen. Nationale Egoismen haben sich verschärft, Visionen und politischer Wille scheinen abhandengekommen zu sein.« In dieser Analyse ist sich Ségolène Royal mit ihrem Gegner Nicolas Sarkozy ziemlich einig. Der will aber möglichst schnell ein neues Vertragswerk als Ersatz für den geplatzten EU-Verfassungsvertrag.

Der Text eines neuen »Mini-Vertrages« für die EU soll, so Sarkozy, im ersten Halbjahr 2007 unter deutscher Ratspräsidentschaft der EU erarbeitet werden. Im zweiten Semester 2008 soll er unter französischer Präsidentschaft ratifiziert und noch vor den Europa-Wahlen im Juni 2009 in Kraft gesetzt werden. So »mini«, wie er den Eindruck erweckt, soll der Vertrag allerdings nicht ausfallen.

Denn er würde die ersten beiden Kapitel des EU-Verfassungsentwurfs – über die Institutionen der EU sowie den allgemein gefassten und kaum verbindlichen Grundrechtekatalog – übernehmen. Entfallen soll lediglich das dritte Kapitel, das wegen seiner zahllosen wirtschaftsliberalen Vorschriften von den linken Gegnern des Entwurfs in Frankreich besonders angegriffen wurde. Allerdings sind die meisten dieser Bestimmungen auch anderswo im EU-Recht verankert. Anders als die abgelehnte »Verfassung« soll der neue Vertrag in Frankreich jedoch nicht mehr durch die Bevölkerung, sondern, wie in Deutschland, durch das Parlament ratifiziert werden. Sarkozy will auf Nummer sicher gehen.

Am wichtigsten sei es, eine handlungsfähige Führungsspitze auf Unionsebene zu schaffen. Dazu gehöre die auch im Verfassungsentwurf enthaltene Idee, je nach Affinität unterschiedlich zusammengesetzte Ländergruppen zu bilden, in denen bestimmte Staaten der EU – unter sich – die Ausarbeitung einer gemeinsamen Politik vertiefen könnten. Als erstes müsse der »Riegel« der Einstimmigkeits-Erfordernis gesprengt werden, verlangt der Minister. Denn daran zerschlagen sich viele politische Entscheidungen auf EU-Ebene. Sarkozy nennt konkret die Steuerpolitik, wo die Notwendigkeit einer Einstimmigkeit von vielen Regierungen benutzt werde, um sich hinter dem Scheitern einer Einigung zu verstecken und auf nationaler Ebene »Steuerdumping« zu betreiben. Dadurch erhoffte man sich vielerorts, dem nationalen Standort Wettbewerbsvorteile zu verschaffen. Das stimmt tatsächlich, und das Beispiel war geschickt gewählt. Ansonsten möchte Sarkozy der EU eine eigene Rechtspersönlichkeit geben, was der Union erlauben soll, als solche einen Sitz in internationalen Gremien zu bekleiden. Statt der wechselnden Ratspräsidentschaften soll es einen »stabilen Präsidenten« geben, der vom Parlament gewählt würde, sowie einen gemeinsamen Außenminister.

Vor allem aber will Sarkozy die heikle Frage der Vertretung der einzelnen Länder in der Kommission ändern. Bis Anfang 2007 hatte jedes Land einen eigenen Kommissar, aber diese Zahl muss künftig reduziert werden, um das Gremium »handlungsfähiger« zu machen. Also werden sich dann 27 Länder um die Sessel streiten. Der Verfassungsentwurf hatte diesen Teil der Reform auf 2014 verschoben, aber ein Rotationsmodell angestrebt, in dem die Mitgliedstaaten abwechselnd eine Runde bei der Besetzung der dann achtzehnköpfigen Kommission aussetzen. Das missfällt Sarkozy, denn für die »großen« EU-Länder wie Frankreich kommt es seiner Auffassung nach nicht infrage, übergangen zu werden. »Die Kommission wäre tot, wenn eines Tages eine Mehrheit von Kommissaren eine wichtige Entscheidung gegen ein großes Land träfe, das (gerade) nicht vertreten wäre.« Stattdessen schlägt er vor, der jeweilige Kommissionspräsident solle sich »seine Mannschaft« selbst zusammenstellen und dabei die zu vertretenden Länder aussuchen. Es würde sich also faktisch um eine Art »Koalition der Willigen« unter besonderer Berücksichtigung der »Großen« handeln.

Wichtig ist es laut Sarkozy, »jetzt klar zu sagen, wer Europäer ist und wer nicht«. Europäer, das sind nach seiner Definition auch die derzeitigen Nicht-Mitgliedsländer auf dem Balkan, in Skandinavien und die Schweiz. Nicht dazu gehört hingegen die Türkei. Ihr bietet Sarkozy, ebenso wie den nordafrikanischen

Ländern, eine »privilegierte Partnerschaft« an, womit er sich in bestem Einklang mit Angela Merkel weiß. Konkret bedeutet das für die Türkei: Militärabkommen plus die Anwendung von Freihandelsregeln sowie die Möglichkeit, Studierende an Universitäten in der EU zu schicken. Sarkozy fordert die Aussetzung der anstehenden Verhandlungen mit der Türkei, »solange diese die Zollunion mit Zypern nicht verwirklicht hat«. In Wirklichkeit geht es ihm aber nicht um eine Anerkennung der Inselrepublik durch Ankara, sondern um eine tiefer gehende Absage an die Türkei, da sie nicht zur »europäischen Identität« passe.

Ségolène Royal bleibt mit ihren Ansichten zur Zukunft der EU noch nebulös. Was sie durchblicken lässt, ist, dass sie Sarkozys Ansichten zur Einwanderungspolitik weitgehend teilt. In Sachen EU-Beitritt der Türkei will sie sich nicht festlegen, zeigt sich aber der Vorstellung einer »privilegierten Partnerschaft« nicht abgeneigt: »Die EU braucht stabile Grenzen, aber Partnerschaften müssen geknüpft werden«, so heißt ihr Standardsatz dazu.

Auf der einen Seite die Nebelschwaden von Ségolène, auf der anderen die wunderbare Welt des Nicolas. Beide werden ihre Absichten nicht im Alleingang durchsetzten können. Sie brauchen Partner. Allen voran Deutschland. Die Tage von Handküssen und herzlichen Umarmungen sind spätestens dann zwischen Berlin und Paris gezählt, wenn es in Brüssel ans Eingemachte geht.

Der Grossmachtkomplex

Wo steht Frankreich?

Es gab Zeiten, und die sind noch gar nicht so lange her, da war Frankreich ein Land von herausragender politischer Bedeutung. Eines der fünf wichtigsten auf diesem Planeten, weil es eine Atommacht ist, einen Sitz im UN-Sicherheitsrat hat, Europa aktiv gestaltete und als bedeutende Kulturnation Anerkennung fand. Daran hat sich eigentlich nichts geändert. Aber die Rolle, die Paris heute auf der Weltbühne spielt, hat sich dramatisch gewandelt. Dazu fünf Beobachtungen:

- Frankreich hat sich politisch isoliert.
- Frankreichs Verhältnis zu den USA und Großbritannien ist nachhaltig gestört.
- Europa hat für Frankreich nicht mehr oberste Priorität.
- Deutschland ist der einzige zuverlässige Partner, auf den Frankreich noch bauen kann.
- Frankreich ist vor allem mit sich selbst beschäftigt.

Wenn man nach einer Erklärung für jedes einzelne dieser Phänomene sucht, dann ist einiges im Grundverständnis der französischen Politik verwurzelt und tritt mal stärker, mal schwächer zutage. Selten zeitgleich, oft verbrämt hinter diffusen diplomatischen Floskeln und Absichtserklärungen. Warum derzeit aber alles zusammenkommt, dafür bietet sich eine ganze Reihe von Gründen an:

Eine verbrauchte Regierung, ein abgehalfterter Präsident, eine politikverdrossene Bevölkerung, ähnlich ungelöste soziale Fragen wie in Deutschland, Hilflosigkeit gegenüber der fortschreitenden Globalisierung, die die Identifizierung mit einem Nationalstaat erschwert, und das nostalgische Gefühl vergangener Größe.

Wenn Frankreich eines Tages ein Wappentier suchen sollte, um den gallischen Hahn, der immer an vorderster Front gekräht hat, abzulösen, dann würde sich die Auster anbieten. Wenn ihr etwas nicht gefällt, dann klappt sie zu, bleibt liegen, interessiert sich für nichts und niemanden und wartet im Strudel der Gezeiten ab, woher die Strömung kommt. Und genauso, wie man die Auster mit dem richtigen Instrument, einem kurzen, breiten Messer, an der richtigen Stelle neben dem Gelenk der beiden Schalendeckel öffnen kann, gibt es einen Schlüssel, um das politische Verhalten Frankreichs in jüngster Zeit zu verstehen: Den Vorabend des Irakkriegs.

Tanzbär am Nasenring

Die CIA hatte das »Beweismaterial« vorbereitet und zusammengestellt. CIA-Direktor George J. Tenet, der schon als Vermittler im Nahostkonflikt eine unglückliche Figur gemacht hatte, betätigte sich als Souffleur für Colin Powell. Israel hatte über Jahre die Angst vor einer Bedrohung aus dem Irak geschürt. Verständlich nach dem Ersten Golfkrieg, als irakische Scud-B-Raketen in Ramat Gan, Tel Aviv und im Meer vor Herzliya eingeschlagen waren. Aber dieses Mal waren die »Beweise« von Anfang an getürkt. Ephraim Halevy, Mossad-Chef und später langjähriger Sicherheitsberater der Premierminister Ariel Sharon und Ehud Olmert, hatte sich zwei Tage vor Kriegsausbruch vor Fernsehkameras wörtlich so geäußert: »Meine Damen und Herren, wir haben keinerlei Anhaltspunkte dafür, dass von den Gebieten H1 und H2 im Westirak eine Bedrohung für Israel ausgeht.« »Area H1« und »Area H2« waren Militärstützpunkte der Republikanischen Garde, von denen die Israelis immer wieder behauptet hatten, sie würden als Lager für ABC-Waffen dienen und Abschussrampen für Scud-Raketen beherbergen.

Die Amerikaner hätten es wissen müssen. Die Franzosen, allen voran ihr Außenminister Dominique de Villepin, wussten es. Sie verfügten über eigene Geheimdienstquellen in der Region, die weder vom Mossad noch von der CIA bezahlt wurden. Auch im Libanon und in Jordanien war Frankreich gut vernetzt und konnte sich auf zuverlässige Informanten stützen. Die Naivität, mit der die westliche Welt die amerikanische Darstellung zu schlucken bereit war, ist in der Rückschau kaum nachvollziehbar. Chinesen, Russen, allen voran aber die Franzosen, hatten dagegen von Anfang an eine amerikakritische Haltung eingenommen.

Die Sitzung des Sicherheitsrates am 14. Februar 2003 wird zur Sternstunde von Dominique de Villepin. Er zerpflückt Stück für Stück die angeblichen Beweise von Colin Powell. Hinter den Höflichkeiten seiner diplomatischen Formulierungen ist klar zu erkennen, dass er seinem amerikanischen Kollegen keine Silbe glaubt, ja ihn sogar für einen Auftragslügner hält. Amerikaner und Briten sind isoliert. Aber die Kriegsmaschinerie läuft bereits auf vollen Touren. Ohne den Abschlussbericht der UN-Waffeninspekteure am 7. März – der Bushs Begründung, der Irak verfüge über Massenvernichtungswaffen, widerlegt – überhaupt noch abzuwarten, verkündet der amerikanische Präsident: »*The game is over* – Das Spiel ist vorbei«. Am 17. März fordert er Saddam Hussein ultimativ auf, den Irak binnen 48 Stunden zu verlassen.

Da eine UN-Resolution, die den Krieg legitimiert hätte, nicht zustande kommt und somit der Sicherheitsrat in den Augen der US-Administration »seinen Verpflichtungen nicht gerecht geworden ist«, beruft sich die Bush-Regierung völkerrechtswidrig auf die Resolution 1441, in der »ernsthafte Konsequenzen« bei Nichtabrüstung angedroht werden. Am 19. März 2003 beginnt der Angriffskrieg.

Der Lauf der Ereignisse sollte den Gegnern der Intervention recht geben. Für den Kriegsgrund Nummer eins, Saddam Hussein sei im Besitz von Massenvernichtungswaffen und auch bereit, diese einzusetzen, wurden nie Beweise gefunden. Warum also hatte man den UN-Inspekteuren nicht mehr Zeit eingeräumt? Warum hat die CIA ihre »Beweise« nicht den UN-Inspekteuren in die Hand gedrückt und gesagt: »Sucht dort!«? Warum ist der amerikanische Außenminister, wider besseres Wissen, vor den UN-Sicherheitsrat gegangen und hat seinen guten Ruf als einer der wenigen Glaubwürdigen der Bush-Administration verspielt?

Die Antwort ist so erschreckend wie einfach. Der amerikanische Präsident brauchte einen Kriegsgrund, um jeden Preis. Dafür war die Regierung in Washington sogar bereit, Verbündete zu verlieren. Den Franzosen war das lange vorher klar. Außerdem hatten sie eigene Interessen im Irak: alte Öllieferungsverträge, die wegen der Sanktionen gegen das Zweistromland auf Eis lagen.

Denn die Ölausfuhr des Irak war zwischen dem Ersten und dem Zweiten Golfkrieg weitgehend auf das im Oil-for-Food Agreement (Öl für Lebensmittel) des UN-Sicherheitsrats reduzierte Maß beschränkt. 1996 betrug der Wert des Ölexports zirka 2 Milliarden US-Dollar, 1998 wurde die Obergrenze der zulässigen Exporterlöse auf 5,3 Milliarden Dollar erhöht. Von den Einnahmen wurden 72 Prozent für den Kauf von Lebensmitteln und Medikamenten bereitgestellt, die übrigen 28 Prozent behielten die Vereinten Nationen zur Begleichung von Reparationsforderungen und Verwaltungskosten ein. Wirtschaftlich versuchte sich der Irak durch den Handel mit und über Syrien, den Iran und später Ägypten und Tunesien über Wasser zu halten.

Mit Ausnahme der amerikanischen Ölunternehmen und der britischen BP nutzten ausländische Erdölgesellschaften wie Total aus Frankreich, Lukoil und Tatneft aus Russland, die italienische ENI und vor allem China die Chance und schlossen Entwicklungs- und Produktionskontrakte mit Bagdad ab. Sie erhielten Konzessionen für die Erschließung irakischer Ölfelder, waren bereits in den Startlöchern für die Zeit nach dem Embargo. Der Krieg, den die USA jetzt wollten, gefährdete diese Verträge.

Das verband Paris mit Peking. Auch die Chinesen fürchteten um ihre Engagements und Investitionen. Die französische Haltung war also keineswegs moralischer oder pazifistischer als die amerikanische. Sie hatte nur den unbestreitbaren Vorzug, dass sie nicht auf einem Lügengebäude beruhte.

Den Auftritt von Dominique de Villepin haben George W. Bush und seine Berater den Franzosen nie verziehen. Colin Powell vor laufenden Fernsehkameras vorzuführen wie einen Tanzbären am Nasenring, das muss Dick Cheney, Donald Rumsfeld, Condoleezza Rice, Richard Pearle und Paul Wolfowitz den Schaum vor den Mund getrieben haben. Die lange vorbereitete Doktrin des Kreuzzugs gegen die sogenannten Schurkenstaaten sah über Nacht selbst aus wie ein Schurkenstück. Der Spruch vom »alten Europa« blieb insofern entlarvend, als die Regierung in Washington damit erstmals deutlich zu erkennen gab, dass ihr ein Schulterschluss zwischen Deutschland und Frankreich überhaupt nicht passte.

Im Gegenteil, George W. Bush und seine Entourage taten alles nur Denkbare, um Keile in die Gemeinschaft der Europäer zu treiben. Da wurden Spanier gegen Polen ausgespielt, indem man versprach, US-Militärbasen von der Iberischen Halbinsel hinter Oder und Neiße zu verlegen. Da hetzte Washington neue Beitrittsländer gegen Altmitglieder der EU auf. Da wurde Druck ausgeübt, um dem NATO-Partner und Irak-Anrainer Türkei den Weg in die Gemeinschaft zu ebnen. Amerika zeigte am Vorabend des Krieges sein wahres Gesicht. Hegemoniale Macht- und Interessenpolitik, bei der es nicht um Demokratie und Menschenrechte für einen gequältes Land und seine Bewohner ging, sondern ausschließlich um die Sicherung der Ölinteressen.

Amerika ist wie keine andere Industrienation angewiesen auf das Erdöl. Es ist abhängig von Saudi-Arabien, dessen Vorräte in überschaubarer Zeit erschöpft sein werden und das von einem Königshaus regiert wird, das latent umsturzgefährdet ist. Also muss ein amerikanischer Präsident sich schon heute überlegen, wo der Brennstoff in den nächsten Jahrzehnten herkommen soll, der seine Wirtschaft am Laufen hält und seinen Wohlstand garantiert. Es macht deshalb durchaus Sinn, sich den Zugriff auf das Öl zu sichern. Nicht unbedingt auf die Quellen, aber auf die Pipelines.

Die großen Vorkommen Sibiriens sind für die USA unerreichbar, eine dauerhafte strategische Abhängigkeit von Russland schlichtweg undenkbar. Bleiben also die beiden anderen großen Lagerstätten, das Kaspische Becken und die Gegend um Kirkuk und Mossul im Nordirak. Für die Franzosen, die selbst einen ausgeprägten Sinn für Interessenpolitik haben und bei ihrer Durchsetzung vollkommen pragmatisch Kategorien wie moralische Skrupel oder schlechtes Gewissen ausblenden können, ein folgerichtiges Verhalten der Bush-Administration.

Am Ende behielten die Zweifler und Kriegsgegner recht. Im Irak wurde nichts gefunden, was einen triftigen Grund für die Invasion geliefert hätte. Die Massenvernichtungswaffen blieben Hirngespinste eines arabophoben israelischen Geheimdienstes. Deutsche und Franzosen standen plötzlich isoliert in der Welt. Amerika schickte eine Viertelmillion Soldaten in einen Krieg, der gegen jedes Völkerrecht verstieß. Die Briten trabten in Nibelungentreue hinterher. Der Irak wurde in ein Blutbad ohne Ende gestoßen, und die Existenz Israels war nach dem Krieg keinen Deut sicherer.

Aber Washington besaß mit Dominique de Villepin ein neues Feindbild. Das ging so weit, dass Jacques Chirac seinen Chefdiplomaten ablösen und am 31. März 2004 auf den Stuhl des Innenministers verfrachten musste, um mit den USA wenigstens auf Arbeitsebene im Gespräch zu bleiben. Angeblich soll George W. Bush sogar damit gedroht haben, nicht an den Feierlichkeiten zum 60. Jahrestag der alliierten Landung in der Normandie teilzunehmen, sollte der verhasste Außenminister noch immer im Amt sein. Diese Drohung ist zwar nicht verbrieft und wird bis heute von Diplomaten in beiden Ländern heftig bestritten. Aber alleine das Gerücht bestätigt, wie nachhaltig das Tischtuch zwischen Washington und Paris nach dem Vorabend des Irakkriegs zerschnitten war.

Der transatlantische Graben

Es wäre übertrieben, würde man behaupten, die politische Klasse Frankreichs wäre nach der Niederlage von Präsident Bush und den Republikanern bei den »mid-term elections« am 8. November 2006 in Jubelschreie ausgebrochen. Aber mit einer gewissen Schadenfreude hat Paris schon darauf reagiert, dass der ungeliebte Herr im Weißen Haus den letzten Teil seiner Amtszeit als »lame duck«, als lahme Ente, erleben muss. »Mister President, wir können diesen katastrophalen Weg im Irak nicht weitergehen«, haben die siegreichen Demokraten ihm am Tag nach der Wahl entgegengeschleudert.

Die Franzosen hatten ihm nicht nur den Irakkrieg übel genommen. Mindestens genauso schlimm waren für sie die Äußerungen von US-Kriegsminister Donald Rumsfeld über das »alte Europa«. »Sein Satz, Deutschland und Frankreich stehen für das ›alte Europa‹, hat mich tief verletzt«, bekannte Francis Mer, Minister für Wirtschaft, Finanzen und Industrie im ersten und zweiten Kabinett von Jean-Pierre Raffarin. Und er war nicht der Einzige. Für viele blieb diese Bemerkung ein Symbol für den Bruch des transatlantischen Verhältnisses.

Donald Rumsfeld war das erste Opfer von Bushs Wahldebakel bei den »mid-terms«. Darüber werden sich einige in Paris die Hände gerieben haben. Nicht nur, weil der oberste Kriegstreiber in der US-Regierung damit endlich Platz macht, um im Irak zu einer Ausstiegsstrategie zu finden, sondern weil damit die Chance besteht, wieder mit den Verbündeten in Europa vernünftig zu reden. Denn die Animositäten hatten sich seit dem Vorabend des Irakkriegs hochgeschaukelt.

Wer heftigen Antiamerikanismus erleben will, der muss sich nur einmal ein Briefing des politischen Direktors des Quai d'Orsay anhören. Dabei war Condoleezza Rice, damals noch Sicherheitsberaterin im Weißen Haus, die Einzige in der Bush-Administration, die selbst in Zeiten völliger Funkstille ihre Rückkanäle nach Paris immer offengehalten hat. Später hatte sie sogar versucht, mit einer öffentlichen Rede vor Studenten der Sciences Po die US-Außenpolitik zu erläutern und für Verständnis zu werben. Allein, es stieß in Paris auf ziemlich taube Ohren. Mehr als etwas höflichen Beifall hatten die Gastgeber nicht für sie. Denn von Condoleezza Rice stammt auch der Satz: »Deutschland muss man verzeihen, Frankreich aber muss für seine Haltung im Irakkrieg abgestraft werden.« Das ist eben der Unterschied zwischen unmündigen Kindern und Erwachsenen in der Weltpolitik.

Rührend blieben auch die Versuche von Nicolas Burns, dem »Undersecretary« im State Department, der schon als Nahostvermittler eine ziemlich klägliche Figur abgegeben hatte, seine Gesprächspartner in Paris von Sanktionen und militärischen Drohungen gegenüber dem Iran zu überzeugen. Nachdem diese Vorstöße am Quai d'Orsay zur Kenntnis genommen und abgelehnt worden waren, nutzte Burns im Anschluss den Presseclub, den Jim Bitterman, Pariser Büroleiter von CNN, und Christian Malar, außenpolitischer Chefkorrespondent von France 3, gegründet hatten, um wenigstens ein paar Journalisten auf Linie zu bringen. Die gingen aber hauptsächlich zu diesen Hintergrundgesprächen, um zu erfahren, was auf keinen Fall passieren werde: genau das, was der Amerikaner im Brustton der Überzeugung ankündigte.

Solange Washington monothematisch auf seinen »Kampf gegen den Terror« fixiert bleibt, dabei einen Fehler nach dem anderen begeht und rücksichtslos über Warnungen und Interessen seiner Verbündeten hinwegtrampelt, wird jede französische Regierung versuchen, dagegenzuhalten. Auch um den Preis eines gestörten transatlantischen Verhältnisses. Wie eine späte Genugtuung empfanden es die Franzosen, als der neue US-Verteidigungsminister Robert Gates vom Vorsitzenden des Streitkräfteausschusses des Senats gefragt wurde, ob der Krieg im Irak zu gewinnen sei, und dessen knappe Antwort genau auf der Linie lag, die in Paris schon immer vertreten wurde: »No, Sir!«

Selbst Colin Powell ist in Frankreich inzwischen wieder wohlgelitten, nachdem er schwere Fehler auf dem Weg in den

Irakkrieg eingeräumt hat. Aus der Hand von Valéry Giscard d'Estaing nahm er im Herbst 2006 den *Prix Alexis de Tocqueville* entgegen, der alle zwei Jahre an Persönlichkeiten vergeben wird, die sich durch ihre humanistische Haltung und ihren Einsatz für die bürgerlichen Freiheiten ausgezeichnet haben. Vielleicht war es auch eine Anerkennung dafür, dass er jetzt als Kronzeuge für die Fehler von George W. Bush herhalten kann. Da soll noch mal einer behaupten, Franzosen seien nachtragend.

Französische Politiker sind geborene Diplomaten – das war einmal

Charles-Maurice Herzog von Talleyrand-Périgord war so einer. Vielleicht war er sogar der Inbegriff des französischen Diplomaten, einer, der es wie kein Zweiter geschafft hat, sein Geschick in jedem Regime auszuspielen, egal wer gerade regierte. Aus altadeliger Familie, aber verarmt, blieb ihm nur die Ausbildung in der Kirche. Er wurde Abt von Saint-Denis, später Bischof von Autun. Denn wegen eines Klumpfußes war er untauglich fürs Militär. Damals bekam der Erstgeborene Schloss und Ländereien, der Zweite wurde Offizier, der Dritte Priester, und allen anderen blieb nur der Weg nach Amerika oder in die Kolonien. Er selbst berichtete in seinen Memoiren, dass er sich diese Behinderung zugezogen habe, als er als Kleinkind vom Wickeltisch seiner Pflegerin gefallen sei. Einige seiner Biographen vermuteten eine Erbkrankheit. Wie auch immer, es hielt Talleyrand nicht davon ab, Karriere zu machen.

Während der Revolution verließ er den Klerus und schloss sich dem Dritten Stand an. Als Reformer setzte er sich sogar für die Verstaatlichung von Kirchengut ein, um die Staatsschulden zu begleichen. 1791 leistete er einen Eid auf die neue Verfassung im Namen der Kirche und unterstellte somit den Klerus dem Staat und dem Volk. Papst Pius VI. exkommunizierte ihn dafür und enthob ihn aller Ämter. Damit empfahl sich Talleyrand den Führern der Revolution.

Danton selbst verschaffte ihm am Vorabend der Schreckensherrschaft, die den Großteil des Adels in Frankreich den Kopf kostete, Ausreisepapiere und schickte ihn in diplomatischer Mission nach England. Dort wurde er 1794 auf Betreiben von französischen Exilanten der ersten Stunde ausgewiesen und musste nach Amerika fliehen. Zwei Jahre später kehrte er nach Frankreich zurück, als Paul de Barras das Direktorium leitete. Madame de Staël, die zu dieser Zeit den bekanntesten Pariser Salon führte, machte sich zu seiner Fürsprecherin, und das Direktorium ernannte den »Bürger Talleyrand« zum Außenminister. Schneller als andere erkannte er im Juli 1799 die Zeichen der Zeit. Das Direktorium war am Ende, und der geschickte Diplomat wechselte rechtzeitig die Pferde, zu Napoleon, dem neuen Stern am politischen Himmel Frankreichs, der ihn auch prompt nach dem Staatsstreich vom 9. November 1799 erneut zum Außenminister ernannte.

Der Strippenzieher Talleyrand wurde zum maßgeblichen Architekten des napoleonischen Kaisertums. Aber dem rasanten Aufstieg folgte der Bruch. Immer wieder stellte der Diplomat die Kriegspläne Napoleons infrage, weil er der Meinung war, dass Frankreich mit dem Frieden von Amiens im Jahr 1802 mehr als genug erreicht habe. Es dauerte bis 1807, bis der Kaiser seinen schärfsten Kritiker nicht mehr ertrug und den Chefdiplomaten in die Wüste schickte. Das Urteil des Kaisers über den Herzog: »Ein Stück Scheiße im Seidenstrumpf!«

Wieder ein Glücksfall für Talleyrand, denn diese Entlassung war die beste Eintrittskarte in die Regierung des folgenden Regimes. Er verhalf Louis XVIII. auf den Thron und wurde noch einmal Außenminister. Aber seinen größten Coup landete er als Gegenspieler von Fürst Metternich 1815 auf dem Wiener Kongress. Seinem Verhandlungsgeschick war es zu verdanken, dass Frankreich nach einer vollständigen Niederlage ohne Gebietsverluste in den Grenzen von 1789 wiederhergestellt wurde. Wohl deshalb gilt Talleyrand bis heute als Symbolfigur französischer Staatskunst.

Sieht man sich in der jüngeren Zeit um, dann ist Frankreichs

Diplomatie nicht gerade von der Sonne verwöhnt. Natürlich gibt es immer noch einzelne Erfolge, wie die Befreiung der Journalisten aus der Geiselhaft im Irak, aber bei den großen Themen ist die Bilanz eher düster. Zum gestörten Verhältnis mit Washington hat Premierminister Dominique de Villepin einen ordentlichen Teil beigetragen, als er noch Außenminister war. Sein Nachfolger im Amt, Michel Barnier, hielt es mit Talleyrand und war nach nur einem halben Jahr mit seinem Chef Jacques Chirac völlig über Kreuz, weil er ihn heftig kritisierte. Eine Rückkehr dieses eigenständigen Kopfes in einer anderen Regierung ist durchaus nicht ausgeschlossen.

Der aktuelle Chefdiplomat am Quai d'Orsay ist von Haus aus Kardiologe, und das wäre er auch besser geblieben. Philippe Douste-Blazy begann seine politische Karriere als Europaabgeordneter, wurde Bürgermeister des Marien-Wallfahrtsortes Lourdes und später Stadtoberhaupt von Toulouse. In diversen Regierungen diente er als Gesundheitsminister, was sogar noch zu seinen Interessen und Fähigkeiten passte. Selbst wohlmeinende Zeitgenossen halten ihn im Außenamt für eine glatte Fehlbesetzung. Aber er ist ein treuer Gefolgsmann von Jacques Chirac, und, was für seine Ernennung vielleicht noch wichtiger war, Bernadette Chirac schätzt ihn über alle Maßen.

Die Liste der diplomatischen Fehlleistungen ist lang. Sie reicht von der französischen Präsidentschaft der EU, bei der es nicht gelang, der Gemeinschaft mit den Verträgen von Nizza neues Leben und Handlungsfähigkeit einzuhauchen. Sie zieht sich über die stockenden Finanzverhandlungen in Brüssel und das gescheiterte EU-Referendum bis hin zu merkwürdigen Alleingängen gegenüber Russland, China oder dem Iran. Selbst die treuesten Partner in Berlin haben dafür oft nur noch ein Kopfschütteln übrig. Je mehr Mehltau sich auf die Innenpolitik legt, desto mehr versucht sich der Präsident mit außenpolitischen Überraschungscoups und Befreiungsschlägen. Meist beschränkt sich ihre Wirkung bei den Partnern aber auf kurzzeitige Irritation und vorübergehende Verärgerung.

Micky d'Orsay

Wären Versprecher, Peinlichkeiten und intellektuelle Fehlleistungen der Maßstab, dann müsste das Verhältnis zwischen US-Präsident George W. Bush und Philippe Douste-Blazy von tiefer Freundschaft, Herzlichkeit und inniger Seelenverwandtschaft geprägt sein. Nicht nur, dass es der französische Außenminister mit dem Chef im Weißen Haus in Sachen Fettnäpfchen durchaus aufnehmen kann, er schafft es sogar, Fauxpas zu begehen, die nicht mehr getoppt werden können.

»Dieser Außenminister spricht weder Englisch noch Spanisch, noch sonst irgendeine Sprache außer Französisch. Er beherrscht auch nicht die Diplomatensprache, die dazu verpflichtet, das kleinste Komma zu gewichten, bevor man die Krisen der Welt heraufbeschwört«, schrieb Raphaëlle Bacqué über Philippe Douste-Blazy im April 2006 in *Le Monde*. Gerne sitzt er in der Runde seiner Direktoren und Berater, tippt mit ungeheurer Fingerfertigkeit SMS in sein Mobiltelefon, ohne zuzuhören oder ein Wort zum Gespräch beizutragen. Er verwechselt Taiwan mit Thailand, Kroatien mit dem Kosovo. Als am 16. August 2005 über der Karibikinsel Martinique, die bekanntlich ein französisches Département ist, ein Flugzeug abstürzte, wollte er unbedingt dorthin reisen, um sich vor laufenden Kameras wichtig zu machen. Erst der dezente Hinweis aus dem Élysée-Palast, dass Départements, selbst in Übersee, französisches Territorium und somit kein Ausland seien, brachte ihn davon ab. Für seine Mitarbeiter ist klar: Philippe Douste-Blazy ist »Mister Bluff«. Sie haben eine ganze Reihe anderer Spitznamen für ihn. »Douste-bla-bla« und »Micky d'Orsay« sind da noch die freundlicheren.

Bei der UN-Vollversammlung, bei der es immerhin um die Frage ging, ob und wie die Urananreicherung im Iran gestoppt werden könne, zeichnete sich der Mann durch eine solche Ahnungslosigkeit aus, dass ein hochrangiger deutscher Diplomat sich zu der Bemerkung verstieg, Douste-Blazy sei ein Sicherheitsrisiko und damit gefährlicher als der iranische Präsident

Mahmud Ahmadinejad im Besitz der Atombombe. An einem Freitagnachmittag, als Douste-Blazy in seinem Wahlkreis in Toulouse weilte, ohne Dolmetscher und Berater, versuchte ihn seine US-Kollegin Condoleezza Rice telefonisch zu erreichen. Zu ihrer großen Überraschung wurde ihr von ihm beschieden, sie möge sich doch bitte am Montagvormittag wieder melden. Jetzt sei er schließlich im verdienten Wochenende. Bei seinem Besuch des neuen Holocaust-Museums in Yad Vashem bei Jerusalem hatte Philippe Douste-Blazy sorgfältig Landkarten zerstörter jüdischer Gemeinden in Europa studiert und anschließend gefragt, wie viele britische Juden denn eigentlich während des Zweiten Weltkrieges in England ermordet worden seien. Das französische Satiremagazin *Le Canard Enchaîné* berichtete in seiner Ausgabe vom 14. September 2006 genüsslich über den Vorfall. Den israelischen Gastgebern muss es die Sprache verschlagen haben angesichts solcher Geschichtskenntnisse.

Hätte der Élysée-Palast Douste-Blazy nicht in weiser Voraussicht die tüchtige beigeordnete Europaministerin Catherine Colonna zur Seite gestellt, dann würde sich Frankreich vor lauter diplomatischem Geschick des Außenministers entweder im Kriegszustand mit der äußeren Mongolei oder inzwischen zumindest außerhalb der Europäischen Union befinden. So aber verhütet die Dame im Range einer Staatsekretärin, die vorher schon erfolgreich als Hausdrachen im Élysée gewirkt hatte, das Schlimmste und sorgt dafür, dass die Außenpolitik ausschließlich von Staatspräsident Jacques Chirac gemacht wird, ohne dass der bornierte Außenminister irgendwie stört. Kommunikation und Umgang mit Journalisten sind für Douste-Blazy ein Buch mit sieben Siegeln, ja mancher seiner Auftritte trägt dadaistische Züge. So soll er sich im Kreise seiner Diplomaten beklagt haben: »Alle anderen Minister stehen unter der ständigen Beobachtung der Medien. Aber hier, wo stundenlang an jedem Satz gefeilt wird, da macht kein Schwein etwas darüber. TF1 macht nie etwas über uns.«

Der Außenminister wird von seinen Kabinettskollegen ob seiner Ignoranz belächelt, von seinen Diplomaten nicht ernst genommen und von der Presse in Grund und Boden geschrieben, wenn er mal wieder einen entsprechenden Anlass dazu liefert. Das allerdings tut er gerne. Verbrieft ist zum Beispiel, dass er zum Jahreswechsel 2005/2006 zu einem Kurzurlaub in Marrakesch weilte und dort mit seiner Begleiterin die Suite 312 im luxuriösen Mamounia-Hotel bezogen hatte. Erwiesen ist auch, dass die beiden im Streit diese Suite in Einzelteile zerlegt haben. Bilder und Mobiliar im Wert von 30 000 Euro gingen dabei zu Bruch. Der Schaden wurde anstandslos aus der Schatulle des marokkanischen Königs Hassan II. beglichen, der solche Rechnungen auch gerne nach ausufernden Partys bekannter Rockstars übernimmt. Die Darstellungen, was zu dieser bilateralen diplomatischen Verwicklung zwischen Douste-Blazy und seiner Begleiterin geführt hat, gehen in den Details und der Beschreibung der anderen beteiligten Personen etwas auseinander. Jedenfalls soll es dabei nicht um die Grundlagen außenpolitischer Beziehungen gegangen sein, sondern, sehr viel prosaischer, um eine relativ neue marokkanische Beziehung, die Douste-Blazys Begleiterin bei ihrer Rückkehr ins Hotel im Bett der gemeinsamen Suite vorgefunden haben soll. Wie und ob allerdings der angeblich sehr junge Marokkaner ihrem verständlichen Zorn entgangen ist, haben die Zeugen dieser netten, undiplomatischen Dreiecksgeschichte nicht überliefert.

Bei aller Peinlichkeit, die Frankreichs Chefdiplomat an den Tag legt, scheint er aber durchaus umtriebig, wenn es um die künftige Absicherung der eigenen Person geht. Schon gut ein Jahr vor den Präsidentschaftswahlen, nach denen er sich ausrechnen kann, arbeitslos zu werden, egal wer gewinnt, begann er mit seinem persönlichen Zukunftssicherungsprogramm für den Tag danach. Er hatte gehört, dass der krebskranke Eigentümer eines größeren LiveScience-Unternehmens, das sein Geld mit rezeptfreien Medikamenten, Diät- und Gesundheitsprodukten verdient, einen Nachfolger sucht. Über einen Headhunter diente er sich selber als der Geeignete an, so wird in Paris kolportiert, nicht ohne gleich seine Forderungen mitteilen zu lassen. Neben einem standesgemäßen Gehalt eine Unternehmensbeteiligung von wenigstens 150 Millionen Euro. Damit lassen sich dann in Ruhe noch einige Hotelzimmer zertrümmern. Aber man kann Philippe Douste-Blazy wenigstens nicht vorwerfen, dass er nicht vorausschauend denkt.

Trauma Irakkrieg

Es war nicht nur der Auftritt von Dominique de Villepin am 14. Februar 2003 vor dem UN-Sicherheitsrat, der zu schweren atmosphärischen Störungen zwischen Washington und Paris geführt hat. Jacques Chirac besaß zwar große Hochachtung vor George Bush Senior, weil sich dieser vor der Endphase des Kalten Krieges und dem Prozess der deutschen Einheit als echter Freund der Europäer erwiesen hatte. Seinen Junior hielt er allerdings immer für einen gefährlichen Unilateristen mit merkwürdigen Eingebungen. Sätze von Bush wie »*I've got a message from beyond the stars* – Ich habe eine Botschaft von jenseits der Sterne erhalten« sind für einen Pragmatiker wie Jacques Chirac am Rande der Zurechnungsfähigkeit. Der französische Präsident misstraute dem Gemisch aus Neokonservativismus, frömmelnder, fundamental-christlicher Heilslehre und den Symptomen eines entzogenen Alkoholikers zutiefst. Genauso wie den engeren Beratern des US-Präsidenten, in denen er eine Bande von ultrarechten, Israel-hörigen Kriegstreibern erkannt zu haben glaubte.

Chirac hat aus seiner Einstellung nie einen Hehl gemacht. Von mehreren europäischen Spitzentreffen, an denen auch Gerhard Schröder und Tony Blair teilnahmen, ist Chiracs Prinzip der Außenpolitik überliefert: »Ich sehe mir an, was die Amerikaner machen, und dann mache ich genau das Gegenteil. Damit bin ich praktisch immer im Recht.« Aber Jacques Chirac, der mit dieser Haltung einzig in Schröder und den Deutschen Verbündete fand, musste bald lernen, dass es einen gravierenden Unterschied gibt zwischen Recht haben und Recht bekommen. Die französischen Verbindungen in die arabische Welt waren immer noch gut genug, um zu wissen, dass die USA dort kein Bein mehr auf den Boden bekämen, egal wie der Irak-Feldzug ausgehen würde. Auch waren sich die führenden Politiker und Geheimdienste sicher, dass der Irak keine Massenvernichtungswaffen besaß. Die *smoking gun*, der rauchende Colt, den George Bush in bester Texas-Manier in der Hand von Saddam Hussein zu finden hoffte, war eine Fata Morgana.

Paris hatte die wahre Bedrohung des Westens in radikal-fundamentalistischen Islamisten ausgemacht und plädierte deshalb dafür, laizistische Regierungen in der arabischen Welt zu stützen, selbst wenn sie so übel waren wie die des Diktators Saddam Hussein.

Jacques Chirac fühlte sich also nicht nur moralisch im Recht, sondern hatte auch genügend Wissen, auf das er sich stützen konnte. Und er besaß in der Ablehnung der amerikanischen Kriegspläne einen treuen Verbündeten in Gerhard Schröder. Chirac waren Schröders Motive, der sich in erster Linie aus innenpolitischen Überlegungen und Wahlkampfraison auf einen Antikriegskurs festgelegt hatte, letztlich egal. Solange er Schröder in dieser Frage an seiner Seite wusste, konnte er sogar mit den Gehässigkeiten Donald Rumsfelds leben. Mehr weh tat da der Brief einer Reihe von neuen Mitgliedern der Europäischen Union, die eine gemeinsame Ergebenheitsadresse an Washington gerichtet hatten.

Für die Südeuropäer, den Spanier José María Aznar und Italiens Regierungschef Silvio Berlusconi, empfand Chirac in dieser Zeit allenfalls mitleidige Verachtung. Den Vereinigten Staaten, zumindest der Administration von George W. Bush, warf er Naivität, Ignoranz und Ahnungslosigkeit vor: »Wollen wir ein System, in dem eine einzige Nation, nämlich die USA, stellvertretend für alle anderen die Entscheidungen trifft, auch gegen den Widerstand der ganzen Welt?«

Die Franzosen wollten nicht und die Deutschen auch nicht. Aber was hat es genutzt? Die Warnungen wurden in den Wind geschlagen. Der Krieg fand trotzdem statt. Das Verhältnis zwischen Paris und Washington ist nach wie vor geschäftsmäßig unterkühlt. Es wird wohl eine veränderte weltpolitische Großwetterlage notwendig sein und anderer politischer Akteure bedürfen, bis dieses Verhältnis wieder in normale Bahnen findet. Oder eine neue Krise, vorzugsweise im Nahen Osten. Der jüngste Libanonkrieg und der notwendige Wiederaufbau des Landes sind dafür denkbar ungeeignet, weil die Amerikaner dort längst keine Aktien mehr haben. Nach ihrer vollständigen Parteinahme für Israel haben sie in dieser Region jeden Anspruch auf die Rolle des ehrlichen Maklers verwirkt. Als künftige Vermittler scheiden sie aus, auch wenn sie die Einzigen sind, die Israel eines Tages zu einer politischen Lösung zwingen könnten. Also nutzte Jacques Chirac im Januar 2007 die Geberkonferenz für den Wiederaufbau des Libanon für eine letzte große Show. Wie ein Viehauktionator brachte er über 6 Milliarden Euro zusammen.

Interessanter ist schon das Tauziehen um die Urananreicherung im Iran. Auch hier besitzt Paris alte Verbindungen und Interessen. Während George W. Bush und die Vereinigten Staaten in Teheran als die Inkarnation des Bösen betrachtet werden, wird die Stimme Frankreichs dort noch immer gehört. Wenn also irgendwann ein vernünftiger Gesprächskanal zu den Machthabern im Iran eröffnet werden soll, werden die Amerikaner nicht daran vorbeikommen, in Paris vorzusprechen. Spätestens dann wird sich auch die Atmosphäre zwischen den beiden verbessern müssen. Aber Frankreich sieht, anders als Deutschland, über die derzeitige Missstimmung hinaus seine Rolle als Korrektiv der letzten verbleibenden militärischen Supermacht. Dafür nimmt es auch gerne partielle Isolierung und Anfeindung in Kauf, wenn es nicht anders geht.

Chinesische Lichtspiele

Wer als Staatsgast nach Frankreich kommt, dem geben die Gastgeber das Gefühl, etwas ganz Besonderes zu sein. Es beginnt damit, dass die Champs-Élysées mit der Trikolore und den jeweiligen Farben des Landes beflaggt werden, aus dem das Staatsoberhaupt stammt. Nur zwei Staatschefs pro Jahr wird diese Ehre zuteil. Natürlich hängt dann auch eine überdimensionale Trikolore im Triumphbogen am Étoile. Sie weht über dem Grab des Unbekannten Soldaten, zu dessen Andenken ein ewiges Licht brennt. Dieser Platz ist protokollarisch auch immer die erste Pflichtstation eines Staatsbesuchers. Die nationale »Kranzabwurfstelle«, wie Diplomaten spotten, dient der Verbeugung vor der Grande Nation, und der Weg dorthin über die Champs-Élysées in einem Korso gepanzerter Limousinen verfehlt selten seine Wirkung. Hier will Frankreich beeindrucken, und die Fahrt über die Prachtstraße von Paris hinterlässt beim Betrachter das Gefühl von Bedeutung, Macht und Größe.

Nach der Verbeugung vor der Französischen Republik und dem Zurechtzupfen der Kranzschleifen schließt sich das politische Gesprächsprogramm an, das am Abend von einem Staatsbankett in Frack und großer Robe mit Orden und Ansprachen gekrönt wird. Der Staatspräsident lobt pflichtgemäß die wunderbaren Beziehungen. Der Gast antwortet ebenso artig. Ein oft geübtes Ritual, bei dem das Protokoll nichts dem Zufall überlässt. Bei besonders wichtigen Staatsgästen werden die Tischreden schon einmal live im staatlichen Fernsehen übertragen, das aber spätestens dann abschalten muss, wenn die Geladenen den ersten Suppenlöffel zum Mund führen. Mit dem Dessert geht Tag eins zu Ende. Nur besonders auserwählten oder erlauchten Gästen versucht Frankreich noch eine besondere Freude zu machen. Ein glanzvoller Opernabend für die Königin von England oder eine Überraschungs-Wunderkerze für den chinesischen Präsidenten. Für ihn hat Paris den Eiffelturm eine ganze Nacht lang rot angestrahlt. Aber solche Investitionen tätigt Frankreich nur, wenn es etwas will. Im Falle Chinas waren es Aufträge für den Flugzeugbauer Airbus, natürlich mit dem Hintergedanken, den Erzrivalen Boeing und damit die Amerikaner zu ärgern.

Denn am Tag zwei des Staatsbesuches wird der Gast unweigerlich nach Toulouse verschleppt, wo er die Errungenschaften der französischen Luft- und Raumfahrtindustrie gebührend bewundern darf, bevor ihm oder seinen Begleitern aus der Wirtschaftsdelegation die Auftragsbücher zur Unterschrift unter die Nase gehalten werden. Seit geraumer Zeit wird dort das neue Prestigeprojekt vorgeführt, der A380. Bei der Präsentation lassen die Gastgeber keinen Zweifel, dass es sich um ein rein französisches Produkt handelt. Die Tatsache, dass Briten, Spanier, vor allem aber auch deutscher Ingenieurgeist beteiligt ist, fällt bei den Hausherren gerne unter den Tisch. Erst seit der Großraumjet den Konzern ins Trudeln gebracht hat, wird der deutsche Anteil besonders herausgestrichen und vor allem auf Versäumnisse des Standortes Hamburg hingewiesen.

Der ehemalige DaimlerChrysler-Chef Jürgen Schrempp, immerhin lange einer der wichtigsten Anteilseigner des Mutterkonzerns EADS, konnte cholerische Anfälle bekommen, wenn er sich über die Verhaltensweisen des französischen Managements ausließ. Staatsgäste des Präsidenten bekamen von diesen internen Spannungen natürlich nichts mit. Das hätte ihre Entscheidung, dieses oder jenes Flugzeug zu kaufen oder doch lieber beim US-Konkurrenten Boeing zu bestellen, nur unnötig belastet.

Frankreich hat früher als andere europäische Länder begriffen, dass die wirtschaftliche Zukunft im Osten liegt. Auch wenn 60 Prozent der Exporte noch in die EU gehen, während Deutschland den gleichen Anteil bereits nach Osteuropa und Asien ausführt, wird für die Zukunft vorgebaut. Wegen der Energiereserven wird Russland hofiert, als guter Kunde und schon allein, um den USA eins auszuwischen. Das künftige Potenzial von Wachstumsmärkten wie China und Indien haben die Verantwortlichen in Paris zu einem Zeitpunkt erkannt, als allenfalls Gerhard Schröder darüber nachdachte, wie er VW oder den Transrapid in Shanghai gut platzieren könne.

Die französischen Unternehmen verfolgen ihre Interessen nachhaltig und systematisch, obwohl sie gerade mit China enorme Schwierigkeiten wegen Produktpiraterie haben. Nachdem in chinesischen Billiglohnfirmen längst nicht mehr nur

T-Shirts mit falschen Labeln bedruckt und Raubkopien von CDs gebrannt werden, sondern inzwischen alles gefälscht wird, was gut und teuer ist, empfindet Paris das als direkten Angriff auf seine Wirtschaft. Vor allem durch illegale Nachbauten von Luxusgütern – Uhren, Handtaschen, Sonnenbrillen, Feuerzeugen, Schreibgeräten –, aber auch hochwertigen Investitionsgütern und Medikamenten entgehen der französischen Wirtschaft Jahr für Jahr mehrstellige Milliardenbeträge. Wie viel genau, kann keiner sagen.

Zwischen der Volksrepublik China und der EU, mit Frankreich als Hauptbeschwerdeführer, war ein regelrechter Textilkrieg ausgebrochen. Auf chinesische Billigwaren sollten enorme Einfuhrzölle erhoben werden. Immer wieder ließ der Zoll öffentlichkeitswirksam ganze Container mit gefälschten Turnschuhen, CDs und nachgemachten Rolex-Uhren schreddern. Aber bisher half das alles nichts, und selbst in Paris sind gute Handelsbeziehungen zu Peking langfristig wichtiger als der Markenschutz für die eigenen Unternehmen. Also sagt der französische Präsident dem chinesischen Staatsoberhaupt Nettigkeiten. Er vermeidet das Thema Menschenrechte und Taiwan, lässt den Eiffelturm rot anstrahlen. Wer lernen will, was Interessenpolitik ist, der sollte im Élysée-Palast Nachhilfestunden nehmen.

Atommacht, ja bitte

Die deutschen Kommentatoren reagierten entsetzt, als Jacques Chirac am 19. Januar 2006 bei einem Besuch der U-Boot-Basis Île Longue nahe Brest nach einer erneuten Terrordrohung von Al Qaida eine Selbstverständlichkeit ausgesprochen hatte: »Wenn Frankreichs strategische Versorgung oder die eines Verbündeten bedroht ist, wenn ein Staat Frankreich oder einen seiner Verbündeten mit Terror bedroht und dabei den Einsatz von Massenvernichtungswaffen plant, dann will ich nicht ausschließen, dass in einem solchen Fall auf andere als konventionelle militärische Kapazitäten zurückgegriffen wird.«

Reflexartig erwachten in Deutschland alle Mechanismen des Kalten Krieges wieder zum Leben. Der Hinweis Chiracs, moderne Atomsprengköpfe könnten inzwischen viel zielgerichteter eingesetzt werden als früher, war für viele Beobachter die Absichtserklärung Frankreichs, künftig kleine Atomwaffen als taktische Alternative verwenden zu wollen, statt bei einem Angriff auf sein Territorium den nuklearen Overkill zu riskieren. Dabei hatte der Präsident nichts anderes gesagt als das, was für jeden Franzosen seit Jahren selbstverständlich ist. Frankreich versteht sich als Atommacht aus eigenem Vermögen, unabhängig von Verbündeten wie Großbritannien, der NATO oder gar den Vereinigten Staaten. Abschreckung auf Augenhöhe mit Mächten wie China oder Russland, das ist seit Mitte der Fünfzigerjahre der unverzichtbare Kern französischer Militärpolitik.

Allein im Zeitraum 2003 bis 2008 sind für die Entwicklung von neuen Nuklearwaffen rund 17 Milliarden Euro eingeplant. Und jährlich kostet die *Force de Frappe* den Steuerzahler mehr als 3 Milliarden Euro. Das ist ein Zehntel des gesamten Verteidigungsetats. Selbst in der Generalität ist dieser dicke Batzen nicht unumstritten, weil auch hohe Militärs befürchten, dass angesichts der enormen Aufwendungen für die nukleare Rüstung die konventionelle Bewaffnung ins Hintertreffen gerät. Die Hälfte der Kosten der gesamten Nuklearstreitmacht verschlingen die atombetriebenen U-Boote, die »FOST – *Force Océanique Strategique*«. Frankreich unterhält vier dieser Startrampen für Unterwasserraketen, von denen zwei ständig auf hoher See im Einsatz sind. Jedes Boot hat 16 Raketen vom Typ M45, von denen jede bis zu sechs Atomsprengköpfe 6000 Kilometer weit tragen kann. Bis 2010 sollen die Raketen vom Typ M51 einsatzbereit sein, die eine Reichweite von 8000 Kilometern haben. Damit wird Frankreich eine zweitschlagfähige strategische Interkontinentalrakete besitzen, die den Anspruch des Landes als weltweit agierende Atommacht unterstreicht.

Bis dahin wird auch das neue Atom-U-Boot »*Le Terrible* – der Schreckliche« fertiggestellt sein. Gemeinsam mit »*Le Triomphant* – der Triumphierende«, »*Le Téméraire* – der Tollkühne«

und »*Le Vigilant* – der Wachsame« wird diese seegestützte Raketenstartrampe Frankreichs militärisches Selbstverständnis untermauern, bei globalen Operationen auf keinen Bündnispartner angewiesen zu sein. Die Marine hat außerdem Jagdbomber vom Typ Dassault Super-Étendard, die mit atomar bestückbaren Luft-Boden-Raketen ausgerüstet sind. Ein Teil der Maschinen, die ihre Heimatbasis in Landevisseau in der Bretagne haben, ist ständig auf Frankreichs einzigem Flugzeugträger, der »Charles de Gaulle«, stationiert. Diese Plattform operiert von dem Mittelmeerhafen Toulon aus inzwischen auf allen sieben Weltmeeren. Die genaue Anzahl der Sprengköpfe ist und bleibt ein Staatsgeheimnis. Militärexperten rechnen mit einer Zahl zwischen 200 und 350.

Die luftgestützte Komponente besteht derzeit aus drei Staffeln Mirage 2000 N. Diese Überschallmaschinen haben einen Einsatzradius von zirka 1500 Kilometern und sind mit ASMP-Lenkwaffen bestückt, die einen Atomsprengkopf ihrerseits nochmals 300 Kilometer weit tragen können. Von landgestützten ballistischen Raketen hat sich Frankreich bereits in der zweiten Hälfte der Neunzigerjahre verabschiedet. Die mobilen Kurzstreckenraketen vom Typ »Hades« wurden 1997 stillgelegt. Die Interkontinentalraketen, die in achtzehn unterirdischen Silos auf dem Plateau d'Albion in den Alpes de Haute-Provence stationiert waren, wurden schon ein Jahr vorher demontiert. Damals setzte Jacques Chirac auch den kurz nach dem Ende des Kalten Krieges gefassten Beschluss um, kein Plutonium mehr für Atomwaffen herzustellen. Die dafür vorgesehene Fabrik in Marcoule stellte 1997 den Betrieb ein. Allerdings verfügt Frankreich noch in der Wiederaufbereitungsanlage von La Hague die Kapazität, Plutonium für »zivile« Zwecke zu produzieren.

Die Geschichte der viertgrößten Atommacht der Welt reicht in die Zeit vor dem Zweiten Weltkrieg zurück. Der deutsche Einmarsch stoppte 1940 die ersten Ansätze zum Bau einer französischen Bombe. Uran aus Belgisch-Kongo und Deuteriumoxid aus Norwegen, besser bekannt als »schweres Wasser«, lieferte den Wissenschaftlern den Grundstoff. Noch heute hat

Frankreich strategische Interessen im Herzen Afrikas, um den Nachschub an Uran sicherzustellen. Viele französische Atomforscher flüchteten vor den Deutschen ins Exil. Die Wehrmacht eignete sich im gleichfalls von Nazi-Deutschland besetzten Norwegen das »schwere Wasser« an, um damit die Atomprojekte deutscher Wissenschaftler um Werner Heisenberg und Carl-Friedrich von Weizsäcker zu fördern. Unmittelbar nach dem Ende des Zweiten Weltkriegs und zweieinhalb Monate nach dem Bombenabwurf auf Hiroshima wurde auf Initiative von General de Gaulle das Nuklearprogramm wiederaufgenommen. Das erklärte Ziel: die Atomenergie für »Wissenschaft, Industrie und nationale Verteidigung« nutzbar zu machen. Auch Großbritannien hatte 1952, nach den USA und der Sowjetunion, erfolgreich nukleare Sprengsätze getestet. Damit war Frankreich die einzige alliierte Siegermacht, die noch nicht im Besitz der Bombe war. Und de Gaulle war fest entschlossen, sein Land auch ohne Zustimmung seiner Verbündeten nuklear aufzurüsten. Für ihn war der Status einer Atommacht nicht nur eine Frage der nationalen Souveränität, sondern die Grundlage der Doktrin einer Sonderrolle Frankreichs jenseits der Blockbildungen des Kalten Krieges.

Am 13. Februar 1960 wurde in der algerischen Sahara der erste Atomsprengsatz gezündet. Mit der Unabhängigkeit der Kolonie 1962 verlegte Frankreich seine Kernwaffenversuche in den Südpazifik. Das Mururoa- und das Fangataufa-Atoll sind in dieser Zeit zu trauriger Berühmtheit gelangt. Parallel zu den ersten erfolgreichen Atomtests hatte Paris damit begonnen, eigenständig und ohne Hilfe der USA Trägersysteme zu bauen. General de Gaulle wollte unbedingt die Gleichberechtigung Frankreichs mit den USA in den Befehlsstrukturen der NATO. Sein Vorstoß, das Bündnis von einem Dreigestirn der NATO-Atommächte führen zu lassen, wurde von den anderen Partnern abgelehnt. Daraufhin verkündete de Gaulle im Jahr 1966 den Ausstieg aus der militärischen Integration und der nuklearen Planungsgruppe des Nordatlantikpaktes. Trotz aller Annäherungsversuche seit Mitte der Neunzigerjahre sind bisher alle

Versuche, Frankreich wieder vollständig in das Bündnis einzugliedern, gescheitert.

Die französischen Militärs sprechen bei ihrer Atomstreitmacht nicht von der *Force de Frappe*. Sie bevorzugen den weniger martialisch klingenden Titel *Force de dissuasion nucléaire*. Das ist wesentlich diplomatischer und zurückhaltender, weil es mit »ausreden, abbringen, abhalten« zu tun hat und nicht mit dem »heimtückischen und überfallartigen Zuschlagen« des Wortes *frapper*. So lässt Frankreich bis heute auch offen, ob es die zeitweilig beabsichtigte Entwicklung von sogenannten Mini-Nukes eingestellt hat. Diese Atombomben im Bereich von unter einer Kilotonne Sprengkraft unterliegen nicht den Wiener Sperrverträgen und sind für Atommächte eine taktische Alternative in asymmetrischen Konflikten.

Sicher ist jedoch, dass die unterirdischen Atomwaffenversuche im Südpazifik seit dem 26. Januar 1996 beendet sind. 388 Millionen Euro wurden für ein Simulationsprogramm ausgegeben, das Atomtests ersetzt. In den Jahren zwischen 1960 und 1996 hat Frankreich nicht weniger als 193 atomare Sprengsätze zu Testzwecken gezündet, die meisten davon im Südpazifik. 41 Atomtests fanden überirdisch statt, also in der Erdatmosphäre. In sechs Fällen ist inzwischen nachgewiesen, dass der radioaktive »Fallout« auch bewohntes Gebiet in Mitleidenschaft gezogen hat. Sogar im über 1000 Kilometer entfernten Tahiti wurden Strahlenbelastungen gemessen, die mit den Werten nach der Katastrophe von Tschernobyl durchaus vergleichbar waren.

Wenn ein französischer Präsident heute also laut über veränderte Bedrohungsszenarien für den Einsatz seiner Atomwaffen nachdenkt, so sollte das niemanden wundern. Auch wenn sich nach dem Ende des Ost-West-Konflikts die Frage nach Sinn und Unsinn nuklearer Vergeltungsmöglichkeiten nicht mehr stellt und Nuklearwaffen in asymmetrischen Konflikten ihre abschreckende Wirkung weitgehend verfehlen, würde in Frankreich kein Mensch auf die Idee kommen, die Atomstreitmacht grundsätzlich anzuzweifeln. Bislang hat kein Staatschef, egal ob links oder rechts, eine ernsthafte Reduzierung des

Arsenals und der damit verbundenen Kosten hinterfragt. Im europäischen Rahmen haben die Franzosen allerdings immer wieder versucht, eine Europäisierung ihres Waffenarsenals anzuregen. Jacques Chirac hat in der Vergangenheit gerne betont, dass auch Deutschland unter dem »Atomschirm« Frankreichs stehe und dass jeder Angriff auf die Bundesrepublik Deutschland oder einen anderen Bündnispartner als Angriff auf Frankreich gewertet würde. Für diesen Fall wurde ausdrücklich mit umfassender nuklearer Vergeltung gedroht.

Letztendlich ist aber jeder Versuch einer Europäisierung des französischen Nukleararsenals daran gescheitert, dass die Franzosen gerne die Kosten verteilt hätten, aber nicht bereit waren, den Partnern ein entsprechendes Mitspracherecht einzuräumen. So viel Unabhängigkeit und Eigenständigkeit in militärischen Dingen hat eben ihren Preis. Frankreich wird in den kommenden Jahren selbst beurteilen müssen, was es ihm wert ist, sich von den anderen Europäern nicht hineinreden zu lassen. Aber solange die Gemeinschaft nicht einmal in der Lage ist, sich auf die minimalen Rahmenbedingungen einer gemeinsamen Außen- und Sicherheitspolitik zu verständigen, besteht für Paris auch nicht der geringste Anlass, über seinen Status als Atommacht nachzudenken.

Die Stimme Frankreichs

Franzosen haben ein erotisches Verhältnis zu ihrer Sprache. Abgesehen von der Tatsache, dass sie der felsenfesten Überzeugung sind, ein zivilisierter Mensch könne sich in keiner andern Sprache als der französischen ausdrücken, fehlt ihnen auch jede Vergleichsmöglichkeit. Denn mit anderen Sprachen tun sie sich schwer. Die meisten Kinder an den weiterführenden Schulen wählen Spanisch als Fremdsprache, weil das zur romanischen Sprachfamilie gehört und irgendwie ähnlich klingt. Tatsächlich kommt ein Reisender in Madrid recht weit, wenn er Französisch spricht und seinen Worten ein a oder ein o anhängt.

Französische Gymnasiasten befürchten, sich mit schwierigeren Sprachen, wie der deutschen, im *baccalauréat* die Note zu verderben. Deshalb bleiben alle Bemühungen zur Förderung des Deutschen an französischen Schulen freundliche Absichtserklärungen. Spricht ein Franzose Englisch, dann ist er kaum zu verstehen, weil seine Betonungen so systematisch falsch platziert werden, dass dieser Brei absolut kryptisch klingt.

Die Franzosen leisten sich den Luxus einer Hüterin über die eigene Sprache. Diese legt fest, was richtig oder falsch ist, und das jedes Jahr aufs Neue. Wofür die Deutschen ihren Duden haben und allenfalls noch die Gesellschaft für deutsche Sprache, dafür besitzen die Franzosen ihre *Académie Française*. Ein Gremium von vierzig verdienten älteren Damen und Herren in grünen Operettenuniformen, die lesen, vor allem aber schreiben können müssen, und zwar gut. Oder doch wenigstens so, dass es andere lesen. Um die Aufnahme des Ex-Staatspräsidenten Valéry Giscard d'Estaing gab es im Jahr 2004 heftiges Gezänk, weil ein Gutteil der Akademiemitglieder der Überzeugung war, die bisherigen Veröffentlichungen des pensionierten Staatsmanns genügten nicht den Anforderungen für eine Aufnahme in den honorigen Klub. Da sie ihre Bedenken auch noch öffentlich äußerten, entstand für Giscard d'Estaing eine peinliche Situation, weil er seine literarischen Ergüsse nicht selbst loben konnte, sich aber leider auch kein anderer fand, der das tat. Schließlich zog dann doch die Karte »verdienter Staatsmann«, und Giscard wurde in Ehren und in grüner Uniform aufgenommen.

Französisch ist eine wunderschöne Sprache. Sie eignet sich für Gedichte, Fabeln, Philosophie und großes Drama wie kaum eine zweite. Sie besitzt Tempi und Konjunktive, die sonst fast keine andere Sprache kennt. Aber sie ist nicht dafür geschaffen, Klartext zu reden. Es sei denn, sie wird in einer anderen Variante gesprochen, dem *argot*. Diesen Slang gibt es in vielerlei Ausprägung: regional unterschiedlich, geformt durch Herkunft, soziale Stellung und religiöse Bindung.

Französisch ist keine homogene Sprache, weder von innen

noch von außen. Französisch wird in Belgien gesprochen, aber die Franzosen finden den belgischen Akzent fürchterlich. LKW-Fahrer sprechen so und fette Touristen, die sich an der Atlantikküste von *»moules-frites«* ernähren. Französisch wird in der Schweiz gesprochen, in der »Suisse romande«. Was die Franzosen dabei am meisten wurmt, ist die Legende, dass das beste Französisch angeblich in Lausanne oder Fribourg beheimatet ist und nicht in Paris.

Die Franzosen hätten es gern, wenn ihre Sprache wirklich eine Weltsprache wäre. Es gibt viel mehr Menschen, die schlechtes Englisch sprechen, und noch viel mehr, die die beiden chinesischen Idiome, Mandarin und Kantonesisch, beherrschen. Russischsprechende gibt es viel mehr als Franzosen, ganz zu schweigen von den Unmengen von Indern, die Hindi beherrschen. Frankreich ist, sprachlich gesehen, eine Mittelmacht, vergleichbar mit dem deutschen Sprachraum oder dem türkischen. Das ärgert die Franzosen. Denn als kulturelle Supermacht, als die sie sich verstehen, wären sie natürlich auch gerne sprachlich ganz vorn mit dabei. Dafür tun sie eine ganze Menge. Die *Alliance Française* hat den Globus mit einem dicht gewobenen Netz von Sprach- und Kulturinstituten überzogen. Das lässt sich Paris viel Geld kosten. Sprachförderung im Ausland ist eine der wichtigsten Positionen der auswärtigen Kulturpolitik.

Frankreich tut alles, um seine Sprache zu schützen. Der »Gipfel der Frankophonie« ist dabei das zentrale politische Instrument. Auf der Internetseite des Außenministeriums lesen sich die Absichten, die Paris damit verfolgt, so: »Die Ausstrahlung der französischen Kultur, wichtigster Faktor für Frankreichs Einfluss in der Welt, gründet sich auf eine neue Politik zur Verbreitung französischer Werke und Ideen im Ausland, wobei die französische Sprache einen wesentlichen Beitrag leistet. Sie gründet sich auch auf die Umsetzung einer Politik der Zusammenarbeit mit den ärmsten Ländern der Welt, die darauf hinausläuft, die Verschiedenheit der Kulturen und der Sprachen zu fördern.«

Hinter den hehren Zielen, die die Welt reifer und humaner machen sollen, verbergen sich auch klare politische Absichten. Wenn aus Paris die Verankerung der Demokratie, die Förderung der Vielfalt der Kulturen und eine nachhaltige solidarische Entwicklung in der Welt gefordert wird, dann will man damit auch den Einfluss in supranationalen Organisationen gewährleisten. Der letzte Frankophonie-Gipfel ist dafür ein gutes Exempel. Er fand im September 2006 in der rumänischen Hauptstadt Bukarest statt. Frankreichs Staatspräsident beehrte das Land, das im Januar 2007 Mitglied der Europäischen Union wurde, mit seinem Besuch, lobte die gemeinsamen Sprachwurzeln und stellte damit schon einmal sicher, dass die Rumänen in Brüssel brav dem Kurs folgen, den Paris vorgibt. So schafft man sich Freunde. Über den Schutz der französischen Sprache hinaus hat Paris das erklärte Ziel, die gemeinsamen Werte aller frankophonen Länder, in denen 181,5 Millionen Menschen leben, hochzuhalten. Die 82,6 Millionen Menschen, die Französisch lernen oder als zweite und dritte Sprache sprechen, sind hierbei nicht mitgezählt. Bei diesem Unterfangen stützt sich die Regierung auf ein Netzwerk von anerkannten Gymnasien und Bildungseinrichtungen, Kulturzentren, Zentren der *Alliance Française*, Forschungszentren und -institute im Ausland. Sie steuert ihre Aktionen auch über die multilaterale Frankophonie, ein Weltforum für den Dialog der Kulturen. Aus den Gipfeltreffen 1999 im kanadischen Moncton und 2002 in Beirut, an denen 56 Staats- und Regierungschefs aus Ländern mit französischer Sprachkultur teilnahmen, ging die Internationale Organisation der Frankophonie mit einer stärkeren internationalen Identität hervor: als Institution, die in den großen Gremien Gewicht hat, in denen die Regeln für eine Globalisierung geschaffen werden.

Aber all das reicht eben nicht, um bei den ganz Großen mitzuspielen. Deshalb regt sich die politische Führung natürlich regelmäßig darüber auf, dass die politischen Positionen, die in Paris formuliert werden, in den internationalen Medien viel zu kurz kommen. Schon lange wünscht man sich ein Instrument wie CNN. Allerdings an der kurzen Leine der Regierung. So ein Sender soll schließlich nicht irgendetwas in die Welt hinausposaunen, sondern Ruhm und Ansehen der Grande Nation mehren. Besonders während des letzten Irakkrieges haben es die Regierenden als schmerzlich empfunden, dass ihre Ansichten gegenüber der lautstarken Kriegspropaganda aus Washington und London völlig hinten runtergefallen waren.

Seit dem 6. Dezember 2006 versucht ein eigener Kanal mit großem Aufwand das Versäumte nachzuholen. 80 Millionen Euro steckt die Regierung aus dem Haushalt in ein Projekt namens »France 24«, eine Art französisches CNN. Der staatliche Senderverbund France Télévision und der private Kanal TF1, die sich auf dem Binnenmarkt einen heftigen Konkurrenzkampf liefern, kooperieren, um Frankreichs Botschaft in die Welt zu tragen. 380 Mitarbeiter arbeiten bei »France 24«, davon 170 Journalisten aus 27 Nationen, nach Möglichkeit zwei- oder mehrsprachig. Per Kabel, Satellit und Breitband-Internet kann das Programm empfangen werden.

Aber der neue Sender hat einen Geburtsfehler: die Sprache. Mit seinen französischen Moderatoren und Reportern, mit seinen Nachrichten in der Sprache Molières und Voltaires, bleibt die Zuschauerzahl, die er erreichen kann, zwangsläufig begrenzt. Denn das sind außer den rund 60 Millionen Franzosen und noch einmal rund 6 Millionen französischsprachige Belgier und Schweizer sowie 6,7 Millionen Franko-Kanadier vor allem 300 Millionen frankophone Afrikaner, die als Zielgruppe für französische Politik und Wertvorstellungen ziemlich ungeeignet sind und im Zweifel auch weder über den Stromanschluss noch den entsprechenden Fernsehapparat, geschweige denn die erforderliche Satellitenschüssel verfügen.

Dennoch gibt sich Alain de Pouzialhac, der Generaldirektor von *»France 24«*, optimistisch, dass er 75 Millionen Zuschauer ansprechen kann. Theoretisch. In Afrika, im Nahen Osten, sogar in New York und Washington D.C. Zunächst aber nur in 500 ausgewählten Hotels, wo – so vermuten die Verantwortlichen – frankophile Meinungsführer und Multiplikatoren absteigen. Weil diese spezielle muttersprachliche Betreuung von ein paar Franzosen auf Reisen nicht ganz den Aufwand von 80 Millionen Euro jährlich rechtfertigt, hat man sich von Anfang an entschlossen, simultan die französische Sicht der Dinge auch auf Englisch zu verbreiten, selbst wenn das schwerfällt. Denn in dem supermodernen Großraumbüro, das auch gleichzeitig Studio und Sendezentrum ist, arbeiten englisch- und französischsprachige Journalisten nebeneinander und nicht miteinander. Das Programm wird in zwei Fassungen ausgestrahlt, und zwischen den Moderatorenplätzen mit vollautomatischen Kameras verläuft ein tiefer kultureller Graben. Später soll noch ein arabisches Programm dazukommen. Die Redaktion haben die Planer vorsichtshalber in einen anderen Gebäudeteil verlegt.

Wie Frankreich mittels seiner Sprache nationale Interessen verfolgt, zeigt auch das Beispiel der Europäischen Union. Die Frankophonie verwaltet einen Plan für Sprachunterricht in der EU. 2005 erhielten 2300 Diplomaten und rund 6000 Beamte in zentralen Verwaltungen der neuen Mitgliedstaaten und in Staaten, die einen Antrag auf die EU-Mitgliedschaft gestellt haben, in Brüssel Französischkurse.

Der Schutz der französischen Sprache führt manchmal zu grotesken Vorschriften. Am Quai d'Orsay sucht seit geraumer Zeit eine *Commission de Terminologie* verzweifelt nach einem adäquaten französischen Wort für den englischen Begriff »embedded journalist« – ohne Erfolg. Kaum vorstellbar, dass Joschka Fischer oder Frank-Walter Steinmeier auf die Idee gekommen wären, im Berliner Außenamt eine entsprechende Arbeitsgruppe einzusetzen, weil es eine passende deutsche Übersetzung auch nicht gibt.

Radiosender werden gezwungen, mindestens die Hälfte ihrer Musik in französischer Sprache zu senden. Selbst wunderbare alte Titel der Beatles dudeln in geradezu jämmerlichen Fassungen unbekannter Sänger durch den Äther. Viel absurder noch gehen die Franzosen mit Gebrauchsanweisungen um. Wenn man irgendwo auf der Welt ein japanisches Radiogerät oder eine deutsche Bohrmaschine kauft, dann findet man eine dicke Broschüre in vielen Sprachen, die dem Kunden den Umgang erklärt. Nicht so in Frankreich. Firmen müssen die Original-Gebrauchsanweisungen entfernen und durch eine französische Fassung ersetzen. Das führt in aller Regel zu katastrophalen Ergebnissen, weil die ohnehin schon schwer verständlichen Gebrauchsanweisungen auch noch so schlecht übersetzt sind, dass sie wirklich kein Mensch mehr verstehen kann. Aber Hauptsache, sie sind ausschließlich Französisch.

Kolonialmachtträume

Deutsche und französische Schüler haben seit dem Herbst 2006 zum ersten Mal ein gemeinsames Geschichtsbuch. Es wurde auch langsam Zeit. Denn vorher hatten die Schulbücher ein Bild über das jeweils andere Land vermittelt, das nahtlos an die Vorurteile hundertjähriger Erbfeindschaft anknüpfte. Besonders altes Lehrmaterial aus den Achtzigerjahren skizzierte die Deutschen in einer Art, die sich kaum von dem kriegslüsternen, bösartigen und dummen Deutschenbild, das die Franzosen noch aus der NS-Zeit hatten, unterschied.

Das neue Geschichtsbuch für die Abschlussklassen von Gymnasien und Lycées vermittelt eine faire und realistische Darstellung der historischen Leistungen und Fehler. Bevor ich es meiner Familie zeigte, hatte ich neugierig selber darin geblättert. Beeindruckend war die Doppelseite, die das französische Kolonialreich in der zweiten Hälfte des 19. Jahrhunderts abbildet. Fast ein Drittel des afrikanischen Kontinents nannte Paris damals sein Eigen, dazu Besitzungen in Südostasien, Südamerika, im Indischen Ozean und im Pazifik. Frankreich war wirklich eine koloniale Großmacht. Heute würde man so ein Phänomen wohl Global Player nennen.

Frankreich hatte seinen Kolonien einiges zu bieten. Die Sprache, seine Rechtsordnung, Lehrer, ein Gesundheitssystem und Ärzte, staatliche Strukturen, Missionare, die den katholischen Glauben verbreiteten, und seine Armee. Aber der Preis, den die Völker zahlen mussten, denen die *civilisation française* aufoktroyiert wurde, war hoch. Die Ausbeutung der Rohstoffe, Sklaven für die Plantagen in der Karibik, später Waffenhandel, Diktaturen und blutige Bürgerkriege, das ist der Teil der Verantwortung, mit dem sich Frankreich noch immer schwertut.

»Es ist nicht Aufgabe der Politiker und des Parlamentes, Geschichte zu schreiben. Es gibt deshalb auch keine offizielle Geschichtsschreibung Frankreichs«, bemühte sich Jacques Chirac zu versichern, als ein neues Gesetz dazu verabschiedet wurde. Hinter verschlossenen Türen soll er es als eine »große Dummheit« bezeichnet haben. Aber es dauerte wieder viel zu lange, bis sich der Präsident zu einer öffentlichen Stellungnahme durchringen konnte. Der Erziehungsminister ließ sogar wissen, die Lehrer brauchten sich wirklich nicht nach dem Gesetz zu richten.

All das ändert nichts an den Fakten. Frankreich schreibt trotz des heftigen Protestes seiner 57 000 Geschichtslehrer per Gesetz eine offizielle Geschichtsschreibung vor und ist in Europa weit und breit das einzige Land, das seine Rolle als Kolonialmacht per Parlamentsbeschluss beschönigen will. Gemeint ist das »Gesetz der Schande«, wie es prominente Vertreter aus den ehemaligen Kolonien genannt hatten. Obwohl es in Frankreich unter dem neutralen Namen »Gesetz vom 23. Februar 2005« kursiert, geht es um nichts anderes als kolonialen Revisionismus. Vor allem der Artikel 4 hat für heftige Debatten gesorgt. Er sieht vor, dass in den Lehrplänen der Schulen »insbesondere die positive Rolle der französischen Präsenz in Übersee, vor allem in Nordafrika« berücksichtigt werden soll.

Wer einen Blick in die Geschichtsbücher wirft, wird überrascht sein: Die Geschichte der Kolonialisierung und Dekolonialisierung wird in Etappen durchgenommen, Erstere nach Lehrplan am Ende eines Schuljahres, weshalb sie mitunter schon mal ganz ausfällt. »Manche Schüler nehmen die Entkolonialisierung von Gebieten durch, die sie nie kolonialisiert gesehen haben«, kritisiert eine Historikerin. Unterdrückung,

Massaker und Kriege werden in den Schulbüchern meist nicht einmal erwähnt.

Das »Gesetz vom 23. Februar« brachte eine lange verdrängte Debatte an die Oberfläche, ohne die man Frankreichs derzeitige Identitätskrise nicht verstehen kann. Nach jahrzehntelanger Schönfärberei wurde erst in den Neunzigerjahren mit der Aufarbeitung der kolonialen Vergangenheit begonnen. Das lässt sich aber mehr an den Veröffentlichungen zum Thema Kolonialzeit ablesen als an den verspäteten Gesten der Politiker. Nach den Entschuldigungen zu Vichy war Chirac der erste Präsident, der Worte der Reue zur Kolonialgeschichte fand und auf Madagaskar die Entgleisungen und Repressionen des Kolonialsystems bedauerte. Immerhin waren bei der »Befriedung der Insel« 1947 12 000 Menschen ums Leben gekommen. Andere Schätzungen sprechen von 89 000 toten Madagassen. Frankreichs Botschafter in Algerien wiederum sprach im Februar 2005, also noch vor dem 50. Jahrestag des Massakers von Sétif, bei dem die französische Armee vermutlich 30 000 Algerier ermordet hatte, zum ersten Mal von einer »unentschuldbaren Tragödie«.

Frankreich steht die wirkliche Aufarbeitung der kolonialen Vergangenheit erst noch bevor. Im April 2007 soll das Nationalmuseum zur Geschichte der Einwanderung eröffnet werden. Den letzten Kick für das Vorhaben, das lange Jahre auf Eis gelegen hatte, gab 1998 der Sieg der »bunten« Nationalmannschaft bei der Fußball-WM, der Frankreich an die Kinder seiner Kolonien erinnert hatte. Die Ironie der Geschichte will, dass die *Cité internationale de l'histoire de l'immigration* ausgerechnet im Palais de la Porte Dorée ihren Platz findet, dem einstigen Museum der Kolonien. Wenn das keine Kontinuität in den Köpfen zeigt!

Man muss kein Historiker sein, um zu ahnen, dass die Revolte der Jugendlichen in den Vorstädten viel mit der kolonialen Vergangenheit Frankreichs zu tun hat. Die Aufstände waren die Antwort auf eine Politik der Ausgrenzung und die Realität der Diskriminierung. Sie sind Beweis der gescheiterten Integrationspolitik. Die Gewalt war der Höhepunkt der Enttäuschung dieser Jugendlichen, die sich als Schwarze oder Araber als Franzosen zweiter Klasse fühlen. Für sie reicht die koloniale Unterdrückung und Ausbeutung ihrer Vorfahren bis in ihr eigenes Leben.

Die Aufstände sind auch nicht aus heiterem Himmel gekommen. Eine Gruppe unter den Namen »*les indigènes de la République* – die Eingeborenen der Republik« hatte schon 1983 die Fortsetzung kolonialer Verhältnisse in der Französischen Republik angeprangert. Sie wollte damit gegen Islamophobie, Negrophobie und die »Kolonialverwaltung« der Vorstädte protestieren. Es werden immer mehr, die ihr Recht auf Anerkennung fordern, die sich von der offiziellen Geschichte vernachlässigt fühlen: Einerseits Vertriebene, französische Algerienkämpfer und *Harkis*, also Algerier, die für Frankreich gekämpft haben, auf der anderen Seite die Opfer der Kolonialisierung. Diese neue Form der Opferkonkurrenz beunruhigt die Verantwortlichen der Republik zu Recht. Denn »koloniale Ausländerfeindlichkeit« wird im Zuge dieser Identitätskämpfe bewusst gegen Antisemitismus ausgespielt. Schwarze beklagen Rassismus, Franzosen den »Rassismus gegen Weiße«. Auch das umstrittene »Gesetz vom 23. Februar« ist Produkt einer Geschichtslobby: Es sind die franko-französischen Algerienkämpfer, die um eine späte Anerkennung als Helden der Geschichte buhlen.

Im Herbst 2006 musste erst der Film »Indigènes – die Eingeborenen« in die Kinos kommen, der das Schicksal der Soldaten aus afrikanischen Ländern zeigt, die im Zweiten Weltkrieg unter der Trikolore an der Seite Frankreichs kämpften, bevor der französische Staat daran dachte, diesen Veteranen die gleichen Pensionen zu zahlen wie ihren französischen Kameraden. Viele sind es ohnehin nicht mehr, die sich damals gegen Rommels Afrikakorps durch die Sahara schlugen. Aber es erinnerte die Franzosen wieder schmerzlich an ein gar nicht so ruhmreiches Kapitel ihrer kolonialen Vergangenheit. Der Film gewann beim Festival in Cannes 2006 die Palme d'Or für den besten Hauptdarsteller und wurde ein Kassenschlager. Selbst Präsident Chirac war gerührt.

Über Jahrhunderte lieferten sich die Franzosen mit den Briten ein Rennen um Macht und Einfluss, Bodenschätze und

Handelsgüter, Sklaven und Ländereien. Und blieben am Ende zweiter Sieger. Eroberungsgelüste hatte nicht erst Napoleon. Der Kolonialismus begann schon viel früher. Jean-Baptiste Colbert, der Finanzminister Louis XIV. und Erfinder des Merkantilismus, ist der geistige Vater des französischen Kolonialmachtanspruchs. Er gründete 1664 die *Compagnie des Indes*, die den Engländern bei dem Wettlauf um die Besitzungen in Indien, Südostasien und in der Karibik Paroli bieten sollte. Louisiana mit La Nouvelle Orléans gehörte einst den Franzosen und wurde von Louis XV. verkauft. Quebec mit Montreal ging in den französisch-englischen Siedlerkriegen verloren. Danach konzentrierte Paris seine kolonialen Ambitionen auf Südostasien und vor allem auf Afrika.

Der französische Imperialismus zeigte sich dabei in drei völlig unterschiedlichen Formen und Vorgehensweisen: In Afrika und den amerikanischen Ländereien begannen die Franzosen mit katholischer Missionierung Fuß zu fassen. Dann folgte die Ansiedlung von Bürgern aus dem Mutterland und die zum Teil gewaltsame Aneignung von neuen Gebieten. Dies führte schließlich zur Unterjochung und Absetzung lokaler Herrscher und oft auch zu Sklaverei und dem Missbrauch der Ureinwohner als Arbeiter für die Plantagen.

Ganz anders in Indochina. Dort ließen die Franzosen die alten Herrschaftsstrukturen bestehen und verbesserten die Lebensumstände der einheimischen Bevölkerung so, dass sie als Partner akzeptiert wurden. Dabei setzten sie auf wirtschaftliche Bindung an Frankreich und versuchten die Gruppierungen innerhalb des Landes geschickt gegeneinander auszuspielen. Diese Form von »sanftem Kolonialismus« war vor allem von Jules Harmand geprägt worden, einem französischen Militärarzt, der 1881 von Léon Gambetta als *consul et commissaire* nach Bangkok geschickt worden war. Er sollte den französischen Einfluss ausdehnen, Konfrontationen mit den britischen Interessen vermeiden und Wissen über noch unbekannte Gebiete von Laos zusammentragen. Daraus entstand ein fast märchenhaftes Kolonialreich auf dem Gebiet des heutigen Kambodscha, Laos und Vietnam.

Hier achteten die Franzosen die alten Traditionen, Sitten und Gebräuche und schafften es dennoch, die Länder langsam in die moderne Zeit zu führen.

Das dritte und zugleich hässlichste Gesicht zeigte Frankreich in Algerien. Mit der Massenansiedlung von Franzosen brachen sie in die Gesellschaftsstruktur ein, um das nordafrikanische Land in einen Teil des Mutterlandes zu verwandeln. Jede Bestrebung der einheimischen Bevölkerung nach Unabhängigkeit wurde mit groß angelegten Militäreinsätzen brutal unterbunden. »Algerien ist ein Teil Frankreichs«, so die Doktrin.

Alle drei Modelle französischer Kolonialpolitik sind am Ende gescheitert. Aber geblieben sind alte Bindungen, eine Reihe von Problemen und wirtschaftliche Verflechtungen. Frankreichs Industrie bezieht noch immer einen guten Teil seiner Energielieferungen aus Afrika. Erdgas aus Südalgerien, Uran als Brennstoff seiner Atomkraftwerke kommt aus einigen afrikanischen Ländern, auch aus dem Kongo. Wolfram, Mangan- und Chromerze, Kobalt, Nickel, Erdöl, Coltan und Beryllium sind für Frankreich allemal wichtiger als die Wahl zwischen Bemba und Kabila, eine Entscheidung zwischen Pest und Cholera.

Die Bundesregierung sollte sich sehr genau überlegen, ob sie sich auf militärische Abenteuer wie im Kongo im Schlepptau der französischen Partner oder unter dem Mäntelchen falsch verstandener europäischer Solidarität und Verantwortung einlässt. Frankreich hat in Afrika Interessen, wirtschaftliche, strategische und militärische. Deutschland hat dort nichts verloren. Soldaten der Bundeswehr verteidigen inmitten des afrikanischen Kontinents oder am Hindukusch nicht die Grundwerte der Bundesrepublik Deutschland. Sie sind dort nur aus bündnispolitischen Überlegungen. Genauso wie beim Schiffchenfahren am Horn von Afrika im Rahmen des angeblichen Kampfes gegen den internationalen Terror, als Teilnehmer der Operation Enduring Freedom oder als UNIFIL-Truppe vor dem Libanon.

Natürlich kann sich Deutschland nicht dauerhaft seiner Verantwortung entziehen, die nach der deutschen Einheit deutlich größer geworden ist. Aber Berlin muss langsam von seinen

Freunden in Paris lernen, wie man das Wort »Interesse« buchstabiert. Ganz einfach gesagt, Deutschland muss sich genauso wie Frankreich darüber klar werden, wo es was will. Ist es tatsächlich sinnvoll, sich bei Energielieferungen von einem Partner wie Russland abhängig zu machen, oder kann man wie in Frankreich daran denken, Erdgas auch aus Afrika zu beziehen?

Das sind Fragen, die irgendwann einmal beantwortet werden müssen, damit aus Träumen von Einfluss und Weltgeltung keine Alpträume werden. So wie es Frankreich schon in einigen Ecken der Welt erlebt hat, zuletzt an der Elfenbeinküste, als seine Soldaten, die für Ruhe und Frieden sorgen sollten, unter Feuer gerieten. In Afrika können aus Freunden schnell Feinde werden, aus Freiheitskämpfern gefährliche Rebellen, und lammfromme verbündete Staatschefs entpuppen sich als blutrünstige, korrupte Diktatoren.

Die Franzosen haben in solchen Dingen eine Menge Erfahrung und sind dennoch nicht vor herben Enttäuschungen gefeit. Am 1. Dezember 2006 musste Dominique de Villepin eine Station seiner Afrikatour streichen. In Kongo-Brazzaville hatte Präsident Denis Sassou-Nguesso keine Zeit für den hohen Besuch aus Paris. Angeblich aus gesundheitlichen Gründen. Auch der neue französische Botschafter stand schon Anfang November vor verschlossenen Türen. Alle Verantwortlichen seien in China, beschied ihn ein kleiner Beamter.

Tatsächlich sind die Chinesen auf dem besten Weg, in einigen Ländern Afrikas, die bisher als französischer Hinterhof galten, Paris den Rang abzulaufen. In Brazzaville haben sie bereits gegen französische Konkurrenz das Stadion gebaut. Auch beim Auftrag für die wichtigste Autobahnstrecke von der Hauptstadt nach Pointe-Noir ging der Löwenanteil an die Chinesen. Der französische Baukonzern Bouygues wird gerade einmal 78 Kilometer asphaltieren, die Chinesen über zweihundert. Und sie werden damit früher fertig sein, weil die Europäer viel zu zögerlich waren. Außerdem boten die Straßenbauer aus der Volksrepublik China dem afrikanischen Land unschlagbare Konditionen, obwohl sie kaum Einheimische beschäftigen. Sie brachten ganze Schiffsladungen von Strafgefangenen als Bauarbeiter in den Kongo, die für einige Monate Sklavenarbeit einen Straferlass bekommen.

Noch teilen sich zwei französische Konsortien, Total und Maurel & Prom, mit dem US-Konzern Exxon die Ölförderung im Kongo, die rund 80 Prozent des Gesamtexportes des Landes ausmacht. Der Kongo sitzt auf großen Ölreserven. Aber auch hier stehen die Chinesen bereits Schlange, um die Konzessionen zu übernehmen. »Wir sind die Kinder, die von Frankreich enttäuscht sind«, formulierte ein afrikanischer Minister seinen Frust über Paris. »Wir haben unsere Hausaufgaben gemacht, wir haben unsere Freunde in Paris, aber heutzutage interessiert sich die französische Regierung nicht mehr für uns.«

Geschlechterkampf

Mann gegen Frau – wie emanzipiert sind die Franzosen?

Franzosen sind in vielen Dingen äußerst traditionsbewusst. Sie geben sich zwar republikanisch, aufgeklärt und demokratisch, in ihrem tiefsten Inneren aber hängen sie am Überkommenen. Sie hassen Veränderungen, außer sie haben sie selbst verursacht, und wehe, einer versucht ihnen etwas zu nehmen, für das sie vorher lange gestritten haben. Errungenschaften wie die 35-Stunden-Woche sind für sie sakrosankt. Für Frauen im Beruf, speziell für erziehende Mütter, tut der Staat eine ganze Menge. Frauen sind in fast allen Berufsfeldern zu finden. In der Administration, im Management, im Handwerk genauso wie bei Polizei und Militär und auch in der Politik. Aber meist nur bis zu einer bestimmten Stufe der Hierarchie. Ausnahmen wie Frankreichs Verteidigungsministerin Michèle Alliot-Marie oder Anne-Marie Idrac, die *»PrésidentDirecteurGénéral«* der Staatsbahnen SNCF, Laurence Parisot, die Frau an der Spitze des mächtigen Arbeitgeberverbandes MEDEF *(Mouvement des Entreprises de France)*, oder »Atomic Anne« Lauvergeon, die den mächtigen Nuklearkonzern Areva mit harter Hand regiert, bestätigen nur diese Regel.

Denn in den Chefetagen herrschen immer noch die Männer. Die Franzosen haben darüber bislang nicht nachgedacht, weil es ihnen egal war oder sie es auch so gut fanden. Sogar die meisten Frauen hatten mehr Vertrauen zu Männern als zu ihren

Geschlechtsgenossinnen, wenn man den Umfragen zu diesem Thema glauben darf.

Dies könnte sich jetzt dramatisch ändern, weil sich erstmals eine Frau um das höchste Amt im Staate bewirbt. Dieser Urnengang ist nicht nur ein Richtungs- und Generationswechsel in der Politik, sondern eine Zeitenwende mit tiefgreifenden Veränderungen im Bewusstsein. Die Frage, ob Mann oder Frau, ist für die Franzosen inzwischen wichtiger als Standpunkt, Gesinnung oder Programm. Einer Meinungsumfrage zufolge spielt das Geschlecht für die Wähler eine erhebliche Rolle. Wenn auch nur in mittelbarem Sinn. »Weiblich« steht für neu, anders, zukunftsfähig und sozialkompetent. »Männlich« dagegen für alt, verkrustet, rückwärtsgewandt, korrupt und skandalbeladen. Mit einer Frau an der Spitze kämen sich die Franzosen, selbst wenn sich in der Sache nicht viel ändert, mit einem Schlag modern vor.

Das bezieht die sozialistische Kandidatin Ségolène Royal ganz bewusst in ihr Kalkül ein, wenn sie auf die Frage, was sie von ihren politischen Kontrahenten unterscheide, antwortet: »Der größte Unterschied ist der, der für jedermann sichtbar ist.« Sie geht zwar mit Unterlassungsklagen gegen Zeitschriftenverlage vor, die Urlaubsfotos von ihr im Bikini veröffentlichten, erklärt aber im nächsten Interview bereitwillig ihr Rezept gegen Zellulitis. Die Präsidentschaftskandidatin als Covergirl auf den Titelseiten von Frauenmagazinen, das ist eine Veränderung, an die sich die Franzosen erst noch gewöhnen müssen. Ein wenig hat damit auch der amerikanische Wahlkampfstil in einem Kernland des alten Europa Einzug gehalten. Nicolas Sarkozy, kraftstrotzend, mit bloßem Oberkörper und kurzer Hose am Strand joggend oder in inniger Umarmung mit Altrocker Johnny Hallyday hat es da sichtlich schwer, eine passende Antwort auf so viel geballte Weiblichkeit zu finden.

Dennoch, sind die Franzosen wirklich schon so weit? Sind sie bereit, eine Frau in diesem Amt zu akzeptieren? In den großen Städten sicher. Aber auf dem flachen Land? In den kleinen Orten in der Provinz? Da sind Zweifel angebracht. Doch wer die äußert, der bekommt sehr schnell das deutsche Beispiel vorgehalten. Auch dort wollten die Wähler nach sechzehn Jahren Dauerkanzler Kohl und Macho Schröder mit Angela Merkel eine Frau als Regierungschefin. Nur waren die Voraussetzungen in Deutschland nach der Wiedervereinigung anders als in Frankreich. Mit dem Beitritt der neuen Bundesländer ist die Berliner Republik linker, östlicher, evangelischer, vielleicht sogar atheistischer, proletarischer und weiblicher geworden. Berufstätige alleinerziehende Mütter trugen in den Hinterlassenschaften der DDR nie einen gesellschaftlichen Makel, sondern wurden selbstverständlich akzeptiert. Nach dem gescheiterten rot-grünen Politikmodell war eine Kanzlerin in Deutschland also nur folgerichtig.

In unserem Nachbarland fehlen solche besonderen Vorbedingungen. Andererseits spielt die französische Frau in der Gesellschaft und im Berufsleben eine viel emanzipiertere und selbstbewusstere Rolle als in Deutschland. Ein Phänomen ist aber in beiden Ländern identisch. Die Menschen haben die Nase voll von Hahnenkämpfen, Macho-Allüren und männlichem Imponiergehabe in der Politik. Mag sein, dass das auch der Ausdruck eines Wandels im Rollenverständnis zwischen Mann und Frau ist. Ob die Franzosen Anfang Mai 2007 schon so weit sind, eine Präsidentin zu wählen, wird letztlich von den Frauen, die erst seit 1944 das Wahlrecht haben, selbst abhängen. Denn zahlenmäßig stellen sie mehr Wahlberechtigte als die Männer.

Bermudadreieck Élysée-Palast, Hôtel Matignon, Quai d'Orsay

In diesem Triangel ist die Macht zu Hause. Und zwar genau in dieser Reihenfolge. Erst kommt der Staatspräsident und dann lange nichts. Danach folgt der Premierminister und als dritter Pol der Macht der Außenminister. Da Letzterer seit geraumer Zeit ein Totalausfall ist, buhlten seit Anfang 2006 der Innenminister und die Verteidigungsministerin, wenn auch wesentlich zurückhaltender, um die dritte Position. Denn klassischerweise sind das die besten Ausgangspositionen, wenn man eine Präsidentenwahl gewinnen will.

Im Herbst 2006 war der Kampf um die Poleposition für das Rennen um den Élysée-Palast ein wenig anders. Während die Sozialisten sich mit Ségolène Royal bereits auf eine Kandidatin verständigt und ihr sogar mit 60 Prozent ein Traumergebnis beschert hatten, war das bürgerliche Lager heillos zerstritten. Das lag vor allem daran, dass die Inhaber der beiden aussichtsreichsten Startplätze, die Hausherren im Élysée-Palast und im Hôtel Matignon, eigentlich schon aus dem Wettbewerb waren, bevor er richtig begonnen hat. Jacques Chirac und Dominique de Villepin standen so tief in der Gunst der Bürger, dass es einem politischen Suizid gleichgekommen wäre, anzutreten.

Der Premierminister bekundete, dass er bis zur Wahl in seinem Amt verweilen möchte, weil er sich für die Schlammschlacht einer aussichtlosen Kandidatur zu schade sei. Der Amtsinhaber versuchte seine letzten Bälle in der Luft zu halten, und ließ fleißig Äußerungen streuen, die den Schluss zuließen, er wolle es doch noch einmal wissen. Gleichzeitig aber suchten seine Vertrauten nach neuen Beschäftigungen, weil ihnen sonnenklar war, dass Jacques Chirac sich im Frühjahr 2007 aufs Altenteil zurückziehen würde, schon wegen seiner angeschlagenen Gesundheit. Allerdings nicht, ohne dem noch einmal kräftig zu schaden, den er so wenig als Nachfolger auf seinem Stuhl haben möchte wie eine Giftschlange im Bett.

Wo die Liebe hinfällt

Jeder wusste es, aber keiner hat darüber geschrieben. In Paris galt lange die gleiche Spielregel wie in Bonn, als der lauschige Ort am Rhein noch deutsche Hauptstadt war. Die Affären ranghoher Politiker waren früher in der Presse tabu. Das Buch von Christophe Deloire und Christophe Dubois, *Sexus Politicus*, mit über 200 000 verkauften Exemplaren hat in Paris Furore gemacht und mit dieser Regel ein für alle Mal aufgeräumt. Erst vor fünf Jahren hätten französische Richter Chiracs Reisen mit der AFP-Journalistin Elisabeth Friederich während seiner Amtszeit als Bürgermeister von Paris zu Beginn der Neunzigerjahre unter die Lupe genommen, wird darin berichtet. Dabei habe sich herausgestellt, dass Chirac seiner Begleiterin für rund 25 000 Euro Flugtickets spendiert habe.

Inzwischen sind es die aktuellen Lebensabschnittspartner amtierender Politiker, die immer wieder in die Schusslinie der Presse geraten. Jüngster Fall ist Marie Drucker. Sie wird im Wahlkampf nicht mehr die Spätnachrichten bei France 3 moderieren. Das Magazin *Bon Week* hatte die zweiunddreißigjährige Tochter des Gründers des Fernsehsenders M6 und Nichte eines bekannten Moderators auf der Titelseite Arm in Arm mit dem Minister für Überseegebiete gezeigt. Der einundvierzigjährige geschiedene Ex-Journalist François Baroin gilt als politischer Ziehsohn von Präsident Chirac. »Ich teile mein Leben mit einer Figur des öffentlichen Lebens. Eine Zeitung hat mein Privatleben offengelegt«, erklärte Drucker. »Ich werde gerichtlich gegen diese Zeitung vorgehen und Schadensersatz verlangen.«

Diese Drohung der Geouteten brachte die französische Presse in eine heikle Situation, denn das Gesetz sieht einen strengen Schutz der Privatsphäre vor. »Jeder hat das Recht auf die Respektierung seines Privatlebens«, lautet Artikel Neun des Code Civil. Einige Zeitungen wie *Le Monde* und *Libération* veröffentlichten Baroins Namen, andere nannten ihn lediglich eine »Person des öffentlichen Lebens«, machten aber eindeutige Anspielungen. Der staatliche Radiosender *France Inter* beschrieb ein Regierungsmitglied, das wie Harry Potter aussehe.

Weil sie ihr Bett mit einem Minister teilt, ist Marie Drucker bereits die zweite prominente Moderatorin, die während der heißen Wahlkampfphase nicht wie gewohnt die Neuigkeiten auf dem Bildschirm verlesen darf. Béatrice Schönberg, die bei France 2 am Wochenende die Nachrichten moderiert und mit Sozialminister Jean-Louis Borloo verheiratet ist, beugte sich als Erste dem öffentlichen Druck und kündigte einen zeitweiligen

Rückzug vom Bildschirm während des Präsidentschaftswahlkampfes an. Sowohl Schönberg als auch Drucker beteuern, ihr Privatleben habe niemals ihre journalistische Arbeit beeinflusst. Statt Marie Drucker den Rücktritt nahezulegen, verurteilte auch die Führung des staatlichen französischen Fernsehens die Enthüllungen über das Privatleben der Moderatorin als »verabscheuungswürdige Praxis, die die elementarsten Regeln des Journalismus verletzt«. Das kann man so oder so sehen.

In Frankreich ist eine lebhafte Diskussion über die Nähe zwischen Journalisten und Politikern entbrannt. Ihr Privatleben sei ihre Sache und sollte geschützt werden, meinen die einen. Die unabhängige Berichterstattung sei gefährdet, zu dem Schluss kommen die anderen. Es sei Drucker, die gegen die Regeln des Journalismus verstoße, glauben die Kritiker. Denn professioneller Journalismus verbiete eine zu enge Beziehung zu den Mächtigen. Drucker und Schönberg sind nicht die ersten Journalistinnen, die in den Armen von Politikern landen. Macht ist anscheinend ein besonderes Parfum. Anne Sinclair gab die Moderation der erfolgreichsten politischen Talkshow beim Fernsehsender TF1 ab, als ihr Ehemann Dominique Strauss-Kahn 1997 Wirtschaftsminister wurde. Dagegen präsentierte Christine Ockrent, die mit Bernard Kouchner verheiratetet ist, während der Amtszeit ihres Gatten als Gesundheitsminister weiter die Abendnachrichten bei France 3. Politikredakteurin Anne Fulda vom *Figaro* wechselte vorübergehend während ihrer Affäre mit Nicolas Sarkozy in ein anderes Ressort. Der Innenminister hatte sich letztes Jahr mit ihr getröstet, als sich seine Frau Cécilia zwischenzeitlich mit ihrem Liebhaber abgesetzt hatte.

Über die engen Beziehungen zwischen Journalisten und Politikern berichten die Medien erstaunlich unkritisch, denn sie stehen den Mächtigen des Landes häufig sehr nahe, weil man gemeinsam studiert oder dieselbe Schule besucht hat. Die Affären ranghoher Politiker wie die von François Mitterrand und Jacques Chirac waren nicht zuletzt deshalb in der Presse jahrzehntelang tabu. Eine Gefahr, dass Privatleben mit dem Beruf kollidiert, sehen die meisten Franzosen ohnehin nicht. »Das ist sogar eine spezifische französische Besonderheit«, kommentiert *Libération*, »weil sowieso jeder mit jedem schläft.«

Der größte Franzose war Napoleon – ein Traum von Größe

Napoleon war Korse und außerdem gerade mal 1,49 Meter groß. Korsen sind bekanntlich Separatisten und haben mit der Zentralgewalt in Paris nicht viel am Hut. Allerdings haben sie es bis heute auch nicht geschafft, ihrer Mittelmeerinsel, die hauptsächlich von Kastanienbäumen und Gestrüpp bewachsen ist und von Wildschweinen und finster blickenden Gestalten bewohnt wird, die Autonomie zu verschaffen. Gelegentliche Bombenanschläge auf Polizeistationen sind eher dem Lokalkolorit zuzuschreiben als handfesten terroristischen Aktivitäten.

Festlandsbewohner schätzen die Insel Korsika als malerisches Ferienparadies, wollen aber mit ihren Ureinwohnern möglichst wenig zu tun haben. Eine wirkliche Bastion im Mutterland Frankreich besitzen die Korsen nur in Marseille, wo ihre Mafia die Altstadt und den Hafen regiert. Korsen gelten als verschlossen, rückständig, extrem nachtragend und rachsüchtig. Die Ursprünge von Familienfehden, die seit Generationen schon mit der Flinte oder dem Messer ausgetragen werden, reichen oft so weit zurück, dass sich die Lebenden nicht einmal mehr erinnern, aus welchem Grund man sich gegenseitig massakriert.

Napoleon war sicher der größenwahnsinnigste Korse, als er meinte, sich als selbstgekrönter französischer Kaiser ganz Europa untertan machen zu können. Zum Glück für den Rest Europas endeten seine Feldzüge in einer katastrophalen Niederlage. Aber das Beispiel hat leider Schule gemacht, als in Deutschland ein österreichischer Postkartenmaler namens Adolf Hitler meinte, sich zum Führer eines tausendjährigen Deutschen Reiches aufschwingen zu müssen, und einen Weltkrieg anzettelte.

Im Unterschied zu Frankreich würde in Deutschland allerdings keiner mehr auf die Idee kommen, Hitler als großen Deutschen zu bezeichnen.

Dabei mangelt es in Frankreich nun wirklich nicht an klugen Köpfen, Vorbildfiguren und Menschen, die Großes geleistet haben. Spontan fallen einem da Namen ein wie Charles de Gaulle, Voltaire, Mitterrand, Jean-Paul Sartre, Karl Martell, Victor Hugo, René Descartes, Marie Curie oder Kardinal Richelieu. Wenn eines Tages die Sendung der »100 Besten« auch Frankreich erreicht, wird es sehr spannend sein, zu sehen, wer auf welchem Platz landet. Nur die Nummer eins ist unbestritten: Napoleon Bonaparte! Denn irgendwie verkörpert Napoleon den französischen Traum, ganz groß zu sein und die Welt mit der *civilisation française* beglücken zu können. Ein Traum, den mancher Politiker auch in stillen Stunden des Jahres 2006 träumt. Das Beispiel von Bonaparte, dass ein ganz kleiner Mann ein ganz großer wird, macht noch heute Schule. Ein ausgeprägter Minderwertigkeitskomplex ist kein Hinderungsgrund für das Streben nach dem höchsten Amt im Staate, sondern eher eine zusätzliche Antriebsfeder.

Die Säge am Stuhl des Präsidenten

»Hüte dich vor kleinen Männern!«, pflegte Großmutter zu sagen. Bernadette Chirac ist bereits Oma, und in den vergangenen zwanzig Monaten wird sie diesen Satz wohl des Öfteren ihrem Mann mit auf den Weg ins Büro gegeben haben. Nicht erst seit jedem Fernsehzuschauer in Frankreich klar ist, dass es da einen gibt, der noch heftiger am Tor des Pariser Élysée-Palastes rüttelt als weiland 1982 Gerhard Schröder zu fortgeschrittener Feierstunde am Zaun des Bonner Kanzleramtes. Von dem ehemaligen Bundeskanzler ist der Satz überliefert: »Ich will hier rein!« Solch einen Ausspruch gibt es von Nicolas Sarkozy (noch) nicht, dafür aber eine ganze Menge anderer, die nicht den geringsten Zweifel an seinen Ambitionen lassen. Auf die Frage eines Fernsehmoderators, ob er denn morgens beim Rasieren an die Präsidentschaft denke, kam die Antwort wie aus der Pistole geschossen. »Nicht nur beim Rasieren!«

»Solange ich denken kann, wollte ich handeln.« Dieser Satz steht wie eine Schlagzeile über allem, was Nicolas Sarkozy in seinem Buch *Témoignage* (Zeugnis) ausbreitet. Aber daran hätte ohnehin keiner gezweifelt, der die Karriere dieser schillernden Figur kennt. Ehrgeiz als Triebfeder ist für einen Politiker sicher eine Grundvoraussetzung für den Erfolg, aber bei ihm trägt er manische Züge, gepaart mit einem kaum zu übertreffenden Aktionismus.

Das 168 Zentimeter große Polittalent, dem selbst Vertraute und Freunde einen ausgeprägten Napoleonkomplex nachsagen, weiß genau, was es will, vor allem aber, wohin es will. Weniger Wohlmeinende – denn in Frankreich ist Napoleon schließlich noch wer – beschreiben »Super-Sarko« in Anlehnung an den fliegenden Weltenretter als einen, der bis zur Hüfte im Ehrgeiz steht und in jeder Hand einen geladenen Revolver hält. Und dann fügen sie meist sehr viel leiser hinzu: »Hüten Sie sich vor seiner Frau! Die schwingt hinter ihm die Peitsche und hat ein Maschinengewehr. Und im Strumpfband ist sicher noch ein vergiftetes Stilett verborgen.« Cécilia, Ehefrau Nummer zwei, überragt ihren Nico um einen halben Kopf. Zum hochgeschlitzten Abendkleid trägt sie flache Ballerinas, während er im Smoking auf dicken Absätzen daherkommt. Was tut man nicht alles, um den kleinen Unterschied wettzumachen.

»Er ist hyperaktiv, er ist extrem ehrgeizig. Ein Schwerstarbeiter, ein Workaholic, einer, der niemals rastet«, schildert ihn eine, die es wissen muss. Anita Hausser, politische Redakteurin beim Informationssender LCI und Autorin der ersten Sarkozy-Biographie. »Er wirkt im ersten Moment schlicht und unscheinbar. Aber das täuscht. Man merkt ihm sofort den Anwalt an, der sich den Menschen verbunden fühlt und ihnen zeigen möchte, dass er ihre Probleme versteht und sie lösen will.« Das ist das Erfolgsrezept des Zweiundfünfzigjährigen. Den Vorwurf des Populismus würde er als Riesenkompliment verstehen.

Wie ein abgerichtetes Frettchen wittert er, was beim Wähler ankommt, genauso, wie er Schwachstellen beim Gegner blitzschnell erkennt und zubeißt.

Als Innenminister machte er gnadenlos Jagd auf Temposünder, Betrunkene im Straßenverkehr, vor allem aber auf alle mit etwas dunklerer Hautfarbe und allzu dicken Autos. Der Durchschnittsfranzose sah es gern. Sarko auf der Überholspur schaffte es in den Meinungsumfragen ganz nach oben. Monatelang belegte er Platz eins auf der Beliebtheitsskala. Daran änderte sich auch nichts, als sich der quirlige Einzelkämpfer nach einer Kabinettsumbildung auf dem höchst undankbaren Sessel des Finanzministers wiederfand. Ein Schachzug des Präsidenten, um den unliebsamen Widersacher in den Augen der französischen Öffentlichkeit auf Normalmaß zurückzustutzen.

Politische Sackgasse? Nein danke! Nachdem er den Stuhl des Innenministers dem vornehmen Chefdiplomaten Dominique de Villepin überlassen musste, wähnten einige Kommentatoren Sarko bereits auf dem Abstellgleis. Eine Rochade, mit ihm als Bauernopfer. Wer aber meinte, »Super-Sarko« ließe sich so einfach kaltstellen, der hatte die Rechnung ohne den Wirt gemacht. Er tut immer, was keiner erwartet. Hauptsache, er trifft damit den Nerv der Franzosen. Manche Kenner der Pariser Szene halten ihn für einen politischen Geisterfahrer. Seine erste Amtshandlung als Hausherr im Bercy, dem Sitz des Finanzministers, war das vollmundige Versprechen, die Preise für Markenartikel per Gesetz um zwei Prozent zu senken, um damit die Binnennachfrage anzukurbeln. Aktion Nummer zwei war die Ankündigung der Senkung der Mineralölsteuer, um die durch die hohen Spritpreise in Bedrängnis geratenen Fischer, Gemüsebauern und Transportunternehmer zu schützen. Dann sollte eine vehemente Kürzung des Verteidigungsetats folgen, sehr zum Ärger von MAM. Michèle Alliot-Marie, von der ihre Freunde behaupten, sie sei der einzige echte Kerl im Kabinett, hat durchaus eigene Ambitionen zu Höherem. Aber im Gegensatz zu Sarkozy ist sie ein tapferer Soldat und eine loyale Mitstreiterin des Präsidenten. Damit war Sarko plötzlich wieder in aller Munde. Nur nebenbei erwähnt, all diese Pläne erwiesen sich später als heiße Luft.

Sarkozys Werdegang ist erstaunlich in einem Land, in dem Herkunft, Verbindungen und die richtige Schule mehr zählen als persönliche Fähigkeiten. Er war auf keiner Grande École, er besitzt keinen Abschluss der Sciences Po, weil sein Englisch nicht für das Examen reichte. Sarko ist keiner, der dazugehört zu dem geschlossenen Zirkel der besseren konservativen Gesellschaft. Neben seiner Körpergröße mag das die Triebfeder seines Ehrgeizes sein. Diese Mischung aus dem Gefühl, »ich will da auch rein«, und dem Heischen um Anerkennung bei den Großen und Mächtigen ist nur mit seiner Familiengeschichte zu erklären. Denn nur wenn man weiß, woher einer kommt, kann man ahnen, wohin er will.

Am 28. Januar 1955 wurde er geboren. Fünf Jahre später waren seine Eltern geschieden. Sein Vater ist vielleicht die Schlüsselfigur dafür, dass Nicolas so geworden ist, wie er ist. Die Lebensgeschichte des Pál Nagy-Bocsa y Sárközy, der 1928 in Budapest auf die Welt kam, liest sich wie ein Roman. Wenn er sie selbst erzählt, mit seinem weichen k. u. k.-ungarischen Akzent, den er auch nach fast fünfzig Jahren in Frankreich nie losgeworden ist, hat sie fast etwas Sentimental-Kitschiges. Der Sprössling aus einer recht vermögenden Sippe der Puszta-Aristokratie mit einem Schuss Zigeunerblut wurde in eine Welt geboren, die dem Untergang geweiht war. Erziehung im Schweizer Internat, wo er auch die französische Sprache lernte, die Ferien auf dem großen Familienbesitz, umgeben von Domestiken. Als die Familie 1944 vor den anrückenden Russen nach Österreich fliehen muss, fällt seine Welt in Trümmer. Zwei Jahre später kehrt er mit seiner Familie nach Ungarn zurück, um festzustellen, dass sich alles verändert hat. Der Besitz ist weg, die Dienstboten verschwunden. Stattdessen werden Pál und seine Brüder einberufen, der sowjetischen Besatzungsarmee zu dienen. Vor dem Militärdienst flieht Pál nach Deutschland, weil er auch diese Sprache beherrscht, beseelt von dem einzigen Wunsch, nach Paris zu kommen. Dafür verpflichtet er sich sogar in der Fremdenlegion.

»Ich bin an der Place de l'Étoile angekommen wie ein Clochard, mit nichts«, erinnert er sich, »ich war ein politischer Verfolgter, auf der Flucht vor dem Stalinismus. Frankreich hat mich aufgenommen, mit offenen Armen.« Vater Sarkozy sieht gut aus, ist kultiviert und amüsant, spielt gerne den Verführer. Seine Erscheinung, sein Französisch und seine Erziehung verschaffen ihm schnell Eintritt in die bessere Pariser Gesellschaft der damaligen Zeit. Eine Freundin stellt ihm ihre Schwester vor, Andrée, die Tochter eines Mediziners, der in einem kleinen Stadtpalais im 17. Arrondissement, in der Rue Fortuny, wohnt. Die Familie von Andrée kommt ursprünglich aus Saloniki in Griechenland und hat sephardische Wurzeln. Anfang des vorigen Jahrhunderts sind sie zum Katholizismus konvertiert. Das allein macht Nicolas bis heute für die politische Kaste suspekt. Denn in kaum einem Land Europas werden antisemitische Vorurteile immer noch so liebevoll gepflegt wie in Frankreich. »In schwierigen politischen Momenten«, so gibt Nicolas Sarkozy zu, »erhalte ich regelmäßig Briefe, in denen ich als Jude beschimpft werde.«

Für Vater Pál ist es Liebe auf den ersten Blick. Sein Schwiegervater beantragt für ihn die französische Staatsbürgerschaft. »Ich habe das abgelehnt. Ich fühlte mich dafür noch nicht reif«, sagt der ungarische Emigrant noch Jahre später. Nur seinen Vornamen Pál ändert er ab in Paul. Drei Söhne werden geboren, Guillaume 1952, Nicolas 1955 und François zwei Jahre später. »Mein Vater«, so Nicolas heute, »hat nie etwas von Politik verstanden.« Nach der Scheidung der Eltern zieht die Mutter die drei Söhne groß. Im eleganten Haus des Großvaters, mit Ferien in Royan an der Atlantikküste. Alles andere als eine unglückliche Kindheit. Trotzdem sagt Nicolas: »Wenn mich etwas geprägt hat, dann waren es die Enttäuschungen und Erniedrigungen meiner Kindheit. Ich habe keine nostalgischen Erinnerungen an meine Kinderzeit, weil mir kein einziger wirklich glücklicher Moment einfällt.«

Nicolas Sarkozy macht es seinen Gegnern leicht, ihn nicht zu mögen. Premierminister Raffarin, einst der redliche Mann aus der Provinz und Prügelknabe für all das, was im Kabinett von Jacques Chirac schieflief, war das Lieblingsziel von Sarkos Spott. »Er ist eine Null«, soll er über ihn gesagt haben. Zeugen gibt es dafür natürlich jede Menge, aber die wollen sich lieber nicht namentlich zitieren lassen.

Sarko will mehr. Er will ganz nach oben, will Präsident werden. Der Weg dahin führt über die Partei, die UMP. »Ja«, sagt Chirac, »aber wenn du den Parteivorsitz willst, musst du als Minister gehen.« Sarko verlässt Ende November 2004 das Kabinett, nachdem er sich von 40 000 Anhängern auf einem UMP-Kongress in Paris-Le Bourget wie ein Popstar zum Parteichef hat küren lassen. Der Staatspräsident ist viel zu schwach, um sich seines Rivalen dauerhaft zu entledigen. Nach dem Rücktritt von Premierminister Jean-Pierre Raffarin muss er Sarkozy einige Monate später ins neue Kabinett von Dominique de Villepin zurückholen. Wieder in das wichtige Amt des Innenministers.

Neuilly-sur-Seine, der feine Vorort im Westen von Paris. Hier leben die Reichen und die Schönen. Vor allem die Einflussreichen: Adel, Industriekapitäne, Banker, Filmemacher und Kulturmäzene. Das ist der Biotop, in dem sich Sarkozy wohlfühlt. Dort beginnt seine politische Karriere. 1983, mit gerade einmal achtundzwanzig Jahren, wird er *maire*, Bürgermeister. Die, die ihm im Weg stehen, räumt er ab, auch wenn sie vorher Gefährten und Verbündete waren. Das Rathaus bietet ihm die Bühne für sein Spiel mit den Berühmten und Mächtigen. Mit dem Sänger Johnny Hallyday ist er befreundet, seit er ihn in der Mairie getraut hat.

Ein Wahlkampfhelfer, der dem Hardliner ein anderes Image geben sollte, frei nach dem Motto: »Wer gerne rockt, kann kein schlechter Mensch sein.« Nur Rockstars sind manchmal unberechenbar. Als Hallyday im Dezember 2006 verkündete, dass er seinen Wohnsitz nach Gstaad verlege, dem Schweizer Wintersportort für Millionäre, da ging ein Aufschrei der Empörung durch den Blätterwald. Denn seine Gründe für den Umzug waren ausschließlich steuerlicher Art. Jacques Chirac erklärte, dass er über so wenig Bürgersinn enttäuscht sei. Wahrscheinlich war ihm die Steuerflucht des Altrockers ziemlich gleichgültig, aber er wusste, dass er Sarko mit solchen Äußerungen richtig schaden konnte, der ganz auf seinen Freund als Promotor seiner Kampagne gesetzt hatte. Die Einlassung des Innenministers, das Verhalten von Hallyday zeige, dass etwas faul sei im Staate Frankreich, ist zwar richtig, versöhnte aber kaum den Durchschnittsfranzosen, der unter der Steuer- und Abgabenlast stöhnt.

Sarko genießt sein erstes wichtiges Amt als Gemeindevorsteher von Neuilly. Er organisiert Abendessen, bei denen er die an seinem Tisch versammelt, die in Frankreich was zu sagen haben. Martin Bouygues, Jean Reno, Jacques Attali, der ihn François Mitterrand vorstellt. Als Bürgermeister traut er auch Jacques Martin, einen der bekanntesten TV-Moderatoren, mit der jungen, schicken Cécilia, die neben ihrem Jurastudium als Modell für die Modeschöpferin Elsa Schiaparelli gearbeitet hat. Nach eigenem Bekunden verliebt sich Nicolas Sarkozy bis über beide Ohren in die Braut des anderen. Das Ehepaar Martin bekommt zwei Kinder, genau wie Nicolas mit seiner ersten Frau. Die Paare freunden sich an, werden unzertrennlich. Daraus entwickelt sich 1988 ein privates Trauerspiel. Nicolas beginnt ein Verhältnis mit der Frau seines angeblich besten Freundes.

Was dann folgt, bezeichnen Bekannte noch heute als den Rosenkrieg von Neuilly. Szenen, Eifersuchtsdramen, schließlich hässliche Scheidungen. 1996 heiraten Nicolas und Cécilia. Bernard Arnault zählt zu den Freunden und Nachbarn und wird ihr Trauzeuge. Arnault ist der unumschränkte Herrscher über das Luxusimperium LVMH. Die Gruppe Louis Vuitton Moët Hennessy mit auf 7 Milliarden Euro geschätztem Unternehmenswert steht für alles, was in Frankreich gut und teuer ist. Mode, Parfums, Uhren, Cognac und Champagner. Cécilia, die erfolgreiche Anwältin, ist es jetzt, die große Dîners schmeißt. Er, der politische Shootingstar auf dem Weg nach oben. Zwei, die nicht zuletzt der Ehrgeiz zusammenschmiedet in einem Umfeld, in dem nichts anderes zählt als Macht und Erfolg.

Chirac hat es dem Kleinen nie verziehen, dass er sich bei der Präsidentenkür 1995 auf die Seite seines Konkurrenten Edouard Balladur geschlagen hatte. Wenn es in den Augen des Präsidenten jemals einen Kronprinzen gab, dann Alain Juppé, der als getreuer Ekkehard des Präsidenten die Partei zusammenhielt. Als Bürgermeister von Bordeaux in Wartestellung geparkt, wollte Chirac ihn eines Tages wie das Kaninchen aus dem Zylinder zaubern. Aber ausnahmsweise war die französische Justiz schneller und verknackte Juppé wegen einiger langer Schatten der Vergangenheit, als Chirac noch Bürgermeister von Paris war und Juppé sein Mädchen für alles. Damit schied dieser als Widersacher Sarkozys um den Parteivorsitz der UMP aus.

Auf dem Weg in den Élysée-Palast könnte Nicolas Sarkozy allenfalls noch über seinen unbändigen Ehrgeiz stolpern. »Bei seiner Größe«, so witzeln die Beamten dort mit Galgenhumor, »wäre seine Fallhöhe nicht so sehr hoch.« Das Risiko für Sarkozy bei seinem Kampf ums höchste Amt im Staate besteht vor allem darin, dass der Amtsinhaber noch immer die Regeln bestimmt und deshalb nicht alles so laufen wird, wie sich der Herausforderer das vorstellt. Denn sein Profil kommt von seiner Ministerrolle und der damit verbundenen Medienpräsenz. Nur darin kann er seine Dynamik in den Aktionismus verwandeln, von dem die Franzosen glauben, dass er die Probleme des Landes lösen kann.

Vor vielen Jahrzehnten war ein anderer französischer Politiker aus dem bürgerlich-konservativen Lager in einer ähnlichen Situation. Populär, energisch, machthungrig und wild entschlossen, sich eine Machtbasis in seiner Partei für das Rennen um das Spitzenamt zu schaffen. Er verließ dafür die Regierung, aber er schaffte es 19 lange Jahre nicht, die Präsidentschaft zu erringen. Dieser Mann hieß Jacques Chirac. Der wird sich heute daran erinnern, wenn seine Frau Bernadette ihn warnt, sich vor ehrgeizigen kleinen Männern in Acht zu nehmen.

Gerüchte

Paris ist voll davon. In Salons, auf Empfängen, im Foyer der Oper, auf den Fluren des Parlaments, überall wird getuschelt und getratscht. Unter dem Siegel der Verschwiegenheit erfährt man die haarsträubendsten Geschichten. Viele sind so abenteuerlich, dass man sie gleich in den Bereich der Fabel verweisen kann. Interessantenweise werden aber häufig auch Dinge kolportiert, denen man anfangs nicht den geringsten Wahrheitsgehalt zubilligt, die sich aber später, wenigstens zum Teil, als durchaus real herausstellen. Nach dem Motto, wo Rauch ist, ist auch Feuer, werden gerne Geschichten, Anekdoten und Gerüchte in Umlauf gebracht, die sich keiner trauen würde zu veröffentlichen, weil ihr Wahrheitsgehalt gar nicht oder nur sehr schwer nachprüfbar ist.

Zwei Beispiele: Hartnäckig hält sich über Nicolas Sarkozy die Vermutung, er stünde der Scientology-Kirche nahe oder wäre sogar Mitglied. Der Politiker ist selbst nicht ganz unschuldig an der Entstehung dieses Gerüchts. Im August 2004, als er Finanzminister war, empfing er den amerikanischen Schauspieler Tom Cruise in seinem Amtssitz zu einem anderthalbstündigen Gespräch. Tom Cruise, der prominenteste Scientologe, hatte den Wunsch geäußert, sich mit Sarkozy zu treffen. Er machte zu diesem Zeitpunkt in Paris PR für seinen Film »Collateral«, in dem er einen Auftragskiller aus Los Angeles spielt. Kein anderes Regierungsmitglied war bereit, sich mit dem Darsteller zu zeigen. Ursprünglich hatte Cruise sogar versucht, von Jacques Chirac empfangen zu werden. Aber aus dem Élysée kam eine klare Absage. Sarkozy gilt als ausgewiesener Freund der USA und liebt Berühmtheiten. Offenbar haben sich die beiden Männer so gut verstanden, dass der Schauspieler anschließend den Finanzminister auf seine Farm nach Colorado einlud.

So weit könnte man dieses Treffen als politische Ungeschicklichkeit abtun, würde es nicht zu einem zweiten Gerücht passen, das in Künstler- und Musikerkreisen der französischen Hauptstadt kolportiert wird: die Frau des Finanzministers, Cécilia

Sarkozy, sei seit langem ein führendes Mitglied der Sekte. Angeblich habe sie sich geraume Zeit in Los Angeles in einem »Org« der Scientologen aufgehalten, sei auditiert worden bis zur hohen Stufe eines »Thetan 5«, und ihre beiden Töchter aus erster Ehe hätten sogar eine Schule der Sekte besucht. Eine bekannte Jazz-Musikerin schwört Stein und Bein, dass Cécilia Sarkozy engste Verbindungen zu den Scientologen habe. Ihre Aussage hat besondere Glaubwürdigkeit, weil sie sich selbst zur Mitgliedschaft in der Sekte bekennt. Sie berief sich außerdem auf den Opernstar Julia Migenes, die ihrerseits nicht nur seit 1966 Mitglied der Scientologen ist und dort die Stufe »OT« eines »operierenden Thetanen« erreicht hat, sondern sich auch auf der offiziellen Website der Sekte mit dem Satz »Ich bin stolz, Scientologin zu sein« eindeutig outet.

Interessanterweise vertritt die Jazz-Musikerin auch die Theorie, dass die vorübergehende Trennung von Nicolas Sarkozy und seiner Frau ein abgekartetes Spiel gewesen sei, um den Politiker aus der Schusslinie zu bringen, als verschiedene Journalisten begannen, Nachforschungen über seine Verbindung zu Scientology anzustellen. Ob etwas dran ist an dem Gerücht oder ob es sich, wie so oft in Paris, nur um bösartigen »Gossip« handelt, wird sich spätestens vor der Präsidentenwahl herausstellen. Eine gut begründete Schmutzkampagne um die Frage, ob Super-Sarko und seine Angetraute mit der Sekte in Berührung gebracht werden können, werden sich weder die Presse noch seine politischen Gegner entgehen lassen.

Die schönsten Geschichten erfährt ein Fernsehjournalist meist aus Versehen. Nur leider hat er dann entweder kein Kamerateam dabei, oder der Sachverhalt ist so haarsträubend, dass er ohnehin nicht darüber berichten kann, ohne Gefahr zu laufen, von einer Horde von Anwälten verklagt und nach Eingang entsprechender Beschwerden der Betroffenen vom Arbeitgeber abgemahnt zu werden. Häufig handelt es sich dabei um spannende Gerüchte, oft knapp unterhalb der Gürtellinie, die sich nicht mit Zeugenaussagen oder anderen hieb- und stichfesten Beweisen belegen lassen.

So war es auch diesmal, als mir eine herrliche Story vor die Füße fiel. Bei einem Empfang plauderte ich unverbindlich-freundlich mit einer nicht mehr ganz jungen Diplomatengattin. Ich erzählte ihr, dass ich gerade die neue Lichtgestalt und Hoffnungsträgerin der französischen Linken in ihren Heimatwahlkreis Poitiers in der Charentes begleitet hätte und sie bei mir einen entschlossenen und durchaus ambitionierten Eindruck hinterlassen hätte. Dabei habe sie aber durchaus charmant gewirkt, schlagfertig und mit einem guten, zynischen Humor. Die Diplomatengattin, deren Herz eher links schlug, teilte meine Einschätzung, dass Ségolène Royal das Zeug habe, als erste Frau in den Élysée-Palast einzuziehen. Ein Wort ergab das andere, bis sich meine Gesprächspartnerin verschwörerisch zu mir beugte, um mir mit gedämpfter Stimme ins Ohr zu flüstern: »Jetzt hören Sie mir mal genau zu, was ich Ihnen sage. Und wenn Sie irgendeiner Menschenseele davon erzählen, bringe ich Sie um! Ségolène Royal ist die uneheliche Tochter von François Mitterrand!«

Obwohl ich normalerweise nicht leicht zu beeindrucken bin, muss ich in diesem Moment den Gesichtsausdruck eines Mondkalbes angenommen haben. »Wie bitte?« war das Einzige, was ich nach sekundenlanger Sprachlosigkeit herausbrachte. »Doch, doch, ich weiß das aus bester Quelle«, versicherte meine Gesprächspartnerin. »Ich saß neulich neben dem Vorstandschef eines großen Automobilunternehmens, der sie und die Familie seit ewigen Zeiten kennt.« Nachdem ihr mein erstaunter Blick signalisierte, dass sie mich nicht überzeugt hatte, fügte sie hinzu: »Vergleichen Sie nur mal den kleinen Höcker auf den Nasen der beiden. Steigen Sie mal in Ihr Archiv und legen Sie alte Aufnahmen nebeneinander.«

Ségolène Royal, die wahre Erbin von François Mitterrand? Das klang für mich wie Sophie Neveu als Nachfahrin von Maria Magdalena in Dan Browns Roman *Sakrileg*. Aber obgleich ich diese Geschichte in die Rubrik Märchen und Sagen einordnete, war ich neugierig genug geworden, den Hinweis der Diplomatengattin weiterzuverfolgen. Tatsächlich wiesen Bilder von Mitterrand und Royal im Profil dieselbe kleine Anomalie auf dem Nasenhöcker auf. Aber das war es dann auch mit der Ähnlichkeit. Allerdings testete ich das Gerücht mehrfach im Kreis von altgedienten Journalistenkollegen und Politikern des linken wie des rechten Lagers. Ein wirkliches Dementi bekam ich nie zu hören, dafür umso häufiger andere, noch wildere Geschichten. Die meisten verstiegen sich zu der Theorie, Royal sei die Geliebte des ehemaligen Präsidenten gewesen. Dabei ließ ich meine Nachforschungen dann auch bewenden, bevor mir irgendjemand noch erzählen konnte, eigentlich sei Ségolène Royal die Enkelin von Charles de Gaulle. Wie auch immer, eine besondere Nähe zum geistigen Ziehvater François Mitterrand würde Ségolène Royal in einem Präsidentschaftswahlkampf sicher mehr nützen als schaden.

Französinnen sind hübsch, zierlich, charmant und elegant – ein Klischee

Schlendern Sie mal durch Paris. Da begegnen Ihnen weibliche Gestalten, auf die Sie nachts auf keinen Fall im Dunklen treffen möchten. Verschlampt, ungepflegt, mit hartem, verhärmtem Gesichtsausdruck oder gar keinem mehr, wenn der Schönheitschirurg bereits zu Colagenspritze und Botox gegriffen hat.

Zugegeben, sie sind nicht alle so. Carole Bouquet, Fanny Ardant, Emmanuelle Béart sind von ihrem Schöpfer so verwöhnt worden, dass es immer eine Freude ist, sie auf der Leinwand oder in natura zu bewundern. Aber selbst für den Duft-Klassiker Chanel No. 5, für den Ende der Achtzigerjahre noch Carole Bouquet als Reklame-Ikone ihr Gesicht leihen durfte, wird heute eine Schönheit aus *»Down Under«* bemüht, die Australierin Nicole Kidman.

Die Inkarnation von Charme und Anmut ist in Frankreich noch immer Marianne, die Nationalfigur der Republik. In der Revolution wurde sie zum Symbol der Freiheit. Die mythische Gestalt, die mit entblößter Brust die Trikolore auf die Barrikaden trägt, verherrlicht in dem berühmten Bild von Eugène Delacroix, das der Künstler während der Julirevolution 1830 gemalt hat.

Die Reinkarnation wird in regelmäßigen Abständen gekürt, und gelegentlich ist sogar eine hübsche Französin dabei. Brigitte Bardot war 1970 die Erste, Mireille Matthieu, Catherine Deneuve, Inès de la Fressange, Isabelle Adjani – alle liehen der Marianne ihr Gesicht. Oder im Jahr 2000 Laetitia Casta, die im Anschluss an eine erfolgreiche Model-Karriere die Comicfigur »Falbala« in dem Film »Asterix und Obelix gegen Caesar« spielen durfte. Aber hier wird es eigentlich schon wieder schwierig, alldieweil Laetitia Casta Korsin ist, mithin also keine, die gerne Frankreichs Fahne hochhält. Außerdem löste das Vorbild von der Insel einen mittelschweren Skandal aus, als es kurz nach seiner Nominierung Wohnsitz und Lebensmittelpunkt nach London verlegte, aus steuerlichen Gründen, wie die Franzosen vermuteten. Jedenfalls sind all diese hübschen Köpfe in Bronze, Marmor oder Gips im Palais du Luxembourg, dem Sitz des Senats, zu bewundern.

Frankreich lebt auch in der Disziplin Charme und Anmut vom Ruhm vergangener Tage. Catherine Deneuve lagen die Männer zu Füßen, Brigitte Bardot war Sexsymbol, als das Wort Sex noch in den Kinderschuhen steckte. Mit der Deneuve ist die Zeit noch halbwegs gnädig umgegangen. Ein bisschen aus dem Leim, aber immer noch ganz ansehnlich. Mit der anderen, na ja … Dafür hat sie einer Menge Robbenbabys das Leben gerettet.

Die hübsche, zierliche, charmante und elegante Französin ist irgendwann ausgestorben, wenn es sie denn jemals gegeben hat. Natürlich läuft man in einer Stadt wie Paris hübschen Mädchen über den Weg, und ich meine nicht die fünfzehnjährigen Model-Hungerhaken, die viermal im Jahr zu den *Prêt-à-porter-* oder *Haute-couture-*Wochen eingeflogen werden. Denn von denen kommt ohnehin der überwiegende Teil aus den Weiten Russlands. Nein, ich meine die hübschen Studentinnen in den Cafés der Rive Gauche. Wenn man mit ihnen ins Gespräch kommt, erfährt man meist sehr schnell, dass sie in Berlin oder Rom,

London oder Kalifornien zu Hause sind und sich gerade ihren Traum von einem Gastsemester an der Sorbonne erfüllen oder ein paar Monate als Au-pair-Mädchen bei einer französischen Familie jobben. Es gibt auch die Charmanten, die Kecken, die Schlagfertigen, aber leider sind die oft so hässlich, wie die Nacht finster ist. Es gibt auch die Eleganten, die mit der ganzen Last eines Lebens zwischen »Shrink«, Beauty treatment bei Guérlain oder Carita, Maniküre und Pediküre, nicht zu vergessen die stundenlangen Sitzungen bei Alexandre, dem Altmeister der Coiffeure, ihr schwieriges Dasein bewältigen. Aber die gepflegte Erscheinung in eleganter Robe können Sie in Frankreich mit der Lupe suchen.

Parfum erfanden zwar schon die alten Ägypter, aber erst im 14. Jahrhundert wurden die ersten Parfums in Europa hergestellt und verwendet. In dieser Zeit, in der Körperhygiene keine Bedeutung beigemessen wurde, dienten die Duftstoffe hauptsächlich zur Überdeckung der eigenen, strengen Körpergerüche. Zur Blütezeit des Absolutismus, als noch die Läuse unter gepuderten Perücken hervorkrabbelten und der Gebrauch von Wasser und Seife nur rudimentär verbreitet war, da erlebte Parfum seinen Siegeszug. Und der hält bis heute an. Wenn man morgens in der überfüllten Pariser Metro tief durchatmet, hat man diesen Eindruck, aus gutem Grund.

Irgendwie sehnt sich Frankreich deshalb wieder nach einer Marianne. Nach einer gut aussehenden Frau, die Frankreich über die Barrikaden führt, heraus aus verkrusteten Strukturen, männlicher Dominanz und antiquierten Vorstellungen. Die Linken setzen dabei auf einen Namen: Ségolène Royal.

Ségolènismus

Auf den ersten Blick wirkt sie wie ein aufgewecktes junges Mädchen, das neugierig und voller Entdeckungslust in die Welt blickt. Ein wenig reserviert, aber keinesfalls schüchtern. Dazu passen ihre Augen, die ständig von einer Mischung aus Skepsis und Spott umspielt werden. Sie ist keine, die sich sofort Freunde macht, aber dennoch hat sie ein Wesen, das einnimmt, das Lust macht auf mehr.

Ihre Hausmacht besitzt sie in Poitou-Charentes, »*la France profonde* – dem tiefen Frankreich«. Dort sind die Menschen katholisch und konservativ. Veränderungen und allem Neuen stehen sie ablehnend gegenüber. Aber sie haben ein ausgeprägtes Selbstbewusstsein und einen ordentlichen Dickkopf. Was aus Paris kommt, »von denen da oben«, ist ihnen suspekt. Fragt man sie nach Ségolène Royal, erhält man Antworten wie: »Sie ist zwar Sozialistin, aber ganz in Ordnung.« Oder: »Keine von uns, aber immer noch besser als die korrupte Bande, die uns regiert.« Für die meisten Bewohner von Poitiers, dem Zentrum der Region, ist es allerdings unvorstellbar, dass eine Frau, noch dazu eine linke, Staatspräsidentin wird. Aber dann fügen sie meist hinzu: »Ich würde sie wählen, nur damit mal ein bisschen frischer Wind reinkommt.«

Ségolène Royal spürt das. Es waren nicht nur die Umfragen, die sie als aussichtsreichste Anwärterin des linken Lagers auf das Präsidentenamt weit vorne sahen. Meilenweit vor allen anderen sogenannten Elefanten der PS. Lionel Jospin, ehemaliger Premierminister, Dominique Strauss-Kahn, einst Finanzminister, Laurent Fabius, Premier unter Mitterrand und in diesem Amt direkter Vorgänger von Jacques Chirac, Jack Lang, früher mal Kulturminister und nicht totzukriegender Pausenclown der Linken mit Kultstatus, und François Hollande, der amtierende PS-Vorsitzende, hatten nie den Hauch einer Chance gegen sie. Hollande ist dabei schon beinahe eine tragische Gestalt, denn er ist auch der langjährige Lebensgefährte von Ségolène Royal. Sie haben zusammen vier Kinder, aber keinen Trauschein, was Ségolène Royal für die katholisch geprägte Landbevölkerung praktisch unwählbar macht.

Die beiden haben gemeinsam die ENA besucht und sind fast ihren gesamten politischen Weg vereint gegangen, seit Staatspräsident François Mitterrand sie auf Empfehlung von Jacques Attali im Alter von 29 Jahren ins Élysée geholt hatte. Attali erinnert sich noch genau an sein politisches Ziehkind: »Mitterrand hat mich nach seiner Wahl 1981 gebeten, einen Beraterstab zusammenzustellen. Ich habe damals Ségolène und François Hollande aufgefordert, mit mir zu arbeiten. Der eine war ein brillanter Kopf, humorvoll und ein Wirtschaftsfachmann. Die andere extrem energisch, ehrgeizig, mit großen Ansprüchen und eine Spezialistin für Sozialpolitik. Obwohl sie ein Paar waren – was in meinen Augen eher ein Nachteil war –, haben sie sich beide hervorragend in meine Mannschaft eingefügt. Ségolène ist ein Phänomen. Was auch immer sie sagt, bei ihr fällt es mehr auf als bei anderen. Das ist ihr geheimnisvolles Talent. Eigentlich mehr eine Qualität fürs Theater, aber schließlich ist Politik ja auch eine Bühne.«

Ségolène Royal macht schnell Karriere, wird Umweltministerin, später Staatssekretärin für das Schulwesen, anschließend für Familie, Kinder und Jugend. Hollande dient sich unterdessen tapfer als Parteisoldat bei den Sozialisten hoch. Als Chef der größten Linkspartei wäre er eigentlich der gesetzte Präsidentschaftskandidat. Aber er ist so farblos und langweilig, dass sich Arnaud Montebourg, der Sprecher von Ségolène Royal, in einer TV-Sendung zu dem Satz verstieg »Hollande ist der einzige Fehler unserer Kandidatin«. Somit steht das Paar vor dem klassischen Rollentausch. Er der Prinzgemahl, sie die Powerfrau. Im Zeichen des Wassermanns scheint der Part des Mannes in der Politik auch in Frankreich ein Auslaufmodell zu werden. Starke Frauen haben das Sagen. Er Hausmann, sie Regierungschefin. Maggie Thatcher und Denis, Angela Merkel und Joachim Sauer, der Chemiker, mit dem die deutsche Kanzlerin sich in zweiter Ehe gefunden hat, lassen grüßen.

»Die französischen Wähler sind längst reif für eine Frau als Präsidentin«, meint Edith Cresson, die sich selbst einmal ohne Fortune als Premierministerin unter François Mitterrand versucht hatte. Sie war die erste Frau in diesem Amt für nicht einmal elf Monate, bis heute die kürzeste Amtszeit eines Premierministers in der Fünften Republik. Ihre politische Karriere verdankte auch sie Mitterrand, zu dem ihr mehr als ein berufliches Verhältnis nachgesagt wurde. »Nur die politische Klasse in Frankreich ist dafür noch nicht reif. Dort herrschen immer noch die ewigen Machos«. Ob Edith Cresson, die sich seit ihrem Ausscheiden aus der Europäischen Kommission in den letzten Jahren in der Öffentlichkeit rar gemacht hat, mit solch aktiver Unterstützung Ségolène Royal tatsächlich einen Gefallen tut, darf bezweifelt werden. Denn den Franzosen ist Cresson wegen ihrer Korruptionsaffären noch gut in Erinnerung. Erst im Juli 2006 verkündete der Europäische Gerichtshof, dass sie als EU-Kommissarin pflichtwidrig gehandelt habe, und bestätigte damit die Korruptionsvorwürfe wegen der Anstellung eines befreundeten Zahnarztes als Berater. Entgegen der Empfehlung des EuGH-Generalanwaltes, der das Gericht üblicherweise folgt, wurde gegen Cresson keine Sanktion in Form einer Pensionskürzung verhängt. Der EuGH stellte damit im ersten und bisher einzigen Fall gerichtlich bestätigter Korruption durch ein Kommissionsmitglied klar, dass der Rechtsverletzer im Ernstfall mit keinen Konsequenzen zu rechnen hat. Günter Verheugen dürfte das Urteil mit Erleichterung gelesen haben.

Das Beispiel Cresson wirkt noch immer abschreckend auf die Franzosen, was aber nicht heißt, dass es Frauen generell in der Politik schwerer haben. Nur die männlichen Seilschaften und Netzwerke sind meist länger gewachsen und funktionieren besser als die der Politikerinnen, die häufig Einzelkämpferinnen sind oder wenigstens einen männlichen Fürsprecher haben. Würde man Ségolène Royal, die offen zugibt, dass sie in Angela Merkel ein Vorbild sieht, neben Jacques Chirac stellen, dann lägen zwischen beiden nicht nur Welten, sondern ein ganzes Universum. Nicht nur der Altersunterschied von über 20 Jahren, der die beiden trennt, sondern vor allem ein vollkommen unterschiedliches Weltbild verdeutlicht den politischen Generationswechsel. Für diese Verjüngungskur steht aber auch der gleich alte Nicolas Sarkozy.

»L'État de Grace« hieß der Titel einer mehrteiligen Politsoap, die mit mäßigem Erfolg im Herbst 2006 im staatlichen Fernsehen lief, geschrieben allerdings zu einem Zeitpunkt, als vom neuen weiblichen Stern am politischen Himmel über Frankreich noch niemand Kenntnis genommen hatte. In einigen zum Teil ganz amüsanten Episoden beschrieb die TV-Serie den Alltag einer ersten Staatspräsidentin. Frappierenderweise besaß die Hauptdarstellerin eine gewisse Ähnlichkeit mit Ségolène Royal, und daher vermuteten einige im Regierungslager unzulässige Wahlhilfe für die sozialistische Kandidatin. Der Fernsehzuschauer durfte miterleben, wie Madame la Présidente – denn sie besteht wie Angela Merkel auf dem weiblichen Artikel – im Amt schwanger wurde, am Kabinettstisch ihre Wehen bekam, um schließlich ausgerechnet bei einem G8-Gipfel die Niederkunft zu erleben. Als mehrere Regierungschefs die Schwangere eilends im Rollstuhl in die Entbindungsklinik schoben und eine US-Präsidentin namens Hillary Clinton vor dem Kreißsaal Wache hielt, bis ihre französische Kollegin ein gesundes Baby zur Welt gebracht hatte, verkam die Komödie zur Klamotte. Fehlte nur, dass die Kanzlerin am Wochenbett mit einem selbst gehäkelten Strampelanzug parat stand. Aber der Fernsehzuschauer nahm dennoch eine doppelte Botschaft wahr: Präsidentinnen sind möglich, nicht nur in Frankreich, und sie verändern den Umgang miteinander.

Gestörte Familienbande

Ségolène Royal ist mit ihren 53 Jahren etwas zu jung, um zur 68er-Generation zu gehören. Politisch wurde sie aber sicher von dieser Zeit beeinflusst. Dabei stammt sie aus einem stockkonservativen Elternhaus, geboren als viertes von acht Kindern in Dakar im Senegal. Das Familienoberhaupt, Jacques Royal, ein Kolonialoffizier, verwechselte Kindererziehung anscheinend mit dem Drill von Rekruten auf den Kasernenhof. Ségolène begehrte gegen ihn auf, versuchte flügge zu werden, sobald es irgendwie ging. Aus Gründen, die im Dunkeln liegen und über die sie nicht spricht, war das Verhältnis zum Vater irgendwann in ihren Jugendjahren angeblich völlig zerrüttet.

Das kleine Mädchen, das gegen ihren reaktionären, militaristischen Vater revoltiert. Die junge Frau, die Feministin wird, weil ihr Vater frauenfeindlich ist und die Mutter schikaniert. Dieses Bild verkauft sich gut im linken Lager. So oder ähnlich die Legende, die gerne von Ségolènes Umgebung verbreitet wird und der sie selbst nicht widerspricht.

Der Vater kann sich nicht mehr dagegen wehren. Er ist 1981 an Krebs gestorben, einsam und verlassen in seinem großen Haus in Chamagne in Lothringen, einem Nest mit 450 Einwohnern. Aber ganz so einfach ist die Fama über das gestörte Familienverhältnis nicht. Vater Jacques hat Tochter Ségolène mehr geprägt, als sie heute bereit ist zuzugeben. Woher hätte sie sonst die Idee, jugendliche Straftäter in militärische Umerziehungslager zu schicken? Das ist nicht die Denkweise einer aufgeklärten Linksintellektuellen. Da kommt der Vater durch, der praktizierende Katholik, der alles Gotteslästerliche, alles Vulgäre und Dekadente hasste, dem Frankreich über alles ging, der in der Region verwurzelt blieb. Hört man Ségolène Royal zu, findet man eine Menge davon wieder.

Selbst ihre Verehrung für Jeanne d'Arc stammt vom Vater, der sie als kleines Mädchen mit nach Domrémy genommen hat. Damals betete sie noch bei Tisch und hieß Marie-Ségolène, ein Vorname, mit dem ihr Vater sie der Heiligen Jungfrau anvertraut hatte. Dieser Mann war gottesfürchtig und liebte seine Kinder. Nur zeigen konnte er es ihnen nicht. Und irgendwie stammte er aus einer anderen Zeit, aus einem Frankreich, das es nicht mehr gibt. Ein patriotisches und christliches Land, leise und würdevoll. Sonntags ging man gemeinsam in die heilige Messe, ordentlich gewaschen und angezogen, in der Kirche von Chamagne. Anschließend ein Familienspaziergang an der Mosel. Daheim gab es dann den Sonntagskuchen, Pistazientorte. Dazu hörten sie gregorianische Choräle, die der gläubige Vater gern hatte.

Die Royals lebten in einem großen Haus, einem ehemaligen Jagdpavillon der Herzöge von Lothringen. Es gehörte schon dem Großvater Florian, einem General. Ein kleiner, trockener

Mann, gebeugt und verschlossen. Kein Anhänger de Gaulles, aber Patriot und antideutsch, was ihn während der Besatzungszeit ins Gefängnis brachte. Großvater Florian hatte acht Kinder. Seine vier Söhne wurden allesamt Offiziere. Ségolènes Vater Jacques war der Erstgeborene, in so einer Familie zugleich eine Ehre und eine Bürde. Er lebte für die Pflichterfüllung, gegenüber der Familie, der Armee und Frankreich. 1939 ging er im Alter von 19 Jahren an die polytechnische Hochschule. Während der deutschen Besetzung Frankreichs wurde er verhaftet. Nach seiner Entlassung erlebte er das Kriegsende als Soldat in Indochina. Zurück in der Heimat heiratete er Hélène Dehaye, aus einer Familie von Notablen aus Nancy. Sie liebte Tiere und Pflanzen. Jacques stieg in den Dienstrángen auf, zeugte mit Hélène Kinder, eins nach dem anderen.

Ségolène wächst in Martinique auf, der nächsten Station der Eltern. Das sind glückliche Tage voller Lebenslust unter der Sonne der Karibik. Das Unheil folgt, als der Vater zurückversetzt wird und nach Algerien muss. Der Krieg ist dort in der Endphase, schmutzig, hässlich, tödlich. Jacques Royal kehrt als gebrochener Mann zurück. Algerien hat seinen Patriotismus zerstört. Er hält de Gaulle für einen Verräter an der französischen Sache und hätte am liebsten auf der Seite der Putschisten gekämpft. De Gaulle hat er nie verziehen, dass er die Harkis, die algerischen Hilfstruppen, im Stich gelassen hat. Im Alter von vierundvierzig Jahren quittiert er den Dienst, geht zurück nach Chamagne. Endstation!

Die Ehe kriselt. Hélène hasst die Nähe der Schwiegereltern. Sie spricht mit ihren Pflanzen, singt, malt, kocht Brennnesselsuppe und zieht ihre Kinderschar groß. Jacques vereinsamt in der Familie, flüchtet sich in autoritäres Gehabe und übertreibt dabei. Manchmal wird er auch gewalttätig. Isoliert im eigenen Haus, versteckt er sich hinter seinen Büchern, seiner Bibel und hört religiöse Musik. Die Kinder werden älter, die Spannungen steigen, und irgendwann kommt die Trennung.

In einer Fernsehdebatte mit ihren Rivalen aus dem sozialistischen Lager sagt Ségolène Royal im Herbst 2006: »Die Familie ist der Platz, wo für einen die strukturellen Grenzen und Verbote geschmiedet werden.« Die Kämpfe an der Seite der Mutter haben ihre Brüder ausgetragen. Sie ist der Konfrontation lange aus dem Weg gegangen, war die nette, freundliche Tochter und versuchte der Familie zu entfliehen, sobald es möglich war. Sie ging nach Nancy in Kost und Logis, studierte dort später. Und obwohl der Vater über sie feststellte, dass sie das Beste seiner Kinder sei, beklagt sie 1994: »Mein Vater hat uns immer spüren lassen, mich und meine Schwestern, dass wir niedrigere Wesen seien.«

Der totale Bruch ist vorprogrammiert. Eines Tages steht die Mutter vor der Tür ihrer Studentenbude in Nancy. Sie ist aus Chamagne geflüchtet, 40 Kilometer mit dem Fahrrad. Marie-Ségolène macht den Krieg der Mutter gegen den Vater zu ihrer eigenen Sache. Gemeinsam mit ihren Geschwistern sorgt sie für den Unterhalt von Hélène, die erst eine Zeit lang nach Nizza zieht, bevor sie sich in einem Haus ihrer Familie in Villiers-sur-Mer in der Normandie niederlässt.

Die Trennung der Eheleute ist auch das Ende der Familie Royal. Marie-Ségolène verklagt den Vater sogar vor Gericht auf Unterhaltszahlungen. Er soll wenigstens ihr Studium finanzieren. Paradoxerweise ist das Familiendrama am Ende für sie so etwas wie die Befreiung. Sie geht nach Paris, legt ihren ersten Vornamen Marie ab, wird an der ENA angenommen und lernt ihren Lebenspartner François Hollande kennen.

Nur zwei ihrer Brüder haben später zu Vater Jacques noch einmal Kontakt. Sein Haus verkauft er vor seinem Tod an einen Neffen, einen höheren Offizier, damit es wenigstens in der Familie bleibt. Als der starke Gauloise-Raucher 1981 stirbt, versammeln sich die Geschwister an seinem Grab. Es sollte das letzte Mal sein, dass die Familie vereint ist. Aber das Päckchen, das Ségolène seit ihrer Kindheit mit sich herumschleppt, die Verwundungen ihrer Jugendjahre, erklärt manche ihrer Verhaltensweisen. Vielleicht hat sie François Hollande nie geheiratet, weil sie immer das Scheitern ihrer Eltern vor Augen hatte. Vielleicht wirkt sie deshalb oft traditionell, konservativ, fast reaktionär, weil mehr von Vater Jacques in ihren Knochen steckt, als ihr lieb ist.

Die Abspaltung von ihrer Familie, von ihren Wurzeln, ist für sie sogar ein Schutz bei ihrem Streben nach dem höchsten Staatsamt. Immer wieder hatten ihre Gegner versucht, ihr die Verfehlungen der Geschwister zuzurechnen: den Immobilienskandal eines Bruders. Die Beteiligung eines anderen, der als Kampfschwimmer einer Spezialeinheit Aufträge für den französischen Geheimdienst DGSE erledigte, an dem Anschlag auf das Greenpeace-Schiffes »Rainbow Warrior« 1985 in Auckland, Neuseeland. Ségolènes ältester Bruder Gérard hatte sich bei dieser Eliteeinheit verpflichtet, um dem Staat die Finanzierung seines Studiums zurückzuzahlen. Die Idee dazu stammte von Vater Jacques, dem Patrioten und Offizier. Moralische Skrupel kennt man nicht, wenn es um Frankreich geht.

Aus der Provinz nach Paris – ein Gespräch

»Man muss nicht traurig, hässlich und langweilig sein, um in der Politik etwas zu werden«, titelte das *Time*-Magazin über die Ambitionen von Ségolène Royal. Sie verkörpert einen neuen Typus in der Politik und setzt auf Wähler, die von männlichen Eitelkeiten in der Politik die Nase voll haben, von den eitlen Pfauen, die ihr Rad schlagen. Gut möglich, dass die Allüren eines Gerhard Schröder oder das großväterliche Gehabe eines Jacques Chirac tatsächlich nicht mehr in unsere Zeit passen. Ob das allein reichen wird, bleibt abzuwarten. Sie verfügt über ein ausgeprägtes Selbstbewusstsein und versteht es geschickt, ihre Schwachstellen zu verbergen. Das Prinzip »Weiblichkeit« ist derzeit vielleicht ihre stärkste Waffe, weil es sie geradezu wohltuend von den Männern im gegnerischen Lager und ihren Rivalen in der eigenen Partei unterscheidet. An ihrem Ehrgeiz lässt sie jedenfalls nicht den geringsten Zweifel.

Noch eine Eigenschaft teilt sie übrigens mit Angela Merkel. In kleiner Runde kann sie witzig – manchmal gewürzt mit einer Prise zynischem Humor –, schlagfertig und charmant sein. Dann gibt sie ihrem Gegenüber das Gefühl, dass sie sich dafür interessiert, was der zu sagen hat. Sie beherrscht damit etwas, das in Frankreich Seltenheitswert hat. Sie spricht mit Journalisten wie mit ihresgleichen. Bei einem Mittagessen in einem lauschigen Gartenlokal in Poitiers redete sie in einem für eine Politikerin erstaunlich offenen Ton, ohne aber irgendetwas von sich und ihren Absichten preiszugeben. Sie spielte dabei durchaus mit ihren weiblichen Vorzügen, sodass ich mich hinterher fragte, ob sie tatsächlich mit mir geflirtet hat. Schon allein das ist ein erfreuliches Kontrastprogramm zu ihren männlichen Rivalen.

AvS: Madame Royal, von Poitiers in den Élysée-Palast nach Paris. Bereitet Ihnen diese Vorstellung manchmal Alpträume?

S. R.: Alpträume? Im Gegenteil. Das sind sehr harmonische Träume.

AvS: Frauen in der Politik: Ändert das den Stil, die Richtung?

S. R.: Das glaube ich schon, denn Zeit ist so kostbar für die Frauen, weil sie Familienleben und Beruf vereinbaren müssen. Wenn sie politische Verantwortung tragen, erkennen sie schneller, wo dringend Handlungsbedarf besteht. Sie wissen einfach, dass man keine Zeit zu verlieren hat. Sie wollen, dass die Politik effizient ist und schnell handelt und dass man ihnen zuhört. Ich denke, so kann man Dinge schon ändern.

AvS: Frankreich steckt in einer tiefen Krise: EU-Referendum, Ersteinstellungsvertrag, die Aufstände in den Vororten. Was kann Ségolène Royal verändern?

S. R.: Ich denke, dass man zuerst den Abstieg stoppen muss und Frankreich sagen, dass es Besseres verdient hat. Man muss das Land wieder in Gang bringen, dass es vorwärtsgeht, seine

Energien mobilisieren, seine Talente, seine Jugend, sein Know-how, und ihm sagen, dass es in der Lage ist, wieder nach oben zu kommen. Außerdem muss man den Regierungsstil modernisieren. Man muss sich in einer partizipativen Demokratie die Zeit nehmen, den Menschen zuzuhören, sie respektieren und in Betracht ziehen, dass die Bürger die wahren Experten sind – dadurch, wie sie leben, was sie erwarten und was sie erhoffen. Sie sind in der Lage, das Gemeinwohl mitzugestalten.

Das bezeichne ich als Phase des Zuhörens. Anschließend folgt die Phase der politischen Entscheidungen, die Autorität und Stetigkeit benötigt. Aber wenn man entscheidet, ohne zuvor die Menschen gehört zu haben, wie das mit dem Gesetz über die neuen Erstanstellungsverträge gemacht wurde, oder wenn man die Menschen mit ihren Problemen im Stich lässt, wie das derzeit in den Vororten geschieht, dann gibt es ein böses Erwachen.

AvS: Ich habe gehört, dass Sie von Berufs wegen Optimistin sind. Welchen Optimismus haben Sie mit Blick auf Ihr Land und Europa?

S.R.: Den Optimismus, das Land wieder aufzurichten, ihm Selbstbewusstsein zurückzugeben, wieder eine gerechte Ordnung zu schaffen – und es gleichzeitig wieder in Gang zu bringen, dass es vorwärtsgeht.

AvS: Was hat Europa konkret von Ségolène Royal zu erwarten?

S.R.: Eine Wiederbelebung der Europäischen Union, des europäischen Einigungsprozesses, aber mit einem konkreten Projekt, in dem sich die Bürger in Europa wiederfinden können und in dem die einzelnen Staaten ihre Stärken bündeln. Ich denke hier an die Bereiche Forschung, Innovationen, Umwelt, Bildung, den Austausch junger Menschen. Wenn es möglich ist, dass sich die europäischen Entscheidungsträger zusammenfinden und ehrgeizige Ziele in diesem Bereich neu definieren – dann verstehen die Bürger, dass sie Europa brauchen.

AvS: Madame Royal, Sie haben zwar kein Programm, aber Sie propagieren die Idee der Teilnahme der Bürger an der Demokratie. Reicht das aus, um in Frankreich Präsidentschaftskandidatin zu werden?

S.R.: Zum gegebenen Zeitpunkt wird es schon noch ein Programm geben. Da ist zunächst das Programm der PS – und dann gibt es das Projekt des Kandidaten oder der Kandidatin selbst. Alles zu seiner Zeit. Ich werde nicht in die Falle tappen, einen Katalog von Ideen anzubieten, den ich alleine verfasse und dann vertreten muss. Ich bin noch in einer Phase des Zuhörens, des Reifens, der Vorbereitung. Aber ich bringe auch viel mit: Einerseits dank meiner fünfzehnjährigen Erfahrung als Abgeordnete, aber auch als Ministerin und Vorsitzende des Regionalrats von Poitou-Charentes. Durch meine Tätigkeit bin ich durchaus realitätsnah. Gleichzeitig höre ich den Bürgern zu – etwa mit meiner Internetseite *»Désirs d'avenir«*, einem Forum, an dem sich die Bürger direkt beteiligen können. Mehrere zehntausend haben diese Möglichkeit schon genutzt. In dieser Phase bin ich jetzt.

AvS: Sie spiegeln nicht das klassische Bild einer Linken, einer Sozialistin wider. Gibt es Probleme mit den Elefanten in Ihrer Partei, weil Sie zu sehr die traditionellen Werte proklamieren?

S.R.: Die Werte, die ich verteidige, sind nicht zwangsläufig traditionell, sie sind kohärent. Und sicherlich sind sie allgemeingültig. Die Linke hat über eine lange Zeit hinweg gemeint, dass man nicht über Themen wie Familie, Ordnung oder Disziplin sprechen darf. Ich denke, dass Familie, Ordnung und Disziplin fortschrittliche Werte und von Bedeutung sind – wenn man damit die Schwächsten beschützt oder einer Gesellschaft Anhaltspunkte bietet, die ihr fehlen und die den Menschen Halt in einer gerechten Ordnung geben. Das heißt, ich erwecke nur fundamentale Werte zu neuem Leben, die den Menschen wichtig sind.

AvS: Schauen wir mal ein paar Jahre in die Zukunft. Was möchten Sie, dass die Leute eines Tages über Ségolène Royal sagen werden?

S. R.: Zunächst einmal, dass man ihr vertrauen kann – und dann, dass man mit ihr zusammen eine Zukunftsperspektive aufgebaut hat. Sie sollen sagen, die Zeit des Ségolènismus war eine gute Zeit für Frankreich. Und das ist in diesem Land doch allemal besser als Royalismus, finden Sie nicht?

Der Elefantenfriedhof

»Ségolène und die sieben Zwerge« heißt eine bitterböse Komödie, die seit Herbst 2006 in dem kleinen Pariser Théâtre des Deux Ânes (»Zwei Esel«) auf dem Boulevard Clichy gespielt wird. Da steht ein Schneewittchen auf der Bühne und singt zur Melodie von »La vie en rose«: »Wenn ich die Umfragen lese, bei denen ich alles abräume, dann sehe ich die Welt durch eine rosarote Brille. Und François, mein Lebenspartner, ist nicht gerade umwerfend und sieht seine Zukunft ziemlich mies. Noch habe ich meinen François, aber er ist ein kleiner Wicht mit einer großen Arthrose. Um allen Geschichten und Schreibereien zu entgehen, werden wir künftig getrennte Schlafzimmer haben. Er darf alles behalten, und ich schlaf dann im Élysée.«

Das Stück ist eine wunderbare Persiflage auf die Kandidatenkür des linken Lagers. Es feierte noch vor dem 3. Oktober 2006, dem Stichtag Premiere, bis zu dem die potenziellen Präsidentschaftsanwärter der PS ihre Ansprüche auf eine Kandidatur offiziell anmelden mussten. Schon Wochen vorher hatte das Schaulaufen begonnen, mit dem sich Ségolène Royal und ihre innerparteilichen Rivalen den Zuspruch der Parteibasis sichern wollten. »Alles, nur nicht Ségolène«, lautete die Überschrift in *Le Figaro* nach der Sommeruniversität der Sozialisten in La Rochelle, dem Auftakt der Wahlkampagne. Das traf die Stimmung der meisten altgedienten Parteifunktionäre. In ihrer Ablehnung der ambitiösen Dame aus Poitou-Charentes waren sich zunächst alle gestandenen Männer der Linken einig. Keine Frau und schon gar nicht diese.

Männer, die bei den Sozialisten etwas darstellen, nennen die Franzosen »Elefanten«. Das klingt eleganter als Leithammel, bedeutet aber letztlich nichts anders. Der oberste Leithammel der Sozialisten, François Hollande, ist kein Elefant. Eigentlich auch kein echter Leithammel, sondern ein Parteisoldat mit der Ausstrahlung eines in Plastik verpackten Stücks Camembert, so wie man ihn im Kühlregal jedes Supermarktes findet, so langweilig, dass er als Kandidat der Sozialisten von vornherein ausschied. Der Nächste in der Herde zeigte von Anfang an mehr das Format eines Zwerg-Pachydermen, Jack Lang, ehemaliger Kulturminister und Berufsjugendlicher der Linken, mit dem Charme und der Gesichtsfarbe eines Liegestuhlverleihers am Strand von Saint-Tropez. Er hat wohl eingesehen, dass einstellige Umfragewerte in der Wählergunst eine Präsidentschaftskandidatur wenig hoffnungsvoll erscheinen lassen. Im allerletzten Moment zog er auch ein bereits fertiges Buch zurück, in dem er allerlei Gemeinheiten über Ségolène Royal geschrieben hatte. Er verzichtete auf eine eigene Bewerbung, signalisierte damit Unterstützung für Ségolène Royal und sicherte sich damit frühzeitig einen Stuhl am Kabinettstisch, wenn sie denn gewinnen sollte.

Der erste richtige Elefant hatte sich selbst begraben, lange bevor er geschlachtet werden konnte. Lionel Jospin erklärte am Morgen des 28. September 2006 seinen Verzicht im Radio, noch bevor das Rennen wirklich eröffnet war. Der vielleicht intelligenteste Vertreter des linken Lagers wollte sich nach der schmählichen Niederlage gegen Chirac im Jahr 2002 eine erneute Demütigung ersparen. Denn selbst die vorteilhaftesten Meinungsumfragen registrierten für ihn gerade einmal eine Zustimmungsquote von 17 Prozent.

Übrig blieben drei Bewerber. Die Favoritin und zwei aus der alten Garde, Dominique Strauss-Kahn und Laurent Fabius. Letzterer genießt den Ruf, der Spaltpilz der Sozialisten zu sein. Weite Teile seiner Partei haben es ihm bis heute nicht verziehen, dass er sich offen für die Ablehnung der neuen europäischen Verfassung im Mai 2005 ausgesprochen hatte. Diese Haltung hatte die PS fast zerrissen.

Dominique Strauss-Kahn ist da schon ein anderes Kaliber. Er hatte in drei Regierungen gedient. 1997 holte ihn Lionel Jospin als Superminister für Wirtschaft, Finanzen und Industrie in sein Kabinett. Bei seinen europäischen Kollegen gilt der Wirtschaftsprofessor und Jurist als kompetenter Fachmann. Er war es, der im April 1999 in Dresden den EU-Finanzministern einen »Europäischen Wachstums- und Beschäftigungspakt« mit dem Ziel vorschlug, dadurch eine Stabilisierung der Binnennachfrage in den EU-Mitgliedstaaten zu erreichen. Das größte Verdienst von Strauss-Kahn, das auch ein paar dunkle Flecken in seiner Vergangenheit nicht schmälern konnte.

Die Sozialisten hatten sich ein basisdemokratisches Verfahren ausgedacht, um ihren Präsidentschaftskandidaten zu küren. Die 219 000 Mitglieder durften in einer Befragung entscheiden, wer im Frühjahr 2007 antritt. Das war kompliziert, langwierig und zeigte deutlich die Schwachstellen auf. Außerdem ließ es dem politischen Gegner Scheunentore für seine Angriffe offen. Die drei Bewerber traten in Fernsehduellen gegeneinander an, um den Parteimitgliedern und der Öffentlichkeit sich selbst und ihre Vorstellungen künftiger Politik zu präsentieren. Von einem echten Duell konnte allerdings keine Rede sein, weil die vorher vereinbarten Regeln null Raum für einen Schlagabtausch und den Wettstreit um das bessere Argument ließen. In einer sterilen Studiodekoration standen die Kandidaten an voneinander abgewandten Stehpulten und stellten sich den Fragen von zwei Journalisten. Die Themen und die Fragen waren vorher bis ins Detail festgelegt. Jeder durfte zehn Anhänger aus dem eigenen Lager mit in die Sendung bringen. Am Anfang der Sendung hatte jeder Bewerber die Chance zu einer zwei- bis dreiminütige Begründung, warum ausgerechnet sie oder er Präsident werden wolle. Auch die Antworten auf die Fragen durften dieses Zeitkorsett nicht überschreiten. Repliken auf die Äußerungen der anderen waren genauso ausgeschlossen wie Nachfragen der

Journalisten. Die Stoppuhr blieb das wichtigste Gestaltungselement der Sendung.

Selbst Fernsehduelle von Schröder und Stoiber oder Merkel wirkten dagegen wie bunte, spannende Unterhaltungssendungen. Der Chef des französischen Parlamentskanals LCP, Jean-Pierre Elkabbach, der das zweifelhafte Vergnügen hatte, die drei Vorstellungen der sozialistischen Kandidaten auf seinem Kanal zu senden, war über die Feilscherei um die Spielregeln so sauer, dass er öffentlich einräumte, es wäre interessanter gewesen, die Vorbereitungen der Debatte auszustrahlen. »Sie wollen wohl wieder das Breschnew-Fernsehen einführen«, herrschte der gestandene Journalist die Kandidaten an, als ihm der Kuhhandel zu bunt wurde.

Dennoch war die öffentliche Aufmerksamkeit für diese sterbenslangweiligen TV-Spektakel enorm. Sie dienten den Auguren als Seismograph für noch so kleine Verschiebungen in der Tektonik des linken Lagers. Tatsächlich machten Strauss-Kahn und Fabius in jeder Sendung ein paar Punkte gut, weil ihre Inhalte überzeugender und ihre Positionen schärfer konturiert waren als die von Ségolène Royal. Die aber hatte einen so himmelweiten Vorsprung auf die beiden Männer, dass sie am 16. November 2006 mit 60 Prozent der Stimmen der Parteimitglieder gewählt wurde. Die Prozentzahl entsprach ziemlich genau der, welche die Meinungsforscher zu diesem Zeitpunkt bei allen Anhängern des linken Lagers ausgemacht hatten. Trotzdem war das unerwartet hohe Abschneiden von Ségolène Royal für viele Beobachter dann doch eine Überraschung, weil sie geglaubt hatten, die alten Elefanten könnten sie wenigstens in eine Stichwahl zwingen. So aber war das Ergebnis eine eindeutige Festlegung der Partei mit dem Wunsch, tatsächlich mit der aussichtsreichsten Kandidatin ins Rennen zu gehen. Sie besitzt damit für die bevorstehende Präsidentenwahl nicht nur uneingeschränkten Rückhalt in der Partei und eine hohe Legitimität, sondern auch einen Zeitvorsprung für ihre Kampagne gegenüber der Regierungspartei UMP, die erst am 14. Januar 2007 Nicolas Sarkozy offiziell auf ihren Schild hob.

Parteiprogramm und Gewerkschaften

Kritiker werfen Ségolène Royal gerne und teilweise auch zu Recht vor, dass sie kein Programm habe, wenn sie die Regierungsgeschäfte übernehmen sollte. Tatsächlich hat es die Kandidatin meist geschickt vermieden, sich auf inhaltliche Aussagen festzulegen. Ihr war klar, dass sie sonst von ihren männlichen Mitbewerbern und Kontrahenten geschlachtet würde, wenn sie zu früh zu bestimmten Themen klare Positionen beziehen würde. Und wenn sie sich zu einer Standortbestimmung hinreißen ließ, dann nur, um Nicolas Sarkozy auf seinem ureigensten Feld, bei den Fragen Zuwanderung, Integration und Jugendkriminalität, weit rechts zu überholen. Für Jean-Marie Le Pen, den Ultrarechten, macht es keinen Unterschied, wen von beiden die Franzosen küren. Deshalb spricht er von »Sarkolène und Ségozy«.

Ségolène Royal machte aus der Not eine Tugend und deutete ihre thematische Beliebigkeit und Inhaltsleere in das Modell der »partizipativen Demokratie« um. »Meine erste Wahlkampfphase heißt Zuhören, so wie ich es bereits seit Monaten mache«, kündigte sie kurz nach ihrer Nominierung an. »Ich will wissen, was die Franzosen wollen, welche Sorgen sie haben, was sie bewegt. Daran werde ich meine Arbeit ausrichten.«

Via Internet sucht sie seit langem den Kontakt zur Bevölkerung. Auf ihrer Homepage *»Désirs d'avenir«*, was man frei mit »Lust auf Zukunft« übersetzten könnte, dürfen die Wähler ihre Fragen und Probleme loswerden und erhalten auch noch Antworten. Dieser Internetauftritt hat sich bislang als erfolgreich erwiesen. Jedenfalls hat Ségolène auf diese Weise von Januar bis November 2006 an die 70 000 neue Mitglieder für die PS geworben. Ein elektronischer Mitgliedsantrag und die Zahlung von 20 Euro per Kreditkarte genügten, um für die Kandidatin stimmen zu dürfen.

Aber niemand sollte sich der Illusion hingeben, dass Ségolène als eine Art neue Jeanne d'Arc für die Interessen aller Franzosen kämpfen wird oder sich gar mit einem neuen Anlauf für eine europäische Verfassung die Finger verbrennen will. Was von ihr zu erwarten ist, kann jeder im Parteiprogramm der Sozialisten nachlesen. Die jüngeren Mandatsträger der Partei sind sicher, dass sie ihre Regierung auf die Basis des sozialistischen Parteiprogramms stellen wird. Viele, wie der Abgeordnete Arnaud Montebourg, der sich von einem heftigen Kritiker Ségolènes inzwischen zu ihrem Sprachrohr gemausert hat, setzen bereits auf den neuen »Royalismus« in Frankreich. Montebourg formuliert seine Erwartungen so: »Ich glaube, es ist vor allem eine Frage der Erneuerung der Politik und in gewisser Weise auch eine Frage der Generationen, die sich mit der Tatsache angefreundet haben, dass eine Frau wie Ségolène Royal diese Erneuerung transportiert. Sie hat einen völlig anderen Ansatz, wie sie Probleme anpackt und Antworten sucht, gemeinsam mit den Franzosen. Nicht mehr diese salbungsvolle und messianische Art eines General de Gaulle oder eines François Mitterrand, die die Leute für dumm verkauften, wenn sie ihre Wahrheiten in der Tradition der französischen Monarchie verkündet haben. Es wird so etwas wie die Versöhnung der Franzosen mit der Demokratie.«

Hohe Ansprüche an Madame Royal, die eher einen gemäßigten, sozialdemokratischen Kurs fahren wird, als linksliberalen Tendenzen nachzugeben oder gar den linken, an den kommunistischen Gewerkschaften ausgerichteten Flügel der PS zu bedienen.

Angesichts der Unruhen der Jugendlichen in den Vorstädten und den Demonstrationen um den *Contrat Première Embauche* sieht die sozialistische Partei im Bereich der Jugendarbeitslosigkeit und der Arbeitsverträge dringenden Handlungsbedarf und schlägt daher die Neuauflage der unter der Regierung Jospin eingeführten und später abgeschafften *emplois jeunes* vor. Diese staatlich finanzierten Beschäftigungsverhältnisse, die jungen Franzosen eine erste Berufspraxis und den Einstieg ins Erwerbsleben ermöglichen, sollen eine Säule bei der Eindämmung sozialer Missstände werden. Unbefristete Arbeitsverträge will die PS zur Regel auf dem französischen Arbeitsmarkt machen.

Außerdem haben die Sozialisten vor, die Höhe der zu leistenden Sozialbeiträge an die Anzahl der befristeten Beschäftigungsverhältnisse und der Dauer der Arbeitsverträge innerhalb eines Unternehmens zu koppeln. Im Falle von »Börsenentlassungen« staatlicher Unternehmen will die Linke die Arbeitnehmerrechte stärken und eine universelle Berufsabsicherung erreichen. Damit ist nicht nur eine finanzielle Absicherung im Falle von Arbeitslosigkeit, sondern auch ein Recht auf unbefristete Weiterbildung gemeint. Wie und von wem das bezahlt werden soll, lässt die Partei in ihrem Programm allerdings völlig offen.

In strikter Ablehnung des Erstanstellungsvertrages der amtierenden Regierung wollen die Sozialisten die von der UMP eingeführte Senkung des Ausbildungsalters auf vierzehn Jahre abschaffen und die Nachtarbeit unter fünfzehn Jahren verbieten. Der Kontakt zwischen Eltern und Schulen soll verbessert werden. Die PS will den von der Regierung eingeführten »Eltern-Verantwortungsvertrag« rückgängig machen, der bei Delikten der Kinder die Kürzung des Familiengeldes zur Folge haben kann. Eltern sollen im Gegenteil motiviert werden, Verantwortung in Abstimmung mit den Schulen zu übernehmen. Eine Bestrafung für »erzieherisches Versagen« kommt für die PS nicht infrage.

Das Sicherheitskonzept im Parteiprogramm ist der zweite Pfeiler des Prinzips einer »erneuerten Gleichheit«. Nach den Unruhen in den Vorstädten zeigt auch die PS Härte und Entschlossenheit. Die ansteigende Kriminalität soll bekämpft werden, vor allem deren Ursachen: Arbeitslosigkeit, Ghettobildung und fehlende Schulbildung. In Abgrenzung zu den Plänen der regierenden UMP soll aber Härte nur ergänzend zur Prävention eingesetzt werden, die einen weiteren Kernpunkt der sozialistischen Politik bildet. Die Linken setzen dabei auf eine Stärkung der Bildungspolitik, die sozialen Aufstieg und Integration möglich machen soll, sowie Wiedereingliederungsmaßnahmen für jugendliche Straftäter und gemeinnützige Arbeit statt Gefängnisstrafen.

Sicherheit ist für die Sozialisten untrennbar mit ihrem Gesellschaftsprojekt verbunden. Dazu gehört neben Bildungsförderung auch die Schaffung von neuem Vertrauen in Justiz und Polizei. Wie bereits im Wahlprogramm von 1997 ist hierfür wieder eine Stärkung der von der Regierung in ihren Aufgaben stark eingeschränkten Nachbarschaftspolizei vorgesehen. Mehr Gleichheit wollen die Sozialisten außerdem durch eine Neudefinition des Begriffs der Solidarität erreichen. Zwischen Franzosen verschiedener Generationen sowie zwischen den verschiedenen Regionen soll eine neue Solidarität geschaffen werden, unter anderem mit der Einführung eines Rechts auf Wohnraum. Die PS verspricht die Bereitstellung von 120 000 neuen Sozialwohnungen pro Jahr, ein Versprechen, das auch die amtierende Regierung gegeben, dann aber gebrochen hat.

Die Mietausgaben der schwachen Einkommensgruppen sollen in Sozialwohnungen auf 25 Prozent des privaten Haushaltseinkommens begrenzt und die Rechte der Mieter bei Eigentümerwechsel der Wohnungen gestärkt werden. Mit diesen Maßnahmen setzen die Sozialisten ein klares Zeichen gegen das im Juni 2006 beschlossene Wohn- und Mietgesetz, das ihrer Ansicht nach nicht für genügend sozialen Wohnraum sorgt und nicht entschlossen genug gegen Gemeinden vorgeht, die keine neuen Sozialwohnungen bauen. Alles in allem hat die Linke eine Menge guter Vorsätze, wobei aber im Dunkeln bleibt, wie sie diese Ziele erreichen will. Berücksichtigt man das Beharrungsvermögen der französischen Gesellschaft, besteht das Parteiprogramm aus viel nebulöser Sozialromantik und wenig greifbaren Umsetzungskonzepten. Es bedarf keines Propheten, um die Prognose abzugeben, dass sich auch nach einem Machtwechsel für die arbeitslosen, unterprivilegierten Jugendlichen in den Vorstädten von Paris wenig ändern wird.

Die Schlammschlacht am Tag danach

Es wird furchtbar! Das Schlimmste, was Frankreich je erlebt hat, glaubt man den Kommentatoren. Wenn man sieht, wie die sozialistischen Bewerber sich im Aufgalopp zur Kandidatur verhalten haben, hat man keinen Zweifel, was in Frankreich passieren wird, wenn die Ergebnisse nach dem zweiten Wahlgang am 6. Mai 2007 gegen 22 Uhr feststehen werden. In Paris wird es eine Zeitenwende geben, so oder so. Egal, ob der neue Staatspräsident Nicolas Sarkozy heißen wird oder Ségolène Royal, als Erstes werden Köpfe rollen, und zwar reichlich.

Beide werden mit den Hinterlassenschaften der Ära Chirac aufräumen, und zwar keineswegs nur in den Ministerien, sondern in allen Bereichen, in denen der Staat etwas zu sagen hat. Botschafter werden ihre Koffer packen, vielleicht nicht sofort, aber spätestens wenn der neue Präsident mit dem neuen Außenminister die langen Listen der Diplomaten auf politische Loyalität abgeklopft haben wird. In staatsnahen Unternehmen wie EADS, EDF, SNCF und einigen Rüstungskonzernen werden Stühle bis ins gehobene Management gerückt oder vor die Tür gestellt. Auch das staatliche Fernsehen und Radio wird nicht davor verschont bleiben. Führungspositionen und Schlüsselstellen in den Redaktionen werden nach einer gewissen Schamfrist mit neuen Gesichtern besetzt werden.

Das ist keine Säuberungswelle wie weiland in kommunistischen Regimen, sondern der ganz normale demokratische Wechsel. Das gibt es auch in anderen Ländern, nur in kaum einem wird es so konsequent praktiziert wie in Frankreich. Als Chef der Exekutive hat der Präsident in Personalfragen eine fast unbegrenzte Machtfülle. Mancher treue Gefolgsmann von Jacques Chirac denkt deshalb schon vorsichtshalber über den richtigen Zeitpunkt für einen Seitenwechsel nach und setzt jetzt auf Sarkozy, dessen Vertraute nur darauf warten, in Amt und Würden zu kommen.

Auch im sozialistischen Lager wird bereits das Schattenkabinett besetzt und an der theoretischen Postenverteilung für die Seilschaften des eigenen Lagers gearbeitet. Wenn Ségolène Royal gewinnt, wird ihr gar nichts anderes übrig bleiben, als auf einige erfahrene Köpfe der Sozialisten zurückzugreifen. Spannend wird da vor allem, wer ihr Premierminister werden könnte. Lebensgefährte François Hollande? Diese Familienpaketlösung ist eher unwahrscheinlich. Alt-Premier Lionel Jospin? Kaum denkbar, dass er Lust hat, unter einer jüngeren Frau zu dienen. Dominique Strauss-Kahn? Warum nicht. Schließlich bringt er eine Menge Kenntnisse mit. Nur ob die beiden so schnell die kleinen Gemeinheiten der Kandidatenkür vergessen haben?

Im Regierungslager sind die Verhältnisse nicht übersichtlicher. Wenn Nicolas Sarkozy in den Élysée-Palast einzieht, dann werden die alten Weggefährten von Jacques Chirac aufs politische Altenteil geschickt: Dominique de Villepin, Alain Juppé, Philippe Douste-Blazy – um nur die bekanntesten zu nennen –, und ihnen werden Hundertschaften von Staatssekretären, Beamten und Diplomaten in die Zwangspensionierung folgen. Spannend wird auch, wen sich ein künftiger Präsident Sarkozy in seine Regierungsmannschaft holen wird. Im derzeitigen Kabinett hat er fast keine Verbündeten. Thierry Breton, den Wirtschaftsminister vielleicht, der inzwischen aus dem Lager Chiracs zu den Sarkozisten übergelaufen ist. Renaud Donnedieu de Vabres, den Kulturminister, der aus seiner Präferenz für den UMP-Vorsitzenden inzwischen kein Hehl mehr macht, oder Xavier Bertrand, zuständig für Gesundheit. Es gibt natürlich auch noch ein paar Chirac- und de-Villepin-Geschädigte wie den ehemaligen Außenminister Michel Barnier oder den geschassten Bildungsminister François Fillon, mit dem Sarkozy schon gerne mal eine Runde joggt.

Der Wind dreht sich und Politik ist ein mieses Geschäft. Wenn der ehemalige Premierminister Raffarin, den Sarko lange und gerne als Null, Trottel und Totalausfall bezeichnet hatte, sich am 26. Januar 2007 im Futuroscope, einem aus dem Boden gestampften Zukunftspark nördlich von Poitiers, bei einer Wahlveranstaltung vor den Karren des Kontrahenten spannen lässt, ihn lobt, in den Arm nimmt und küsst, dann ist das nur mit Opportunismus, partieller Selbstverleugnung oder einer Spielart des Alzheimer-Syndroms zu erklären. Oder aber mit der Abwandlung der französischen Politikregel: »Der Feind von gestern ist der Freund von heute«. Und so lobt inzwischen auch Philippe Douste-Blazy den kommenden Mann über den grünen

Klee. Seit fast 80000 UMP-Anhänger am 14. Januar 2007 auf einem Wahlparteitag an der Pariser Porte de Versailles mit einer Krönungsmesse amerikanischen Zuschnitts den einzigen Kandidaten ins Rennen um den Élysée-Palast schickten, gibt es zu »Super-Sarko« im bürgerlichen Lager keine Alternative mehr. Und der mutiert langsam vom hyperaktiven Populisten zum populistischen Staatsmann.

Vereint dreschen sie inzwischen auf die Gegnerin ein. Ségolène Royal bietet eine Riesenangriffsfläche, weil sie kein Fettnäpfchen auslässt. Im Libanon lässt sie den Vergleich eines Hisbollah-Abgeordneten unwidersprochen stehen, der die Politik Israels mit der Besatzungszeit der Nazis in Frankreich gleichgesetzt hatte. In China lobt sie die Effizienz der Justiz, die für ihre schnellen Todesurteile bekannt ist. Sie fordert »la Quebec libre«, Unabhängigkeit und Freiheit für die französischsprachige Provinz. Die kanadische Regierung sieht darin fast eine Kriegserklärung. Und damit nicht genug. Auf die Reporterfrage, ob sie wisse, wie viele Atom-U-Boote Frankreich besitzt, antwortet sie mit naivem Augenaufschlag: »Eins!« Als der Journalist sie freundlicherweise über die tatsächliche Anzahl aufklärt, kommt eine Bemerkung, die in Frankreich über Nacht zum Satire-Hit wird: »Ah bon?!?« Ségolène, das Sicherheitsrisiko? Die Madonna der »gauche caviar«?

Die alten Köpfe der Sozialisten, Strauss-Kahn, Jospin, Fabius, zieren sich mit Unterstützung für Ségo, und ihr Stern sinkt in den Umfragen. Und all die, die noch von Chiracs Gnaden im Amt sind und sich bisher gescheut hatten, sich zu früh auf Sarkos Seite zu schlagen, hängen langsam ihr Fähnchen in den Wind des Wechsels.

In Frankreich vermeiden es die Politiker normalerweise, den Vorgängern allzu viel Dreck hinterherzuwerfen. Zum einen, weil sie meist aus demselben Stall, der ENA, kommen und sich schon lange kennen, und zweitens, weil man nie sicher sein kann, in welcher Konstellation, in welchem Amt, an welchem Kabinettstisch man sich wieder begegnet. Das Jahr 2007 könnte da eine Ausnahme werden.

Die Grande Nation am Ende?

Testfall Frankreich

Deutschland und Frankreich haben eine vergleichbare Ausgangsposition, wenn es um die Bewältigung der großen Zukunftsfragen geht. Demographie und Zuwanderung, Arbeitslosigkeit, Globalisierung und Abwanderung von Akademikern, marode Sozialsysteme, Europamüdigkeit und eine grassierende Politikverdrossenheit. Für die Deutschen mag es nur ein schwacher Trost sein, wenn sich das französische System noch rückwärtsgewandter und reformunfähiger zeigt als das deutsche.

Viele Entwicklungen Europas – gute wie schlechte – haben in Frankreich ihren Anfang genommen, um sich dann auf die Nachbarländer auszubreiten. Der Absolutismus hatte seine Wiege jenseits des Rheins, genauso wie das Gedankengut der Französischen Revolution. Zentralismus und Nationalstaat waren in Frankreich bereits Staatsraison, als das Heilige Römische Reich Deutscher Nation noch in eine bunte Vielfalt kleiner Fürstentümer, Grafschaften und Bistümer zerfiel. Französisch war lange nicht nur die Sprache der Diplomatie, sondern auch die der besseren Gesellschaft. Russische Großfürsten und Prinzessinnen lernten ihre Eltern im Idiom Voltaires und Molières zu siezen, lange bevor sie sich mit den Leibeigenen unterhalten konnten. Frankreichs Kolonialreich existiert zwar noch in kleinen Teilen auf der Weltkugel, aber seine einstige Größe ist Geschichte. Und trotzdem oder vielleicht gerade deshalb hängen die Franzosen dem Ruhm vergangener Tage nach. Im Umkehrschluss bedeutet das aber auch, dass das Hier und Jetzt sie in immer größere Depressionen stürzt.

»La Grande Nation« – das war einmal. Fehlentwicklungen sind in Frankreich bereits weiter vorangeschritten als in Deutschland. Der Umgang mit Zuwanderern und die Integration von Ausländern kann getrost als gescheitert betrachtet werden. Die französische Wirtschaft mit ihrem staatsnahen protektionistischen System wirkt in Zeiten weltweiter Konkurrenz und Globalisierung wie ein Relikt aus einer anderen Epoche. Die politische Klasse, die sich in einer Art inzestuöser Selbstbefruchtung jeder Auffrischung widersetzt, ist mangels demokratischer Akzeptanz dauerhaft zum Scheitern verurteilt.

Dennoch besitzt Frankreich deutlich mehr Potenzial als Deutschland. Sein Schul- und Bildungssystem ist um Klassen besser. Es bringt Eliten hervor, die auf ihren Gebieten zu den weltbesten gehören. Die Politik versteht es, Interessen zu definieren und konsequent zu verfolgen. Nationalstolz und republikanisches Gedankengut schaffen eine Identität, die den Franzosen ein übersteigertes Selbstbewusstsein verleiht. Außerdem hält man sich für die führende Kulturnation, und während Europa zaghaft über das Thema »Leitkultur« diskutiert, ist es für jeden Franzosen selbstverständlich, dass damit nur die Werte der Revolution gemeint sein können: Freiheit – Gleichheit – Brüderlichkeit. In einem laizistischen Land käme keiner auf die Idee, die Klammer eines gemeinsamen Europa in etwas anderem als den Errungenschaften des christlichen Abendlandes zu suchen.

Hinschauen und Lernen

Nichts fällt den Deutschen schwerer. Weil sie alles meist besser wissen, vor lauter politischer Korrektheit nicht mehr in der Lage sind querzudenken oder sich vorsichtshalber gleich Denkverbote auferlegen, damit sie mit den Realitäten der großen bösen Welt gar nicht erst in Berührung, geschweige denn in Konflikt kommen.

Beispiel: Bei einem Abendessen mit einer Staatsministerin aus Berlin diskutierten wir im kleinen Kreis über Sprache und Bildung als Voraussetzung für die Integration von Ausländern in europäischen Staaten. Sie vertrat die Ansicht, dass Eingliederung nur über intensive Sprachförderung zu realisieren sei. Ich war der Meinung, dass Sprache nur ein kleiner Teil dieser Anstrengungen sein könne, und erwähnte als Beispiel die Einwanderer in den Vororten von Paris. Sie sind zu über 90 Prozent mit Französisch groß geworden, sprechen, lesen und schreiben die Sprache fließend und werden trotzdem nicht akzeptiert, geschweige denn integriert.

Die Ministerin hatte gute Absichten und wollte, was bei Politikern selten genug vorkommt, sich selbst ein Bild über die Zustände in den Pariser Vororten machen. Dabei wurde sie jedoch von ihren französischen Gesprächspartnern regelmäßig abgeblockt, die ihr lieber Eliteschulen vorführen wollten. Aber bei dem Thema »Eliteschulen« machte sie zu, weil in Deutschland der Begriff »Elite« im Zusammenhang mit Bildung leider immer noch verpönt ist. Als ich ihr berichtete, wie an mancher guten französischen Schule Sprachförderung für Ausländerkinder praktiziert wird, kam reflexartig der Einwand, dass solche Förderung sicher nur Kindern aus privilegierten Familien zugute käme.

Meine Empfehlung, sie möge sich doch einmal mit Bernhard Bueb, einem führenden deutschen Pädagogen, unterhalten, stieß bei ihr auf Ablehnung. Einzig deshalb, weil er der langjährige Leiter der Internatsschule Schloss Salem war, also eines »Eliteinstitutes«. Die Ministerin, selbst Professorin der Pädagogik, hochgebildet, aufgeschlossen und interessiert, wurde hier ein Opfer des politischen »mainstream« und damit eines Denkverbotes. Dieses Phänomen resultiert in Deutschland aus einer tiefgreifenden Verunsicherung gegenüber Politik, Institutionen, Hierarchien und der eigenen Vergangenheit. Dieses Beispiel der Ministerin lässt sich auf fast alle Bereiche des öffentlichen Lebens übertragen.

Denn wir Deutsche sind verstört. Jedes Problem stürzt uns

in eine schwere Sinnkrise. Wir versuchen es jedem recht zu machen, weil wir einst schwerstes Unrecht auf unsere Schultern geladen haben. Das hat unser Selbstbewusstsein gebrochen. Scheuklappen, Denkverbote und falsch verstandene politische Korrektheit stehen uns bei der Suche nach Problemlösungen im Weg. Die Tendenz, jede Minderheit zu berücksichtigen, dabei aber die große Mehrheit aus den Augen zu verlieren, ist inzwischen Regierungsprogramm geworden.

Wie schrieb Hans-Ulrich Jörges, Deutschlands pointiertester Kommentator, in seinem wöchentlichen Zwischenruf aus Berlin Ende September 2006?

»Die Deutschen sind ein geduldiges, ein leidensfähiges, ein demokratisch reifes Volk. Sie gehen nicht auf die Straße, sie zünden keine Autos an, sie stürmen keine Fernsehsender und Regierungsgebäude. Sie flüchten sich in 40 oder 50 Prozent Wahlenthaltung, und nur ein kleiner, verlorener Haufen wählt NPD. Sie wissen nicht, was sich hinter den verschlossenen Türen der Politik wirklich abspielt und was Journalisten wissen, die davon hören, aber auf Vertraulichkeit und Anonymität ihrer Quellen verpflichtet werden. Aber sie ahnen, sie wittern. Ihre Straße sind Meinungsumfragen. Da brennen die Barrikaden.«

Frankreich ist da ganz anders. Dort brennen die Barrikaden tatsächlich. Die Schicht sozialen Friedens über brodelnden Ungerechtigkeiten ist ganz dünn. So dünn, dass sie jederzeit aufbrechen kann und darunter ein Höllenfeuer gewaltsamer, innenpolitischer Auseinandersetzungen freigesetzt wird. Die Unruhen in den Vorstädten, die Massendemonstrationen des Frühjahres 2006 haben das eindringlich unter Beweis gestellt.

Parallelgesellschaften

Franzosen sind weltoffen, kultiviert und tolerant. So würden sie sich selbst beschreiben. Zum Glück kommt keiner auf die Idee, sie danach zu fragen. Aber das ist nur die eine Seite der Medaille, die, die gerne ins Schaufenster gestellt wird, weil sie dem Bild der Grande Nation entspricht. Von der »Grande Nation« sprechen übrigens nur Ausländer. Das ist auch gut so. Denn mit der Größe ist es nicht so weit her, wenn es ans Eingemachte geht. Und um das Eingemachte geht es immer öfter, da der Unterbau der Gesellschaft auf einem Kartenhaus sozialer Probleme steht, das jederzeit an der einen oder anderen Stelle zusammenbrechen kann. Ein kleiner Anlass genügt, um das fragile Gebilde zum Einsturz zu bringen – und diese Anlässe gibt es in immer kürzeren Abständen. Dann ist es auch ganz schnell vorbei mit den Werten der demokratischen, republikanischen, aufgeklärten und angeblich tonangebenden Kulturnation.

Anders gesagt, Frankreich hat in jüngster Zeit zu oft mit heruntergelassenen Hosen im Regen gestanden, und dieses Beispiel sollte für seine europäischen Nachbarn eine Warnung sein. Zu lange haben sich die politisch Verantwortlichen in Paris auf den Lorbeeren vergangener Tage ausgeruht, zu lange haben sie Entwicklungen verdrängt, die das Gewebe ihrer Gesellschaft fadenscheinig und brüchig gemacht haben, zu lange haben sie einfach ignoriert, dass sich die Zusammensetzung ihres Staatsvolkes grundlegend gewandelt hat.

Berlin, schau nach Paris, wenn du wissen willst, was in Europa passiert! 18 Millionen Afrikaner sind auf dem Weg und haben kein anderes Ziel, als dem Hunger, dem Elend und der Armut der Sahelzone zu entfliehen, und ihre einzige Sehnsucht heißt Europa. Die Bilder aus den spanischen Exklaven Melilla und Ceuta, als jede Nacht Hunderte von Schwarzafrikanern in den Absperrungszäunen hingen, haben die Europäer aufgeschreckt, geändert haben sie nichts. Tausende von Armutsflüchtligen, die Tag für Tag in hölzernen Nussschalen auf den Kanarischen Inseln ankommen, lassen Fernsehzuschauer in Frankreich und in Deutschland erschauern, ein Umdenken bewirken sie nicht.

Aber mit dem Mechanismus des Wegschauens ist das Problem nicht verschwunden. Tage, Wochen später sind sie in Madrid, Barcelona, Marseille und Paris. Und übermorgen in Köln, Hamburg oder Berlin? Wie und wo Parallelgesellschaften entstehen, wissen wir inzwischen. Nicht von heute auf morgen, aber mit Sicherheit über zwei oder drei Generationen. Gutmenschen in Frankreich oder Deutschland faseln über die Chancen und Risiken von Integration. Nur, darum geht es längst nicht mehr. Sondern es geht darum, wie die Staaten im Herzen Europas, die für sich reklamieren, dass sie wirtschaftlich, moralisch und intellektuell den Ländern der Dritten Welt überlegen sind, mit ihrem eigenen Anspruch umgehen.

Globalisierung und Protektionismus

Die rasante Entwicklung wird Frankreich, Deutschland und den anderen Ländern Europas nicht mehr viel Zeit lassen, sich Gedanken über ihre innere Befindlichkeit zu machen. Lassen Sie mich eine Prognose wagen, sagen wir für die nächsten dreißig Jahre. Die Welt, wie wir sie heute kennen, wird dann in vier Polaritäten aufgeteilt sein. Das alte, satte Europa, in dem Frankreich, Deutschland und Großbritannien mit den Neuzugängen einer immer schwächer werdenden Gemeinschaft fertig werden müssen und versuchen sollten, sich im Klein-Klein von widerstrebenden Interessen ihre nationalen Identitäten zu bewahren. Das alte Amerika, repräsentiert durch die USA, das sich mit einer zunehmenden Tendenz zum Protektionismus auf den eigenen Nabel besinnt. Probleme mit der Renaissance von linken, anti-amerikanischen Regierungen in Lateinamerika werden diesen Prozess noch beschleunigen.

Am anderen Ende der Welt entwickeln sich die jungen asiatischen Wirtschaftsnationen, allen voran China und Indien, zu den neuen hungrigen Supermächten. Allerdings wird die Geschwindigkeit des Wachstums ihrer wirtschaftlichen Macht schon mittelfristig nicht mit der Potenzierung ihrer Probleme Schritt halten. Umweltverschmutzung, die systematische Ignoranz von Menschenrechten, explodierendes Bevölkerungswachstum, die Ausbeutung von Ressourcen wie Brennstoffen, sauberem Wasser und Nahrungsmitteln werden diese Gesellschaften immer wieder an den Rand des Kollapses führen.

Genau hier kommt der vierte Spieler auf das Brett aktueller und künftiger Konflikte: Die Hungerleider, die sogenannte Dritte Welt, die ihren Anspruch auf Teilhabe am Reichtum der anderen anmeldet. Und an die Spitze dieser Bewegung, die bereits in vollem Gange ist, wird sich der radikale Islam setzen. Ohne Skrupel, ohne Rücksicht und in der tiefen Überzeugung, nicht nur die besseren Argumente zu haben, sondern ein Wertekostüm, das in der Bescheidenheit der Ansprüche eine moralische Überlegenheit in sich birgt.

Frankreich und Deutschland kommt dabei eine Schlüsselrolle zu. Wenn sich die Menschen in beiden Ländern ein wenig kollektives Gewissen aus einer Serie hässlicher Kriege bewahrt haben, können sie dem Rest der Welt als Beispiel dienen, wie man Konflikte, die über Jahrhunderte blutig ausgetragen wurden, beenden und in Freundschaften verwandeln kann. Franzosen und Deutsche sind ein wunderbares Beispiel für den Rest der Welt.

Voraussetzung dafür, dass Länder wie Frankreich oder Deutschland in Zukunft überhaupt noch mitzureden haben, ist, dass sie sich auf ihre Stärken besinnen, ihre Interessen – vor allem die gemeinsamen – definieren und offensiv verfolgen. Es wird nicht mehr genügen, über Integration zu faseln, ohne den Zuzug einzudämmen. Es wird nicht mehr genügen, den Bildungsnotstand und verheerende PISA-Studien zu bejammern, ohne sich zur Ausbildung von Eliten zu bekennen. Und es wird auch nicht reichen, ohne Konzept, ohne eine gemeinsame europäische Außen- und Sicherheitspolitik, Soldaten an den Hindukusch, in den Kongo oder in den Libanon zu schicken.

Frankreich und Deutschland sind die beiden Länder, die solche Prozesse beschleunigen, bremsen oder gar verhindern können. Nur eines muss den politisch Handelnden in beiden Ländern klar sein. Viel Zeit bleibt ihnen nicht mehr. Denn der Zug der globalen Entwicklungen wird immer schneller. Die Herausforderungen wachsen von Tag zu Tag, und die Konkurrenz schläft nicht. Wer hätte es vor fünfzehn Jahren für möglich gehalten, dass Russland als Wirtschaftsmacht einen solchen Aufschwung erlebt? Heute steckt in dem Land dank der enormen Energiereserven eine so gewaltige Finanzkraft, dass es Deutschen und Franzosen ganz schwindelig wird, wenn es um Gaslieferungen oder den Einstieg Moskaus in die europäische Luft- und Raumfahrtindustrie geht.

Es ist auch nicht lange her, da galt der indische Subkontinent noch als das Armenhaus des Planeten. Ein Platz, für den sich allenfalls Mutter Teresa interessierte, aber keinesfalls Investoren. Heute sieht das ganz anders aus. Wenn sich der indische Stahlkonzern Mittal anschickt, Konkurrenten aus Ländern der »Ersten Welt« zu schlucken, dann reiben sich viele die Augen und fragen sich, wie es dazu kommen konnte. Oder China, vom Betonkommunismus zum Turbokapitalismus. Heute werden westliche Konsumgüter dort schneller kopiert, als die europäischen und amerikanischen Firmen ihre Produkte auf den Markt bringen können.

Aber das ist nur der kleinere Teil der Bedrohung. Längst sind es Hightech-Produkte, die die Chinesen billiger, schneller und sogar mit steigender Qualität produzieren. Diese Konkurrenz macht sich auf den Weltmärkten breit, während sich die Europäer über den Finanzausgleich in der EU und eine gemeinsame Verfassung zerfleischen. Aus den USA ist da kaum Unterstützung zu erwarten, denn die Amerikaner kochen viel zu sehr im eigenen Saft, weil sie bis zum Hals in selbst gemachten Problemen stecken. Die Europäer schaffen es noch nicht einmal, diese temporäre Schwäche Amerikas zu nutzen und daraus Kapital zu schlagen. Das beste Beispiel ist das Airbus-Desaster. Statt darüber froh zu sein, dass der Flugzeughersteller endlich dem Konkurrenten Boeing die Stirn bieten kann, verheddern sich Management und Politik in einem Dickicht von Fehlentscheidungen, Machtkämpfen und nationaler Kleingärtnerei. Airbus ist ein Exempel dafür, dass Europa eine tolle Idee ist, mit der die Mitspieler nicht umzugehen wissen. Frankreich und Deutschland sollten daraus lernen, bevor es zu spät ist.

Epilog

Noch einmal eine Begegnung mit der France Télécom

Es war ein wunderschöner Frühjahrsmorgen. Die Sonne schickte ihre ersten warmen Strahlen. Im Garten zeigten sich schon Frühlingsblumen, Krokusse, Hyazinthen und Märzenbecher. Ich öffnete die Fensterläden und begrüßte den Tag. Die Welt war in Ordnung. Nach zweieinhalb Jahren fühlten wir uns so richtig wohl in Frankreich. Wir hatten uns an die Eigenheiten der Franzosen gewöhnt, empfanden ihre chronische Unpünktlichkeit und eine gewisse nonchalante Schlamperei inzwischen als liebenswert und charmant. »Leben wie Gott in Frankreich«, dachte ich, und vor dem Weg ins Büro vielleicht noch eben über den Markt, um für das Abendessen einen frischen Fisch zu kaufen und Spinat. Heute war Donnerstag, Markttag.

Aus purer Gewohnheit vorher an den Computer, kurz nachsehen, was los ist in der Welt, welche Nachrichten den Tag bestimmen würden. Einschalten, warten, bis der Laptop hochgefahren ist, dann mit der Maus einen Doppelklick auf den Internet-Explorer. Nichts! Noch mal. Wieder nichts! Aha, das Internet funktioniert nicht. Also die Entstörungsroutine. Router abschalten, zehn Sekunden warten, wieder einschalten. Nichts! Den Computer neu starten, warten, wieder nichts! Aha!?! Vielleicht liegt es ja an der Telefonleitung. Hörer abnehmen, lauschen, nichts, tot! Beim Faxgerät das Gleiche. Auch der andere Telefonanschluss – tot! Aha! Muss wohl eine Störung im Netz der France Télécom sein. Gestern Abend hatte doch noch alles funktioniert. Also Handy suchen, Servicenummer eintippen, warten. Vom Band ertönt die Stimme, als Endlosschleife, dass derzeit alle Serviceplätze besetzt sind und der nächste freie Kundendienstmitarbeiter für mich reserviert sei. Blick auf die Uhr, schon vierzig Minuten vergangen. Die Zeit wird knapp. Ich muss ins Büro. Kein Markt, kein Fisch zum Abendessen.

Mit dem Handy am Ohr tigere ich im Arbeitszimmer auf und ab, bis schließlich mein Blick aus dem Fenster auf einen Telegrafenmast fällt. An dem machen sich zwei Männer zu schaffen. Einer steht unten und reicht Werkzeug an, der andere ist hochgeklettert, bis zu einem grauen Plastikkasten. Der steht offen, und vielleicht hundert Drähte hängen in einem bunten Wirrwarr heraus. Aha, denke ich, diesmal ist die Störungsstelle aber verdammt schnell. Wahrscheinlich haben sich schon andere Nachbarn vor mir beschwert. Die Franzosen sind doch viel effizienter, als ich immer geglaubt habe. Also nur eine Frage der Zeit, bis wieder alles in Ordnung ist.

Am Ohr läuft noch immer die Warteschleife des Callcenters. Ich breche die Verbindung ab, um im Büro Bescheid zu sagen, dass es heute etwas später wird. Nur aus Neugierde noch einmal ans Fenster. Die Männer sind weg. Der graue Kasten steht offen, die bunten Kabel hängen heraus. Noch schwant mir nichts Übles. Sicher machen die Arbeiter nur ihre Mittagspause, reichlich früh zwar um halb elf, aber nicht ungewöhnlich, versuche ich mich zu beruhigen. Die kommen bestimmt gleich wieder. Von wegen!

Was sich da anbahnt, ist der Beginn einer zwölftägigen Leidenszeit ohne Telefon, Fax und Internet. Stunden in Warteschleifen anonymer Callcenter, abwechselnd mit meiner Frau. Bitten, schreien, flehen, drohen – alles vergeblich! Immer wieder die Versicherung, die Störungen würden der Reihe nach abgearbeitet. Wir seien schließlich selbst schuld, weil wir einen Tarif als privater Haushalt hätten und keinen gewerblichen. Denn dann könnte die Störung innerhalb von achtundvierzig Stunden behoben werden. So könne es schon mal eine Woche dauern. »Welche Störung? Am Vorabend hatte doch noch alles funktioniert. Erst als die beiden Männer daran gebastelt haben, ist alles zusammengebrochen«, versuche ich zu erklären. Das sei absurd, so die Auskunft der zunehmend unfreundlicher werdenden Kundendienstberater. Schließlich sei die Störung aus unserer Straße gemeldet worden. Erst danach hätte es eine »Intervention« der Télécom gegeben. Umfrage bei den Nachbarn. Fehlanzeige! Keiner hat eine Störung gemeldet. Aber geteiltes Leid ist halbes Leid. Auch in den anderen Häusern in der Straße gehen die Telefone nicht oder nur mit Einschränkungen. Nachbar A kann bei Nachbar B mithören, während Nachbar B das Klingeln von Nachbar C hört.

Meine Wut auf die Télécom steigert sich in eine Mischung aus Verfolgungswahn und Blutrausch. »Vielleicht ist es der Geheimdienst«, meint meine Frau und versucht witzig zu sein. Galgenhumor! Ich finde diese Bemerkung gar nicht komisch. Auf meinem vorherigen Posten in Israel hätte mich so etwas keine Sekunde gewundert. Allerdings wäre auch jede Störung sofort beseitigt gewesen. Denn was hat man vom Abhören, wenn die Leitungen tot sind. Aber in Frankreich? Lächerlich!

Die Tage gehen ins Land. Die Télécom verspricht weiter Abhilfe. Hin und wieder taucht ein zweiköpfiges Technikergespann auf, klettert auf den Mast, fummelt an den heraushängenden Kabeln, um den Schauplatz des Elends wieder unverrichteter Dinge zu verlassen. Der graue Kasten bleibt offen. Am siebten Tag unseres Kommunikations-Super-GAUs ein Funken Hoffnung. Nach dreistündigem Strippenziehen auf dem Mast ein erster Erfolg. Der Techniker hat zwei lose Enden gefunden und miteinander verbunden. Eine Telefonleitung funktioniert wieder. Danach ein langes Wochenende ohne weitere Aktivität. In der Erlebnisboutique der France Télécom in Saint-Germain-en-Laye gehen die Mitarbeiter bereits in Deckung, wenn ich im Türrahmen erscheine. Aber ich brauche diese Besuche als Ventil für meinen heiligen Zorn.

Um die Geschichte kurz zu machen und mein liebstes aller Feindbilder zu Ende zu zeichnen: Nach zwölf langen Tagen hatten es die Techniker der France Télécom endlich geschafft, den Zustand von vor ihrer »Intervention« wiederherzustellen. Die Anwohner unserer Straße atmeten auf. Alle Beschwerdebriefe, auch die drei eingeschriebenen, blieben unbeantwortet. Vier Monate später fanden wir auf der Monatsabrechnung für unser Faxgerät kommentarlos eine Gutschrift über 48 Euro und 53 Cent. Eine Nachfrage in dem unsäglichen Callcenter ergab, dass dies eine Kompensation für den Ausfall unserer Anschlüsse sei. Natürlich ohne Anerkennung einer Rechtspflicht, auf Kulanzbasis, denn schließlich hätten wir eine Störung gemeldet und damit die »Intervention« erst veranlasst. Das schlug dann endgültig dem Fass den Boden aus. Diese völlige Umkehrung der Tatsachen kann sich nur ein privatisierter ehemaliger Staatsmonopolbetrieb wie die France Télécom leisten.

An diesem Tag habe ich es aufgeben, mich über Frankreich und seine Bewohner aufzuregen. Das Land ist und bleibt eben eine kleine Bananenrepublik, und daran wird sich nichts ändern, egal, wer gerade regiert. Liebe Nachbarn, schaut genau hin, bevor ihr euch das französische Modell zum Vorbild nehmt. Manche gute, aber auch schlechte Eigenschaft könnte abfärben.

Literatur

Alexandre, Philippe, *Les éléphants malades de la peste*, Paris 2006

Baboeuf, Grachus, *Le Duell*, Paris 2006

Barlow, Jean-Benoît und Julie, *Sixty Million Frenchmen can't be wrong*, London 2005

Cassandre, *La Prétendante*, Paris 2006

Clarke, Stephen, *A year in the merde*, London 2004

–, *Merde actually*, London 2006

Deloire, Christophe, und Christophe Dubois, *Sexus politicus*, Paris 2006

Giesbert, Franz-Oliver, *La Tragédie du Président*, Paris, 2006

Giscard d'Estaing, Valéry, *Le pouvoir et la vie*, Paris 2004

Kerber, Markus C., *Europa ohne Frankreich? – Deutsche Anmerkungen zur französischen Frage*, Frankfurt 2006

Mantoux, Aymeric, und Benoist Simmat, *Ségolène Royal – la dame aux deux visages*, Paris 2006

Montaldo, Jean, *Chirac et les 40 menteurs*, Paris 2006

Nivelle, Pascale, und Elise Karlin, *Les Sarkozy – une famille française*, Paris 2006

Raffy, Serge, *La Guerre des Trois*, Paris 2006

Rault, Antoine, und Dominique Ambiel, *Tsunami sur l'Élysée*, Paris 2006

Roth, Joseph, *Sehnsucht nach Paris, Heimweh nach Prag*, Köln 2006

Sarkozy, Nicolas, *Témoignage*, Paris 2006

Varenne, Leslie, und Philippe Blanchard, *Ségolène – Reine d'un jour, Reine de toujours?*, Paris 2006

Veit, Winfried, *Was bleibt vom französischen Modell*, Paris 2006

Wickert, Ulrich, *Und Gott schuf Paris*, Hamburg 1993

–, *Vom Glück, Franzose zu sein*, Hamburg 1999

Personenregister

Größte Ausdehnung des französischen Kolonialreichs

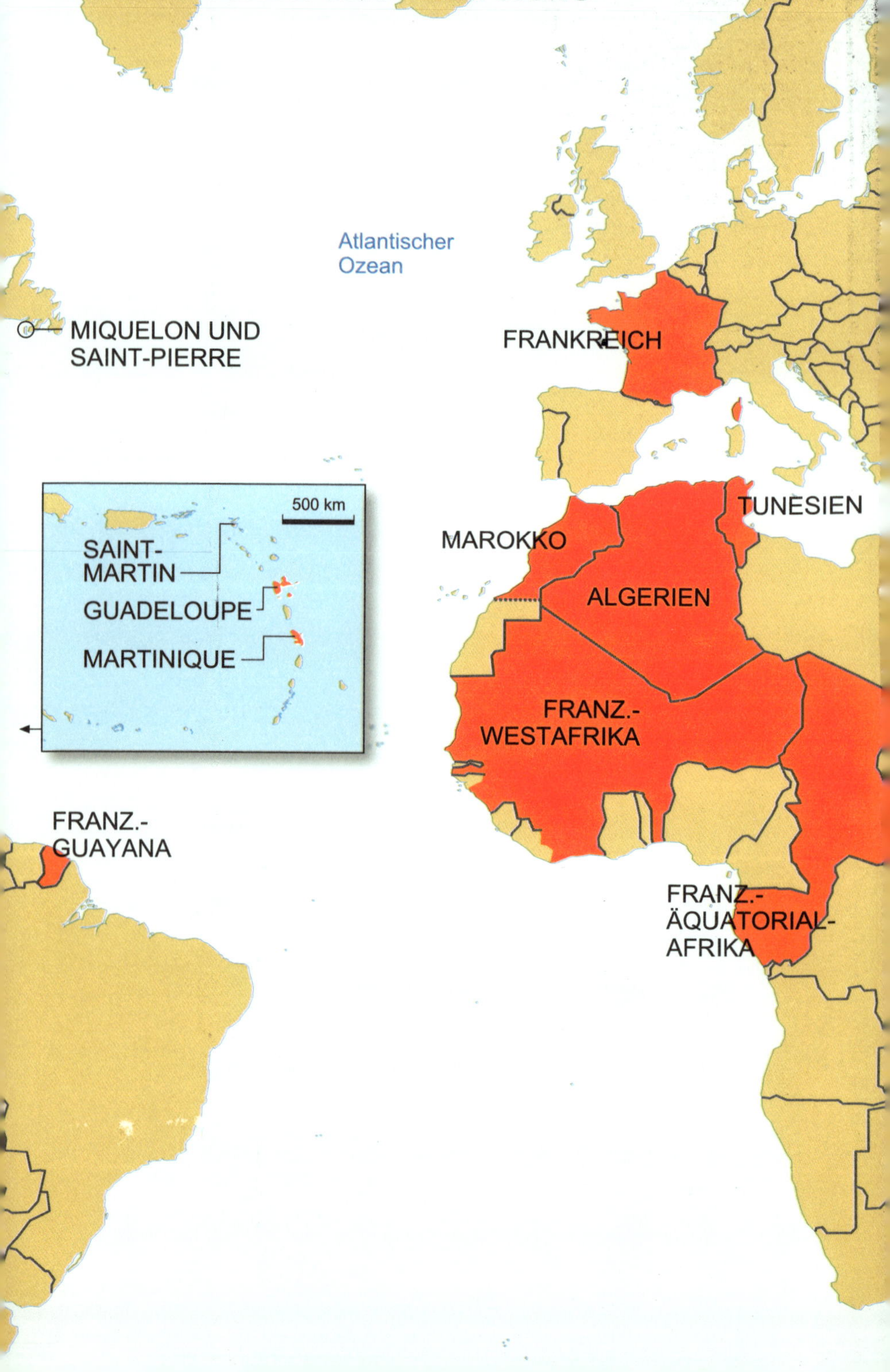